西方传统 经典与解释
Classici et commentarii

HERMES

HERMES

在古希腊神话中，赫耳墨斯是宙斯和迈亚的儿子，奥林波斯神们的信使，道路与边界之神，睡眠与梦想之神，亡灵的引导者，演说者、商人、小偷、旅者和牧人的保护神……

西方传统 经典与解释

Classici et commentarii

HERMES

施特劳斯讲学录

刘小枫 ◎主编

追求高贵的修辞术
——柏拉图《高尔吉亚》讲疏（1957）

Plato's *Gorgias*
A course offered in the Winter quarter, 1957

[美] 施特劳斯（Leo Strauss）◎ 讲疏

[美] 斯托弗（Devin Stauffer）◎ 整理

王江涛 ◎ 译

华夏出版社

出版说明

1949年，已到知天命之年的施特劳斯执教芝加哥大学政治学系。自1956年起至去世（1973），施特劳斯授课大多有录音。

施特劳斯去世后，部分录音记录稿一直在施特劳斯的学生们手中私下流传，并经学生之手进一步流传，其实际影响断难估量。本世纪初，部分记录稿的影印件也流传到我国年轻学子当中。这些打印的录音记录稿文字多有舛误，还有不少明显脱漏，有些地方则油墨模糊字迹难辨。

2008年，施特劳斯遗产继承人和管理人——施特劳斯的养女珍妮教授（Professor Jenny Strauss）和芝加哥大学"施特劳斯遗产中心"（The Estate of Leo Strauss）主任塔科夫教授（Professor Nathan Tarcov）决定整理施特劳斯的全部讲课记录稿，并在"施特劳斯遗产中心"的网站上陆续刊布，共享于天下学人。

2013年，本工作坊计划将陆续刊布的整理成果译成中文，珍妮教授和塔科夫教授得知此计划后，全权委托本工作坊主持这些整理稿的中译工作，并负责管理中译版权。

本工作坊按"施特劳斯中心"陆续刊布的整理本组织迻译（页码用方括号标出），翻译进度取决于整理计划的进度。原整理稿均以课程名称为题，为了使用方便，我们为每部中译稿另拟简要书名，并以副标题的形式标明课程名称。

刘小枫
2016年元月
古典文明研究工作坊

目　录

施特劳斯讲学录整理规划 / 1

英文编者前言 / 1
编订说明 / 7

第 一 讲　导论 / 8
第 二 讲　高尔吉亚部分（447a-452d）/ 32
第 三 讲　高尔吉亚部分（452d-458e）/ 54
第 四 讲　珀洛斯部分（458e-468e）/ 78
第 五 讲　珀洛斯部分（468e-480d）/ 104
第 六 讲　珀洛斯、卡利克勒斯部分（480d-486d）/ 138
第 七 讲　卡利克勒斯部分（486d-488a）/ 157
第 八 讲　卡利克勒斯部分（488a-493d）/ 177
第 九 讲　卡利克勒斯部分（494a-d）/ 201
第 十 讲　卡利克勒斯部分（494e-499b）/ 218
第十一讲　卡利克勒斯部分（499b-505e）/ 245
第十二讲　卡利克勒斯部分（505b-513d）/ 265
第十三讲　卡利克勒斯部分（508c-516c）/ 281
第十四讲　卡利克勒斯部分（516d-520e）/ 304
第十五讲　高尔吉亚神话（521至结束）/ 324

施特劳斯讲学录整理规划

首席编者　塔科夫（Nathan Tarcov）

执行编者　麦基恩（Gayle McKeen）

李向利　译

　　施特劳斯不仅是著名思想家和作家，还是有着巨大影响的老师。在他的这些课程讲学录中，我们能看到施特劳斯对众多文本的疏解（其中很多文本他写作时很少或根本没提到过），以及对学生提问和异议的大段回应。在数量上，这些讲学录是施特劳斯已出版著作的两倍还多。对研究和修习施特劳斯著作的学者和学生们而言，它们将极大地增添可供参阅的材料。

　　1950年代早期，由学生记录的施特劳斯课程笔记的油印打字稿，就已经在施特劳斯的学生们中间传阅。1954年冬，与施特劳斯关于自然权利（Natural Right）的课程相关的首份录音资料，被转录成文字稿分发给学生们。斯多灵（Herbert J. Storing）教授从瑞尔姆基金会（Relm Foundation）找到资助，以支持录音和文字稿转录，从1956年冬施特劳斯开设的历史主义与现代相对主义（Historicism and Modern Relativism）课程开始，该资助成为固定的资金基础。自1958年起至1968年离开芝加哥大学，施特劳斯在这里开设了39个课程，被录音并转录成文字稿的有34个。从芝大退休后，1968年春季、1969年秋季和接下来的春季学期，施特劳斯在克莱蒙特男子学院（Claremont Men's College）授课，课程亦有录音（尽管最后两次课的磁带已佚）。他在圣约翰学院（St. John's College）四年的课程也有录音，直至他于1973年10月去世。

现存原始录音的质量和完整性差别很大。施特劳斯讲课离开麦克风时，声音会弱得听不到；麦克风有时也难以捕捉到学生们提问的声音，却常常录下门窗开关声、翻书声、街道上过往的车辆声。更换磁带时录音中断，记录稿就留下众多空白。若施特劳斯讲课超过两个小时（这种情况经常发生），磁带就用完了。录音磁带转录成文字稿后，磁带有时被再次利用，导致声音记录非常不完整。时间久了，磁带音质还会受损。1990年代后期，首先是格里高利（Stephen Gregory）先生，然后是芝大的奥林中心（John M. Olin Center，由John M. Olin Foundation设立，负责研究民主制的理论与实践）管理人，发起重新录制工作，即对原始磁带数码化，由Craig Harding of September Media承制，以确保录音的保存，提高声音清晰度，使之最终能够公布。重新录制工作由奥林中心提供资金支持，并先后由克罗波西（Joseph Cropsey）和施特劳斯遗稿执行人负责监管。格里高利先生是芝大美国建国原则研究中心（Center for the Study of the Principles of the American Founding）管理人，他在米勒中心（Jack Miller Center）的资助下继续推进这项规划，并在美国国家人文基金会保存和访问处（Division of Preservation and Access of the National Endowment for the Humanities）的拨款帮助下，于2011年完成了这项规划，此时他是芝大施特劳斯中心（Leo Strauss Center）管理人。这些音频文件可从施特劳斯中心的网站上获得：http://leostrausscenter.uchicago.edu/courses。

施特劳斯允许进一步整理录音和转录成文字稿，不过，他没有审核这些讲学录，也没有参与这项规划。因此，施特劳斯亲密的朋友和同事克罗波西最初把讲学稿版权置于自己名下。不过，在2008年，他把版权转为施特劳斯的遗产。从1958年起，每份讲学录都加了这样的题头说明（headnote）：

　　这份转录的文字稿是对最初的口头材料的书面记录，大部分内容是在课堂上自发形成的，没有任何部分有意准备出版。

只有感兴趣的少数人得到这份转录的文字稿，这意味着不要利用它，否则就与这份材料私下的、部分地非正式的来源相抵触。郑重恳请收到它的人，不要试图传播这份转录的文字稿。这份转录的文字稿未经讲学人核实、审阅或过目。

2008年，施特劳斯遗产继承人——他的女儿珍妮——请塔科夫接替克罗波西承担施特劳斯遗稿执行人的工作。此时，塔科夫是芝大奥林中心以及后来的芝大美国建国原则研究中心的主任，而克罗波西直到去世，已经作为施特劳斯遗稿执行人忠诚服务了35年。珍妮和塔科夫一致认为，鉴于旧的、常常不准确且不完整的讲学录已经大范围流传，以及人们对施特劳斯思想和教诲的兴趣持续不减，公开这些讲学录，对感兴趣的学者和学生们来说会是一种帮助。他们也受到这样一个事实的鼓励：施特劳斯本人曾与班塔曼出版社（Bantam Books）签订过一份合同，准备出版这些讲学录中的四种，尽管最终一个都没出版。

成立于2008年的芝大施特劳斯中心发起了一项规划：以已经重新录制的录音材料为基础订正旧的文字记录稿；转录尚未转录成文字稿的录音材料；基于可读性的考虑，注释并编辑所有的记录稿，包括那些没有留存录音材料的记录稿。这项规划由施特劳斯中心主任塔科夫任主席，由格里高利负责管理，得到来自维尼亚尔斯基家族基金会（Winiarski Family Foundation）、希夫林夫妇（Mr. Richard S. Shiffrin and Mrs. Barbara Z. Schiffrin）、埃尔哈特基金会（Earhart Foundation）和赫特格基金会（Hertog Foundation）拨款的支持，以及大量其他捐赠者的捐助。筹措资金期间，施特劳斯中心得到芝大社会科学部主任办公室（Office of the Dean of the Division of the Social Sciences）职员伯廷赫布斯特（Nina Botting-Herbst）和麦卡斯克（Patrick McCusker）的大力协助。基于重新录制的磁带修订的这些记录稿，远比原有的记录稿精确和完整——例如，新的霍布斯讲学录，篇幅是旧记录稿的两倍。熟悉施特劳斯著作及其所教文本的资深学者们被委任为编者，基础工作则大多由作为编辑助理的学生们完成。

编辑这些讲学录的目标，在于尽可能保存施特劳斯的原话，同时使讲学录更易于阅读。施特劳斯身为老师的影响（及魅力），有时会显露在其话语的非正式特点中。我们保留了在学术性文章（prose）中可能不恰当的句子片段；拆分了一些冗长、含糊的句子；删除了一些重复的从句或词语。破坏语法或思路的从句，会被移到句子或段落的其他部分。极个别情况下，可能会重新排列某个段落中的一些句子。对于没有录音资料流传的记录稿，我们会努力订正可能的错误转录。所有这些类型的改动都会被注明。（不过，根据重新录制的录音资料对旧记录稿做的改动，没有注明。）我们在尾注中注明改动和删除的内容（不同的拼写、斜体字、标点符号、大写和分段），尾注号附在变动或删除内容前的词语或标点符号上。文本中的括号显示的是插入的内容。缺乏录音资料的记录稿中的省略号仍然保留，因为很难确定它们指示的是删除了施特劳斯说的某些话，还是他的声音减弱到听不清，抑或起破折号作用。录音资料中有听不见的话语时，我们在记录稿中加入省略号。相关的课堂管理细节，例如有关论文或研讨班的话题安排或上课的教室、时间安排等，一律删除且不加注，不过我们保留了施特劳斯布置阅读任务的内容。所有段落中的引文都得到补充，读者能够方便地结合这些文本阅读讲学录。至于施特劳斯提及的人物、文本和事件，则通过脚注进行了确认。

读者应该谅解这些讲学录的口语特点。文中有很多随口说出的短语、口误、重复以及可能错误的转录。无论这些讲学录多么具有启发性，我们都不能认为它们可以与施特劳斯本人为出版而写的那些著作等同。

2014 年 8 月

英文编者前言

[i] 施特劳斯在芝加哥大学开过两次柏拉图《高尔吉亚》研讨课，第一次是1957年冬季学期，第二次是在六年后，1963年秋季学期。他还在安纳波利斯的圣约翰学院开过一次《高尔吉亚》研讨课，就是他过世那年即1973年的秋天。其中保留下记录稿的只有1957年的课程，1963年的课程则仅有录音，1973年在圣约翰学院的研讨课录音仅存一讲（可能是第二讲）。1973年施特劳斯骤然离世，当时他不仅正开着《高尔吉亚》研讨课，而且已经开始动笔写作一篇讨论《高尔吉亚》的文章，计划收入《柏拉图式的政治哲学研究》。既然1973年研讨课的磁带只有一讲，而且那次研讨课以及关于《高尔吉亚》的文章都因他的去世而中断，施特劳斯的学生和研究者们就不得不主要寄望于前两次课程对这篇对话的解读。目前这两次课程都已整理完成。

1957年第一次讲授《高尔吉亚》时，施特劳斯正在写作他最伟大的著作之一，当然那也是他对一位近代作家最为深刻、最为详细的表述——《关于马基雅维利的思考》，此书1958年出版。序言的落款日期是1957年12月，他似乎是在完成其余部分之后才写了序言。因此，我们可以设想，1957年秋季时施特劳斯正处于写作《关于马基雅维利的思考》的最后阶段，[1]即便在他讲授《高尔吉亚》的时候，马

---

① Leo Strauss, *Thoughts on Machiavelli*, Chicago: The University of Chicago Press, 1995.［译按］中译本参见施特劳斯，《关于马基雅维利的思考》，申彤译，南京：译林出版社，2016。

基雅维利仍在他心里占据很大分量。《关于马基雅维利的思考》末尾的一条注释兴许可以提供一个线索，使人看到施特劳斯关于马基雅维利的作品与他对《高尔吉亚》的兴趣之间的联系：注释219出现在《关于马基雅维利的思考》第四章的一个重要章节，靠近结束的地方，施特劳斯在那里比较了马基雅维利的思想——尤其是他关于哲学的地位和意义的思想——与"古典作家"的思想。在这部分，施特劳斯最为明确地批评了马基雅维利。他提出，马基雅维利对政治的分析导致以下结果："仿佛这一分析并不指向超越政治的层面，或者说超越政治的层面根本不存在"；其结果就是"一个巨大的简化，以及最重要的，就是一个外观现象，仿佛他发现了迄今为止完全出人意料的整个新大陆"（页295）。"地平线的一个规模巨大的节略收缩在马基雅维利和他的继承者们眼里，俨然别有洞天，气象万千"（页295，亦可参见页173、296-298）。相反，"古典作家根据人的至高完善性来理解道德—政治现象"，他们坚持这样来评价城邦，即"它对哲学虚位以待，崇敬恭候"。然而，既然古典哲人们也理解城邦必然向哲学关闭的理由，他们便认为自己跟城邦相分离，亦即跟这个意义上的民众（demos）相分离，后者即"全体城邦公民，他们不具备尊重哲学的能力，或者说，他们不愿意尊重哲学"，他们与哲人之间隔着"一道鸿沟"（页295-296）。施特劳斯这样写道：

> 这道鸿沟只有通过一种高贵的修辞术才可能得以沟通弥合，这种修辞术我们可以暂且称之为责难性的或惩戒性的修辞术。哲学不具备提供这种修辞术的能力。[ii]它所能做的无非是勾勒这种修辞术的轮廓。执行这种修辞术的任务，必须留待演说家们或诗人们去完成。

正是在这段表述结尾，施特劳斯插入了注释219，其中说道：

> 追求这种高贵的修辞术——它有别于《斐德若》中所讨论的另一种［修辞术］——是《高尔吉亚》所特有的。

施特劳斯还请读者考虑亚里士多德的《形而上学》1074b1-4，亚里士多德在那里提到一个古代神话传统，该传统将天体描绘成诸神，整个自然充满神圣的事物。然后施特劳斯又指回该书第125-126页，他在那里讨论了马基雅维利对李维的含蓄批评，即李维的判断深受道德考虑的影响——这一批评为马基雅维利的"批评权威本身"做了准备。

如果说，《关于马基雅维利的思考》中的这个注释引导我们试着把握他关于《高尔吉亚》的第一次课程与他当时的主要作品之间的联系，那么，他的第二次课程与当时的写作之间的联系就更为直截了当。1963年秋天，施特劳斯刚刚完成了《城邦与人》（1964年出版），而且已经开始写作《苏格拉底与阿里斯托芬》。虽然后者直到1966年才出版，但是施特劳斯在1962年写给科耶夫（Alexander Kojève）的一封信中曾说：

> 我正在准备出版关于《城邦与人》的三次讲稿，处理的是《政治学》《王制》和修昔底德。只有当这些事完成后，我才可以开始我真正的作品——对阿里斯托芬的解读。（参见《论僭政》，施特劳斯和科耶夫的通信，页309）

既然《城邦与人》的三个主要部分之一涉及《王制》，而施特劳斯又认为《王制》与《高尔吉亚》密切相关——最直接的原因是两篇对话的核心都是正义问题，其次还因为二者都涉及哲学与政治的关系——那么，《高尔吉亚》与《城邦与人》的关联就显而易见。但是，施特劳斯对《高尔吉亚》感兴趣，可能还与《高尔吉亚》同他"真正的作品"即他对阿里斯托芬的解释有联系，因为修辞术主题或问题在他解读阿里斯托芬的作品中扮演了重要角色。在《苏格拉底与阿里斯托芬》的许多段落中，施特劳斯审查了阿里斯托芬对苏格拉底的批评：阿里斯托芬认为苏格拉底不够审慎，无法充分领会修辞术的必要性（need），它既能保护哲学，又能保护城邦，使双方免于危及彼此。实际上，阿里斯托芬支持诗优于哲学的一部分——不是全部，但却是一个重要部分——论据在于，他相信诗为诗人尤其谐剧诗人提供了修辞性的资源和辩护，这是哲人尤其苏格拉底式哲人的欠缺（参见《苏格拉底与阿里斯托芬》，页24-25、44-49、63-65、192-193、233-235、311-312）。由此，或许可以把《高尔吉亚》看作柏拉图对阿里斯托芬批评苏格拉底的一种回应，尽管这回应暗地里也承认"对手"的批评指控还挺有道理。1963年课程的第十二讲和第十三讲证实，施特劳斯确实将《高尔吉亚》看作对阿里斯托芬的回应。仅仅从清晰可辨的注释中便可看出，施特劳斯勾勒了他计划要写的《高尔吉亚》文章的开头，而《云》在文章的导论部分占据了关键位置。

这里不可能详尽比较1957年课程和1963年课程。不过，请允许我提出几个要点，让读者在阅读讲稿时可以思考得更深入一些。两次课程最为显著的差异是施特劳斯讲课的方式：［iii］1963年上课时，施特劳斯会让人照着书高声朗读出对话的每个段落（由Donald Reinken代读），而1957年上课时，他通常是先亲自复述文本，然后再进行评论。如此差异导致的一个结果就是，1963年的那次课程没能把这篇对话讲完，他没有讨论对话结尾的神话，仅用三言两语简单加以概括。但是，1963年的课程某种意义上更加贴近文本，而且作为两次课程中的第二次，它应当被看作更权威的来源，从中可以看出施特劳斯对这篇对话深思熟虑的看法。在这一点上，还有两点对于学生和学者们意义重大，其一是1963年课程的录音保留了下来（在施特劳斯中心的网站上可以下载），另外，施特劳斯在1965年春开设柏拉图的《普罗塔戈拉》研讨课时，专门用了前三次课来总结1963年课上对《高尔吉亚》的解读。

至于两次课程在内容方面的差异，我只提两点。第一，1963年课程一开始是广泛讨论了在实证主义和历史主义的双重挑战下政治哲学何以可能，而1957年课程一开始则更加宽泛地思考了柏拉图如何理解哲学本身的意义，在思考教条主义和怀疑主义的问题时，施特劳斯直接比较了柏拉图为一方，笛卡尔及其后继者为另一方的两种思想。如果说1963年课程作为《高尔吉亚》的解读要更好，那么，1957年课程的第一讲则比1963年课程的第一讲涉及更广泛的旨趣，因为前者探讨的是更根本的问题（阅读1957年课程的第一讲时，应当以同年的第十二讲为补充，施特劳斯在第十二讲中讨论了柏拉图的理式论）。

第二，在解读对话方面，或许两次课程之间最为重大的差异在于施特劳斯对卡利克勒斯的性格的分析。在两次课程中，施特劳斯都反复强调卡利克勒斯不可能被苏格拉底说服；他不像珀洛斯，苏格拉底在珀洛斯身上至少取得了某种成功，卡利克勒斯却不可能被苏格拉底的论证或修辞术打动。他在对话中代表哲人不可能真正打动的那类人。但是，为什么卡利克勒斯如此固执？在1957年课上，施特劳斯最初强调，卡利克勒斯顽固的根源在于他的软弱和他对自我放纵的欲望。只有在后来并且是在有限的程度上，施特劳斯才提及卡利克勒斯的性格或关切中的另外两个特征，而它们在1963年课上得到了着重强调：第一，卡利克勒斯被习俗奴役，这尤其表现在他执着于某种男子气概的影像，根据这影像，真正的男子汉绝不会离开自己的岗位或在论证中放弃自己的立场；第二，他对好人受苦、坏人享福感到愤怒。但在1963年课上，卡利克勒斯的复杂性格中的这两个方面被表现得更充分、更形象，特别是卡利克勒斯的愤怒。相关讨论得出了一个迷人的说法——施特劳斯称之为"自我辩护的辩证法"，即，对于免受不义的合法关切可以导致人最终走向僭主式的侵犯行为。

虽然存在如上差异，但两次课程基本上是以同样的方式解读这篇对话。施特劳斯的看法在两次课程之间或在第二次讲课过程中并没有大的改变。我在这里很难充分道出施特劳斯整个《高尔吉亚》解读的丰富性和复杂性，但我要指明一些主要特征。不像大多数研究者，[iv]施特劳斯并未将对话解读成对修辞术的彻底谴责。他解读的关键在于，修辞术依旧是这篇对话的中心主题，贯穿了对话的三个主要部分：高尔吉亚部分、珀洛斯部分和卡利克勒斯部分。根据施特劳斯的说法，第一部分，尤其是第二部分对修辞术的严厉批评，逐渐让位于第三部分中更为复杂的论断，该论断在某些重要方面恢复了修辞术的地位。

《高尔吉亚》中对修辞术的审查，证明部分意义上是对修辞术的必要性的审查，修辞术甚至——或尤其——对于哲人而言也有必要。苏格拉底或许实实在在会批评高尔吉亚所实践并讲授的智术式修辞术，但他也指向了一种新型修辞术，它可以弥合哲学与城邦之间的鸿沟。施特劳斯分析了这种新的、高贵的修辞术的许多方面，但请允许我只突出他特意强调的三点。第一，苏格拉底在《高尔吉亚》中勾勒的这种修辞术以间接的方式，通过控诉城邦或通过"召唤城邦到哲学的法庭面前"，为哲学作了辩护。第二，为了达到预期效果，这样的修辞术必须抽离哲学的顶点或者对其保持沉默，理式论在对话中缺席就说明了这一点。"缺失的顶点"——施特劳斯在1963年课上反复谈到这点。第三，对哲学的顶点的沉默也是对哲学的快乐的沉默，因而这种新的修辞术主张彻底区分快乐与善。

当然，施特劳斯就《高尔吉亚》所指向的这种修辞术有十分丰富的论述，以上只是其中三点。就像他反复强调的，这样一种修辞术无论在目标和性质方面都相当不同于《斐德若》的爱欲修辞术。我所罗列的三点显然过分简化了施特劳斯的解释，要纠正这样的过分简化，就需要详细阐述每一点，思考它们之间的联系，并将其他没有提及的要点纳入思考。任何一篇序言也传达不出施特劳斯解读《高尔吉亚》的全部精妙，所幸读者现在可以亲眼看到施特劳斯实际说过什么了。

最后，我要感谢韦尔比茨基（Mark Verbitsky）和黑尔费尔（Ariel Helfer）在编辑1957年课程和1963年课程上提供的帮助。

斯托弗

于德克萨斯大学奥斯汀分校

编订说明

本课程没有现存的课堂录音磁带。这份记录稿基于原始记录稿，记录者佚名，不为我们所知。

这门课以讲座的形式讲授，偶尔穿插学生的提问以及对各种问题的评论。

课程的指定文本是 *Gorgias*, trans. W. R. M. Lamb, Loeb Classical Library, no. 166（Cambridge, MA: Harvard University Press, 1925）。

本记录稿由斯托弗编辑，韦尔比茨基、黑尔费尔、伯格（Anastasia Berg）和沃尔福德（Peter Walford）协助。

关于记录稿整理计划和编辑方针的一般信息，见总说明。

第一讲　导论

（1957年1月3日）

[1] 施特劳斯：本课程将分析柏拉图对话《高尔吉亚》。我们最好使用洛布古典丛书（the Loeb Classics Library）的译本，因为该译本据说比通常使用的乔伊特（Jowett）译本要好，况且译本中还添加了一些注解。

《高尔吉亚》的主题是修辞术技艺，即获取的技艺，尤其指表现为好的或坏的手段的获取技艺。这样，修辞术技艺就是获取技艺的一部分，通过好的或坏的手段获取他想要的东西。换言之，它是道德中立的技艺，它假定正义并非无可置疑的标准。因此，对话主题变成了正义问题，就此而言，《高尔吉亚》与柏拉图的《王制》之间有一种亲缘性。但二者也有区别：《王制》致力于探究正义问题本身，而《高尔吉亚》则致力于在修辞术问题的语境之内探究正义问题。或者，简单来说，《高尔吉亚》的主题不是正义本身，而是正义的言辞。还有一篇柏拉图对话也致力于探究言辞、探究修辞术，那就是《斐德若》。但是，《斐德若》探究的并非正义的言辞，而是爱欲的言辞。不管怎样，《王制》和《斐德若》仍然是在主题上最接近《高尔吉亚》的对话。

我们为什么要关心这篇对话？我们为什么会对一篇关于正义的言辞的对话感兴趣？这篇对话中关于正义的或不义的言辞以一个更宽泛的问题为背景，那就是，有一门技艺可以使人通过好的或坏的手段获取他想要的东西。我听说，咱们这代人中有人写了一本书，书中把政治界定为"谁在何时获取什么的知识"。①显然还有一种与此相似的东西，那就是摆脱了价值的政治科学，它甚至不关心如何获取最多的技艺，它是关于谁在何时获取什么的纯粹事实性研究。问题在于，这样一种价值中立的政治科学是否可能，这是如今社会科学中最吸引人的问题。《高尔吉亚》间接探究了这一非常热门的问题。但是，这部作品的主题并非当今的社会科学，而是比社会科学更为宽泛。如果我们想理解《高尔吉亚》，就必须扩大我们的视野，扩大由我们最为紧迫的问题所提供的视野。我们不能仅仅寻求一个答案，来回答我们最初那外行的问题——价值中立的社会科学是否可能。

这是我开课以来仅有的一次在课程名中出现了专有名词。我是要以此表明柏拉图对于政治哲学具有特殊的、独一无二的重要性。为什么我相信这一点？政治哲学是哲学的一个分支。那么，柏拉图的哲学有何独特之处？我必须阐明这一点，否则我们在单独一篇柏拉图对话上耗费长达一个学期的时光，就毫无道理可言。

[2]哲学就像其希腊语词所示，最初意味着探求智慧、热爱智慧。而智慧在这里主要意味着充分的或完备的知识，它的对象是整全，是整全的第一因或根据，是整全中不朽的部分。充分的知识意味着终极知识（final knowledge）。这曾是一种哲学的主张。然而看一看现实：有无数种哲学意见——有时又称作哲学体系，这与科学的稳步发展截然不同，科学甚至不敢宣称它能实现终极知识，它存在于无限进步的视野中，这种进步时刻伴随着惊讶，以及未来的科学革命。哲学在今天不被人信任，一方面是因为哲学好高骛远、不切实际，另一方面是因为科学的稳步发展的衬托。对所有终极主张的不信任在今天相当流行，人们说，这是对所有教条主义的不信任。而柏拉图似乎是唯一（the）一位杰出的教条主义哲人。

相对于教条主义，总是存在另一个选择，那被称作怀疑主义，

---

① Harold Laswell, *Politics: Who Gets What, When, How*, New York: P. Smith, 1936. [译按] 中译本参见，拉斯韦尔，《政治学——谁得到什么？何时和如何得到？》，杨昌裕译，北京：商务印书馆，1992。

这意味着否认任何知识的可能性。我们时代的特征不在于不相信一切教条主义，而在于缺乏相对于教条主义的另一个选择，即怀疑主义。今天，我们把科学家认作首要的"认知者"，他既非教条主义者，也非怀疑主义者。他不否认知识的可能性，却否认最终的知识。他不像怀疑主义者那样，说真理不可知，他只是说，真理难以企及（elusive）。如果我们想要理解这一奇特的现象，即追求一种既非教条主义又非怀疑主义的东西，我们就不得不转向现代的诸开端，也就是现代哲学的诸开端。

在那里，我们发现一个诸位熟知的人物：笛卡尔。就我们的目的而言，按如下方式描述笛卡尔的学说足矣。笛卡尔从最极端的怀疑主义出发，正是这种极端的怀疑主义，将导向最不可怀疑的知识，进而导向一种真正的教条主义。简单说，我们可以称笛卡尔试图建立一种基于怀疑主义的教条主义。所有前科学知识都无力抵抗怀疑主义。这要求我们与所有前科学的知识决裂，或者从前科学的知识跳跃到一个完全不同的层面，即科学知识的层面。用当今社会科学熟悉的表达，前科学知识是传说，不是知识。这依然带有笛卡尔的色彩。基于怀疑主义的教条主义无论与教条主义抑或怀疑主义都有很大的不同。按笛卡尔的说法，极端的怀疑主义者发现了某种绝对不可怀疑的东西：自我，大写的我，以及自我的对象或内容。或者，用更熟悉的语言表达，意识及其内容。笛卡尔孕育了下述哲学观念：整全不可知，而一切可知的事物都必须满足人类知识的条件，或者人类意识及其条件。一种新颖的哲学类型从这里浮现，它既非教条主义又非怀疑主义，它在其鼎盛期称自己是批判哲学。

这种对人类心智、对意识的分析被称作知识论，或认识论，或方法论，它负责提供总体性方向，没有它，进步的并且没有终点的科学对于其自身的意义和性质就视而不见。就连极端地支持科学是人类知识的最高形式这一立场的人［3］也会承认，需要有一种方法论来澄清科学的性质及意义。这最终（ultimately）具有终极知识的性质。

批判哲学——这一名词源自康德，但其现象本身比康德更古老，至少跟洛克一样古老——它显然是属人的（human）智慧，而非纯然的智慧。只有终极知识、证明性知识，才是智慧。批判哲学之所以是属人的智慧，是因为它证明了严格意义上的智慧不可能。例如：从批判哲学的观点来看，无神论与有神论之争、灵魂不死的争论都不可解决。而从过去的教条主义哲学来看，这可以用肯定的或否定的方式解决。

现在，思想、意识——我把它称为筛子，我们关于每个事物的知识都必须经过它的筛选——取决于其他事物。意识会不会像这些其他事物一样改变呢？如果是，古老而原初含义上的智慧的不可能性就无法被意识的分析所证明，因为意识本身依赖于其他事物，这些事物修改并更正着意识。证明智慧的不可能性将有赖于关于整全的知识，而筛子（意识）只是其中一部分。意识、知识和科学取决于外在于它们的条件，比如取决于社会及其变迁，取决于一种你们都熟悉的、通过一门被称作社会学知识的学问而被认识的思想。那么结论就是，所有知识都局限于文化或局限于时代，知识属于它的时代、它的文化，具有历史相对性。一切思想都是其时代的产儿。

所有思想都具有历史性，这一公认的或真实的洞见产生了种种困难，只有一条途径可以摆脱，即有一个绝对的时代、一个绝对的时刻、一个成熟的时机，在彼时，历史运动和变化都已完成，换言之，所有理论的和实践的问题都已经在原则上被解决了。这是黑格尔解决历史问题的方案。它当然意味着在这一绝对时刻之后，不可能再有任何有意义的未来或有意义的历史。正如马克思所断言，历史已经到此为止了。未来将不再有历史——从黑格尔的观点看，确实如此。倘若黑格尔正确，那么之后的所有时代，便只有"模仿行为"（epigonism），一种对已发生过的事实的无聊重复。因此，如今很少有人还坚持当黑格尔主义者。关于整全，西方世界的流行看法是这样的：不可能在原则上彻底解决所有的理论问题和实践问题；真理永远难以企及，因此历史也永远没有终点。但是，这一洞见本身必然将自身呈现为终极洞见，这意味着有一种最为全面、最为重要的知识，它关乎人类知识及其诸界限的性质，而且作为终极知识，它能被认识。再也不可能有任何根本性的惊讶。未来兴起的文明或许会有全然不同的诸文化，但我们已提前认识到它们的根本性质。这一立场在欧洲被称作——而我认为这个词不比其他任何词更糟——"历史主义"，它是批判哲学的变形。这种哲学所含有的最为根本的知识的终极性质，与内在于现代科学的预测不相容，后者认为［4］知识是一种本质上没有终点的探求（unfinishable quest）。那么，哲学何以可能被理解为一种未完成的探求（unfinished quest）呢？

我正慢慢接近柏拉图的意思。我们不拥有智慧。我相信对我们大多数人而言很容易承认这点。在我们认识的人当中，没人拥有智慧。任何人若宣称他拥有智慧，都不可信。智慧不可得，这一残酷的现实产生出一种怀疑：就算是隐藏的，也存在一些基本的理由去解释为何智慧不可得并且永不可得。怀疑与确定性或明显的确定性非常不同。关于智慧不可能的这一明显的确定性——这正是批判哲学的意思——暗示了在批判哲学的意义上属人的智慧是可得的，因此它将暗示探寻的视野正在走向封闭。人们禁不住提出这些沉重的问题，但我们知道，解决这些问题的每一次尝试都宣告失败，这使我们不愿继续尝试。尽管智慧不可得并且永不可得，但仅仅从事实上观察到这一点并不意味着这就是结论——未来的进步、未来更深刻的穿透力、未来的种种思想革命，这些仍然都是可能的。

然而，在这样的条件下，如何可能有任何指引，任何意义上的指引呢？智慧实际上不可得，这一断言意味着这些问题尚未得到解决。这断言还预设了：第一，存在关于这些问题的知识，第二，存在关于这些根本性问题的顺序或等级的知识；第三，存在关于整全问题的知识。人人都必须承认存在着关于整全问题的知识，因为，人不可能一面否认解决整全问题的可能性，一面却又不肯定整全问题的存在。关于这唯一根本问题本身的知识曾被称作无知之知。无知之知是（is）知识。无知之知预设了，对我们来说，种种问题比我们所知任何解决方式都更显而易见。无知之知既非教条式的又非怀疑论式的，更不用说基于经验主义的教条主义或批判哲学了。帕斯卡（Pascal）的话很能帮助我们理解这一点，他说，"我们知道得太少，无法成为教条主义者；又知道得太多，无法成为怀疑论者"。①帕斯卡由此得出结论：因此，哲学是不可能的。这一结论的前提是，哲学要么是教条主义，要么是怀疑论。但是，柏拉图仿佛在说帕斯卡所陈述的事实——我们知道得太多，无法成为怀疑论者，又知道得太少，无法成为教条主义者——也恰恰是哲学之所以必要而且可能的理由。哲学的本质是好奇（inquisitive）。康德说过，"没人能教授哲学（philosophy），只能教人哲学思考（philosophizing）"。②换言之，哲学不可能是教条。倘若如此，就会导出一个康德并未得出的结论：哲学无法像其他学说比如数学那样可沟通。康德有一位私淑弟子，在今天有很大名声，名叫基尔克果（Kierkegaard），他为这种沟通发明了一个术语：他称之为"间接沟通"（indirect communication）。③在各门科学中，我们必然有直接的沟通，[5]例如证明一类的东西；但在哲学中，或者在追求类似的性质时，只可能是间接沟通。

柏拉图既非教条主义者也非怀疑论者，这一点可以从他创立的学园的历史中看出。学园有时是教条主义式的，有时又是怀疑论式的。怀疑论阶段最著名的代表是西塞罗（Cicero），一位怀疑论式的柏拉图主义者。教条主义与怀疑论是两种对立的哲学思考方式，它们皆产生于柏拉图的思想，这说明柏拉图哲学本身是超越上述对立的。人们还可以提到一个事实，即柏拉图的主要形象是一位教条主义者，而且他是教条主义者之首，这一形象必须与苏格拉底的主要形象——关于无知之知的大师——作比较，因为苏格拉底是柏拉图笔下的人物。若没有柏拉图对话，我们对苏格拉底将一无所知。柏拉图在十八世纪

---

① 对勘 Pascal, *Pensées* Lafuma 131, 406（=Brunschvicg 434, 395）。

② Kant, *Critique of Pure Reason*, A 838/B 866.［译按］中译文参见，康德，《纯粹理性批判》，李秋零译，北京：中国人民大学出版社，页612。

③ 参见 Kierkegaard, *Concluding Scientific Postscript to Philosophical Fragments* 2.2.2, especially VII 203ff, 233ff, and *The Point of View of My Work as an Author*, XIII 495ff, 540-543. 页码参照 *Søren Kierkegaards samlede Værker*（Kjøbenhavn: F. Hegel & søn, 1901—1906）.［译按］中译本参见，克利马科斯（基尔克果），《论怀疑者·哲学片段》，翁绍军、陆兴华译，北京：三联书店，1996。

颇受冷遇，人们不喜欢柏拉图，苏格拉底却很受欢迎，而苏格拉底又意味着柏拉图的伪装。回到主题，我想说的是：柏拉图的哲学思考方式在某个奇怪的方面与我们时代最优秀的科学家理解人类知识的方式相一致，既非怀疑论，也不是教条主义。但是，我们接下来将看到，柏拉图与科学家们之间仍有巨大的差异。不过我们也一定不要轻视他们的一致之处。让我们首先从一般介绍开始。

如果并不知道（known）整全，又如何可能知道关于整全的问题？我们必定拥有某些关于整全的知识。我们必定意识到（be aware of）某个东西会伪装成整全，我们能够察觉（realize）到这个东西不是真正的整全或完整。察觉到这一点的结果就是，我们必定去寻找真正的整全，因为我们所认识的只是虚假的整全（pseudo-whole）。如今我们所有人都知道那种虚假的整全，用圣经的话说：天空、大地以及在此之间的东西。这一可见的整全引出根本性的问题：使这一整全结合在一起的是什么？把它创建为一个整全的是什么？它的起源是什么？天空的特征是什么，而大地的特征又是什么？天体、地上的物体以及不同的地上物体，诸如植物、野兽和人，其各自的特征又是什么？最后但并非不重要的是，什么是善（good）①，什么是恶（bad）？何以在善恶的问题上，不同地域、不同时代的人处理的方式也不同？我们发现，无论什么时代，人们都拥有种种技艺、习俗以及关于早期或开端的纪事，这是怎么发生的？也就是说，只要人还是人，他就生活在那整全之内。他头顶苍天，脚踏大地。他向那整全开放，因而被那整全强加给他的问题所吸引。生存在那整全之内，向它开放，并被它强加的问题所吸引——这便构成了人的处境，人之为人的永恒而普遍的处境。无论那整全之内的其他存在者——假如在那整全中存在其他可以思考的存在者，而且可以专门思考人的话——会如何看待人，对于人来说，人当然是整全之内最为重要的存在者。

柏拉图就讲过这样的故事，与整全、前一种整全，一种虚假的整

———

① ［译按］good（agathos）兼具道德意义上的善与自然意义上的好，故而根据上下文语境分别译作"善"或"好"。

全有关。他在《王制》卷七中称之为洞穴。把洞穴结合为一个整全，并把它与其他所有事物分离开来的是一个无所不包的拱顶：洞穴的墙。不过，洞穴还是有一个出口通到外面：这出口就是由整全提出的问题。[6]意识到我们生活在洞穴中，生活在作为可见宇宙的洞穴之中，是哲学的充分必要条件。该意识为我们可能提出的所有具体问题规定了方向和统一性。就算人可以获得完全的智慧，也不影响我们的这一意识，因为对每个人来说，出发点总是我们观察到的周围事物。不管怎样，意识到我们生活在洞穴中，是最全面的知识，因而也是并不智慧之人所能拥有的唯一能够给我们指出方向的知识。

所有的哲学思考都始于这种洞穴意识。它是唯一不武断的哲学开端。笛卡尔以普遍的怀疑为开端，它派生于真正的和绝对的开端。因为笛卡尔必须证明，我们关于天空和大地的知识不可靠。但是，假如要证明这一点，你就得以别的东西为前提：以关于天空、大地以及二者之间事物的所谓的知识为前提。这样，以洞穴为开端就是唯一显而易见的开端，不仅对我们如此，对所有时代的每一个人都是如此。天空、大地以及二者之间的事物被普遍永恒地给予。它们对我们而言显而易见，这意味着它们并非真正显而易见。我们不知道为什么会如此，为什么人的处境会像这样。这个开端对我们而言不可回避，而且是唯一不武断的开端，在这个意义上，它是绝对的开端，但这个开端并未指示绝对知识或关于绝对之物的知识。它只是无可逃脱。柏拉图为此又发明了一个词。我们把洞穴看作天空、大地以及二者之间的东西，柏拉图把我们的这一洞穴意识称为pistis，希腊文的意思是信念（trust）——盲目的、不可避免的信念。我们生活在派生的、有条件的、就其自身而言并非可理解的世界之中。我们十分肯定地知道一棵树是一棵树；但为什么它是一棵树，这是一棵树意味着什么——困难从这里开始。我们生活在这样的世界中：它使最终被给予的东西变得可以理解，但这个世界本身比被给予的东西更难认识。我们仿佛上下颠倒地生活着。关于我们处境的每一个说明（explanation），或关于我们处境的每一种解释（interpretation），都缺乏我们对该处境本身的意识所拥有的那种强制力。

但是，我们生活在洞穴之中这一事实并未充分说明人的处境。察觉到我们生活在洞穴之中才是哲学的条件，但是这一条件并非总是得到满足。察觉到我们生活在洞穴之中要求我们付出某种努力。首先，我们生活在相信（belief）中，相信那些关于整全的种种可疑意见是真实的；我们生活在相信中，相信那些声称能解答整全之谜的种种意见是真实的。这些相信不具有信念（trust）的性质，不是盲目的、必然的信念。我们不是被迫接受这些"相信"，它们缺乏那种初始信念所特有的强制力。这些意见值得怀疑。换言之，我们首先生活在——再用个柏拉图的术语——信念和影像的混合体之中。你们记得线喻（the divided line）及其四种知识类型。[1]我现在谈的只是较低的两段，其中一段被称作信念，另一段被称作影像。影像不像信念具有强制力。例如，假如人们说"白色神牛"，那么牛是否神圣乃是可怀疑的，而牛是白色的这一点却不用怀疑，除非是在教室里。这就是柏拉图通过区分不同知识类型所表达的含义。哲学的开端就是意识到这一初始信念与影像的基本差异；[7]哲学的开端就是决心严肃地对待这一差异——事实上，如此之严肃，以至于我们打算将其运用到所有事物上。

但是，怎么可能生活在这一基础上呢，即在如下看似合理的假设的基础上：问题总是比解答更显而易见？难道好人的问题不总是比这问题的解答更显而易见吗？也许可以这样回答这个问题：兴许无知之知，按照苏格拉底和柏拉图的意思，暗示了——不，构成了——关于好生活的问题的答案。基于人的处境，基于我们都是派生的并且生活在派生的世界之中，除了寻求非派生之物，或进行哲学思考，我们别无选择。如果我们做不到这点，那么我们必定变得自吹自播、自以为是，变成那种自称知道自己所不知道的东西的人，要不然就轻率浮躁、有失稳重，对待严肃的事物不严肃认真。可倘若如此，倘若哲学显然由人的处境所规定，那么，这对于我们的日常行为以及社会必

---

① 《理想国》509d-511e。［译按］中译本参见，柏拉图，《理想国》，王扬译，北京：华夏出版社，2014，页247-249。

将产生严重的后果。我们可以试着说，那的确是柏拉图《王制》的主要功能：展示哲学的必然性会对个人的和群体的人类生活产生什么样的结果。换言之，政治哲学，包括道德哲学在内，可能会导向那些原则上的终极答案，即便关于整全的宇宙论或问题也许不允许有终极答案。无论如何，这似乎就是柏拉图的主张。我们可以把这观点表述如下：种种哲学问题通过我们作为人类的处境强加给我们。但是，没有哪个哲学问题像关于好生活的问题、关于如何生活的问题那样，如此深刻地根植于我们作为人类的需求之中。

这个问题总是在被我们从属的社会提出之前就得到了回答。我们所有人从小到大都被告知要这样做、要那样做，等等。这些社会的答案其实从不清楚明白，也不令人满意。想想今天"民主"的含义吧。就我们试图表现正派、保持自重而言，我们在行动上遵守了社会的标准。然而，我们同时却察觉到，这些共同理解的标准是成问题的，因此，我们被迫朝着更正派而非相反的方向超越这些标准。然而，好生活在于哲学思考，或者德性就是知识，这样的论点绝非不言而喻。所以，我们被迫追问：为什么是哲学？这一问题把哲学本身召唤到哲学之外的一个审判台（a tribunal other than philosophy）前。此审判台主要指要求我们付出忠诚或忠心的社会，而这样要求我们的社会是一个政治社会。政治社会同样属于那种首先、永久且普遍地被给定的东西。无论何时何地，只要有人存在，他们都是服从者，不一定是服从国王们，但肯定要服从社会。不难看到，这不是由于孩童般的禁忌，而只是我们需要社会。因此，我们必须关心我们的社会，而这意味着我们必须关心我们的社会是好社会。

我们必须追问什么是好社会，因为社会给予的答案不一定为真。于是，我们对社会的关心会立刻将我们引向政治哲学，我们大可以说，政治哲学并不仅仅是哲学的一个分支，它还是哲学的自然开端。这再次使人联想到柏拉图和苏格拉底。哲学是对整全知识的探求，但认识整全意味着认识它的部分。哲学［8］因此变成了对整全的诸部分的研究。但是，除非将部分当作整全中的部分，否则部分不可能被真正认识。除非根据整全来认识部分，否则部分不可能被真正认识。在柏拉图看来，这是哲学的根本性难题。然而，整全有一个部分就其自身而言也是一个整全，它是特殊的整全，是最易接近的整全，这一整全受人天生追求的诸目的所限定。这一整全是政治哲学或道德哲学的处理对象，它在某种程度上可以凭借其自身得到理解，至少对于实践的目的而言可以得到充分理解。

哲学，按照柏拉图的理解，在本质上是探究的、好奇的。哲学的开端就是意识到我们生活在洞穴之中，意识到我们被社会强加的正统意见所束缚。假如没有意识到这一点，那么这样的意识必须被唤醒。首先，我们生活在公认的意见之中，仿佛这些意见就是真理。我们一开始并不相信我们生活在洞穴中。必须有某个人向我们表明，我们生活在洞穴中。他必须解放我们。这是柏拉图写作对话的一个理由。他用对话向我们表明，有一个叫苏格拉底的人，他试图通过以下方式来解放其他人：一是让他们相信，他们生活在洞穴中，而非生活在自由的空气中；二是向他们指出走出洞穴的道路。于是，对话就不是展示某种哲学学说的武断形式，而是柏拉图理解哲学的方式所产生的必然结果。柏拉图教授的不是某一哲学学说，而是如何进行哲学思考。

关于哲学的出发点，让我们再稍微讲得精确一些。我们生活在洞穴中而不自知。我们相信，有人已经替我们解决了所有根本性的问题。但是，每个人都以他自己的方式相信这一点。或者说，每个人都生活在他自己的洞穴中。所以，哲学的出发点在原则上是因人而异的。哲学可以从任何一点开始，从每一个个体的个别情形开始，它必须（must）在每一种情况下都依据个别的情形，从个体关心的个别需要开始。没有关于个别需要的伟大智慧；每一位教师都知道，或应当知道这一点。解放人们的方式有无限多种。因此，柏拉图没法在他的对话中充分展示这种解放，因为不可能穷尽这无限多种方式。不过幸运的是，人类和人类境况的无限多样性可以被概括为一定数量的类型。所以人类的解放可以用为数不多的几篇对话呈现出来。在每一篇对话中，都有一些个别的人物，这意味着他们有专门的名字和性情——他们可以秃顶，也可以肥胖，以及拥有所有其他的品质。换言之，对话人物不是一个叫甲或乙的家伙，就像霍布斯在他写作的对话中称呼他们那样。①他们彼此称呼对方为"亲爱的甲"和"亲爱的乙"。但这不是柏拉图的风格——柏拉图对话中的人物是真实的人。所以在每一篇对话中，都有一些这样的人，他们有专门的名字，生活在特定的时代、特定的地方，对话就发生在他们中间。而选择这些人，为的是考察他们的典型性格。

这是我们的开场白，它对于在座的某些人来说可能不言自明，而对于另一些人可能又太难理解。我承认，刚才说过的一些东西，对于一个刚开始阅读柏拉图的人来说并非显而易见。而我们一定要从开端、从事物的表面出发。让我们言归正传，真正从表面出发。我们从一个确定的事实出发，那就是我们很困惑（如果有人不想被列入困惑者之列，那也行），我们不仅困惑，而且需要［9］指引。进而，我们从如下偏见或曰合理的假设出发，即我们可以获得来自柏拉图的某些指引。柏拉图写了许多作品，但他并未告诉我们应当从哪一篇读起。因此，任何开端，从任何一篇柏拉图对话开始都完全合理。适当的开端可以从任何地方开始，只要真正开始阅读柏拉图，而非阅读研究柏拉图的文献。我们［不］应当把任何关于柏拉图的假说当真，我们唯一应当接受的就是柏拉图的文本，流传至今的柏拉图文本。我们或许不该对抄写员的错误表示惊讶。毕竟柏拉图与我们相隔两千三百年呢。但是，若对传统文本缺乏一种谨慎的信任，我们便没有任何机会接近柏拉图。我们丝毫也不关心那些聪明人告诉我们的说法，比如像《高尔吉亚》写作的时间和背景什么的。我们只考虑柏拉图本人在对话中提到的时间和其他背景。起初，我们甚至不知道柏拉图为什么写作这些对话。起初，假如［我们］有理智的话，这些对话只是柏拉图的奇特造物——奇特，我们还可以加上一个词：美丽。起初，我们当然也不［知道］这些对话是不是哲学著作；那只是一个重大的假设。

在这样的情况下，我们该怎么办？让我尽量简单地明确问题。理解柏拉图意味着理解柏拉图所说（what Plato says）——这适用于

---

① 施特劳斯在此指霍布斯的《比希莫特》（*Behemoth*）。

任何这一类型或等级的作者，只是有细微变化。肖里（Paul Shorey）有一本书，你们有些人可能知道：《柏拉图说了什么》。[①]这本书用途广泛，却犯了一个根本性的错误，是什么呢？柏拉图什么也没说。当你像我一样引用某一句话时，它并不是柏拉图说的。也许苏格拉底说过，也许别人说过——但柏拉图什么也没说。我先抛开柏拉图的那十三封书信，尽管它们据说是柏拉图写的，并流传了下来，我只把讨论范围局限在对话上。在这些对话中，柏拉图从不说话，说话的只是他笔下的人物。即便对话有某种类似于导言性质的东西，那也是柏拉图笔下的人物（character）在说话，绝非柏拉图。人们会说，上述说法真幼稚，因为柏拉图总是有一位代言人——一位代言人，那个人其实就相当于柏拉图。但麻烦的是，代言人不止一位，有苏格拉底，还有其他人。在〔五篇〕伟大的对话中，充当代言人的不是苏格拉底，而是其他人。但柏拉图为什么要创造不同的代言人呢？如果你想要知道苏格拉底代表什么，你必须首先知道这一点。不过，姑且让我们假定说，苏格拉底就是那位（the）代言人——不是雅典异乡人，不是埃利亚的异乡人，也不是别的谁。但苏格拉底有一项品质，他以此闻名，而这项品质又跟言辞密切相关。这就是反讽。柏拉图从不发言，而他的代言人苏格拉底又是一位反讽大师。我们可以稳妥地推断，柏拉图对话是一个谜。

人们在思考柏拉图的教诲之前，必须首先思考他的对话，这意味着要考虑柏拉图展现其欲说之话的形式。这首先是一个文学问题，于是我们进入了一种在社会科学家看来完全不值得去蹚入的奇怪处境：为了首先解决文学的问题，我们必须把最为严肃的问题——如何生活——往后推。或者，文学的问题与哲学抑或科学的问题之间有联系吗？我们权且说，呈现一种教诲的问题其实是人类沟通的问题，而我们都知道，沟通〔10〕是共同生活的一种手段。但这并不充分。沟通确实是共同生活（我并未考虑如今的电视

---

① Paul Shorey, *What Plato Said*, Chicago: The University of Chicago Press, 1933.

和收音机）。"共同生活"意味着什么？如果我的理解没错，用一种时髦表达，就是指分享经验。共同生活意味着分享经验。所以"展现"（presentation）的问题若理解正确，的确等同于社会问题。一般而言，沟通就意味着分享经验，因为你必须承认，你从香皂广告上获得的沟通虽然在今天也被强调成"沟通"，但它显然是最贫乏的沟通；它〔甚至〕都不算一种沟通。他只是告诉你一些信息。你却没有跟他交流。真正的沟通其实是双向的，因此，在我看来，它就是社会。沟通一般来说意味着分享经验。有一种类型的沟通叫作寻求真理，或哲学，或科学。所以完整的沟通现象（指真正的沟通而不只是所谓的沟通）等同于社会或哲学。只要专注于柏拉图的展示方式，我们就绝不会偏离哲学或政治哲学的实质性问题。

经过这番"申辩"之后，现在我得转向下述问题。柏拉图对话是一个谜。它可以被解开吗？我们有任何理解它的可能吗？什么是真正的谜？我给你们举一个十分通俗的例子。比如这块黑板上唯一存在的东西就是这个"？"——一个问号。好，问题是：我们可以用这个问号做什么？这个大问号？我们再画一个问号。起作用了，不是吗？某种关系是可能的。一个问号可以代表45，或97，或代表14个问题。但两个问号只能代表两个问题。换言之，如果我们有不止一个谜，那比起只有一个谜来说还不算太糟糕。不够清晰以及不够多样化才是更糟糕的事情。幸运的是，柏拉图对话有许多篇。如果我们相信传统，那就有35篇对话。除此之外，柏拉图对话还有许多种类（kinds）。现在我给你们分析一下这些对话的种类。我试着做生物学家要做的工作，好比他面对一种前所未知的动物群或一座小岛。在某些要点上，我相信这样做对你们有些帮助。

首先，柏拉图对话可以分成两大类：演示型和转述型。转述型对话就是有人在开始时说，"我曾听过苏格拉底和其他一些家伙的一次对话，云云"。演示型对话看起来就像戏剧，你知道——甲和乙，没有开场白。大多数对话是演示型，有24篇。转述型有9篇，其中6篇由苏格拉底转述。另有两篇对话，你可以说不确定它们是演示型还是转述型。第二种划分方式很简单，即分成苏格拉底对话和非苏格拉底对话，意思是指苏格拉底是否为主要谈话者。大多数情况下（有28篇）苏格拉底是主要谈话者。所以我们权且可以说，标准的柏拉图对话是一篇演示型对话，其中苏格拉底担任主要谈话者。我们对这种理解方式一定要持保留态度。我认为，在35篇对话中有18篇属于这一类型，刚好过半。在这方面，我们可以注意到一件事。苏格拉底在柏拉图笔下显示为双重身份：既是对话中的人物和演员，又是转述者。所以我们有两种方式接近苏格拉底。我们发现他不但在舞台上，也在我们身边，仿佛正在告诉我们他听过的一些事情。

[11] 第三种考虑——我的列举并没有特殊的顺序——是对话的标题。在大多数情况下，也就是说，在35篇对话中有27篇，标题中包含专名，7篇对话的标题中没有专名。有一篇对话我认为不太确定：《苏格拉底的申辩》。我不知道应该说它有专名还是没有专名。有专名和没有专名意味着什么呢？大部分柏拉图对话的标题都是专名，例如《高尔吉亚》。在古代，哪种文学类型的标题是专名呢？肃剧（tragedies），《安提戈涅》《阿伽门农》等等。但这里有这个差别：在肃剧中，专名通常表示英雄的名字，而在柏拉图笔下，标题中出现的专名几乎总是同时代人的名字。这似乎揭示出柏拉图对话与肃剧之间的真正差别。我们在哪里找得到写同时代人的文学类型呢，假如不以标题为主的话？谐剧（comedy）。所以柏拉图著作的标题，即那些以专名构成的典型标题，似乎指向某种介于肃剧和谐剧之间的东西；如果你们去看柏拉图《会饮》的结尾，你们将发现一段关于肃剧与谐剧的评论，这二者在某种意义上是不可分割的。[①] 只有四篇柏拉图对话的标题暗示了对话的主题，它们是：《王制》，《法义》，《智术师》以及《治邦者》。你们看。如果以专名为标题，你绝对不知道这本书的内容是什么。举个例子，你们从《安娜·卡列尼娜》《包法利夫人》的标题中看不出任何头绪；因为从我们通过标题获得的信息来看，它完全有可能是一名叫安娜·卡列尼娜的好莱坞女孩的故

---

① 《会饮》223d2-6。[译按] 中译本参见，刘小枫编译，《柏拉图四书》，北京：三联书店，2015。

事。专名其实揭示不出著作的内容。但《王制》或《法义》并非这种没有揭示性的标题。如果柏拉图只取了四个有揭示性的标题，而这些标题是，再说一遍，《王制》，《法义》，《智术师》和《治邦者》，那么，他关于这些著作留下的提示是什么？因为所有其他对话完全未揭示对话的内容。《会饮》也完全未揭示对话的内容。我认为柏拉图似乎对政治事物特别感兴趣，因为"王制"（或 Politeia［政制］），"法义"和"治邦者"显然都是政治现象，"智术师"与之相关，姑且也算［一种］政治［现象］。智术师的希腊文含义等于我们今天所谓的知识分子。这显然是一种社会的或政治的范畴，与其他事物无关。柏拉图在他这些著作的标题中表明，他的主题主要是政治性的。

　　再说第四个区分标准，也就是角色——狭义上的角色，即那些参与对话的人，他们不同于主要参与者。那些人在希腊语中将被称作"同伴"。例如，在《高尔吉亚》这篇对话中，高尔吉亚和其他人严格来讲才算角色，而非苏格拉底。对话基本都发生在雅典城内，只有两个例外：《法义》以及紧随其后的《厄琵诺米斯》（*Epinomis*）。但是还有两篇对话勉强也算是发生在雅典城外面：《斐德若》无疑发生在雅典城外边，而《王制》发生在雅典城外的海港，佩莱坞（Piraeus），当然也算在雅典外面了。还有一些对话表现出细微的不同寻常之处，但毫无疑问发生在远离雅典之处的对话就只是《法义》和《法义》接下来的那篇对话［《厄琵诺米斯》］。在大多数对话中，都有除了苏格拉底本人以外的雅典人参与。有两个例外，《希琵阿斯前篇》与《伊翁》。有21篇对话的主要对话者是雅典人——相当大的比例，超过50%。让我们看得更仔细一些。［12］苏格拉底没有在哪一篇柏拉图对话中跟艺人、匠人或雇工交谈过——没有任何一篇。这一点很重要，值得注意，因为跟柏拉图同时代的色诺芬曾列举了不少例子，清楚地显示出苏格拉底曾多次同这样一些普通、卑微的人交谈过。[①] 你们或许还从柏拉图的《苏格拉底的申辩》中得知，苏

---

① 色诺芬，《回忆苏格拉底》3.10。［译按］中译本参见，色诺芬，《回忆苏格拉底》，吴永泉译，北京：商务印书馆，1984。

格拉底被呈现为这样一种形象，他把所有的时间都消磨在市场上，同各式各样的人交谈。这有可能是真的。但柏拉图从未拿出证据证明这一点，除了苏格拉底在《苏格拉底的申辩》中的陈述。①

另外，柏拉图对话中的对话者从未出现过女性。对话有一个小小的资格限制，但女士们也能从容面对——你们知道从前男人具有何种偏见。当然，出现过两位非常著名的女性——《会饮》中的第俄提玛与《墨涅克塞努斯》中的阿斯帕西娅（Aspasia），但她们并未现身（appear）。苏格拉底只是转述了这些女士告诉他的故事。只有一位女性真正现身过，但也只是一瞬：苏格拉底的妻子。②［录音不清］她们都是有社会地位的名人，同时也是外邦人（strangers）。所以，对话保留了针对下层民众和女人的禁忌，却没保留针对外邦人的禁忌。但接下来的事情才最令人好奇。只有三篇对话的主要对话者在当时实际参与过政治——像卡尔米德、克里提阿、阿尔喀比亚德这些后来成为著名政治家的青年，当时自然还算不上真正的政治家。阿尔喀比亚德在《会饮》中显然不算是主角，阿尼图斯（Anytus）在《美诺》中也不算。有真正政治家担当主角的对话有《苏格拉底的申辩》，苏格拉底与作为整体的雅典城邦（polis）交谈，以及《拉克斯》。换言之，从表面上看——我现在考虑的只有表面上的情况——政治虽然是柏拉图的一大主题，氛围却并不政治，因为政治家并未在对话中扮演任何值得一提的角色。某个人将社会的正确秩序问题看作最为紧迫而且在某种意义上最为重要的问题，这很有道理，难道不是吗？然而，这些事情太过严肃了，以至于不能交给政治家，甚至不能与他们进行讨论。柏拉图对话中的某些言论涉及这一点。在这里，我以下述评论作结：一位非常年轻的苏格拉底仅出现在一篇对话中，即《帕默尼德》，而老年苏格拉底出现在七

---

① 《苏格拉底的申辩》17c7-d1。［译按］中译本参见，柏拉图，《苏格拉底的申辩》，吴飞译疏，北京：华夏出版社，2007。
② 《斐德若》59e8-60b1。［译按］中译本参见，刘小枫编译，《柏拉图四书》，北京：三联书店，2015。

篇对话中；当然，所有对话都发生在青年苏格拉底与老年苏格拉底之间。

我要提的第六个划分标准是，有些对话指向一种教诲，而有些对话指向一个问题。比如，《王制》指向一种教诲，《高尔吉亚》也指向一种教诲，《泰阿泰德》却指向一个问题。那么，这些评论有助于解决谜题吗？我认为它们同时也增加了谜题的难度。现在让我们重新出发。"对话"意味着什么？对话源于一个希腊文动词，意思是相互交谈——一个人对另一个人。那它现在是什么意思？我给你们引用一段话，这段话未得到［13］充分的思考，它出自柏拉图的同时代人色诺芬的一部作品，《苏格拉底回忆录》（*Memorabilia*）第四卷第六章：

> 当有人在某一观点上和苏格拉底有争论，却无法把自己的意思说明白，只是断言，他所说的某人，比苏格拉底所说的更聪明、更有政治才能、更勇敢或与之相反，却拿不出证明的时候，苏格拉底就会按照以下方式，把整个讨论引回到定义问题上去："你认为你说的那个人比我说的人是更好的公民吗？""我是这么说。""那样，我们为什么不先考虑一下，一个好公民的本分是什么呢？""让我们先考虑这个吧。""好公民是财政长官，他使城邦更为富裕，难道不是吗？""当然。""在战争中，好公民使我们变得比敌人更强大，对吧？""当然。""作为使节，好公民是化敌为友的人吗？""大概是。""在辩论中，好公民是止息纷争，创造和谐的人吗？""我想是。""通过这种把问题引回到论证的办法，即便他的论敌也开始清楚地看到真相。而每当苏格拉底本人要辩清一个问题时，他则是步步为营。他先从取得高度一致的地方前进，认为这是发表言论的唯一稳健的形式。所以，每当他进行论辩时，他比我所知道的任何人都容易赢得其听众的同意。他说，荷马称奥德修斯为"稳健的雄辩家"，就是因为奥德修斯能够把讨论引向人们普遍认同的那些事物上。[1]

---

[1] 色诺芬，《回忆苏格拉底》（前揭），页181-182。译文有改动。

你们会发现，色诺芬在此区分了两种不同类型的对话。在色诺芬首先提到的一种情况下，苏格拉底同论敌交谈。苏格拉底说，"好吧，让我们回到原则。让我们回到开端，看最基本的议题是什么。到底是什么使一位好公民成为好公民的？"另外一种情况，则是苏格拉底而非其论敌掌握主动。在这种情况下，苏格拉底没有回到原则，而是把讨论引向普遍认可的事物。苏格拉底以这种方式创造了同意、许可与和谐。这意味着什么？第二种形式的辩证法不打算追求真理，而仅仅是追求普遍认可的一致意见。第一种形式则打算追求真理，这种形式最终要重要得多，苏格拉底只有在同论敌交谈时才运用这种形式。为什么论敌会受到苏格拉底的特殊对待呢？难不成他喜欢自以为是之徒，还是什么的？不。理由可以大致说明如下：（一般来讲，考虑到各种情况）如果一个人［有能力］去反驳，而不是简单地以被动的方式接受和承认事物，那他也更加［有能力］去理解事物。所有理解，无论它是否表达出某种反驳，外在的反驳，都具有这样的性质——"他那样说是什么意思？""这是真的吗？"——这当然就是反驳。就此而言，所有真正的学习都由反驳组成。

色诺芬自始至终都在其作品中追求这一点。再举一两个例子，他指出，苏格拉底划分了不同的人类类型。一种他称之为天分好的人，不是指那些善良（good-natured）的人，而是指那些我们称作有天赋的人（gifted people）。剩下的就是各种各样没有天赋的人。[1] 色诺芬没有展现苏格拉底与那些有天赋的人的交谈——总的来说，只展示与没有天赋的人的交谈。我先给你们讲一些确定的事实，然后再进行解释。最好的例子来自他的《回忆苏格拉底》的第三卷。［14］他从一些完全不会让人感兴趣的无名氏出发——这些人的名字都没有被提起——然后在第6章，他提到了一个叫格劳孔的家伙，你们若读过柏拉图的《王制》的话，会认识这个人。这位格劳孔还是个二十多岁的年轻小伙，人有些幼稚，但非常善良。所以色诺芬必须补充说，苏格拉底跟格劳孔交谈，是为与老格劳孔之子卡尔米

---

① 《回忆苏格拉底》4.1。

德交谈作铺垫，进而为与柏拉图交谈作铺垫。这是色诺芬提及柏拉图的唯一场合。所以卡尔米德与这位小格劳孔相比，跟苏格拉底的关系更亲密。色诺芬在接下来的第7章安排苏格拉底与卡尔米德对话。接着我们必定会品尝到一场真正的对话了吧——苏格拉底与柏拉图之间的对话。然而，我们得到的只是苏格拉底与阿里斯提普斯的对话。阿里斯提普斯也算哲人，但显然不及柏拉图。所以色诺芬的举动是这个意思：他指出了顶峰，但顶峰并未得到展现。我们必须想象、猜测那里会发生些什么。我们不知道。

这跟柏拉图有何相干？这有任何含义与柏拉图相关吗？关于全部柏拉图对话，有一个一般性的考虑：永远不会出现一场水平相当的对话。你兴许会说，没人是苏格拉底的对手。但并非完全如此。在某些对话中，有一位被称作埃利亚异乡人的人物。就算他不完全与苏格拉底旗鼓相当，也比任何人都更接近苏格拉底。就此而言，在《蒂迈欧》中还有一位蒂迈欧。但在这些情况中，苏格拉底与他们只有简短的交流。没有任何理论从中产生。柏拉图从未为我们展现过一场旗鼓相当的对话，《帕默尼德》是唯一的例外，苏格拉底在这篇对话中与诸如帕默尼德和芝诺一类思想巨擘交谈。但不幸的是，在这一情况中，苏格拉底不及帕默尼德和芝诺，因为他还太过年轻。所以这是柏拉图对话的一大原则：从不展现一场旗鼓相当的对话。主要谈话者总是与智性上低于他的人交谈。关于这一点，有一些提示，虽然有点简略，却不容忽视。例如，当柏拉图想让苏格拉底讨论勇气时，他当然就让苏格拉底与勇气方面的权威专家进行讨论，这样的专家自然是将军。至少将军被认定是最权威的专家。所以他安排两位将军，拉克斯和尼西阿斯，参加论勇气的对话。但是呢，我们看见他们都是败军之将。后来又有一场关于节制的对话——论节制。柏拉图很自然地挑选了一位叫卡尔米德的青年，他之所以最为突出，是因为他谦逊、迷人和害羞的性格。但是呢，这位卡尔米德后来却成了一位放纵的大师，也就是僭主。类似的情况也发生在其他地方，甚至《王制》。我不想一一列举。所以，这是什么意思呢？

有一个结论显而易见。反讽的要素将贯穿所有柏拉图对话，这一点千万不能忘记——如果你们愿意，也可称之为谐剧的要素。还有一点：在所有柏拉图对话中，主要对话者——大多数情况下是苏格拉底——是在同另一个人或另一些人交谈，他们皆在不同的层面上不及苏格拉底。有的人智力不高，非常幼稚而且头脑简单；另外一些人则深思熟虑。对话总是"自上而下的"。要真正领会柏拉图对话，领会苏格拉底的意图（what Socrates means）及其行为（what he is doing），我们必须把这个低层次的言论转换为那个高层次的言论；在较低层次的言论必须被转回到一个较高的层次。换言之，如果在阅读《王制》的时候，你理解苏格拉底与玻勒马霍斯或忒拉叙马霍斯的对话，比如说，只［15］理解到玻勒马霍斯和忒拉叙马霍斯理解的部分，那你就没有充分理解他们的对话，因为你仍然只是玻勒马霍斯、忒拉叙马霍斯、拉克斯或别的人物。这项任务，这项完美的任务——我们自己这样的人能否做到这点是另一回事——也就是从这里的低处上升到那里的高处，理解苏格拉底的意图，而该意图不同于［他本来对这位具体人物在其所在层次上表达的含义］。这条一般法则在实际情况中完全不管用，因为，你如何运用这条法则呢？

不过，我们可以回答以下问题：如何使这条法则变得可操作。有一篇柏拉图对话名叫《斐德若》，它致力于爱欲的言辞——言辞受爱欲支配，最终受对真理的爱欲支配，也因此，它致力于诸如柏拉图对话一类的事物。而柏拉图又提出这一概念：所有写作都必然有缺陷，因为它们以同样的方式对所有人讲述同样的内容。它们太死板；它们不能因材施教。[1] 每一位教师都知道，使人理解意味着自己要根据学生的不同禀赋、兴趣因材施教。柏拉图在写作对话时抱有以下目的：他的创作会克服那些写作缺陷。所以柏拉图对话就是要对不同的人谈论不同的事物。所以对话的含混性并不是源自今天每一位艺术家所说的那种原因：一幅伦勃朗（Rembrandt）的画

---

① 《斐德若》275d-e。［译按］中译本参见，刘小枫编译，《柏拉图四书》，前揭。

作向不同的人群讲述不同的故事。那样说的意思并不是指伦勃朗有意（intended）赋予画作无限多的含义。

就柏拉图而言，我不认为他表达了无限多的含义，而是表达了柏拉图本人打算表达的许多种含义。可当然存在一种最高级的含义：那一含义将向我们展示柏拉图关于主题事物，即修辞术、正义或其他之类的事物的思考。我们如何能够领会它们呢？又是柏拉图对话《斐德若》提出了一个普遍回答。柏拉图把完美的写作比作一种动物。[①]动物身体的每个部分——根据柏拉图的假设——各都具有一种功能。倘若缺了哪一部分，无论多么微不足道，这个动物的功能都会失灵。柏拉图把这比喻运用于完美的讲辞，他说，有一种必然性决定了讲辞的写作，因而也决定了对讲辞的理解。这讲辞的每一部分都是必要的。对读者来说，不允许只凭印象；对作者来说，不允许写出草率的作品。所有东西都有意义。

举个例子，当你们读诸如《王制》的对话时，我猜你们大多数人都会发现，开场是对某一特定场景的描述。一些人下到佩莱坞观看游行，又被另一群人留了下来，他们留在那里交谈直至深夜，甚至可能是通宵达旦。他们遇见一个这种性格的家伙，一个那种性格的家伙，他们有名有姓，有时也知道他们父亲的名字等等。[这些与严肃的正义问题有何相关？]你们会说，开头并没有什么作用。但柏拉图这样写确实想表达某些意思。如果你们不理解对话发生的时间、场合以及参与这场对话的人物，甚至他们参与进来的次序等等，你们就不能理解《王制》。所有这些东西都必须到考虑。

例如，在《王制》的开场，一位［16］男童，玻勒马霍斯的奴隶，从背后抓住苏格拉底的外套，把他拉了回来，而在卷五的开篇，有人也做了类似的动作，拽住苏格拉底。我们必须去追问：为什么？柏拉图为什么要这样做？仅仅是为了让对话变得更有趣吗？这是一个愚蠢的答案，因为没有一部严肃的著作会因为增加了完全不相干的情节就变得有趣。所以这里的意义是什么呢？卷五的开头与

---

① 《斐德若》264c。

全书的开头有何相同之处，以至于像摸一个外套这样的外在动作都能够被用作一种暗示？有难以计数的问题。当我们研读《高尔吉亚》时，我们也不得不面对某些这样的问题。

我想我该到此为止了，因为要阐明所有这些东西，需要仔细地研读一部柏拉图的著作，不管是哪一篇。由于某些原因，我选择了《高尔吉亚》。我愿意总结一下今天所讲的内容。［首先，］我希望以一般的方式来解释，在我们这个时代，哲学已经遭受了全面的质疑，科学则声称占据主宰地位，在这样的情况下，为何柏拉图能够、可以或者应当引起我们的特殊兴趣。其次，我试图指出，阅读柏拉图的时候，我们将面临哪些特别的困难——这些困难不会出现于我们阅读亚里士多德，甚至休谟、康德或黑格尔的时候。最后，我还要试图指出，这一貌似无关紧要或多此一举的复杂性，源于柏拉图写作对话这一事实，它并不外在于主题事物，因为理解柏拉图的技巧——理解柏拉图的沟通方式——构成了柏拉图关于沟通的教诲的一部分，这意味着与社会相关。因此，就算我们对文学性事物毫无兴趣，我们也必须接受文学性事物的指引。我希望你们牢记在心。

学生：我有一个问题。你说哲学有一个绝对的开端，它被规定为主要的、必要的而且普遍的。然后你又说，每一个"被给予"的存在物相对于每一个人都不同。这就很难看出你如何获得这主要的、必要的和普遍的［开端］……

施特劳斯：你这样看。每一个人在量的方面彼此不同，这样假设比较明智。我的意思是到目前为止，我从未发现这样假设有问题。拿两个人来说，首先，他们在哪儿？他们在中途公园（Midway）的某个地方相遇，①但当然是在地上，头顶是天空。还有别的东西存在，比如其他人、动物以及植物。同时，在某种意义上还存在着关于好坏的观念，我们现在称之为"价值"。我们无法想象一个人不信奉某种"价值"。这些事情是完美兼容的。但要点在于：关于我们的那些总体意见的可疑性质，我们达成了一致——在那里（there）存

---

① 中途公园是横穿芝加哥大学的一个公园。

在着真正的联合体（unity）。严格来讲，人们只有在思考时才能联合起来。身体的联合（union）显然不是一种彻底的联合。但当你们研究一个数学论点，一个证明题，并理解了它时，你和你的邻伴就在思考着完全同一件事。你们在所思之物中不分彼此。

所以，让我们把这一点运用到柏拉图问题的基本难题当中：认识到我们生活在洞穴中——这 [17] 在原则上对所有人都一样，只不过他们各自出发的起点有所不同。我认为在教室里，这才是真正不变的经验。我记得我每年都会提出一些观点，有时我进一步推进观点；但我推进的地方绝对是因人而异的。这就是个人、个人需要、个人意见以及个人偏好所构成的无限多样性。它完美兼容于某些不仅仅相似而且真正相同的思想。但我想说的其实是：主要的认同（identity），如果我可以这样说的话，涉及天地及在非常粗略的意义上的天地之间的事物，我会试图说明这一点。不用讨论，即便有人对于天地之间是极端怀疑论者——例如他这样谈论天地之间的事物，"难道你不那样认为吗？"①你们注意，他承认什么？他知道（knows）你的存在。然后他去图书馆翻其他的书本，他必须阅读论证。这一简单的事实中已暗示了天地及天地间的事物。所以，即便要否认事物存在的事实，即便这样的否认是真的，它也派生于对事物的承认，因为它必须基于我们通常的理解而得到证明。在更加技术化的社会科学诸部分中，亦有类似之处——你们大多数人都知道，因为虽然没有社会科学家怀疑天地及天地之间事物的存在，但他们怀疑存在这些的对应物。例如，也许存在共同之善，这只是故事的一部分。社会科学否认共同之善，相当于某种特定哲学否认天地及天地之间事物的存在。因为一旦你说到"社会"，你就得承认存在共同之善。否则社会就不存在，存在的不过是许多偶然生活在同一个地方的群体——我相信没人这样理解。好的，那我们下一次将开始研读《高尔吉亚》。

[本次课结束]

---

① 这句话令人困惑，但保留下来的原文就是如此。

第二讲　高尔吉亚部分

（447a-452d）

（1957年1月8日）

[19]［进行中］施特劳斯：……政治哲学在哲学中的优先性，以及柏拉图哲学与呈现它的对话形式之间的联系。形式问题，即对话的问题，起初看上去只是一个文学问题，但结果证明，它与最为重要的实质性问题是一回事——如果我们假定，社会的本质性含义是沟通，而追求真理又离不开沟通。我已挑明了困难的原因，它由以下事实造成，即我们不可能谈论柏拉图说过的话，因为柏拉图从未在任何一篇对话中说过一句话。而建构柏拉图思想的唯一方式就是去阅读这些他没有参与其中的对话。我没有时间重复这些细节，但大部分相关的细节将会在我们讨论的过程中自然浮现。我只想提一点。柏拉图对话的原则是：对话可以避免一般写作的缺陷。

之所以如此，是因为对话受制于柏拉图所谓的必然性，这种必然性支配着言辞的写作：此即语言写作的（logographic）必然性。每一部分都是必要的，没有偶然的事物。但是，柏拉图并未在对话中把个体呈现为个体本身，而是呈现为各种类型的代表，我不是说过了吗？难道纯粹的个体人物不是一定具有偶然性吗？所谓纯粹的个体人物，我指这样的人——他有自己的名字，也知道他父亲的名字，以及他出生的城邦。或者举个简单的例子，让我们假设苏格拉底代表哲人这种类型。为什么柏拉图或色诺芬如此强调苏格拉底扁鼻凸睛，家有悍妻，同时是助产士之子，以及其他一些纯粹偶然的事情？因为柏拉图不可能说，一位哲人必须扁鼻凸睛，家有悍妻，同时是助产士之子。这些事物出自机运，并非出自必然。但这恰恰是关键。柏拉图对话基于一种根本性的非真实，在希腊语中等同于谎言，一种高贵的非真实，即高贵的谎言——此即，不存在机运。在柏拉图的对话中，若有人像苏格拉底一样眼珠凸出，以及具有其他一些特点，必须被理解为在暗示某种本质性的东西。至于是什么，我们不知道。但最简单的解释当然是，把这些特征综合起来，并说苏格拉底是一个非常丑陋的人。而哲人是否必须是一个字面意义上的丑陋之人，是个可疑的问题。柏拉图长得十分英俊，而洛克，我认为也十分英俊。但我们必须在特定语境下理解那一点。但这一原则，[这种]故意的非真实——即不存在机运——是柏拉图对话的原则。现在，我们开始读《高尔吉亚》。

我先用三言两语概括一下《高尔吉亚》的内容，即每个人阅读这篇对话的第一印象。《高尔吉亚》包含了对修辞术的审查，修辞术在这里专指在法庭上用以作无罪辩护的技艺，无论以好的或坏的手段。但它其实导向一个更宽泛的论题，即获取所想要之物的技艺。无论是在法庭上还是别的地方，无论是通过言辞还是别的任何手段，不管好的还是坏的手段。这种通过好的或坏的手段获取所想要之物的技艺显然是一门道德中立的技艺。其概念中预设了这样的前提，正义可以被合理质疑；换[20]言之，对正义的考虑并非如此明显有必要，必要到你无法抽离它；换言之，正义是个问题。我们从当代政治科学熟知正义这个概念，因为我们知道，某些政治科学家将政治科学设想为一门获取所想要之物以及如何获取的技艺。因此，在如今的政治科学中——如果不是在政治中的话——最为紧迫的问题与《高尔吉亚》的问题存在着某种近似性和亲缘性。但是，正如我上次所说，《高尔吉亚》可能比拉斯韦尔的评论包含了多得多的东西。因此，我提这一点只是想说，即便你们把拉斯韦尔提出的论题看得特别重要，仅此也构成研读《高尔吉亚》的理由了。

关于这篇对话的第二点概括。它由三大部分组成。在简短的引言之后，苏格拉底先后与高尔吉亚、珀洛斯和卡利克勒斯交谈。对话的篇幅则是一个比一个长。最长的是卡利克勒斯部分，它比高尔吉亚部分要长许多。这一点可以与《王制》的结构作比较，这绝非无足轻重，因为《王制》也是由这样的三部分组成。在简短的引言之后，苏格拉底与克法洛斯和玻勒马霍斯交谈。这二人被视为一体，因为玻勒马霍斯是克法洛斯的儿子和继承人，不仅是克法洛斯的财富的继承人，也是其观点的继承人。然后我们看到第二部分：忒拉叙马霍斯。而忒拉叙马霍斯在许多方面让我们想起珀洛斯。这二人都是修辞术教师，而且看上去都很粗暴，你们读过自然就明白。而卡利克勒斯部分对应的是《王制》的第三部分，卷二至卷十，与格劳孔和阿德曼托斯兄弟的交谈。不必说，格劳孔和阿德曼托斯与卡利克勒斯大不相同。不过这里的差别并不太大。克法洛斯与高尔吉亚有个共同点：他们都是老人。但一位是年老的商人，另一位高尔吉亚，也算是年老的赚钱者。

现在让我们进入事物内部。我们首先从447a-c开始，①大致相当于对话的序曲部分，这段对话发生在苏格拉底、凯瑞丰（Chaerephon）和卡利克勒斯之间。卡利克勒斯是后面的重要角色。但凯瑞丰只是在开场出现，在对话中就很少露面了。卡利克勒斯的第一个词含意如下：卡利克勒斯希望说，"若是参加战争和战斗，人们就应当像你苏格拉底参加高尔吉亚的炫示表演一样"。意思是："你这傻瓜，来迟了没赶上高尔吉亚的炫示。假如这是在战争和战斗，你迟来倒算明智。"但他并没有这样说。苏格拉底、凯瑞丰和卡利克勒斯在某个地方见面，但肯定不是在卡利克勒斯家中。但离高尔吉亚所在之处也不是非常远。高尔吉亚是一位十分有名的修辞术教师，也算是一位哲人。你们只需知道这一点。他来自西西里。高尔吉亚已经炫示过他的说话技艺，而且卡利克勒斯十分欣赏。但是，出于这样或那样的原因，卡利克勒斯离开了高尔吉亚。或许他在这个时候另有约会。卡利克勒斯开启了对话。他以"战争和战斗"的词组开头。战争是一种令人恐惧的情况（condition），而战斗是一种令人恐惧的行

---

① 原文表示斯特方码"447a 至 c"，编辑用连接号"–"代替了"至"。

为（action）。卡利克勒斯不经意间［21］把高尔吉亚的炫示、炫耀、展示形容为某种令人恐惧的东西。让我们大胆猜测，这样猜测刚开始绝对很古怪，但绝非没有道理。也许刚才发生了什么可怕的事情，所以卡利克勒斯才离开高尔吉亚。苏格拉底不动声色地纠正卡利克勒斯：

> 我们不是没赶上战争和战斗，我亲爱的卡利克勒斯，你想说的是"盛宴完了你们才到"。我们错过了好东西。

卡利克勒斯选了一个错误的谚语。他做了一个糟糕的选择。他缺乏审慎。卡利克勒斯相信意见。这是他选择那谚语的理由。但是，谚语反对了他。这兴许是卡利克勒斯的外壳下的一个谜，我们后面会看到这个谜。苏格拉底用一个恰当的谚语取代了这个不当的谚语——不是战争和战斗，而是在盛宴之后。他也遵从意见，挑了一句谚语，但他却以某种方式质疑了谚语的智慧。他又加了一句话，这句话在通常的版本中都被删掉了，但应当加进来："而我们来晚了"，句号。那意思是"我们来晚了"不是谚语。这件事的好坏则是另一码事。卡利克勒斯说，"你们在一道非常雅致的盛宴后到来"。"雅致"（nice）[①]他没有说美或壮观。延伸一下我所说的"雅致"的含义，亚里士多德说，个子矮的人绝不可能是美的，却可以是雅致的。[②]雅致低于美。

苏格拉底为他的迟到辩解。他原本来得及，但凯瑞丰迫使他逗留在市场上。苏格拉底并非自愿逗留在市场上，但凯瑞丰是自愿的，起码可以说：凯瑞丰是强迫自己逗留在市场上，而苏格拉底是被其他人强迫逗留在市场上。苏格拉底喜欢听高尔吉亚的炫示，胜过逗留在市场上。逗留在市场上相对于听高尔吉亚炫示来说，是一个糟

---

① nice=asteias.

② 《尼各马可伦理学》1123b7-8。［译按］中译本参见，亚里士多德，《尼各马可伦理学》，廖申白译，北京：商务印书馆，2003。

糕的替代物。反过来讲，高尔吉亚的炫示相对于市场来说是更优选项。凯瑞丰向苏格拉底道歉。他已经给苏格拉底造成了损失，造成了伤害。但他还可以补救，因为他凯瑞丰是高尔吉亚的朋友。高尔吉亚会帮他一个忙，向苏格拉底再次炫示他自己的技艺。凯瑞丰很为他的朋友高尔吉亚着想：兴许高尔吉亚需要休息。

高尔吉亚能否立即带来另一场炫示不仅取决于苏格拉底，还取决于高尔吉亚的健康；而高尔吉亚是否将改日为苏格拉底炫示则只取决于苏格拉底。凯瑞丰是苏格拉底和高尔吉亚之间的纽带，一如他是苏格拉底和市场之间的纽带。苏格拉底与高尔吉亚在对话前就相识，这一事实突出了凯瑞丰的作用。问题在于：为什么苏格拉底与高尔吉亚之间需要这样的纽带？为什么凯瑞丰又是那个纽带？凯瑞丰不清楚苏格拉底为何想见高尔吉亚。他以为苏格拉底渴望聆听高尔吉亚的炫示。就连卡利克勒斯都不敢相信这一点。在某种程度上，卡利克勒斯比凯瑞丰更了解苏格拉底。卡利克勒斯说，无论何时，只要苏格拉底想要聆听高尔吉亚炫示，他应当去卡利克勒斯家，高尔吉亚来雅典都在他家落脚。卡利克勒斯暗示，苏格拉底大可不必现在就去。炫示似乎发生在室内。我们不清楚是在什么的室内。但我认为不是在卡利克勒斯家里。就像有人指出的，兴许是在体育馆里，[22]这意味着在雅典城外。对话的地点是含混的。但这只是顺带一提。

苏格拉底不只渴望聆听高尔吉亚的炫示，他还愿意与高尔吉亚交谈（conversation）。前一句用的是"渴望"，后一句是"愿意"。这一点并非不重要。渴望意味着一种感官的快乐，而愿意则与理性有某种关系。所以苏格拉底愿意与高尔吉亚对话，讨论"那个男人（man），即高尔吉亚的技艺的力量（power）"。高尔吉亚被强调是个"男人"。这得说明一下，这关系到翻译上出现的两个概念：一个希腊语词被我译作"男人"，anēr，另一个词anthropos，即anthropology［人类学］一词的词源，意指"人类"。但是一位男性——我想西班牙语hombre也有类似的含义，你懂的，"真男子汉"。高尔吉亚就是这样一位"真男子汉"，我们会看到这一点很重要。你们一会儿就会看到，因为它与修辞术有关。尽管苏格拉底愿意聆听高尔吉亚的炫示胜过在市场上逗留，但他更愿意跟高尔吉亚交谈，讨论他的技艺，而非聆听高尔吉亚的炫示。这场对话具有某种紧迫性："让我们现在就开始吧。"为什么？我们不知道。无论如何，卡利克勒斯表示，他们要想现在交谈也并无困难——是交谈，有别于炫示。你们在理解"炫示"一词时有什么困难吗？我不想用太多术语。你们可以想象，有些人发表演讲而没有任何实际作用，只是为了炫示其男子汉的技艺吗？那就是炫示，至少在当时如此。但是，这场苏格拉底与高尔吉亚的交谈，在高尔吉亚看来，还是一种炫示。这就是区别。不过，苏格拉底对炫示不感兴趣，他只对交谈感兴趣。

现在我们来到447c-d，苏格拉底与凯瑞丰之间的对话。此时他们反正已进到高尔吉亚和他的朋友们所在的地方了。苏格拉底请凯瑞丰问高尔吉亚一个问题。为什么？因为凯瑞丰是高尔吉亚的朋友。他是这二人的纽带。但是，他或许不仅仅是纽带。我给你们读一段话，引自柏拉图《苏格拉底的申辩》："凯瑞丰是我的同志（comrade）"，不必说，这并不意味着他们是共产党员，不过这与那样的用法有某种共同之处，因为这词具有一种政治意涵。有一种政治团体，他们主要带有寡头的性质，这些人被称作"同志"，诸如此类。所以我们明智地挑选了这一译法。"凯瑞丰从年轻时就与我是同志，同时，他也是你们大家的同志。他和其他人一起被放逐，即那次著名的放逐，然后又和你们一起回来"——这意味着凯瑞丰是民众的同志，是普通人民的同志，他在一次寡头革命后被放逐，在所有人都自由之后，他又跟其他民主派的领袖一块回来——

> 你们知道凯瑞丰是什么样的人，知道他无论做什么事时，都是那么莽撞。有一次，他去德尔斐，他竟敢问神谕，是否有人比我苏格拉底更有智慧。[①]

凯瑞丰已［23］问过神谕。苏格拉底在这里要求他去求问另一个

---

① 《苏格拉底的申辩》20e8-21a6。

神谕，高尔吉亚——因为高尔吉亚显然是一道神谕：他说过他可以回答任何问题。苏格拉底是否也让［凯瑞丰］向德尔斐神谕求问关于苏格拉底的智慧的事？我们不知道。反正高尔吉亚是一道神谕。他声称能回答所有的问题，正如在后文的456所述，修辞术具有某种魔力（demonic）。这个词在希腊语中不是指邪恶的东西，依我看，它指某种神秘的东西。苏格拉底为凯瑞丰准备了一个问题，正如他当初为色诺芬准备的问题，当时，色诺芬想去德尔斐向诸神求得指点。①凯瑞丰没领会这问题，因为苏格拉底说"问他他是什么"。"此话怎讲？"凯瑞丰没领会这问题，尽管苏格拉底之前已经讲得很清楚了。

苏格拉底向凯瑞丰举了一个例子，作为解释。如果高尔吉亚是一个制鞋的工匠，那他会回答："他是一位鞋匠。"但他显然不是一位鞋匠，那么，他是什么？制鞋的技艺是制作某种保护身体的物品的技艺。修辞术也将被证明是一种保护身体的技艺，通过这一对比，我想说，例子不是随便举的。作为这段话的总结，我们要注意，凯瑞丰既是苏格拉底和市场的纽带——市场是民众的场所——也是苏格拉底与德尔斐神谕之间的纽带，以及苏格拉底与高尔吉亚之间的纽带。

现在我们转向下一点：447d-448a，凯瑞丰与高尔吉亚之间的失败对话。高尔吉亚知道所有的答案，而且，正如他立即补充的，他也知道所有的问题，这当然是前者的必然推论。但是，这里还存在一个困难，因为神谕知道所有的答案，而不是所有的问题。高尔吉亚也许能够回答所有的问题，但不一定愿意这样做。因此，凯瑞丰提出质疑："想必你容易回答喽。"高尔吉亚的回答闪烁其词。他预见到一个困难。他是真正有魔力的人。困难后来被证明乃由他的同伴珀洛斯引起，他说高尔吉亚累得不行，以此为由接过了谈话。相比之下，苏格拉底的伙伴凯瑞丰服从苏格拉底的命令，而高尔吉亚的伙伴则显然不受高尔吉亚的约束。苏格拉底是一位成功的统治者，而高尔吉亚不是。感兴趣的同学去阅读色诺芬《居鲁士上行记》

---

① 《上行记》3.1.5-7。［译按］中译本参见，色诺芬，《长征记》，崔金戎译，北京：商务印书馆，1997。

卷二关于普洛克赛诺斯（Proxenus）的论述，他是高尔吉亚的学生，暗中与苏格拉底的学生色诺芬形成对比。①高尔吉亚不是优秀统治者的真正的教师，苏格拉底却是。证据？色诺芬的《上行记》，如果你们读过的话。鲁莽的珀洛斯一边发誓，一边把高尔吉亚推到一旁。

下一步：448a-d，凯瑞丰与珀洛斯之间的失败对话。凯瑞丰不是珀洛斯的对手。我们应不应该［认为］，苏格拉底在统治凯瑞丰方面有那么成功？因为赢凯瑞丰太容易了。苏格拉底真是这么成功的统治者？无论如何，珀洛斯默认了高尔吉亚的优越性。他没说他和高尔吉亚同样优秀，但他说，要赢凯瑞丰，他就够优秀了。凯瑞丰退缩并犹豫了。这时，他显示出某种独立性：在重述苏格拉底的问题时，他调整了苏格拉底的那个家常的鞋匠例子。［24］另一方面，他的例子比苏格拉底的更家常。高尔吉亚让凯瑞丰想起了高尔吉亚的兄弟：这俩兄弟技艺精湛——都十分有名。阿里斯托丰（Aristophon）的无名兄弟是画家波吕格诺图斯（Polygnotus）。②凯瑞丰用医术和绘画术取代了制鞋术，医术治愈身体，也算是保护身体的技艺，而绘画术是一种模仿技艺。兴许修辞术应当治疗身体，或者一般地说，通过模仿，比如通过比喻来行治愈之事？但这里为什么要提及兄弟呢？你们看，是凯瑞丰的联想力丰富吗？高尔吉亚使他想起了［高尔吉亚的］兄弟，而他们又使他想起另外两位兄弟。我们在色诺芬的《回忆苏格拉底》卷二第三章读到，凯瑞丰同他的弟弟有过争吵。他的弟弟同苏格拉底谈起凯瑞丰时说，自己比起凯瑞丰更容易被说服去修复兄弟情谊。但弟弟重建友谊的努力似乎徒劳无功。所以，换言之，"兄弟"使他想起了他自己的个人问题：他的兄弟。我们稍后会看到，这有助于我们认识凯瑞丰。珀洛斯说，高尔吉亚的技艺当然是所有技艺中最美的和最好的。这一答案暗示，

① 《上行记》2.6.16-20。［译按］中译本参见，色诺芬，《长征记》，前揭，1985。

② 参《伊翁》532e。［译按］中译本参见，柏拉图，《伊翁》，王双洪译，上海：华东师范大学出版社，2008。

经验与技艺之间没有本质性差异，而且最好的与最漂亮的，或最高贵的、最美的之间也没有差异。我们稍后将看到，当珀洛斯取代高尔吉亚进入谈话时，他将谈到好与漂亮、与高贵之间的许多差异。不过，这是后话。

现在，我们做个总结——好吧，有一件事我应当立刻提及。我通常将希腊文 technē 译作 art，但你们必须理解，这个词在希腊文中具有非常宽泛的含义。它包括了从鞋匠的技艺到荷马的技艺。它甚至可以包括，而且它在柏拉图那里确实包括了所有科学。让我们试着这样说，技艺是一种追求（pursuit），它可以从教师传授给学生，因为它由若干规则构成。那是一个好的开端。所以，换言之，无论它是否表示鞋匠——假如"技艺"一词出现时没有任何附加条件的话，你们必须同时考虑鞋匠和荷马。

现在，如果我总结一下到 448c 为止发生的故事，我们发现有四场短对话，紧随其后的是三场长对话。一共有七场对话。而凯瑞丰与珀洛斯之间的对话居中。凯瑞丰被珀洛斯打败了。凯瑞丰一个字也无法还击。高尔吉亚的力量某种意义上在这一场短对话中被揭示了出来——那位男子汉即高尔吉亚的技艺，显示出其力量胜过民主的、鲁莽的、六亲不认的凯瑞丰。另外，高尔吉亚有珀洛斯，当他疲倦了、老了时，珀洛斯会替他战斗。苏格拉底没有这样的珀洛斯。他需要一位珀洛斯吗？他的［事业（cause）］需要一位珀洛斯吗？因为苏格拉底需要一个他的珀洛斯，所以他就渴望探究高尔吉亚的技艺，是这样吗？我们不知道。

我在这里只提及两件事实。据我们所见，最早呈现苏格拉底的是阿里斯托芬的《云》，苏格拉底被呈现为拥有两项技艺。一项是希腊文意义上的"自然学"，相当于当时的哲学，另一项是修辞学。[①]而之所以拿"云"作象征，是因为它既指天空，又指模仿熊、羊以及人［25］等等的云朵。这是标题的含义。但那是一个青年苏格拉

① 参《云》94-99。［译按］中译本参见，阿里斯托芬，《云》，罗念生译，见于《罗念生全集》，第四卷，上海：上海人民出版社，2007。

底，而且苏格拉底当然在许多方面都改变了。不过你们不可忘记另一件事，苏格拉底学派（Socrates' school）产生了一位非常伟大的演说家：伊索克拉底（Isocrates）。参见《斐德若》对话的结尾。[①]尤其重要的是，色诺芬，据我们所见的作品而言，他在某些手稿中被称作"演说家色诺芬"。所以我在开头想提示的只是这一简单的事：有一种苏格拉底式的修辞术，而且这种苏格拉底式的修辞术是苏格拉底不可缺少的一部分。我们必须观察苏格拉底式的修辞术具有什么性质，它当然在根本上有别于高尔吉亚的修辞术。后者才是这篇对话的主题。

自此往后，448d-461b，这一段是苏格拉底与高尔吉亚的对话。首先是448d-449a：苏格拉底把珀洛斯撇在一旁，转而与高尔吉亚交谈。苏格拉底不得不克服某种阻力，这阻力不仅来自珀洛斯，也来自高尔吉亚。高尔吉亚不太愿意交谈。突然，苏格拉底证明比珀洛斯更强大。他非常严厉地指责珀洛斯，而珀洛斯不得不接受。珀洛斯试图回答高尔吉亚的技艺是如何美或如何好，却未首先回答那门技艺是什么。那要求他作一个简短的评论：技艺之所是与技艺有多好的品质，二者之间存在差异。这可能会使你们中的某些人想起事实与价值之间的差异，但我认为它们是两回事。珀洛斯怎么说？他本来应该怎么说？修辞术之所以是最高贵的或最好的技艺，是因为它满足这样、这样的功能。当然，问题在于，它满足了什么功能？对此珀洛斯不置一词。只有当我们知道修辞术满足哪种功能之后，我们才能正确地判断修辞术是不是最高贵的技艺。苏格拉底既没有说也没有暗示，诸如哪一种技艺满足最高贵的功能这类问题，不能被理性地回答。我们必须首先认识修辞术满足什么功能。一旦我们认识那一功能，我们一定会认识到那一功能有多么重要、多么好、多么有价值。

第二部分是449a-c：与高尔吉亚对话的开端，它由两部分组成。第一，我们必须知道那一技艺的名称（name），因为我们尚未在对

---

① 《斐德若》278e-279b。

话中听过那一名称。第二，讨论这一主题的方式（manner）。现在
我们知道高尔吉亚的技艺是修辞术，而高尔吉亚本人是一位演说家。
他称自己为一位好的演说家，并希望苏格拉底也称他为好的演说家。
但苏格拉底拒绝这样做。你们会看到，苏格拉底在这里使用了复数：
他拉上了凯瑞丰——他和凯瑞丰想要找出原因。他与高尔吉亚的对
话之所以会发生，某种程度上是为了凯瑞丰。但是，当我们谈论凯
瑞丰时，你们必须一直牢记我们所发现的凯瑞丰的性格。他是一个
深受苏格拉底影响的人，但在许多地方又有别于苏格拉底，其中之
一便是他对民主制充满热忱，相比之下，苏格拉底则更加温和；另
一方面，凯瑞丰有些六亲不认。现在高尔吉亚宣称：首先，他是一
位演说家；其次，是一位好的演说家；第三，他有能力使别人成为
演说家；第四，他不仅可以在雅典这样做，在别的地方也可以；还
有第五，他同时也擅长言简意赅地回答问题。

　　［26］因为修辞术是说话的技艺，你们看——说啊说啊说个不
停——所以言简意赅的技艺正好是一种与修辞术相反的技艺。这里
所暗示的是：如果高尔吉亚拥有一项技艺，那它就不仅仅是一种天
赋，他可以将那项技艺传授给其他人，但无法传授给其他所有人。
这预设了某种天赋的存在。此外，他不仅可以在雅典传授他的技艺，
在别的地方也可以——但不是所有别的地方。他只能在希腊传授这
项技艺。在他论述的结尾，苏格拉底将他关于言简意赅的要求转变
成高尔吉亚应当言简意赅的义务，因为高尔吉亚已经许诺要言简意
赅。实际上，他不曾明确许诺过，只是暗示如此，亦即，因为他说
过他是一位好的演说家，且因此也是一位修辞术大师。

　　我们现在来到第三部分：449c-453a。苏格拉底在这部分引导高
尔吉亚得出这项技艺的定义，因为到目前为止，你们注意，我们只
知道这项技艺的名称。我把这一部分又分成若干小节。449c-d：苏
格拉底阐述问题。修辞术处理的主题性事物是什么？修辞术是关于
哪一种事物的？苏格拉底对问题进行了说明，并举两项技艺为例说
明他所期待的答案：举的例子分别是编织术和作曲术技艺。这二者
都是无言的技艺，任何见识过编织和作曲的人都会懂，因此它们是

修辞术的另一个极端。此外，编织术主要或曾经主要由女人来从事。而音乐则源自缪斯女神。苏格拉底在这里第一次起誓，以一位女神，即赫拉或朱诺的名义——这基本上是一个女人的誓言。那这个小笑话有什么含义？苏格拉底在某种意义上不是一个男人，不是男性，不是"男子汉"。他不擅长保护自己。在对话开篇，他将卡利克勒斯的"战争和战斗"替换成一项和平的活动"盛宴"，这绝非偶然。高尔吉亚的修辞术将被证明是一种特别男子气的事业——男人［的事业］，他能够维护他的各种权利。

更深刻的问题随之而来：苏格拉底，或苏格拉底的事业难道不也需要保护那一事业的技艺吗？在苏格拉底看来，那或许是修辞术的功能，或者是修辞术的重要功能之一。在这里的对话中，苏格拉底表示很佩服高尔吉亚言简意赅的回答。那当然是苏格拉底的坏心眼，因为这样一来，他便诱使高尔吉亚尽可能言简意赅地回答修辞术是什么的问题。这样他就造成了这一事实，即高尔吉亚的答案令人非常不满意。结果，高尔吉亚为了修正这一短得不可思议的答案，被迫在之后的450b-c给出一段长篇讲辞。你们发现，他将其视作一种冲突。当苏格拉底问"修辞术处理什么？"时，他说"处理言辞"。这是最简短的答案了。这并不意味着高尔吉亚不能够回答得更好，愚蠢的是，他接受了"言简意赅"（brachylogy）的原则——brachēs 意味着"简短"，而logos 指"言辞"。换言之，比赛已经开始了。为什么高尔吉亚这样做是一个问题。首先我想说，这篇对话最大的困难之一就是我们容易低估高尔吉亚的聪明。在之后的场合中我们一定要重视这一点。但你们在这里看到，这不仅仅是愚蠢——不单纯是愚蠢，而是一种比试。

449d-451d，高尔吉亚在这部分给出了第一个答案。答案是："作为修辞术主题的东西是言辞。"苏格拉底的批评大致如下：这答案过于笼统、过于简略。言辞也是其他技艺及科学的主题。那么，苏格拉底的论证又如何？因为，如果［27］我们想要理解一篇柏拉图对话，我们必须变成对话［当中］的参与者，而不仅仅是说"苏格拉底这样说——是的，苏格拉底总能给出一个好答案"。那可不

行。那么，这里的论证如何？这里举了医学为例。但医学的主题性
事物一定是疾病。医学运用（uses）言辞，却不处理（about）言辞。
高尔吉亚本可以说，所有人类的思想都需要言辞作为其媒介——
至少作为一种交流的媒介。为什么所有人类思想的媒介就不能成为
一种特殊技艺或科学的主题呢？教授和学习雄辩术和作文时不在乎
主题，难道不行吗？我相信，至少在以前，学校就是这样教的，学
生们在学习作文时可不在乎主题。有一种技艺（technē），这种技
艺专门制作书面的或其他形式的可传播的言辞。换言之，高尔吉亚
所谈论的是，修辞术是一种形式的科学，类似于逻辑学。既然没有
一个专门的主题，一个特定的主题，修辞术就可以是普遍的、全面
的技艺或科学，可与逻辑学相提并论。然而，这意味着修辞术可以
挑战哲学，后者也宣称是普遍的科学或技艺。那么，问题就是：为
什么修辞术无法取代哲学？之后对话给出的答案是这样的：修辞
术众所周知有可能被误用。因此我们需要一种技艺或科学去规范
（regulates）修辞术的使用，而这种规范性的或支配性的科学必然高
于修辞术。这种更高的技艺必须无法（incapable）被误用。否则，
就难免陷入一种无限循环。只有当修辞术不可能被误用时，这一结
局才可以避免。但是，这样一种不可能被误用的修辞术恰恰是苏格
拉底的修辞术，一定不是高尔吉亚的修辞术。但这只是预测。

　　我们来深入细节：449b-450b。苏格拉底说，不可能存在一种形
式上的谈话技艺。因为，一个人不可能谈论一个主题，如果他不具
备那一主题的充分知识的话。而主题总是一个特定的主题：疾病、
计数、星宿，等等。例如，只有医生才能好好谈论疾病及其治疗手
段。但这里又产生了一个问题：每一位合格的医生都能好好谈论疾
病及其治疗手段吗？高尔吉亚之后将为我们举一个例子：他在治病
方面完全是外行，但他可以比他的兄弟，一位顶尖的治病权威，更
有效地谈论疾病及其治疗手段。这里的问题还是苏格拉底所强调的
回答要言简意赅，这迫使高尔吉亚的回答老是不够充分，最终导致
了他的失败。

　　450b-c：如果说言辞是许多学科的主题，那高尔吉亚本该说，

修辞术是唯一处理言辞本身的［技艺］。他本应当否认医学要处理言辞，或者算术要处理言辞。但他却承认了以上论点，而这是成问题的，于是我们看到对话得出了以下论点：言辞也是修辞术之外许多学科的主题；因此，言辞不可能是专属于修辞术的主题。因此，高尔吉亚在一段长篇讲辞中更改了他的论点。你们发现，长篇讲辞确实无法避免。由于高尔吉亚所谓的好胜心，使他将这一许诺太过当真。修辞术与其说是关于（about）言辞的技艺，不如说是凭靠（through）言辞的技艺。这是唯一一项只有凭靠言辞才能进行的技艺，有别于手工作业。这种更改是不太明智的一招，因为许多技艺［28］也专门凭靠（through）言辞进行，而只有一项技艺处理言辞。为什么高尔吉亚要这样做？高尔吉亚的回答足以将修辞术与苏格拉底立即列举的医术和健身术区别开。因为，医生和健身教练显然不可能只用嘴说；他们要实现其功能，必须完成全部类型的肢体动作。换言之，高尔吉亚每次都只是在跟苏格拉底见招拆招。他眼光还不够远。换言之，他的长篇讲辞还不够长。他仍然受制于他的承诺，他说他擅长简短的讲辞。我们将逐渐看到，在这个时刻，正确回答这一问题要求什么样的长篇讲辞。

450c-e：苏格拉底在这里发表了必需的长篇讲辞。他从开端处出发："我们"——指"我们人类"——"拥有技艺，不是吗？"我们拥有技艺，这一事实是不可否认的。这一事实比这一事实的理由更不证自明。若没有我们拥有技艺这一证据——对所有人都一样——那就不可能进行深入的讨论。这是对我用柏拉图式术语所称的"信念"（trust）或"信仰"（faith）的简单解释，它是一切知识的开端。他在这里并没有说"我相信（believe）如此"，高尔吉亚也没在他的回答中说"我相信（believe）"。我们拥有技艺，这确定无疑。谁能否认这一点？当然是这样。如果你根据某些古怪的、可疑的原因否认这点，那么，你最终一定会否认你自己的怀疑主义。你无法从那个事实往后推，你必须以此为起点。从我们拥有技艺这一事实出发，苏格拉底继续划分诸技艺，以便找到修辞术的定义。"言简意赅"，简短、简要地说话，无法单独奏效。若想循序渐进，必须从开端处出发。否则，简短的讲辞便没有帮助，那也许就需要长篇讲辞。

苏格拉底将所有技艺划分为两类：有一些技艺的工作大部分是无言的，而在另一些技艺中，言辞占据主要地位。根据柏拉图笔下的苏格拉底，真正的开端，是从一个总体性看法出发，经过适当的划分，进而来到人们正在审查的更加确切的部分。这一划分在《智术师》和《治邦者》中得以更详细地展开，但在《高尔吉亚》中也有所展现。此外，苏格拉底暗示，在诸技艺中首先划分出一类言辞在其中占据主要地位的技艺。其中，在有些技艺中，言辞正好占一半，而在另一些技艺中，言辞超过一半。按照高尔吉亚的理解，修辞术属于言辞构成其绝大部分活动的一类。苏格拉底采纳的两个无言技艺的例子都属于模仿性技艺：绘画和雕塑。四个说话式技艺的例子都属于数学式技艺：计数术（arithmetic）、运算术（logistic）、几何术和棋术——西洋棋，我认为他们有时这样称呼。无论如何，这样一种技艺中，手工活动较少，至多与说话相当。我们越来越接近修辞术了，与身体有关的技艺，医术和健身术，在这部分被排除了。修辞术在某种程度上就像两类技艺的结合，一类是模仿性技艺，绘画和雕塑，另一类是真正的科学，数学科学。换言之，修辞术似乎结合了无言的言辞与证明性言辞。莫非真正的科学需要模仿性技艺来保护？

我们继续，450e-451a：如果修辞术被充分界定为主要凭靠言辞来进行的技艺，那运算术和几何术也是修辞术，因为它们主要凭靠言辞来进行——不完全是，因为我们都知道，我们还会［借助］手势，但主要是。无法设想高尔吉亚会认为，运算术［29］和几何术是修辞术。但苏格拉底还有更多话可以说。他可以说，修辞术不属于上述两类技艺中的任何一类：既不属于以说话为主的技艺，也不属于以无言为主的技艺。怎能是这样子呢？高尔吉亚笨拙地将技艺划分为手工的技艺和完全非手工的技艺。这样的划分如何适用于修辞术呢？如果我们暂且采纳手工技艺和非手工技艺的划分，那么，修辞术放在哪一边呢？一位演说家除了单纯说话之外，他还做什么？部分在于其肢体语言——手工作业。当然，你会说，［演说］不是手工作业——我承认这点——但演说者的动作是。

于是，苏格拉底提出一种好得多的划分。他把全部技艺划分为无言的技艺和言说的技艺。修辞术归入哪一类？我的意思是，不是就其主题而言，而是从其自身的行为而言。难道演说家除了说话就不干别的？他当然不会完全沉默。显而易见。但是他会一直不停地说话吗？当然也不会。一位非常糟糕的演说家才会谈论一切相关的事物，因为那样做也许会破坏他的事业。所以在那些划分中，无言自然地就是修辞术技艺的一部分。想象一位律师。如果他想要让他的当事人无罪释放的话，就必须在一些相关事实面前保持沉默，这是显而易见的。

所以，两类划分的范畴都不适合修辞术，我们必须从一个更加全面的划分出发，比这两种界定修辞术的划分都更全面；你得从一个全然不同的、全面的划分出发。例如，有人会这样划分所有的技艺，一类与人直接相关，另一类则是关于物而不是人的（数字、马匹以及泥土），然后，我们可以在所有关于人的技艺中作进一步细分（比如身体和灵魂）。[施特劳斯在黑板上写板书。]所以医术在这里，而修辞术[在那里]，对。或者，我们可以按照柏拉图本人在对话作品《治邦者》开篇所提示的那样来做，把所有技艺从根本上加以区分：纯然理论的和实践的。[1]只有从修辞术的主题出发，真正的划分才得以可能。苏格拉底在这里暗示了计数术、运算术（logistic）和天象术。至于运算术的含义，我可以这样来解释：我们今天称为计数术（arithmetic）的东西几乎与古希腊人称为运算术的东西是一回事。计数术指只关乎计数的技艺，认识各个数字，认识数字的种类——奇数和偶数，以及它们的各种组合方式。认识数字是计数术，但与数字有关的运算就是运算术。

于是你们将发现在之前举的例子中，苏格拉底提到过计数术、运算术、几何术以及棋术。而在这里，他提到的是计数术、运算术

---

[1] 《政治家》（又译《治邦者》）258b ff。[译按]中译本参见，柏拉图，《政治家》，洪涛译，上海：上海人民出版社，2006。

和天象术。可见，他用天象术取代了几何术和棋术。这给了你们任何提示吗？柏拉图《王制》卷七有一份学科列表。你们记得有些什么吗？算术（计数术），几何（运算术），天文，以及辩证法。①好吧，尽管可能性微乎其微，但棋术有可能是一种反讽式的替代物，它替代了柏拉图称为辩证术的学科。这样讲得通吗？你们辩论时在做什么，而下棋时又在做什么？你们做的是这些：显然在某些希腊人下的棋局里，你走出一步，一旦落子，就不能反悔，如果这一步走错了，就会带来严重的后果。但是，在某些情况下，你走完一步后，有可能改变主意。这在苏格拉底与谈话者的交谈中总是发生：他们走完一步，即完成一次［30］表述，然后他们看要不要再来一次。用英语怎么说？反悔重走一次。所以这只是题外话，对我们来说，当前更加重要的是认识下述事物。关于这一点，我要说的只有：天象术介于几何术与辩证术之间。

　　不过在451a-c，我们发现了这篇对话中第一例对话中的对话（a dialogue within the dialogue）。这意味着什么，如果我们可以准确理解它的话？其前提当然是苏格拉底与高尔吉亚的对话是真实的（true）对话，是真正的、实际发生的对话。由此来看，对话中的对话就是虚构的对话。"要是某人向我问起，我会这样回答"——对话中的虚构对话。它的功能，最为简单的功能当然是，给其他伙伴上一课。那就是刚才发生的事。苏格拉底在这里做的是：他假装跟高尔吉亚犯了同样的错误，在这种情况下，他假他人之手，问会有什么后果，这是一种非常礼貌的方式，去教导一个人如何改变他的初步行为。另一件事就是，虚构的对话以"苏格拉底噢"开始和结束。所以很清楚，苏格拉底将自己放在这个令人不快的位置上，实际上这本该是高尔吉亚的位置。苏格拉底说："回答这样的问题真的非常简单，你们从我的例子中便发现这一点。"加上虚构的观众也是一项礼貌的行为。

---

① 526b-535a.［译按］中译本参见，柏拉图，《理想国》，王扬译，北京：华夏出版社，2012。

451d：高尔吉亚的回答。修辞术不但是主要凭靠言辞来进行的技艺，还是这样一项凭靠言辞来进行的技艺：它的主题是最伟大的和最好的人类活动。我相信数字一般不被看作最大的和最好的人类活动。高尔吉亚的回答比珀洛斯的回答好得多，因为珀洛斯仅仅说，这是最雅致（finest）的技艺。这比我们现在所认识的要笼统许多。但另一方面，我们必须说，高尔吉亚已经从苏格拉底的指导中获益。在苏格拉底指导下，高尔吉亚首先说修辞术的主题是言辞，然后说修辞术是凭靠（through）言辞，这是一个完全不同的提法：说的不是主题，而是媒介。这一说法还有一个具体的差异在于，它说修辞术的主题是最伟大的和最好的人类活动。除了上述我提到过的那些事以外，这是珀洛斯的定义与高尔吉亚的定义之间的另一个巨大差别。高尔吉亚的定义暗示：修辞术可能不（not）像珀洛斯所说，是那种最雅致、最好的技艺，因为人类事物兴许不是最高的事物——一个严重的限制。由此往下，大致在451d-453的地方，高尔吉亚针对什么是修辞术这一问题给了一个更加准确的回答，说明在他看来最伟大的和最好的人类活动是什么。即使我们知道修辞术是一门主要通过言辞来进行的技艺，它处理的对象是最好的和最伟大的人类活动，我们仍旧相当于一无所知，因为我们不知道最大的和最好的人类活动是什么。那将在下一部分得到解决。

首先，在451d-e，什么是最伟大的和最好的人类活动？苏格拉底说这点尚存争议。这点在今天自然无需任何证明，因为社会科学的初级入门课就会告诉人们，诸种价值相互冲突。此外，高尔吉亚回答得也并不清楚，因为他没有具体指明他所理解的最伟大的和最好的人类活动是什么。苏格拉底在这里引用了几行诗句。这些诗句并未展现出冲突，因为诗句建立起一套清晰的次序。最好的事情是[31]健康，其次是美丽，第三是诚实得来的财富。好吧，就这几行诗句本身来讲，不存在任何争议。因此，高尔吉亚的问题在这一语境下显得完全具有合法性："好的，我同意；我同意这一流行的看法，健康最高，其次是美丽，然后是财富——这一说怎么与我的论断相冲突呢？"然而，如果诗句的论点是正确的，那修辞术顶多就是第四优秀的技艺。因为获取健康的技艺不是修辞术，获取美丽的技艺不是修辞术，而获取财富的技艺也不是修辞术，至少看起来如此。

顺便说一下，苏格拉底省略了诗句剩下的部分，我引用如下："第四好的事是青春年少时与朋友们在一起。"因为高尔吉亚显然老了，尽管他看上去很健康、好看，而且富裕，为什么你要提及一件令人尴尬的事呢？这些人们通常追求的好事物——健康、健美和财富——似乎必然与高尔吉亚可能声称会产生的任何（any）好事物相竞争。高尔吉亚暗示说："我能创造最好的人类事物，即最伟大的人类之善。"但别的这些技艺——比如医术、健身术和赚钱术——也声称会创造最好的事物；当然，[这里指的是]健康和药物。那高尔吉亚怎么可能没有看出任何困难呢？难道他从来没考虑过，诗歌称赞的好东西有可能与他的技艺所带来的好东西相互竞争吗？或者，难道他的技艺既不生产，也不声称（claim）生产健康、健美和财富以外的事物？这样就没有区别了。修辞术如何可能生产健康、健美和财富呢？当然，他会说，他的意思是窃取医生、健身教练和赚钱者的功能。修辞学家怎么才可以说"我生产出的东西比这三个家伙的有更大的好处"？他怎么才可以这样说？让我们举一个简单的例子——健康，根据上述论证，健康被公认为最高的善。修辞学家怎么才可以比医生在更高的程度上生产健康？是这样，如果病人不听医生的话，就算医生使尽浑身解数，也许还是无法生产健康。高尔吉亚是一位出色的修辞学家，他有一套对待病人的完美手段。因此，他可以那样说。所以你看，我们必须考虑到这些情况。高尔吉亚看似无法理解我们立刻理解的东西，对此必须三思。那兴许是我们并没有从正确的角度去看待问题。因此，高尔吉亚在表面上的迟钝根本不是真正的迟钝。

接下来是452a-d，我们发现另一个真实对话中的虚构对话。苏格拉底再次加上了观众。苏格拉底一开始就用了"兴许"一词，这明确表明他是一个虚构的角色。"兴许有人会说"，意味着这段不是真实的对话。接下来在452c-d，他显得跟高尔吉亚结成了统一战线，并让这位虚构的对话者要求高尔吉亚回答。换言之，他是这样说的："他们问我们。我们该说些什么？"这当然会使高尔吉亚好受一些，因为苏格拉底处在与高尔吉亚相同的位置上，这显然是反讽，因为苏格拉底并没有为修辞术提出这些说法。但是，你们看，需要说明的是这一点：苏格拉底式修辞术的一个重要要素，或苏格拉底式反讽，与我们称之为礼貌的东西是一回事。彬彬有礼就意味着这样行事。但是，苏格拉底做得更多：他向高尔吉亚指明了高尔吉亚的竞争对手们。这些人全是市井之徒，吹捧各自的本事，口称"我们（we）有真本事"，而高尔吉亚必须在市场上才能遇见他们。他试图唤醒高尔吉亚的好胜心，同时他清楚地表明，他（he）苏格拉底，不是高尔吉亚的竞争对手，而是高尔吉亚的盟友。再说一遍，他扩大观众的范围是为了引入高尔吉亚的竞争对手。[32]兴许高尔吉亚有些瞌睡；他说了那么多的话。而唤醒他的一个方式就是提醒他，他有一群竞争对手。

在452d这段话中，我们获得了高尔吉亚对于什么是最伟大的人类事物的定义，这也是他回答什么是修辞术的问题的答案。高尔吉亚这样谈论他的修辞术："修辞术既是人们的自由的原因，它属于正在讨论的人类的好东西，也是每人在自己城邦里统治他人的原因。"这是什么意思？第一，自由只有在统治之下才得以可能——修辞术是自由和统治的原因。不过也可以这样解释：修辞术对于全人类，对于每个人来说是自由的原因，对于某个独立的、真实的、生活在其城邦中的个体来说，则是统治的原因。修辞术不能使人成为外邦的统治者。这一点高尔吉亚没有明言。统治权不可转移。所以，如果你能在美国成为一位好总统，那不代表你有任何机会在法国成为一位好总统。无论有多么好，统治都是不（not）可转移的。但生产统治的技艺却可以转移。来自西西里的高尔吉亚可以在任何地方教授人们如何好好地统治。这才是重点。修辞术可以同时满足那些向往自由和那些向往统治的人——甚至包括君主制和僭主制的统治，这话高尔吉亚出于审慎，当然没有明说，但珀洛斯在后文会提出来。换言之，修辞术拥有的广度，相当于我们今天熟悉的社会科学。这里有一种反讽：高尔吉亚向苏格拉底暗示说："你看，我高尔吉亚，不可能成为你苏格拉底的竞争对手，要是你渴望成为雅典的统治者的话，因为我是个外邦人，永远无法成为雅典的统治者。正如你在不久前还是我的盟友——当时我们面对着这些人的吹捧，他们是医生、健身教练诸如此类，正是以这种方式，你在不久前是我的盟友，实际上是我的老师——如今，我高尔吉亚，也可以成为你的老师，进而成为你的盟友。不过我永远不可能成为你的竞争对手，因为我在雅典是外邦人。"

但无论如何，高尔吉亚没（not）说——那很关键——自由和统治是最伟大的善。这一点对于理解整篇对话至关重要。最伟大的善不（not）是自由和统治，包括僭主统治，但最伟大的善产生（productive）自由和统治。这有天壤之别。自由和统治不是最伟大的善，但修辞术（rhetoric）是。这是高尔吉亚在451e显得如此迟钝的原因。就医术而言，没人会说它是最伟大的善，尽管有许多人常常说，健康是最伟大的善。但就修辞术而言，我们面临的是相互矛盾的情况，自由和统治的原因（cause）有可能比其结果高一等级。就修辞术而言，有人会说，正如高尔吉亚所说的事实一样，修辞术与它所生产的好东西相比，是一种更伟大的善。严格来讲，高尔吉亚甚至没说修辞术是最伟大的善。他的说法仅仅意味着修辞术是一种非常伟大的善，未必还有比这更多的意思。自由和统治有可能是最好的人类（human）事务——人性的、太人性的事物。出于这个理由，它们不但不是最伟大的事物，甚至不是伟大的善。那意味着什么，我们不知道。但我们必须接受这一事实。

我愿意提前给出如下这番评论，一旦我们抵达事物的核心，它将变得更加重要：这些家伙，这些修辞术教师，无论［33］他们的原则在其他方面有多么可疑，他们并不是骗子。他们与骗子的区别在以下这点。并非他们不想赚钱——他们想的——这一点，而是另一点小小的原因使他们区别于骗子：他们对他们的技艺有着真正的敬意。这导致了他们的失败。这导致了他们在《王制》卷一和《高尔吉亚》中的失败。卡利克勒斯就把这项技艺仅仅看作一种手段。

但修辞家们看到，这项技艺具有其内在价值，这使得它在尊严上超过其产物。顺便说一句，你们可以对比今天的政治科学。政治科学家们心里真相信，一项真正科学的政治研究，一项精确的科学研究，它最终比政治生活本身更有价值得多。但这也一定会在他们身上导致巨大的困难。

在452d，苏格拉底没有理解高尔吉亚的回答——这非常正常。因为高尔吉亚没有说过他所拥有的，且他可以为他人谋取的非常伟大的善是什么。然而高尔吉亚已经提到过，某些好东西是他那非常伟大的善可以谋取，而且人们十分渴望的，即自由和统治。那些被提及的好东西，即自由和统治，是如何被高尔吉亚生产的——它们如何与健康、美丽和财富联系在一起？凭靠什么样的正当性，高尔吉亚可以声称，自由和统治是最伟大的和最好的人类（human）活动？你可以怎样反驳医生、健身教练和赚钱者的说法？我们今天来不及处理这些问题，下次继续。

［本次课结束］

第三讲　高尔吉亚部分

（452d-458e）

（1957年1月10日）

[35] 施特劳斯：苏格拉底在凯瑞丰的陪伴下登场。①凯瑞丰是苏格拉底与市场、与德尔斐神谕以及与那位新奇的演说家高尔吉亚之间的纽带。凯瑞丰愿意为苏格拉底献身，但他没有很好地理解苏格拉底。这一缺陷可能与凯瑞丰性格上的某些缺陷有关：他性情冲动，而且六亲不认。上课前不久，有人提了一个问题：凭什么可以用色诺芬提供的证据来解释柏拉图对话的段落？这个问题说来话长，我现在没法立刻作答。我想说的只有一点：目前的用法并不存在问题。目前的用法不是最终裁决，因此，长篇论证是必要的。苏格拉底与高尔吉亚交谈是为了发现高尔吉亚的技艺，即修辞术的力量。至于为什么他想要发现这一点，并非不言而喻。有一位古代注疏者说，苏格拉底希望拯救高尔吉亚的灵魂。这种说法没错，但不充分。拯救一个人的灵魂，在苏格拉底可能尝试去做的意义上来讲，意味着使高尔吉亚从他对其禀赋的糟糕运用扭转为良好运用。问题在于：苏格拉底将高尔吉亚的力量的良好运用看作什么东西？修辞术可以是好的吗，好的修辞术会有什么功能？

明确讨论这一问题的是《斐德若》——它算是对话《高尔吉亚》的姐妹篇。但是，我们不可能把《斐德若》中讨论的修辞术看作对

---

① 施特劳斯在开始讲新的内容之前，先对读过的部分做一个小结。

高尔吉亚的禀赋的良好运用。肯定有一种好的修辞术，不同于《斐德若》中所描述的好的修辞术。这种好的修辞术，如果被讨论过，那它就是在《高尔吉亚》中被讨论的。在《高尔吉亚》中，苏格拉底的形象不是一位修辞家，而是一位辩证法家，一位拥有交谈技艺的人。修辞术与辩证法最表面的区别如下：修辞术的产物是不被打断的长篇讲辞，以及随之而来的掌声；辩证法的产物是频繁被打断的讲辞，由许多短小的言辞组成，相对而言，随之而来的不是掌声，而是沉默。从这一表面却并非武断的视角来看，辩证法本身可以显得像是修辞术的一部分——擅长以精炼的答案回答问题的那部分。回答问题的技艺，尤其是以简短的答案回答问题，是高尔吉亚炫示型讲辞的技艺的一部分，相当于为表演而表演。这样来看，辩证法与修辞术的对立就变成了辩证法附属于修辞术。因此，苏格拉底本人也是一位修辞家。这一结论是可靠的，尽管它的前提有某些可疑之处。高尔吉亚的修辞术与苏格拉底的修辞术之间存在着种类上的差异，也就是说，高尔吉亚的修辞术与苏格拉底的辩证法存在着差异。

让我们试着［观察］这一基本差异，它在最表面的地方揭示了自身。高尔吉亚的技艺并非与对名利的欲望无关。他相信，通过发表没有直接用途、关乎宏大主题的长篇讲辞，他可以在最大程度上名利双收，特别是名声——比如，论海伦的美貌。他可以这样展示他的力量，但不可能这样显出他的优势。他也许［36］给他的听众留下深刻的印象，这显示出他的力量，但欧里庇得斯、阿里斯托芬、库珀（Gary Cooper）①等人也是如此做的。高尔吉亚比欧里庇得斯、阿里斯托芬这些人更优秀（superior）吗？听众不可能回答这一问题，就算没有其他理由，也至少因为这点：听众会疲劳，第一位聪明的家伙具有第二位不具有的优势，而第二位只有发表更长的讲辞才能克服前一个的那种优势。那么，基于这一复杂的事态，你在这里将如何衡量力量呢？

而另一方面，苏格拉底技艺杰出，则不仅体现在展示力量方面，

① ［译按］美国知名演员。

还体现在展示优势方面。就像一场摔跤比赛：人人都看得出谁胜谁负。如果你们看人们正在交谈，那你可以看出谁赢了——假设那里有高低之分的话。但是，如果有人把苏格拉底的技艺理解为它最初呈现的样子，即简短回答问题的技艺，那么苏格拉底不可能获胜。因为他没有实践过简短回答问题的技艺。只有对话者才能获胜。举个简单的例子：口头测验。有可能获胜或失败的人是那个被测验者，而不是教授。苏格拉底只有面对这些人才能获胜，这些人宣称能够回答所有问题，当然，是在他所选定的领域。但是，在这一领域内，苏格拉底能获胜。他只有面对骗子才能获胜——我这样说，没有隐射任何时候的任何人。因此，苏格拉底的技艺就是一门正义的技艺。那么，从已经谈论的内容来看，高尔吉亚的技艺，即发表长篇讲辞的技艺，仅仅是一种说话的技艺，因此，当高尔吉亚说，修辞术是在处理言辞抑或运用言辞时，他是经过深思熟虑的。苏格拉底的技艺是这么一项技艺，大致来说，它一半是谈话一半是沉默。他提问，别人回答。基本是一半一半的划分。你在向一个人提问时，你既说话又不说话。因为提问并不意味着做出论断。因此，苏格拉底的技艺要求更高的判断力，或古老含义上的审慎：不仅在于说什么和如何说，更在于是否有说的必要。提出好问题的技艺比发表漂亮讲辞以及简短回答问题的技艺更难以辨认。我们也可以说，在高尔吉亚式修辞术中，个体不会对演讲者的内容造成影响。在苏格拉底式修辞术中，个体对演说者谈论的内容有着决定性的影响，因为苏格拉底要考虑个体的个性。

那么，为什么有必要作这些被公认为粗浅的评论？因为如果我们想要在总体上理解柏拉图对话，进而理解这〔一〕篇对话的特殊性，我们就必须这样观察处境，不仅从苏格拉底的角度，也要考虑高尔吉亚的看法。高尔吉亚并不知道什么是苏格拉底的辩证法。我们可以从书本、文章或从其他柏拉图对话中知道这一点。但是，高尔吉亚看不到这些东西，而我们必须从高尔吉亚的角度来观察这个东西如何显现：一种展示，但却是与高尔吉亚之前所见过的展示完全不同的类型。关于表面上纯属文学性的东西，就说这么多。

至于实质性内容，我现在先说下面这些话。高尔吉亚在苏格拉底的引导下，就什么是修辞术的问题提供了这样的答案：修辞术是主要通过言辞处理最伟大的以及最好的人类事物的技艺。这些最伟大的和最好的人类事物被证明是自由和统治。但是，高尔吉亚所说的还不止这些。他说修辞术是最伟大的善，或者，至少是一个非常伟大的善，而不仅仅是非常伟大的人类之善。苏格拉底公正地要求澄清。我们将从这里开始，[37] 452d，第279页。①苏格拉底不理解高尔吉亚的回答。所有东西都取决于该回答，因为那是高尔吉亚关于修辞术的唯一的（the）定义。高尔吉亚拥有那非常伟大的善，并且可以帮别人获得那非常伟大的善，但这善是什么，他还没有说明过。然而，他却提到过某些好东西，他的那非常伟大的善可以设法获得这些好东西，而且人们也十分渴望这些好东西：自由和统治。这些好东西，自由和统治，与健康、美丽和财富有何相干？那是不可回避的问题，如你所知，因为苏格拉底所描绘的这些人类之善将与或许是高尔吉亚生产的好东西一较高下。高尔吉亚有什么理由称自由和统治是最伟大和最好的人类之善？他如何反驳医生的主张，即健康是最伟大的人类之善，以及健身师或赚钱者的主张？

高尔吉亚的回答在452e。他甚至不打算证明自由是比健康、美丽和财富更伟大的善。他在这方面非常务实。假设有一个自由人，他虽然不是奴隶，但身体孱弱，贫穷而丑陋。还有一个奴隶，却健康、英俊，兴许手头还有几个钱（因为他可能是主人的管家之类），为什么前者就应当是比后者更伟大的善呢？高尔吉亚根本不打算证明自由是比健康、美丽以及财富更伟大的善。但他却证明，统治或支配是比健康、美丽和财富更伟大的善。因为，统治者奴役医生、健身师和赚钱者。统治是控制医术和其他技艺的才能，因而间接地生产医术及其他技艺的产品。你控制了医生，因此你就控制了医术的产

---

① 施特劳斯用的英译本是 Plato, *Gorgias*, trans. W. R. M. Lamb tans., Cambridge, MA: Harvard University Press, 1925（Loeb Classical Library Edition, no. 166）。

物，即健康。但是，统治与修辞术有何关联？基于粗俗的前提，统治确实会显得是最伟大的善，因为统治者可以让有钱人的家产充公，所以他比有钱人潜在地更富有。但是，统治术与修辞术有何关联？统治只有通过修辞术才得以可能。统治者要么是修辞家，要么是修辞家的学生，所以修辞术的等级当然高，但也没高过今天社会科学家们所说的那样——他们说，没有社会科学，你就不可能有良治。统治者就是修辞家或修辞家的学生。苏格拉底要是成了高尔吉亚的学生，也可以成为统治者。考虑到他的竞争对手，高尔吉亚只谈论了诉讼型修辞术和庭议型修辞术（forensic and deliberative rhetoric）。他漏掉了他的炫示型修辞术（display rhetoric），他的拿手绝活。政治性修辞本身对高尔吉亚来说当然不是最高的善；炫示型修辞起码可以跟它平起平坐。把修辞术界定为政治性的修辞术，即庭议型的和诉讼型的，在某种程度上限制了深入讨论，就此而言，高尔吉亚真正的（true）技艺，炫示型修辞，在这篇对话中将根本得不到讨论，这一点我们必须牢记于心。提到政治性修辞术，我在这里指庭议型修辞术——也就是说，我们今天只称这种类型的修辞术为政治性修辞术——以及诉讼型修辞术。因为如果你在法庭上发言，那在本质上是一种政治集会，一种由公共权威建立起来的集会，因此它可以理所当然地称为政治的。在这一点上，我们已经触及了高尔吉亚给修辞术下定义的目的。高尔吉亚说过，修辞术是说服的技艺，说服人的技艺带来最伟大的人类之善——它生产最伟大的人类之善。

[38] 接下来发生的是第四步，452e-457c。修辞术在为善或为恶方面的神奇力量得到了揭示。为什么所给的定义不充分？原因在452e-453a。高尔吉亚发现，把修辞术界定为说服的技艺很充分。我们这里应当注意，希腊语表示说服的动词，其中动态和被动态形式表示"服从"。① 被说服的另一种说法就相当于服从。换言之，说服在希腊文中就意味着引导人服从，服从权威，这有别于遵循逻各斯、遵循理性。高尔吉亚的看法经得起辩护：修辞术产生说服，它是一

---

① 施特劳斯说的是动词peithō。

门属于它自己的技艺，在根本上与所有其他技艺都不同，因为说服是某种不同于证明的东西。当然我们必须说，修辞术是用言辞（by speech）说服，因为在希腊文中，你可以说用钱说服一个人，这意味着贿赂他，那当然与修辞术无关——那是用钱去说服。但苏格拉底选择以一种更加宽泛的意义去理解说服，它不仅包括说服，还包括令人信服或向人证明。因此，他说高尔吉亚在452e刚提到的定义最接近修辞术的本质，但还不够接近，这个交代了修辞术所属族类的定义（即非手工的、非沉默的）是关于族类的错误说明。我指我们上一次讨论的内容。但是，苏格拉底的提法不就预设了所有技艺可划分为说服性技艺与非说服性技艺吗？这很难站得住脚。

举个例子，绘画或许算是一种说服性技艺，而编织术和医术显然不是。把所有技艺划分成说服性的技艺与非说服性的技艺，让人感到似乎并非一个好的总体划分。那为什么他不就这样停留在高尔吉亚的定义上呢，粗略地说，即修辞术是用散文说服人们的技艺？那应该足够清晰了。因为，除非与证明或叫人信服对比，否则不能见出说服的性质。苏格拉底必须寻求一个普遍的［划分方式］，而［他］同时追溯了说服与真理。然而，这意味着刚才的划分并非对所有技艺的划分，除非修辞术以外的所有技艺都是证明性的。在这一章节，苏格拉底说，修辞术产生说服——只在灵魂中，而非在手指或头发中。在《斐德若》的某一段落中，271a，修辞术被称作一门技艺，某种通过言辞引导灵魂的技艺，还有其他引导灵魂的技艺，例如，通过曲调，也许通过肢体语言，甚至可能通过金钱。我们一会儿将看到这是什么意思。无论如何，苏格拉底想要更加充分地弄清修辞术是什么。

而在这里，453a-c，出现了一段插曲：苏格拉底谈到如何引导对话。这相当于之前关于简短言辞的论述。这段插曲这样起头："听着，高尔吉亚噢。"高尔吉亚成了苏格拉底的听众。苏格拉底试图说服高尔吉亚的灵魂。他也成了一位演说家。苏格拉底已经说服自己，自己属于特别的一类人。你们看，他将"说服"的表达运用在他自己身上。他知道（know）他是那类人吗？抑或他仅仅相信（believe）如此？我认为他相信（believe）如此，而且他渴望说服高尔吉亚，让高尔吉亚相信，他苏格拉底属于特别的一类人。他如何说服高尔吉亚，让高尔吉亚相信他属于特别的一类人——我们不妨说，亦即一个关心真理的人？他说服的办法是靠一句话："要知道……"当然，诉诸"要知道"之类的宣称不可能传授好知识。[39]那么，苏格拉底关于自己的如此宣称达到了什么效果？当他说"我已经说服我自己只谈论真理"时，他未能证明他就是谈论真理的人。尽管如此，如此宣称也并非毫无意义。听众可能努力让自己去达到演讲者所塑造的形象，却并不确定演讲者本人符合这一形象。这可以通过这样一个讲辞实现。我们再次发现苏格拉底果真是一位修辞家。苏格拉底已经说服自己跟别人交谈。[他]希望知道（know）交谈所处理的那个东西，他视[高尔吉亚]为同一类人。高尔吉亚自然不知道苏格拉底这样说的动机所在。苏格拉底回应时强调"我"一词，即egō，随即便强调了他本人与高尔吉亚之间的差异。他，苏格拉底，并不清楚源于修辞术的说服是什么，也不清楚修辞术处理的对象是什么。但是，他质疑高尔吉亚的想法。另一方面，高尔吉亚却很清楚他所说的修辞术指什么，以及修辞术的主题对象是什么。情况就是这样。

虽然苏格拉底质疑高尔吉亚的想法，但苏格拉底还是会问（ask）高尔吉亚，而不是说出他苏格拉底的怀疑。为什么？苏格拉底说："不是为了你，而是为了道理（speech），以便道理在前进中尽可能清楚地向我们显示道理所关心的东西。"我按照字面含义来翻译，没有考虑文字的优雅。但是，如果苏格拉底告诉高尔吉亚，他对高尔吉亚的想法抱有怀疑态度，那上述目的会实现吗？以及，如果苏格拉底产生误解，高尔吉亚会纠正他吗？难道这不是我们经常谈论的吗，而这难道不十分自然吗："我猜你的意思是这样，对吗？"难道这不是一个自然的过程？是的，在这个例子里，高尔吉亚也许在关于他本人的想法方面有所隐瞒。那是这一段真正要紧的地方。你们知道，人们在猜测别人的想法时，会产生一种联想。他，高尔吉亚也许逐渐受了苏格拉底的影响，而我们，包括我们这些读者，将永远不会知道高尔吉亚若没有苏格拉底提点，将有何想法。

但是，他说"这是为了你，高尔吉亚"，这是什么意思？为什么一个人应当克制自己，不去说出他对别人的怀疑，反而为了那人的缘故去询问他？因为他也许认为，那人无法表达出他本来的意思。那相当于说他不是演说家。这很常见，比如当一位年纪大的老人在跟一位非常年轻的学生交谈时就会如此，通常我会试图阐明他的意思，因为有迹象表明，他不能表达出他的意思——换言之，他是一位糟糕的谈话者，［一位］糟糕的演说家。苏格拉底与高尔吉亚当然不可能是这种关系。当然，苏格拉底更不可能如此看待或如此谈论高尔吉亚。苏格拉底克制着没有表露出对高尔吉亚的怀疑，不是因为他认为，除非高尔吉亚接受苏格拉底的提点，否则他无法表达他的看法，而是因为不这样的话，他们也许无法就修辞术的清晰性达成真正的一致。而那才是好的教育，好的修辞术。你们马上就会看到，这对于接下来发生的对话有多重要。

　　接下来是453c-454b，苏格拉底证明已知的修辞术定义并不充分。苏格拉底被迫向高尔吉亚提出一个额外的问题，因为高尔吉亚的回答"修辞术是说服的技艺"太过笼统。苏格拉底通过另一个问题来阐释这个问题，他关心的不是绘画的技艺，而是一位画家，泽乌克西斯（Zeuxis）。修辞术的含义之所以如此不清晰，或如此含混，是因为有各种不同的修辞家，他们有地方或地域的差异，应当是这样吗？［40］在453c8，你们将发现希腊文"那里"一词。苏格拉底在这里强调了三四次，他的提问不仅公正，而且恰当。我们稍后将看到。苏格拉底的大意是，修辞术不是唯一的说服技艺；无论谁教导什么东西，这都是在说服。那么，修辞术与其他说服技艺有什么区别？"说服"的希腊文可以在广义上使用。而就像苏格拉底的用法，这个词也可以在狭义上使用；在狭义上，其含义与证明相对立。而在《高尔吉亚》这里，"说服"一词在广义、狭义上都有使用。这里的含混性是故意的。

　　现在我们来到454b，关于修辞术的更加……［听不清］的定义：修辞术是在法庭上和在其他人群中的说服，它处理正义之事和不义之事。但是，这一定义太过狭隘。高尔吉亚在放弃他的炫示型演讲之后，如今他又放弃了政治性演说本身，庭议型演说。他为什么这样做？你们看，之前他谈论了所有种类，不必说，就像今天一样，一位伟大的庭议型演讲家当然比一位伟大的诉讼型演讲家有更高的地位。想一想丘吉尔（Winston Churchill）。我们有一个伟大的当代范例：丘吉尔是一位庭议型演讲家，而非诉讼型。那是因为他处理的是更宏大的事物：城邦的生存［或］荣耀。为什么高尔吉亚放弃了庭议型修辞术，而且将自己限制在诉讼型修辞术的领域？我刚才已经指出了答案，或答案的一部分。苏格拉底在前一段落453c-454b的提问强调了美好，正义。苏格拉底提示高尔吉亚把重点放在演说术中最为明显的处理正义之事和不义之事的那部分。在某种意义上，苏格拉底引导着高尔吉亚那样做。他为什么要这样做？那只是更大过程的一部分。一开始，高尔吉亚就像他的行为展示的那样，具有这一宽泛的观念：修辞术是炫示型修辞术、庭议型修辞术以及诉讼型修辞术。于是苏格拉底首先通过他虚构的对话引入了高尔吉亚的庸俗竞争者，使高尔吉亚摒弃其中完全无用的部分，即炫示型修辞术。因为在市场上，他的竞争只能着眼于政治性的庭议型修辞术和诉讼型修辞术。

你们看，苏格拉底真的完全控制住了他。接下来，苏格拉底再进一步，把高尔吉亚限定在诉讼型修辞术中。苏格拉底为什么这样做？最简单的答案，就目前情况而言也非常好的答案是：我们不知道。也许高尔吉亚也愿意接受这样的限定。苏格拉底似乎没有澄清修辞术的力量及其用途，而高尔吉亚也许想提醒苏格拉底，那部分修辞术的用途很明显，准确地说，可用于对抗不义的敌人。高尔吉亚也许认为，像苏格拉底和高尔吉亚那样的人很少需要庭议型修辞术；即便他们的城邦遭到灭顶之灾，他们还可以去别的地方，而且总是能找到追随者。高尔吉亚一直这样认为。修辞术的保护性最为清晰地体现出其有用性，就像诉讼型修辞术。

454b-c：重述应如何进行一场对话。你们看，实质性的和方法论的讨论轮流出现。苏格拉底在这里没有像他在第一次讨论时那样，说他不是很清楚高尔吉亚如何理解修辞术，因为他已经知道得很清楚了。他再一次说，他怀疑高尔吉亚关于修辞术的看法，并说尽管如此，他还是准备问问高尔吉亚的意见——他这样做不是为了高尔吉亚，而是为了完成道理（speech）。在柏拉图那里从来没有单纯的重述或重复。总是有一些变化，要么增加，要么减少。这里苏格拉底增加的是："这样一来，高尔吉亚便可以［41］根据高尔吉亚所意愿的假说或假定来完成他的道理（speech）。"他在这里没有谈论任何共同的（common）理解，即苏格拉底与高尔吉亚关于修辞术是什么的共同理解。换言之，如果苏格拉底干涉说，你基本可以……［听不清］，那么他就干涉了高尔吉亚的自由。高尔吉亚应当感受到他有完全的自由去自缢也好，自救也罢，无论情形如何。但是，他在这里提出一个假说，一个为整个论证奠基的假设。要我说，这一假设将完全忽略炫示型演说。高尔吉亚［将］保留自由，按照他的任何意愿去说或声称他的意见。那就是说，在某种意义上，苏格拉底问高尔吉亚是为了高尔吉亚，亦即为了高尔吉亚的自由，说和不说他的意愿的自由。苏格拉底问高尔吉亚也是为了苏格拉底。苏格拉底急于看到，高尔吉亚在回答问题时所应用的实际（in deed）的修辞术。现在我们稍微理解苏格拉底之前在453a那句简短的话是什么意思了："修辞术在灵魂（soul）中产生说服。"修辞术的效果不一定会体现在受众的言辞中。苏格拉底对高尔吉亚造成的效果不会简单地体现在高尔吉亚的演讲中。我们要想将那一点找出来，必须进行大量的思考。

在454c-455a，我们将得出关于修辞术定义的结论。为了恰切地定义修辞术，我们必须从说服的基本区分出发，将其分成两个种类（class）。"种类"一词在不同的语境中又被译作"观念"（idea）。在希腊文中用来表示"观念"的柏拉图概念——至少是其中之一——是eidos，它在柏拉图的意义上表示理式之前，意思主要有两种：事物的形状和事物的种类。"形状"在词源上更早，它来自希腊文的"观看"一词。可是，出于我们尚未可知的原因，形状和种类结合在了一起。我们说："他看起来像什么？""看起来像"——他的外观属于哪一种类？我只是顺便提一下，我在这里是把这个词译作"种类"。我们必须从说服的基本区分出发，将其分成两个种类：提供相信（belief）的说服和提供认识（knowledge）的说服。修辞术在处理正义之事和不义之事方面，仅仅提供相信，不提供认识。这很关键。高尔吉亚接受了这一点。

在454d，我们在实际的对话中发现了另一段虚构的对话。这段虚构的对话使苏格拉底可以指使高尔吉亚作出他应当作出的回答。这与他之前的说法相反，即他将任由高尔吉亚完全按自己的心意回答。他为什么在这里如此明显地干涉高尔吉亚的自由？苏格拉底不希望以下说法仅仅是一个信念（belief），即相信（belief）与认识有着本质的不同。无论［我们］对高尔吉亚是否充满善意或体贴，这一点都十分重要。相信与认识之间的本质性不同可以被认识（known）而且必须被认识（must be known），如果修辞术的本质在于让人理解的话。说明（state）这一点很重要，也是可能的——不仅是看到和认识这一点，还要把它说清楚。为什么这如此重要？从根本上讲，不仅是因为高尔吉亚的修辞术公认仅仅产生相信——至少看上去如此，还因为，在更高的意义上，修辞术综合了异质性的诸要素，综合了模仿性技艺和证明性技艺。如果我们想要理解最高意义上的修辞术，就必须这样认识（known）诸如诗歌那样的模仿性技艺与证明之间的这种异质性。

［42］在454e-455a，三次提到修辞术的主题性事物，而且有细微的变化。在第一个和第三个例子中，主题是复数的正义之事与不义之事，在中间的那次表述中，主题是单数的正义之事与不义之事。修辞术创造的只是相信，不仅［关于］这样或那样的正义之事，而且还关于正义自身的本质。但什么是正义之事？举个例子，撒谎是不义的，偷窃是不义的。这是具体的事。但这不是正义的本质。撒谎被认为不义，偷窃被认为不义，这样说凭借的依据是什么？所以，换言之，修辞家创造相信，不仅是相信偷窃、背叛的不义或与之相反；他还创造了一种对正义本质的相信。

现在我们来到结论部分，455a-457c。主题是修辞术的神秘性质，它的"魔力"。① 这个词很容易被误用。关于"有魔力的"（demonic），

---

① 参见456a5处的daimonia。

你们必须摒弃那个词的圣经含义，即"恶魔般的"（demonic）。译者说是"超自然的"。这是一个很糟糕的译法，因为就像亚里士多德在某处所说，自然是"有魔力的"，这样一来"有魔力的"就不可能是超自然的。我们稍后来看如何翻译。我简单说说"有魔力的"这个词，并且请你们给它打上问号，直到我们对其有透彻的了解。

那么，这里的论证是如何开始的？乍看之下，修辞术似乎是无用的。相关内容一直到455d。我们已经获得了一个修辞术的定义。但是，这定义并未让我们清楚地认识修辞术。因为，如果修辞术只生产相信，那这样的事物有什么用呢？这定义不够充分，因为它没有标明修辞术的目的，修辞术的telos——那一点确实尚未被给予。修辞术似乎毫无用途，因为在所有重要的事务上，我们都是去找那些生产认识（knowledge）的人，而非生产相信的人——例如，［我们会寻求］医生，而非江湖骗子。但是这不完全是苏格拉底的原话。他说，在所有重要的事务方面，我们都是去找掌握知识的人——例如医生。但是医生若在民众集会上呼吁［应当］建立一座医院，那他们就不是在生产认识，而是在生产相信。因为他说话的对象并不是医生。这里有一个双重困难。第一层是这样：是否每一个掌握知识的人也生产认识？如果一个人掌握一项技艺，那他也能够传授那门技艺吗？如果他无法传授，这难道不标志着他所掌握的知识并不充分吗？但是，这一情况肯定与修辞术的情形不同。一个人可以是一位演说家而不必是修辞家。这一区分对于这篇对话很关键。

例如，高尔吉亚可以使一个人成为一位好的演讲家，却不必向他澄清这项技巧和那项技巧之所以会生产出好演讲的理由。他可以告诉他的学生，"这样做，你发现肯定会奏效"，然后学生照做，并且证明此法奏效，那位实践者感兴趣的就是这些。换言之，那是经验与古典意义上的技艺或科学之间的差异。高尔吉亚可以不告诉他的学生这样做为什么必然奏效。这样，他的学生将获得与技艺截然不同的经验。但是高尔吉亚本人（himself）知道理由吗？那是一个重大问题。他掌握一门技艺吗？若是，那么他掌握生产相信的知识（knowledge）；他掌握知识或科学；他掌握生产相信的科学，尽管他并不掌握关于正义之事和不义之事的科学。这番推理在今天应当不会太过困难，以至于无法理解。可能有一类高等技术人员，一类科学的技术人员，他会教人们如何影响不同类型的人群，以及告诉他们这些指令背后的所有理由。[43] 我相信会有。换言之，如果高尔吉亚认识其修辞术的理由，他的修辞术将会是真正的技艺。455b 这里举的这些例子总是在处理庭议型修辞术，你们可以看到。苏格拉底现在扩大了狭隘的定义，修辞术原本只等同于诉讼型修辞术，苏格拉底也暗示过定义的狭隘。他扩大了修辞术的范围，他指出，这里关于修辞术的全部说法在根本上都是狭隘的，这些说法忽略了以下事实：修辞家是一个有知识（knowledge）的人。你们看到了吗？在整个论证中，强调的重点被放在以下事实上：修辞家是一个生产相信的家伙。但是，他是在知识或科学的基础上生产相信的，这一点并未被提及。我们必须记在心里。在一切有着某种知识的事务中，我们都是依赖有知识的人而非演说家。例如，是否应当发动一场战争，或是否应当建造城墙。

455b-c：这明显是一个不真实的陈述，我们将在下一页看到，因为我们也听从各种各样不是专家的谈话者。这一陈述的目的在于鼓动高尔吉亚，就算不能说明修辞术的功用（usefulness），起码也要说明它的力量（power）。苏格拉底明确诉诸高尔吉亚的自我利益。

455c-d：这段话迫使高尔吉亚说明修辞术的力量，它的全部（full）力量，而不仅仅是一个相对低的部分的力量，诸如诉讼型修辞术。当然，这意味着炫示型演说发挥不了作用。高尔吉亚对炫示型演说保持沉默，苏格拉底至少要负部分责任。我很抱歉，但我不得不反复强调，这是关节要害。455b：在每一次选举中，人们必须选出最好的专家。因而修辞家不能提供建议。为什么不能呢？是谁在雅典进行选举？民众集会。他们是专家还是非专家呢？非专家。那么，为什么演说家，也就是这种对非专家讲话方面的专家，不该也发言？每一位木匠、农夫、商人都可以在集会上发言。为什么演说家就不应该发言呢？如果他更擅长发言，为什么不发言呢？这一点意义重大。一旦你们承认非专家的统治，即非专家的政治统治，或者更具体来说，民主统治，你们便已经承认，需要庭议型修辞术。这一点是摆脱不了的。当然，它不是这里强调的重点，但我们必须牢记在心。

学生：对于民众，不就是应该让他们做他们在那方面是专家的事吗？

施特劳斯：可他们何以可能在医学方面成为专家呢？

学生：如果那是政治组织的目标的话，然而那并不是……

施特劳斯：让我们在最符合常识的基础上来看。如果有一个民众集会决定政治议题，就算他们是民众的代表，这也相当于一些非科学家对另一些非科学家发言，而且他们对发言的内容并不具备科学知识，难道不是这样吗？这番对正在发生的所有政治集会以及民众集会的描述，难道不公正吗？

学生：但是，柏拉图对民主的理解有些奇怪：他似乎认为，你可以在民众中确认谁是权威，由此——如果你真的确认了［44］权威——你就不得不给予他们适当的信息，或至少适当的专家意见。

施特劳斯：好吧。让我们假设这是对柏拉图的民主观的正确表述，尽管我怀疑这点，但让我们就这样假设。然后我们有了这一观点。我们在战争事务中引入专家。我们引入军事专家。那么，人们怎么知道他的确有才能？他们只有亲眼见证才知道。他经历过一场大战，或许两场。由此推测，他是一位专家。这［只是］假设（assumption）——他们不知道他是专家。那么，这人可以怎么告诉他们呢？我们先把安全考虑放在一旁，如果兵法是一门科学，那么理解这门科学要求听众一方也掌握科学。换言之，如果这些听众想要跟得上他，他们不得不上三个月的课程。但那是不可能的。所以，他一定是一位公众的演讲者。他一定有能力凭借他的个性给公众留下印象，而且他一定诉诸一些事物，这些事物人们如果不是专家就无法理解。但这就是修辞术——所以高尔吉亚将修辞术定义为生产相信的技艺，这种相信有别于没见识的人（non-knowing men）的认识，这定义必不可少。而就算你说只有柏拉图才遇到这问题，你也是错的。我可以证明这一点。

让我们讲一个极端的情形，那当然发生在《王制》中。在那里，你们发现有一座城邦，它其实并非是民主制，而是由一群超级专家统治，如果有这样一个词的话。你们会承认这一点。这些人统治着城邦。有三个或四个人是哲人，其他人是非哲人，但为了合作、服从之类，这些哲人必须时不时地跟这些非哲人交谈。在这个例子中，这意味着有见识（knowing）的人将根据没见识（non-knowing）的人所接受的原则——《王制》中的高贵的谎言——与他们交谈。当你们读到那一段落时，你们会明白，这说的当然就是一场演讲，即修辞术的产物。这是有见识的人对没见识的人的演讲。因此，如果我们看不到那对于修辞术而言是一项必然之举，我们永远无法理解这篇对话。

我们有两篇柏拉图对话谈论修辞术。一篇是《斐德若》，另一篇是《高尔吉亚》。我们可以说，《斐德若》明确展示了苏格拉底式修辞术。但这一苏格拉底式修辞术在［《斐德若》］中被展现为针对个人的修辞术：如何指导这个人和那个人。高尔吉亚式修辞术不针对个人。高尔吉亚式修辞术，在这里被描绘成向群众演讲。但是，高尔吉亚所践行的修辞术是坏的。证据就是：它不可能。但是，这意味着关于一种群众修辞术、关于民众的修辞术、用于集会的修辞术的基本观念是错误的吗？我不会这样说，因为那样的修辞术是必要的。而苏格拉底要说的是关于民众修辞术最为重要的事物，指有见识的人对没见识的人演讲。此外，他想说的另一点是：那种好的民众修辞术不会只是有见识的人生产的修辞术，但根据这一事实，它不会被误用。我们将看到，高尔吉亚式修辞术不可否认有被误用的可能。

所以，让我们重申这一点。一旦你们承认非专家的统治——迄今为止，以及我能想象到的未来世界的每一个政府都将是非专家的统治（因为这些专家统治作为技术统治，会比非专家的统治更糟糕，［45］所以柏拉图没有考虑这些家伙）——一旦你们承认没见识的人的统治，你们便已经承认，需要庭议型修辞术。凯瑞丰出于何种理由是苏格拉底与民众之间的纽带，也就出于这同一种理由是苏格拉底与高尔吉亚之间的纽带。我们现在理解这点了。高尔吉亚代表着好的民众修辞术的可能性，但他没有实现它。"在每次选举中，人们必须选出最好的专家"的译文有些含混。这句话也可以这样翻译："在每次选举中，最好的专家必须参与（do）选举。"①就这种［极端式］理解的，即柏拉图式理解的贵族制而言，直接的②修辞术是不必要的，因为只有专家在彼此交谈。但是，那只会加剧问题。

现在我们转向论述修辞术的巨大力量的部分：455d-456c。现在高尔吉亚揭示了修辞术的全部力量。他说得很清楚，苏格拉底早已为此揭示做好了准备，说得通俗一点，苏格拉底在前面引路（guided）。我们再次注意，高尔吉亚所从事的炫示型修辞不属于修辞术的力量。因此，它没必要被提及。高尔吉亚所从事的炫示型修辞是纯粹的娱乐——仅仅是"雅致的"，卡利克勒斯一开始说得正确。另一个问题：难道炫示型修辞就不可以是某种比雅致更高的东西吗？［听不清］……意味着控制全部才能和力量，旨在对普通人产生影响，没那么简单。高尔吉亚没有明说而只是暗示，演说家有办法让自己当选一个城邦的将军，只要他愿意。他可以得到任何他想要的东西。但注意：当选（elected）。他暗示，［他培养出来的演说家不可能］成为僭主。成为僭主将是十分糟糕的事。

此外，高尔吉亚仅仅在私人修辞术的情形中证明了修辞术的力量。他在病房中与他的兄弟交谈，他的兄弟说他必须为某病人实施一场手术，可病人不答应，于是高尔吉亚进来用吹枕边风的方式，证明这位病人必须实施一场手术。至于公共演说，或竞选公共职务，他仅仅断言说，修辞术的力量是如此强大。希腊文中用了强调的语气。修辞术具有令人惊讶的力量。但这也是它的缺点。修辞家可能受人钦佩，但出于同样的理由，他将受人妒忌并令人感到害怕。因此，高尔吉亚紧接着就发出警告（warning）。高尔吉亚说，修辞家不能为他的学生滥用他的技艺负责。换言之，他的学生有可能滥用修辞术。他们可能会这样运用修辞术：不是为了当选成为将军，而

① 施特劳斯指的是455b4-5的句子。
② "直接的"（first hand）这一表述保留在原始记录稿中。

是为了作僭主。如果修辞术可能遭到滥用，它怎么就不会被用于实施最罪大恶极的罪行呢？如果有人用修辞术来帮助朋友，伤害敌人，那么他很好地运用了修辞术——《王制》的经典例子。①一个友善的人将帮助他的朋友，伤害他的敌人。那是好的运用。然后，高尔吉亚突然以宙斯之名起誓，随即他用另一个词取代了表示敌人的那个词，后者也可以表示私敌，而前者只能（only）表示公敌，国家的死敌和作恶者。②他说，对修辞术的正义的运用不是用于帮助你的私友、伤害你的私敌，而是运用于谋求共同之善。誓言发得恰到好处，因为宙斯正是正义的守护神。

[46] 接下来是457a，高尔吉亚说，如果修辞术教师的学生邪恶地使用了他们的所学，这并不意味着修辞术教师是邪恶的。他还说，如果学生们邪恶地使用他们所学到的知识，修辞术不该对此负责，并因此成为邪恶的技艺。他在这里对教师和技艺作了区分。教师和技艺都不邪恶，但除此之外，技艺还不需要负责，而教师们虽然不邪恶，但也许需要负责。我认为答案很简单：教师们在挑选学生时也许会犯错误，而技艺无法为此负责。换言之，修辞术教师也许会显示出糟糕的判断，选了错误的学生，但技艺不可能显示出错误的判断。因此教师们不邪恶，而技艺则也不邪恶，甚至不需要负责。

关于高尔吉亚对修辞术的意见，我们目前已经尽最大可能给出了清晰的说明。从这里开始，是这场对话的第五步和最后一步，即对高尔吉亚的反驳：457c-461b。这一反驳在457c-458e部分做好了准备。首先，苏格拉底下了一步棋（457c-458b）。苏格拉底现在已准备好了反驳高尔吉亚，因为他已经听到了他本就知道的一切。但是，这并不意味着他就准备反驳高尔吉亚了：他必须让高尔吉亚准备好迎接反驳，这是一个不同的提议。他事先提醒高尔吉亚，他将设法反驳高尔吉亚。为什么他要这样做？他并不总是这样做。例如，忒拉叙马霍斯就没被事先提醒他将遭到反驳。为什么苏格拉底要事

---

① 对勘《王制》332d。

② 这两个语词分别是echthros和polemios。

先提醒高尔吉亚，让他紧张（nervous）？难道他想要向高尔吉亚展示他苏格拉底的力量吗？更仔细地阅读这一段事先提醒，我们看到，苏格拉底捉住了（touches）高尔吉亚，他缚住了他的手脚，使得他无法逃跑——那可是修辞术大师哦！而高尔吉亚刚刚才谈了他的力量，修辞术的力量。现在苏格拉底向高尔吉亚揭示出高尔吉亚的无能；他不得不束手就擒，乖乖听苏格拉底的话。修辞术的力量何在？在于让人赢得胜利。而现在苏格拉底表明，赢得胜利的欲望，这种高尔吉亚本人也承认的东西，至少在某些特定的情形中却是最大的。修辞术自拆台脚；修辞术作为赢得论证的技艺自拆台脚。至少修辞术的目的或目标不可能被承认，这是一件非常糟糕的事。苏格拉底说，有些对话经常被打断，因为对话者希望"羞辱他"——这里没有用这个词，但我们可以这样使用——好贬低谈话者在旁观者心目中的形象。因为，你们看见，旁观者只想要炫耀；他们并不关心主题。换言之，苏格拉底警告高尔吉亚，高尔吉亚别无选择，只能心甘情愿地接受苏格拉底的反驳。

在这方面，有两点值得特别注意。第一点在457e，苏格拉底担心，高尔吉亚也许认为，苏格拉底跟他谈话是在针对高尔吉亚个人，而苏格拉底其实是对事不对人，为的是把事情说明白。高尔吉亚有自由（free）得出他认为合适的论点，关于这一点没有任何疑问。而他现在被他说过的话束缚住了手脚。第二点，458a，苏格拉底说："我不担心被反驳。相反，我高兴被反驳胜过反驳别人。因为如果一个人被反驳，他自己便从最大的恶中——在重要事务方面的无知——解放出来，而如果一个人反驳别人，那他仅仅使别人从最大的恶中解放出来。"当然，他暗示了最大的善是知识，但他同时也暗示，做好事从自己身上做起（charity begins at home），或者夸张一点说，他暗示了一种伟大的自私："我高兴被反驳，因为我[47]关心自己胜过他人。"现在轮到高尔吉亚反击了，他的反击不乏机智，却未企及苏格拉底的标准。

458b-c：苏格拉底让高尔吉亚在接受他的反驳和承认他一点也不关心真理这两者之间[选择]。这是一个糟糕的选择，我们必须承认。而苏格拉底已经让高尔吉亚在以下两者之间作出选择：或在战斗之前就承认失败，或在战争中承认失败，这同样是一个非常糟糕的选择，这在我们眼前证明了高尔吉亚的不审慎，缺乏phronēsis，即缺乏审慎。高尔吉亚试图摆脱这选择，他采取了一项〔看起来〕像正义行为的举动，那举动魅力十足："苏格拉底，你不应该如此自私，只想着我把你反驳了，好让你有提高。你也应该考虑一下其他人。他们或许累了，或有其他事要干。"换言之，高尔吉亚希望其他人会帮助他——兴许是珀洛斯，他在开场时已经成功帮助过他。苏格拉底说："你被打败了，你得接受。"而高尔吉亚说："不，不。"情况陷入了僵局。在这样的情况下，你们如何解决这样一个僵局？458c-d，这最后一步，就是解决办法。

答案是——大众投票！凯瑞丰，既是苏格拉底的朋友，又是高尔吉亚的朋友，他阻止了讨论的中断，靠的是诉诸人们的呼声——有限的一群人，可能有十到二十个人。而卡利克勒斯，他也是高尔吉亚和苏格拉底的朋友，干了同样的事。有趣的是，苏格拉底已经赢得了一次胜利。在民众集会面前，苏格拉底表现得是一位比高尔吉亚更优秀的民众演讲家。就卡利克勒斯而论，我想我们可以怀疑，他是想观看和享受这场捕杀。但为什么珀洛斯不加入进来？毕竟，〔他是〕高尔吉亚的朋友，不是苏格拉底的朋友。兴许他意识到，苏格拉底已经把高尔吉亚逼得除了一路走到底，别无选择。从现在起，讨论不再只是苏格拉底或高尔吉亚对自我提升的私人关切，而是一件正义之事，对他人负有责任，有着普遍的利益，由公众投票可以看出的公众利益。值得注意的是，卡利克勒斯在这里发了一个誓，既有力又全面：他呼唤全体（all）诸神——这情形在实践上意义如此重大，且是如此的政治。然而，苏格拉底在458d说道，公众投票束缚不住高尔吉亚。高尔吉亚是更优越的人，但那当然只是一种保留的特权，虽然并非不关痛痒，但在这里没有实际的作用，因为高尔吉亚本人承认，他虽然不受公众投票的约束，却要受自己说法的约束。他被他自己设下的陷阱逮住了，被他将回答所有问题的说法逮住了。

把这场关于正义的好戏跟《普罗塔戈拉》中的另一场景对比，

会十分吸引人。我可以给你们出处：334c-338e。那里的问题是这样
的：普罗塔戈拉也宣称他既擅长制作长篇讲辞，也擅长简短讲辞，
一如高尔吉亚。但他拒绝遵从苏格拉底的要求只制作简短讲辞。换
言之，这一回答比高尔吉亚的更聪明。他拒绝了［苏格拉底的要
求］，而他给出的理由富有魅力。他说："要是我接受我的对手设置
的条件，那就太蠢了；我绝不可能赢得这么多胜利，要是我接受过
我的对手们设置的条件。"苏格拉底在比较两个人的处境时，呈现出
一幅十分美妙的景象：一个人是速度很快的赛跑者，十分擅长快速
奔跑，而另一个人只能中速奔跑。但他说这不是一场比赛："我将请
求你只是跑得跟我一样快。"这里的要点在于：［48］在《普罗塔戈
拉》中，普罗塔戈拉与苏格拉底的的确确不和。而在这里，不和尚
未浮出水面。高尔吉亚说："是的，我愿意，但我们还必须问问别
人。"在《普罗塔戈拉》中，不和已经公开化，卡里阿斯（Callias），
自命不凡的有钱东道主，站在普罗塔戈拉一边，而阿尔喀比亚德
（Alcibiades）站在苏格拉底一边。克里提阿（Critias），日后的僭主，
想要当一位不偏不倚的裁决者，而其他三位在场的智术师也想扮演
不偏不倚的裁决者。为了让辩论继续下去，又搞了一次民众投票。
如果你们没读过这一段，将会失去多么巨大的乐趣。

　　我相信，决定性的差异在于这一点：苏格拉底和高尔吉亚之间
不存在竞争；而苏格拉底和普罗塔戈拉之间存在竞争，至少在普罗
塔戈拉心里如此。听上去有些奇怪，但这里的处境要友好得多。处
境不同，《普罗塔戈拉》的处境之所以如此，是因为苏格拉底想要
在雅典青年们眼前揭露普罗塔戈拉。他并不想弄明白普罗塔戈拉的
情况。而这篇对话则服务于两个目的，一是弄明白高尔吉亚的技艺，
二是暗中向高尔吉亚提建议——他如何可以将他的禀赋运用于好的
用途，运用于即使不是坏的，也至少是无伤大雅的用途上。

　　然后是458e，反驳开始，我必须说这根本不是真正的反驳。这
只是让高尔吉亚沉默罢了，而我们必须追问，为什么苏格拉底或柏
拉图要浪费我们的时间，谈论近似于反驳的东西，而不真正进行反
驳。这要等到下次再说。现在顺便提一下，"修辞家"一词的含义是

指一个拥有技艺并且能够传达技艺的人。当然，不管这样一项技艺的存在是否可疑，到目前为止，那尚未得到证明；然而，在跟珀洛斯争论的章节，苏格拉底甚至有力地证明，修辞术不可能是一项技艺。但是，问题到这儿还没完。这是一个反驳高尔吉亚的决定性论证，他是如此理解的。但是，我们对困难已经略知一二，即拥有一项关于产生说服的技艺、科学或知识在原则上并非不可能。在原则上并非不可能，后来，亚里士多德的《修辞术》就证明了这一点。但是，那是一个困难，它没有被讨论，而只被暗示，换言之，论证带有诡辩的意味：演说家和修辞家之间［并未充分区别开来］。苏格拉底的意思其实是，高尔吉亚实践的修辞术，虽然被称作一门技艺，虽然具有技艺的某些特征，却不是（not）一门技艺。在这一点上，柏拉图的问题也算先行针对了亚里士多德的《修辞术》。尽管如此，我们知道，这是一个可敬的考虑，我们必须对照苏格拉底的表面说法将其牢记在心：有一种产生信念、说服的知识或科学，这并不矛盾。这样一项技艺的存在甚至也有一种显而易见的必然性，如果我们思考民众集会的性质的话——就此而言，甚至包括诉讼型演说。就像亚里士多德在《修辞术》开场所说，为什么只有不义才应当是技艺呢？为什么只有坏蛋的代理律师才应当是好的演讲者呢？卑鄙的和正派的律师同样都拥有修辞术，倘若如此，［那么，］既然一个是坏人，另一个是好人，我们就需要一种更高的知识，让我们去规范那一才能的使用。而那是什么呢？传统的回答当然是伦理学，或关乎习性的道德原则。但是，那不是苏格拉底的回答，因为苏格拉底认为，且人人也都知道，道德与知识相同。德性就是知识，这是真的，就此而论，我们没法把德性当作道德原则［49］本身、当作良知，［我们］也无法把它［当作］亚里士多德意义上的伦理学，因为从柏拉图的观点来看，那是一个问题。

既然我其实是一个政治科学学者——我希望你们知道这一点——我就总是希望你去思考，这场据说发生在2300年前甚至更早的雅典的对话，其主题有何现实意义。我们时不时地会相当自然地提到与高尔吉亚对应的某种现代人的类型。我告诉你们一个通用词，也许会有一些帮助。高尔吉亚在柏拉图时代所提出的问题，基本上在今天被这样一群人持有：如今他们被称为"知识分子"。高尔吉亚当然是一位知识分子。知识分子将他生命中的大部分时间花在阅读和写作上，并以此谋生。那就是我认为知识分子可能的含义。我不知道权威人士怎么看。但是，那种职业中存在一个问题。

对柏拉图而言，这问题很简单——为什么他把注意力转向了修辞术。柏拉图关心的是哲学，而哲学必须跟那些可能被轻易误认为是哲学的追求区别开来。而修辞术，按照流行的理解，正是这类现象中的一个。修辞术是哲学的竞争者，理由很简单：因为哲人和修辞家都提出了一种普遍主张。哲人处理万物，而修辞家处理关于万物的言辞——这造成一定的困难。但是对我们来说，我们也许不关心哲学，我们关心的是社会科学，以及对我们社会的理解。而在我们的社会中，公共演讲者扮演的角色与他在雅典所扮演的角色不同。公共演讲者在我们当今社会对应于什么人呢？好吧，有人也许会说是记者和其他的作家，或者是那样一些人：他们试图在非专长的事务方面去影响大众，同时并不声称他们的写作是科学的——这些试图在公众心中留下印记的人，渴望成为意见领袖。在这个意义上，修辞术当然存在于我们的社会之中，就像它存在于柏拉图的时代一样。但是高尔吉亚，当然，他声称自己不仅仅是一位意见领袖。他声称是意见领袖的教师，是诸如柯克（Russell Kirk）等人的教师。[①]这也许在我们的社会中找不到直接的对应，但那也许是因为没人考虑过这种可能。另外，人们也可以说，这类人在我们社会的缺席有助于我们了解我们的社会，就像他们在古希腊的存在有助于我们了解希腊社会一样。

学生：在这个意义上，煽动家和修辞家有什么不同吗？

施特劳斯：可煽动家的主要活动难道不还是某种口头的活动吗？因为我们生活在一个完全不同而且规模大得多的社会之中，在这种社会中，口上说的言辞没有什么影响力，尽管有广播和电视，

① Russell Kirk（1918—1994）是一位美国政治理论家和历史学家。

人们依然十分依赖于阅读。因此，我认为在今天真正的发言者是作家，而非演讲者。当然，这些差异都是十分外在的。我的意思是，它没有触及事物的根本。

学生：我想知道，广告在今天是否发挥着这样的功能？

[50]施特劳斯：是的，我不太了解这种情况，但我认为广告商通常把自己的目标锁定在你在城市街道上看见的人身上。他推销香皂、狗粮。我懂了，可你说他推销一切——这么说的话，我就懂了。换言之，广告商的教师会——可即便是广告商的教师，他会——你认为他也会教授政治家和政治专栏作家吗？难道柯克和其他人不会拒绝接受这些家伙担任他们的教师吗？所以换言之，假如你找到一位最高超的广告教师，远超迄今为止出现的任何人，你就找到了类似于高尔吉亚的对应者。

很好。但是，假如存在意见领袖的教师——在某种意义上高尔吉亚就是这么一位——他对于整个社会而言就会是一位非官方的立法者。而非官方的立法者可能比我们知道的所有官方立法者更有力量。他将必然显现（appear）为一位哲人，因为功能都差不多。这样的人不会是我们当今意义上的科学家，因为科学是道德中立或价值无涉的。这样的人恰恰渴求教导意见领袖如何动摇民众的价值观。既然他一定会同时教导小阿瑟·施莱辛格（Arthur Schlesinger, Jr）和柯克，他就既不会忠于自由主义也不会忠于保守主义。[1]自然如此——否则，他就不可能同等地教授二者。那么，他不就被迫得价值无涉吗？他将被迫超越所有价值，以便他可以教导任何人去教导他的特殊价值，不是吗？不。他肯定不得不把价值，而且是一种非常高明的价值，归于他自己的追求。在这方面，他会比他这一类型在今日的对应者更清醒一点。

那么问题来了：施莱辛格和柯克分别颂扬的那些价值从属于那位意见领袖即高尔吉亚的价值，那价值是什么？这些从属性价值是不同的正义概念，自由的和保守的概念。所以，教师将同时超越自

---

① 小施莱辛格（1917—2007）是美国史学家，著名民主党人。

由意义上的或保守意义上的正义，否则，他不可能同等地教授二者。这可能吗？他的声望取决于这一信念，即关于他的正直，也就是说，他的正义的信念，难道不是吗？例如，如果施莱辛格相信意见领袖的教师与柯克有私下往来，他会不信任这位教师，并且不想成为他的学生。所以，他一定要有属于他自己的正义。他必须采取更高的正义，同时高过自由式或保守解释的正义。正是这个意见领袖的概念迫使我们去追问他的教诲与正义之间的关系，就像柏拉图被迫追问修辞术与正义的分野。所以，换言之，如果我们稍微考虑一下今天的情况，考虑一下今天被"知识分子"这个词所掩盖的东西，我们就遇到了柏拉图在"修辞术"这个标题下面所分析的同样现象。所以这不是一个老掉牙的故事，而是一个我们关心的非常有时代性的专门议题。

再次提醒过你们我们对古代的故事不感兴趣之后，我们转回《高尔吉亚》。我们已经读完了苏格拉底与高尔吉亚的讨论，讨论得出的结论是，修辞术必然是正义的。但困难在于，这一点没有得到真正的证明。得到证明的不过是高尔吉亚在这一点上陷入了自我矛盾。一方面，他说过，修辞术可能被滥用，这意味着修辞术可能是不义的；而另一方面，他又说修辞术不可能被滥用，这意味着它不可能是不义的。就在此时，珀洛斯接管了谈话。而我们 [51] 上次讨论的第一步是这样的：珀洛斯对结果感到不满。"既然修辞术不可能是不义的，那么什么是它的功用？"它也许是好的公共关系，但这功用对于教导他想要教导的那种类型的人不会太实用。而珀洛斯试图以其人之道还治其人之身，即用提问来击败苏格拉底。但他失败了。他是个很差劲的提问者。此时，高尔吉亚再次加入进来，而在论证的第二步，463a-466a，苏格拉底在同时与高尔吉亚和珀洛斯的对话中提出了他的修辞术概念，条件是，这一论点将与珀洛斯来讨论。高尔吉亚将成为苏格拉底与珀洛斯谈论修辞术的对话的唯一听众。这一点的含义在接下来将变得清晰。

［本次课结束］

第四讲 珀洛斯部分

（458e-468e）

（1957年1月17日）

　　[53] 施特劳斯：现在开始上课。我们不得不考虑这一方案。但在此之前，我请你们注意464a。这里有一段苏格拉底与高尔吉亚的对话。苏格拉底提问，高尔吉亚回答——柏拉图对话中的常见情形。你在这里发现，高尔吉亚当然承认有某些事物的福祉（well-being）。例如，苏格拉底将引导他承认，有一种身体的福祉，还有一种灵魂的福祉。苏格拉底推断，高尔吉亚会承认某些事物的福祉，因为他是一位修辞家。作为修辞家，他当然会承认，有一种措词的福祉，例如——讲辞的良好状态和讲辞的糟糕状态。所以苏格拉底诉诸那一点并且说道："你不也承认有一种身体的福祉吗，那灵魂的福祉呢？"高尔吉亚毫无困难地承认了。

　　于是，苏格拉底以一篇非常长的讲辞阐发这一关于修辞术的观点，他区分了技艺与谄媚，并且根据它们可以处理身体抑或灵魂来划分它们。处理身体的技艺是健身术和医术，处理灵魂的技艺是立法［术］和正义。［模仿］诸技艺的谄媚则是：化妆术［模仿］健身术（我认为在理解上没有困难，健身术创造真正的美，而化妆术创造虚假的美）；医术使身体恢复到它的良好状态，烹饪术则全方位模仿医术——它并非给予你重新变得健康所真正需要的东西，而是取悦你的舌头。同理，有一种技艺，创造灵魂的良好状态，就像健身术创造身体的良好状态，他称之为立法术。还有一种技艺使灵魂在受到损伤之后重新恢复到良好状态，那就是正义。你们当然可以说"犯罪的正义"，但我们必须严肃对待如下事实，即柏拉图在这里仅仅称其为"正义"。有一种模仿立法术的东西，被称作智术，还有一种模仿正义的东西，被称作修辞术。所有这些东西都粗鄙，算不上技艺，与之相对的那些东西则良好而高贵，算得上技艺。①现在我们必须稍加思考。谄媚的特点在两方面。一方面它粗鄙，因为它朝向快乐，而不朝向善；另一方面它不是技艺，只是一套例行程序（routine），因为在某些情形下可能会出现中间状态。但是，就他是医生、是技艺上的行家而言，他有知识。

在465b，第319页，柏拉图以数学的方式呈现这些事物，他指出，以比例的形式进行数学呈现是一种言简意赅或简短言辞。你们知道，如果你得出了一个简单的数学公式，那你无法表达得比这更简短。但这还有另一层含义。这样的数学表达是简洁的。你不得不进行某些其他的数学推理来获得完整的含义。然后在465c，他描述了这种比例关系，但据我所知，所有的校勘者都没有给出抄本的另一种异文（variant），在我看来，这个异文很好，能说得通。我来告诉你们，在我看来柏拉图真正说的是什么，抄本里记载的是什么。他首先说，"化妆术之于健身术等同于烹饪术之于医术"。此句出现在这段异文的表述中。可是，他，苏格拉底，又补充道，"但更准确（better）地说——这一比例关系按下述方式表达更准确（better）"，这话在你们的文本中是有的，"化妆术之于健身术等同于［54］智术之于立法术，而烹饪术之于医术则等同于修辞术之于正义"。那么，这一比例关系的差异是什么？哪一组的反映不够准确，另一组呢？这一比例关系，"化妆术之于健身术等同于烹饪术之于医术"，特征是什么？

学生：二者都与身体有关。

施特劳斯：只与身体相关。那"化妆术之于健身术等同于智术之于立法［术］呢"？

学生：同时涉及身体与灵魂。

---

① 施特劳斯在这里可能指的是黑板上的两组概念。

施特劳斯：同时涉及身体与灵魂。为什么后者比只涉及身体领域的比例关系更准确？这说得通吗？只在一种情况下说得通：兴许身体与灵魂的关系具有比例的形式——柏拉图心里说不定是这样想的——这样，包含身体与灵魂的比例关系优于只处理身体现象的比例关系。所以，既然这是一个完全合理的想法，我看不出为什么有人要篡改这一段话。更准确的比例关系包括了身体和灵魂，而不局限于身体。

现在，如果我们转向整个比例关系，苏格拉底明确谈到身体内部（intra-body）的比例关系，以及那些身体与灵魂之间的比例关系，后者同时包括技艺和谄媚。他没有谈到灵魂内部（intra-soul）的比例关系。那一点没被区分出来；我们必须自己去找出区别。那意味着数学式的言简意赅：我们必须自己找到答案。他也没有谈到只包括技艺的身体—灵魂的比例关系，这当然也是一种比例关系。但是——这就是数学之美——这［些］省去未谈的比例关系可以被发现，因为已知的比例关系已经暗示了它们。这是数学的功用的简单例证，安排在这里，说明柏拉图认为它足够重要。他没有特地说，正义之于立法术等同于医术之于健身术。那意义重大。有个问题：所有人都需要健身术吗？我的意思是，从柏拉图的观点来看，或者从一个希腊人的观点来看是否如此。如果你不锻炼，你怎么可能有一个健康的身体？所有人都需要医术吗？不是。如果人们保持身体健康，他们便不需要。所有人都需要立法术；我的意思是，他们必须由法律教育。但并非所有人都需要我们称之为正义的东西。"正义"这个词是否有什么含义，乃至更深刻的含义，我们将会看到。就正义这个词在这里所使用的意义上，健康的灵魂不需要正义。

在接下来的465c，他说，如果在灵魂之上没有心智（mind），就不可能区分智术和修辞术。二者非常近似，而且在经验上不可区分。但是，假如在灵魂之上没有纯粹心智，那么就不大可能区分它们，理由很简单，立法术处理的是普遍的事物。正义处理的是个别的人——它宣判这个（this）家伙应不应当受惩罚——尽管立法术是普遍的，法律却关乎所有不同的情形。假如没有心智，一般地

区别于灵魂的心智，普遍的与个别的将无法区分，就像珀洛斯无法
[55] 区分经验和技艺，正如我们所看到的。接下来在诸种谄媚中，
身体居于控制地位。在技艺中，灵魂居于控制地位。可是，身体如
何在修辞术和智术中居于控制地位呢？它们可都是很厉害的玩意儿，
怎么可能被身体所控制？你们如何解释这一点？

学生：快乐主要由身体所控制？

施特劳斯：是呀，快乐主要是身体的快乐——就是这个意思。
但以下说法更为简单、实际。以最简单的演说家为例。他想要带来
什么东西？起诉案件的无罪宣判，不管他的当事人有罪与否。那意
味着生命，仅指保存身体，是修辞术的目标。所以身体确实居于控
制地位。身体关心的是动物（animal）的自我主张，求生［的欲望］
控制着身体，并运用理性推理实现这一目的。不过，兴许还有一个
更深刻的推理。兴许修辞术和智术的基础，按照这里的理解，是一
种唯物论的哲学。就此而言，身体也将居于控制地位。

在这部分，465c-d，珀洛斯被明确提及过一次，当时，苏格拉底
正在谈论一位叫做阿那克萨戈拉的哲人——亚里士多德说，他是第
一位开始谈论理智的哲人，是许多酒醉的人中较为清醒的那位，因为
他断言了心智的优先性。[①] 但不幸的是，根据苏格拉底以及柏拉图，他
没有真正理解他话中的含义。[②] 珀洛斯熟悉这位阿那克萨戈拉；这很清
楚。但在之前提及数学的段落中，提到某个人，说他了解数学，只不
过我们不知道这人指高尔吉亚还是珀洛斯。我相信是指高尔吉亚。所
以这有一个真正的差别。高尔吉亚基本功更扎实；他通晓数学知识，
而珀洛斯不过是某种机敏的读者，读着当时最激动人心的著作。

在465e-466a，苏格拉底在这里完全抛弃了发表长篇讲辞和发表
简短讲辞之间的虚假区分。为什么要使用这一虚假区分？嗯，我可
以给出若干理由。首先，这一区分用于嘲弄高尔吉亚，为了促成他
的落败。因为高尔吉亚就是失败于此，他想要给出非常简短的答案，

---

① 亚里士多德《形而上学》984b15-20。
② 见《斐多》98b7-99d2。

然后当然就被击败了。这任务已经完成了。这至少含蓄地证明了高尔吉亚的技艺根本不是技艺，而是一种可鄙的谄媚。简短讲辞和长篇讲辞之间的区分，还在于反讽地暗示辩证法的优越性，辩证法由简短讲辞以及微小讲辞组成，并且进行种种细微的区分。与修辞术的长篇讲辞和演说家的全面性相比，辩证法家一定显得小气，因为他进行细小的区分，相比之下，演说家则显得大气（他不仔细审查这些区分）。最重要的是，苏格拉底已经证明，他本人是一位优秀的修辞家，甚至是一位优秀的公众演讲家。你们回想这一场景：苏格拉底的提议赢得了多数人的认同，他战胜了修辞家高尔吉亚。你们还记得这一场景吧？这很重要。当然，下一个问题更加重要。

[56] 这里我们得到一个说法，与一般而言的技艺以及特殊而言的修辞术有关。修辞术当然是最为重要的一项技艺。关于技艺尤其是修辞术，这一说法到底有多充分？这一说法在这篇对话中起了某种作用，我们可以认为这理所当然；可是，这一说法直接表达了苏格拉底或柏拉图关于修辞术以及这里提及的其他技艺的意见吗？好吧，我给你们举某些证据。

《斐德若》，另一篇讨论修辞术的对话，在270b，修辞术是一项技艺，而非谄媚，据说它处理的是灵魂，就像医疗技艺处理身体。换言之，那不是苏格拉底或柏拉图对修辞术的最后结论。[从] 某种角度来看，修辞术可以被呈现成那样——我的意思是，如果你对修辞术采取一种非常世俗的看法，这看法似乎来自高尔吉亚的教诲，那么上述说法就说得通。但是，这绝不是对修辞术的真实说法。还有一段同样有趣的文字，出现在名叫《智术师》的对话中，222c-223a。在那里，我们发现下述划分，乍看之下远比这个说法更滑稽，但其实两者同样滑稽。在那里，修辞术或其他东西被介绍成狩猎术的组成部分。狩猎术进一步划分下去，直到我们得到一个种类，被称作"驯服的动物"，驯服的动物就是人。狩猎驯服的动物又被细分成凭强力狩猎和凭说服狩猎。凭强力狩猎当然包括奴隶贸易和战争。而说服被细分成说服个人与说服团体。以说服团体的方式狩猎驯服的动物，那就是修辞术。

　　我们继续。说服驯服的动物个体可以用赠予的方式（这是恋爱术）或受惠的方式（与前者完全相反）施行。而通过受惠狩猎驯服的动物个体，这种技艺可以分为两种，一种通过取悦讨好（……这里所用的几个词），①并要求足以维持生活的报偿——那是谄媚。换言之，如果你狩猎一个人时是通过取悦讨好他之类，并要求足以维持生活的物质作为报酬——可住的房屋或别的可用之物——那就是谄媚。但如果你狩猎个体时，与人讨论进德修身，要求金钱（monetary）为报酬——那就是智术。换言之，你们看到，我指的就是这一点。你们一定不要以为这个非常幽默的——显然十分幽默的——区分不及刚才那个严肃［或更严肃］。二者都有所欠缺。无论它们的欠缺是否摆在你们面前，就像在《智术师》中那样，最终都没有区别。你们必须亲自发现这一点，我在想，你们必须做的是，至少引入一个区分，你们可以称之为真正的修辞术和虚假的修辞术之间的区分。

　　即便如此，仍有问题。有人提出，就算称虚假的修辞术为"谄媚"，那是否就不会产生误解。这并未使谄媚的含义超出其日常用法太多，虽然你也可以为这种含义辩护。我们指出这一点仅仅是为了暗示这一区分的有限性。对于主要目的来说，清楚的是：苏格拉底想要迫使珀洛斯挺身而出，为修辞术辩护，这样，基本的议题就可以浮现出来。只要让珀洛斯相信，[57]修辞术虽然有可能不像它的目的那样清晰，但却是某种非常高贵的东西，那么，他就不需要其他诱因。而只要他被人告知，它［修辞术］就像化妆术和烹饪术一样可鄙，那他就必须有所作为。今天，我们不会把化妆术看作某种卑下的东西。但我记得，就算你们拿我有所了解的某些欧洲地区与这个国家的意见比较，你们仍旧找不出差别。例如，在我儿时，没有口红，至少在我生活的地方没有。而在今天，口红是理所当然的东西。所以那也有些重要性。只需一代人的时间，有些在这个时代被普遍承认的东西就会被抛弃。我是指很短的时间，用不着一个世

---

　　①　誊写者的意思可能是想指出，施特劳斯在此处说的话听不清。不过，仅凭讲稿中的语词，意思已不难理解，既然如此，这些语词就被保留下来。

纪。所以在465a，苏格拉底带着先入之见明确告诉珀洛斯，无论什么东西，只要它朝向的是无关于至善（the best）的快乐，它就卑下，而且不可能是技艺。这是什么意思？为什么以生产快乐为目标与技艺不兼容？或者，苏格拉底兴许在这里言过其实了？快乐和痛苦中的什么东西与技艺不兼容？我是指，让我们用自己的脑袋好好想想，不要轻信苏格拉底的说法。有没有一门生产的技艺，可以最大地刺激味蕾？烹饪的技艺。为什么它不是一门技艺？难道我们不可能知道关于舌头的知识，以及什么令舌头感到快乐，逐步深入研究，使烹饪的技艺成为真正的技艺吗，比如制鞋术？困难在哪里？

学生：好吧，我认为这里有一个最基本的困难，理性绝不是关于快乐的精确理性。理性与之毫不相关——舌头就与理性完全分离。

施特劳斯：是的，但要点在哪里？我的意思是，让我们设想这位厨师非常聪明。难道他不能给你一番精确的描述吗？我想他会这样说：我们从甜与苦的区别，以及类似的区别开始。然后他会说，这些东西以及这些东西的混合生产出一种东西，将完美地满足舌头的欲望。他确实可以证明他的说法。要是你说，在某些情况下，人们发现不了这种好吃的食物，那他兴许也会说，在其他技艺里，同样存在人这方面的缺陷。例如，患有色盲的人掌握不了任何与颜色相关的技艺。

学生：好吧，凡是奠基于快乐的，都奠基于个别的事物。这就很难建立一个一般的或普遍的标准。而技艺，你必须——

施特劳斯：换句话说，快乐的东西和痛苦的东西只能通过感官知觉，而非任何其他的知觉被认识，因此我们面临的是在根本上低于理性和非理性的东西。举一个简单的例子。让我们假设有人喜欢大蒜。你们当然无法向他证明大蒜不好吃。反驳那人的唯一方式就是说："但你让屋里其他人都待不下去了。"这是推理，你们看到了。而且这一推理能对那人奏效。当然，这绝不会让他相信大蒜不好吃。他只是在权衡舌头的快感与对别人造成的不适。那才是关键，看到了吗？舌头不可能被说服，是吧？这才是困难的根本所在。然而，有人仍然可以就此进行争辩，并表明事情并非那样简单：把正确种类与健康体质配对，同时把错误种类与不健康的体质配对，从而客观区分正确种类的快乐事物和正确种类的痛苦事物，不是可能的吗？［58］你们知道，有些人喜欢吃一些没人喜欢的东西。这些是极端的例子；现在我暂时举不出例子。麦芽？当然，这很明显。为了认识到那一点，你必须引入某种完全不同于纯然感官知觉的东西，即健康的体质。你必须超越纯然感官知觉的东西，才能建立起一门技艺。我相信这一点必然会得到承认。

我们再来看一个更有趣的例子：修辞术。修辞术常常与智术无法相区分，后者是对立法术的模仿。但是，关于那种被智术［所模仿］、所假扮的技艺，有什么共识是我们所有人都继承的？我认为没人会［听不清］哲学——如果有人问我们，什么是那真正的技艺。所以，我们该如何解释那一点呢？我认为只有一个办法。出于这一论证的目的，苏格拉底在这里用立法术取代了哲学。高尔吉亚身上发生的事则与此对应。哲学的纯然理论要素被苏格拉底忽略而不予考虑，就像高尔吉亚对炫示型演说术不予考虑。现在，如果我们不考虑最高层次的哲学，理论性的哲学，那立法术技艺当然优于庭议型的和诉讼型的修辞术。我是说，立法术比庭议型的和诉讼型的修辞术更高超，这难道不是显而易见吗？为什么？

学生：因为在真正的立法技艺中，你了解全部类型的善恶的原因。

施特劳斯：是的，你可以那样说。但即便在一个更肤浅的层面上，所有审议、庭议型修辞术以及诉讼型修辞术都预设有一部法律存在，诉讼型修辞家必须服从法律，难道不是吗？庭议型演说家的情况有些不同，可就算在那种情况下，也总是预设了我们如今称之为宪法的东西。庭议型的和诉讼型的修辞术的存在总是预设了某种秩序，因此建立那一秩序的技艺，即我们称之为立法术的技艺，更为高超。所以，换言之，从纯粹政治的视角来看，我们有可能意识到的最高的技艺就是立法术，主导性（architectonic）技艺。但是，高尔吉亚和珀洛斯假定，对错之分以及所有正义的事物都不过是习俗性的。但准确地说，假如事实如此，建立习俗的人，即立法者，一定比演说家更高明。可这当然会立刻导致另一个问题，我们不知道高尔吉亚会如何回答它：由于所有的对错都是习俗性的，而且要回溯到立法者的行为，我们不就得在好的与坏的立法之间进行某种区分吗？也因此，立法术不就必须基于某些单就其本身而言并非正义原则的自然的（natural）原则吗？所以，我们可以暂且把立法术看作最高的技艺。在后面，这一说法将被证明是不充分的。关于这一区分暂且讲到这里。

现在我们继续往下读，466a-467，苏格拉底阐明他关于修辞术的意见之后的第三步。珀洛斯试图再次追问苏格拉底。这一部分相当困难，我相信是特别困难的一部分。为了理解它，我们必须再次提醒［59］自己，与高尔吉亚对话的结尾所创造的总体处境是怎样的。那番对话得出结论，修辞术必然正义。但果真如此吗？这也是苏格拉底的看法？珀洛斯不喜欢［苏格拉底］与高尔吉亚对话的结果。他确信，苏格拉底为了产生那一结果，做了一些过分的事情。他相信，修辞术不是必然正义，修辞术可能被滥用，尽管如此，修辞术当然也是某种高贵的东西。在苏格拉底与珀洛斯之间开始讨论实质性话题之前，甚至在珀洛斯可以阐明他的论点之前，关于实质性讨论应该采取何种方式，进行了第一次讨论：是［采取］长篇讲辞还是简短讲辞？你们看，关于方式曾有某些评论，但还没有关于它的讨论。妥协达成了：用简短讲辞，但由珀洛斯当提问者。珀洛斯已经证明他回答问题的水平很差劲，而他提问的水平同样差劲。因此，高尔吉亚重新加入进来，苏格拉底向高尔吉亚详细阐述了他的论点：修辞术假冒正义，是低劣的东西。不过，苏格拉底不是要跟高尔吉亚讨论这一论点，而是跟珀洛斯讨论，跟作为提问者的珀洛斯讨论。这是当时的情况。

现在看465e-466a，第321页——这一段十分复杂。苏格拉底在此以下述方式为他的长篇回答辩解：珀洛斯不理解苏格拉底的简短言辞，即修辞术是诡媚，而且珀洛斯无法使用那一简短的回答。因此，苏格拉底被迫拉长了他的答案。现在珀洛斯可以变成回答者，这与之前关于让他变成提问者的建议相反。为什么？这个问题只以下述方式得到了间接的回答：如果苏格拉底不能使用珀洛斯的简短回答，那么珀洛斯也可以拉长他的回答。你们看，这是在暗示：毫无疑问，苏格拉底［不是］不能理解珀洛斯的答案——他只是不能使用它。苏格拉底向珀洛斯暗示，如果珀洛斯愿意再次变成回答者，他有机会拉长他的答案。你们知道，之前的妥协是"一定得是简短讲辞，但你可以提简单的问题"。现在的妥协是"如果你满足于处在回答者的位置，你可以在某些条件下拉长答案"。你们看到了吗？我们还不知道这意味着什么。可如果苏格拉底可以使用珀洛斯的简单答案，珀洛斯就应当让苏格拉底使用那些简短答案，而不用发表长篇讲辞。苏格拉底将决定珀洛斯是否发表长篇讲辞。那很棒。但是，珀洛斯面对着一个由苏格拉底给出的回答（answer）。你如何能够回答一个回答呢？珀洛斯被建议使用苏格拉底的那个答案，那个长篇讲辞，如果他可以的话（if he can）。

我们在这里必须自己略作思考。使用一个答案是什么意思？接受这个答案，或者拒绝它。而珀洛斯既不可能接受，也不可能拒绝这个答案——如果他尚未理解它的话。而如果他尚未理解它，他就必须变成提问者。换言之，[他必须追问，]"你是什么意思？"只要变成提问者，珀洛斯便显示出他缺乏理解力。如果他理解了苏格拉底的答案，并且拒绝了它——例如，他说"苏格拉底，你的答案很荒谬"——那苏格拉底就会变成提问者，而珀洛斯则将被迫变成回答者。如果珀洛斯理解了苏格拉底的答案，并且接受（accepts）它，那他可以仅仅回答，"你是对的，苏格拉底，那样很好"，这样苏格拉底便不会有任何进一步的举动。如果他理解了苏格拉底的答案，并且试图反驳它，那他可以发表长篇讲辞为修辞术辩护。但实际情况是，他要领会苏格拉底的要点，得有非常好的记忆力才行。可他并没 [60] 有很好的记忆力，正如苏格拉底接下来所指出的。因此，他不可能反驳苏格拉底，除非他变成提问者，弄清楚每一个要点。这样，他面对的是这一令人不快的选择：要么赞同苏格拉底的长篇讲辞（这对作为修辞学家的他来说是毁灭性的），要么再次变成一位提问者，承认他的缺陷。苏格拉底从经验中得知，珀洛斯是个差劲的提问者，所以建议他变成回答者。但是，成为回答者意味着——不再是演说家，就像一开始那样——任凭苏格拉底摆布，甚至预先同意苏格拉底关于修辞术的意见是真实的，珀洛斯也完全清楚这一点。珀洛斯被置于一个别无选择的境地：或者同意苏格拉底，承认苏格拉底关于修辞术的看法是真实的；或者承认他珀洛斯有缺陷，要么缺乏理解力，要么缺乏记忆力。这彻底摧毁了一个人，尤其是一个这种类型的人的如此自诩："我回答所有问题。"成为回答者现在意味着某种非常卑微的东西。

466a：珀洛斯，某种程度上受到了惩罚，他偏向后一种选择，这意味着他承认他没有理解［苏格拉底所说］，因而变成了提问者。但他可以出于另一个理由，一个更加高尚的理由这样做。他可以真心实意地感到好奇，因为他以前从未听过那一说法："那是什么意思？"你们看到了，苏格拉底在这里有一点坏。珀洛斯提的问题并不像看上去那么可笑。苏格拉底当然说过，修辞术是谄媚，不同于技艺。珀洛斯的回答采用了问的方式，一种谦恭有礼的问："无论如何，苏格拉底，你说过，演说家，甚至优秀的演说家，在讨好谄媚，不是吗？"因此，为什么不能说修辞术是一种谄媚呢？"但谄媚者受人轻视，然而我们在每个地方都看到，优秀的演说家受人尊敬，不是吗？"所以，难道这不是一个强有力的观点吗？经验证据！

466b-c。苏格拉底确认，珀洛斯的这番论述是在提问而非断言，于是他的回答是否定的。他否认演说家在城邦里有任何力量，无论他是否优秀。我们在这里回忆一下，高尔吉亚已经承认，演说家，至少修辞家缺乏力量，他们被驱逐出城邦诸如此类的事情。珀洛斯有些恼怒，他说："如果你认为演说家毫无力量，那相当于你也会认为僭主毫无力量。""僭主可以杀死他们乐意杀死的任何人，或将那人逐出城邦并抢走他的财产，他们无疑是有力量的，你否认这点吗？"珀洛斯在这里比较了演说家与僭主，这暗示一种猜测：修辞术与僭政相亲近，或者说修辞术在本质上是不义的。苏格拉底警告他："不是让你发表见解，珀洛斯——你只是在提问题。"珀洛斯承认是在提问。于是，苏格拉底称他为朋友。苏格拉底说得很明白，你们看：由于珀洛斯回答得好，他得到了他应得的奖赏。苏格拉底［在这里］清楚表明，提问题和阐明自己的思想有着根本的差异，这一点的意义远远超出这个特定的文段。

466c-467c。苏格拉底说："珀洛斯，你混淆了做愿意（wills）做的事与做乐意（pleases）做的事。而你断言，有力量的意思是做愿意做的事。演说家和僭主都欠缺这种力量，因为只有有理智的存在才可能有力量，因此也就只有拥有技艺的演说家才可能有力量。"准确地说，问题是：修辞术是技艺吗（Is rhetoric an art）？没有理智的人不可能拥有力量？——这稍后将用更长的段落来处理——这样说合理吗？［61］举个简单的例子，一个发狂的家伙。他显然有力量杀死一些人，直到他被捕为止。但我们会称他为有力量的人吗？不会。所以，如果你把这一点想透，结论就是只有理性的或有理智的人才可能有力量。如果一种追求的敏锐性（sensibility）取决于该追求是一门技艺，那就当且仅当修辞术是技艺时，演说家才可能拥有力量。与之对应的例子与僭主有关，我们稍后再处理。

"你，珀洛斯，要想证实在你看来显而易见的事实，即僭主和演说家有力量，就必须反驳我。"这个所谓的事实，其命运完全取决于珀洛斯如何反驳苏格拉底，而那是一个十分放诞（bold）的说法，因为它实际上意味着，苏格拉底仅仅断言——他尚未证明——演说家和僭主毫无力量，就导致（makes）演说家和僭主毫无力量。除非珀洛斯证明僭主有力量，否则僭主将不再有力量。你们看，奇怪的地方在于，苏格拉底尚未证明这一点，他不过是如此断言而已。珀洛斯完全被搞糊涂了。他"控告"苏格拉底（这词就在文中①）讲的东西"太惊人而且太邪门了"。他现在愿意成为回答者。珀洛斯被激怒了。苏格拉底干的。这一切到底是什么意思？苏格拉底曾有一次表明，他只是在相对微小的事情上模仿珀洛斯，在风格方面。问题在于：这整个部分难道不是苏格拉底对珀洛斯的模仿吗，模仿珀洛斯的冒失（impudence）？因为，毕竟，［说］僭主有［没有］力量取决于你对我的反驳，有些冒失。在没有得到证明的情况下，不应让仅仅一个断言来影响事物的状态。

苏格拉底在这部分有两次起誓，而他的对话者没有起誓，这十分罕见。有一处，苏格拉底说"以狗起誓"，466d；另一处，他说"我发誓——"，466e，起誓对象的名字被省略了。先看第一次

---

① 参见467b11，katēgorei。

起誓，"以狗起誓"是苏格拉底的名言。高尔吉亚在一次类似的情景，即上一次起誓中说过"以宙斯起誓"。所以，苏格拉底的"以狗起誓"对应高尔吉亚的"以宙斯起誓"。在第二次起誓中，苏格拉底"以狗起誓"抑或"以宙斯起誓"不确定，因为［起誓对象］既可以是"狗"，也可以是"宙斯"——不确定。苏格拉底这样起誓的背景是，他在珀洛斯眼里显得完全神秘。对珀洛斯来说，苏格拉底完全不可理解。苏格拉底做到了。他令珀洛斯感到完全困惑。他对珀洛斯非常粗鲁。他显得像是一个令人无法容忍的极端主义者，否认那些显而易见的事实，所以有那么一刻，珀洛斯显得像一位常识的守护者，反驳苏格拉底那些"惊人而邪门的"断言。［仅仅］因为我们可以随心所欲地反对僭政——并不能使我们有理由说僭主没有力量，至少在缺乏长篇论证的情况下不能这样说。苏格拉底用珀洛斯的招数击败了珀洛斯，而珀洛斯证明，他完全不能用苏格拉底的招数击败苏格拉底。所以，确实存在着两类修辞家在行动（in deed），即在实践中的某种竞争，这与关于修辞术的正确含义的讨论，即与言辞有相当大的不同。我们也可以说，珀洛斯名字的意思按字面翻译是"马驹"，年轻的骏马。恰如其分。这里发生的事情就是在驯服马驹，让马驹听话。那绝对有必要。珀洛斯再也不敢对苏格拉底使用强硬的措词，像刚才控告苏格拉底谈论"惊人而邪门的"事物时那样。这一［变化］是苏格拉底取得的不小的成就。

［62］珀洛斯不知道当苏格拉底停驻在某个词的某种含义时他的站位如何。苏格拉底证明他更高明，他是更高明的演说家，就算从珀洛斯的观点看也如此。因为，如果高贵意味着被人视作有力量，那么苏格拉底的修辞术比珀洛斯的更高贵。他赢得了胜利。在讨论正式开始前的这一幕中，珀洛斯豁了出去，把修辞术比作僭政。这样，他不仅暗示了修辞术可以被用于不义的目的，而且暗示了修辞术在本质上就不义，就像僭政。由此导致的结果是，大众修辞术的真实性质不以如下方式显现，除非是以间接的方式。因为那个说法太过极端了。你怎么能够说，德摩斯梯尼（Demosthenes）或西塞罗的思想，即大众修辞术，具有这样的性质呢？柏拉图明白这一点。可珀洛斯，这位年

轻、莽撞的傻子，实际上把修辞术等同于或比作了僭政，并由此说
修辞术在本质上不义。这样他就被迫为不义辩护，如果他想要为修
辞术辩护的话。而苏格拉底则被迫为正义辩护，接下来他做的就是这
事。于是，苏格拉底辩护的界限就清楚了，尤其是在与卡利克勒斯对
话的部分。卡利克勒斯并未被苏格拉底说服。因此，真实的大众修辞
术——不是这种假冒的大众修辞术——功能何在也变得清晰了，它
就是：弥补支持正义的严格论证的缺陷。严格的论证在所有情形中都
不充分。证据：卡利克勒斯。因此，我们需要针对那一缺陷进行补
充。那只可能是……修辞术。[磁带在这里中断。对话在高尔吉亚的
命令下继续进行，高尔吉亚吩咐苏格拉底继续。高尔吉亚，而非苏格
拉底，有权支配卡利克勒斯。高尔吉亚想要看苏格拉底"干下去"。
对话因为高尔吉亚的缘故才得以继续；因此它被称作《高尔吉亚》是
理所应当的]①——那才是真实的大众修辞术，有别于另一种真实的修
辞术，即《斐德若》勾勒的那种私人修辞术。

现在我们来到第四步，467c-474b：苏格拉底和珀洛斯阐明他们
的幸福 [观]。而与珀洛斯对话的最后一部分，在474b之后，是苏格
拉底对珀洛斯幸福观的反驳。但首先，我必须提出这个论点：修辞
术是否为一种谄媚，以及修辞术是卑鄙的抑或高贵的，这最终取决
于什么是最高的善，或者幸福由什么构成。现在，苏格拉底和珀洛
斯阐明他们关于幸福的对立看法。第一，467c-468e。关于幸福的理
解始于对两种欲求的区分，一种欲求指向做愿意（wills）的事情，另
一种欲求指向做乐意（pleases）的事情，或者欲求看上去（seems）
最好的事情。我故意翻译成"愿意"，尽管这样译会造成某些问题；
希腊文 boulomai 一词的含义实在很广泛，包括"愿望"（wishing），
你们可以在《伦理学》第二卷查阅亚里士多德的解释。②然而，它也

---

① 括号里的内容不是编辑插入的，在原始记录稿里就有。记录者的意思
可能是指，磁带在括号中的内容之后中断；另一种可能是，括号里的内容是记
录者自己对某些混乱不清的材料的总结。

② 施特劳斯或许是指《尼各马可伦理学》第三卷第二章，参见1111b22-30。

意味着某种我们用意志（will）所表示的含意，与欲求相对立。

珀洛斯并未区分欲求一个人愿意（wills）做的事情和欲求一个人乐意（pleases）做的事情。是苏格拉底做了如此区分。这一区分与幸福问题之间有什么联系？［63］从珀洛斯的角度看，幸福，我们可以说，是欲求的满足——一种流行于任何时代的看法。而［从］苏格拉底的角度看，幸福，我们可以说，是理性（rational）欲求的满足。珀洛斯基于意见界定幸福；苏格拉底基于知识界定它。白痴跟最深思熟虑的人同样拥有意见和欲求。基于珀洛斯的前提，白痴将有能力跟深思熟虑的人一样幸福。有时我们看到一些智力低下的人，他们非常开心，成天笑呵呵的，我们说他们很幸福。但希腊人不会称这样的人幸福，因为这个词有着更精确的含义。珀洛斯否认白痴也可以幸福，因为他知道，幸福不仅仅是诸欲望的满足，同时，它还是一种令人羡慕的状态，没人会羡慕白痴，除非他处于一种极度抑郁的状态。我的意思是，在极度抑郁的状态中，任何人都有可能说"我希望我一无所知"。但正常来讲，你不会那样说——珀洛斯也不会。所以，珀洛斯必须区分健全的和不健全的意见，或区分正常的和不正常的欲求，后者即那种［不］该满足的欲求。珀洛斯是否拥有一个有效的原则来做出这一区分呢？健全的欲求应当被满足，不健全的欲求不应当被满足，这一界定就是接下来的主题。

467c-d：这一论证的开头。苏格拉底在这里说：意志主要指向行为的目的，而非行为本身。所有人必须一开始都清楚这一点。我们主要意欲的是我们行为的目的，而非行为。行为不是目的。那么，技艺与谄媚的差异是什么？当然，是理性与非理性的区别。而这里愿意（willing）和仅仅乐意（pleasing）之间的差异，也是理性与非理性的差异。那是一个共同点，在此意义上的确存在一种必然的联系。再说一遍，苏格拉底说，意志主要指向行为的目的，而非行为本身。然后他列举了带来痛苦的（painful）行为来阐明这一点，没有一个理智的人会为了带来痛苦的行为本身而做这些事——例如，服用苦药。服用苦药的行为只有一个目的：健康。

苏格拉底又举了一个例子，在今天兴许不那么显而易见：航行——航行或其他赚钱的形式，正如他所说，没有一个理智的人会干这些事情，除非是为了别的目的（在这个例子里是财富）。[这个]苏格拉底式的断言有些过头。难道就没有任何行为，我们做它们是为了它们自身的缘故？举一个十分常见的例子：看风景，甚至航行，对某些人而言，本身就是[一种]乐趣。所以，这里有一个问题，苏格拉底好像有所指向。

让我们看接下来的部分，467d-e。苏格拉底在这里用了条件从句：如果（if）[人们]为了别的东西而做某事，那么他们当然只是为了做该事的目的而去做该事。同样，也有一些行为，人们做它们是为了它们本身。在467e，人们做事的目的是某种好东西；不是为了[行为]本身而选择行为的。所有事物要么好，要么坏，要么不好不坏。然后他举了好东西的例子，我们为之而做事的东西：智慧、健康和财富——用亚里士多德的表述方式，这意味着灵魂的好处、身体的好处以及"外在的手段"。① 那么，我们可以这样说吗：苏格拉底的意思是，理性的欲求是以恰当的比例，指向那些[64]好东西——智慧、健康、财富？当然，我们这里没有证据。我们必须提出问题：智慧、健康以及财富比其他好东西等级更高吗？你们或许记得，这引自一首诗，在[451e]提到了某些好东西。你们记得是什么吗？健康、财富和美丽。你们发现了这里的差异：美丽被智慧所取代。这首诗表达了粗俗、流行的观念：健康、财富和美丽。这不是珀洛斯的观念。珀洛斯承认，他对美丽没有被提及并未感到不满，而他对于智慧被提及感到满意。珀洛斯把智慧看作善。

学生：智慧、健康和财富以恰当的比例，你是指彼此相称吗？

施特劳斯：不，我不是这个意思。让我们假设智慧是最高的，健康次之，财富排最末、最低。那么这就意味着一个理智的人会投入他的大部分精力去获取智慧，投入不多的精力去获取健康，尽可能投入少的精力去获取财富。所以，换言之，必须以诸目的的价值为比例划分种种活动。因为，如果有人为了财富投入他的全部精力，那他就是

---

① 参见《尼各马可伦理学》1098b12-15。

一个傻瓜；他颠覆了这些好东西的真实秩序。我想花一点时间专门讲这一点。让我们假设论证的目的是把"智慧、健康和财富"大致描述为理性欲求的目标。它们仅就其自身而言就是好的。所有其他东西的好都是有条件的，都是为了这些东西的缘故。不必说，从这一观点来看，医术和健身术不纯然是好的，而仅仅是对……好（good for）。它们的存在是为了（for the sake）身体的好处。而它们可能被滥用。同样的情况适用于立法术和正义，因为它们也是为了灵魂的好处。问题在于，它们是否会被滥用，就像其他技艺一样可能被滥用。另外一点：如果我们暂且假设财富是好的——而我认为这合乎情理，完全说得通——如果可以生产那种名叫财富的善，这难道不是一门技艺吗？称呼它为［什么］呢？希腊人称之为chrēmatistics［经商赚钱］，但它差不多相当于我们今天理解的赚钱术。但如果chrēmatistics，赚钱术，可以是一种技艺，难道修辞术不也是一种技艺吗，如果修辞术是赚钱术中最好的子类的话？这一点尚无定论。所以与财富相关的问题全在这里。现在让我们先往下看。

467e-468a：苏格拉底在这里举了某些中性事物的例子，不好不坏。他举了诸如木头这种简单的例子，还有坐下、站立、奔跑等等。它们可好可坏。就其本身而言，它们是中性的。

学生：苏格拉底一定是在指形式（forms），好和坏的终极形式。

施特劳斯：在哪里？

学生：468a："你说的既不好又不坏的种种东西，是指那种有时分有（partake）好，有时［分有］坏，有时两者都不［分有］的东西吧。"①

［65］施特劳斯：为什么？

同一位学生：我觉得，当他使用"分有"一词时，意思是指一种现实的（actual）好东西或坏东西分有——理式（form）。我相信泰勒（Taylor）提出了这一困难。他说，当［苏格拉底］说存在一种中性的事物，不好不坏的事物时，这里就有一个困难，因为一定存

---

① 学生引用的这段话出自467e6-468a1。

在一个"中性"的形式，一个指向某种没有形式的东西的中性部分。我的意思是，如果某物既不分有好也不分有坏，那么它就是没有形式的。所以他说，这里涉及一个难题。

施特劳斯：是的，我能相信，也许存在问题。但让我们别太自以为是。撇开柏拉图的整个理式论，难道说某物"分有"别的某物就讲不通吗？柏拉图并没有发明"分有"一词——我是指"分有"的希腊文。说站立可以是完全中立的，不也完全讲得通吗？而它也可以分有好。例如，一位战士站立在他的长官面前，因为他应当站立，而非坐下——那是好的。但在别的情况下，站立也可能是坏的、不适合的。这不是讲得通吗？你们看，所有这些评论的错误在于此：他们尚未考虑珀洛斯说的那番话的含义，就直奔柏拉图最深刻的问题。你们看，他们总是以为柏拉图像哲学系教授或未来的哲学系教授那样说话，这在特定情形下也许为真，但很显然，苏格拉底这里是在对珀洛斯说话。珀洛斯脑子里可丝毫没有什么理式论的概念——一丁点儿也没有。

学生：希望如此吧。

施特劳斯：我是指，没有哪怕一丁点儿证据证明他有理式论的概念。你们看，要知道，苏格拉底一开始显得像是一位奇怪的雅典人，非常聪明，又非常奇怪，从未写过一本书。他总是交谈，在某些交谈中，他有提到理式或理念，在其他一些交谈中，他没有提到。现在，这里没有提及。他有一次曾说，"有两种形式（forms）或种类（classes）——一种是说服，一种是教导"，那对珀洛斯而言当然只是意味着两种类型——对所有其他人而言也是如此——说话的类型：一类是说服，一类是教导。让我看看能否举一个简单的例子来说明一下。

我们来举一个更清楚一点的例子：谋杀。因为珀洛斯非常关心谋杀。谋杀就其本身而言是坏的还是好的？好吧，有人会坚持，就其本身而言无法判断。这依赖于具体情况。它可以分有好，如果它是正义的（just）谋杀；它可以分有坏，如果它是不义的（unjust）谋杀。也许不存在谋杀正好中立的情况，就像站立和坐下可以是中立的。我是指，漏掉什么有一种真实的危险。就算理式论本身也并不是一个如此清晰和给定的东西，以至于你可以说"这里是理式论，从《形而上学》第一卷概括出来的，然后我再来看看"。^①因为你必须首先确认，亚里士多德在第一卷里正确地陈述了这一理论，而这是一件颇有争议的事情。人们就这个主题已经写过六百页的书了。所以守住原文更为安全。柏拉图将在这篇对话中引入理式，但却是经过适当的准备之后。不要 [66] 低估这里的常识。常识在哲人那里当然意味着一种知识，即知道常识永远是不充分的；不仅如此，它还意味着如下洞见，即若不从常识、常见的区分出发，你永远不能理解超越常识之物。换言之，在解释柏拉图时有一种专业体系，这对于理解柏拉图十分危险，因为你在用一种浓缩的概要来解释这段漫长、复杂的讨论，这种概要在众学者那里因人而异——泰勒认为理式是这样，而别人认为理式是那样。这样你非但不能澄清问题，反而引入了新的困惑。所以既然它足够困难，那更明智的做法就是守住原文。所以你可以确定，^②当柏拉图使用"分有"一词时，柏拉图心里一定总是想着这一点——我指理式论。所以这是在苏格拉底 [心里]，而非在珀洛斯 [心里]。你们若不先守住珀洛斯的理解，那就剥夺了你们自己的一个巨大好处：从珀洛斯的理解，一步一步慢慢上升，最终达到某种更好的理解。你们知道我说的"珀洛斯的理解"指什么吗？就是完全不知道什么理式论的珀洛斯 [必定会有的那种理解]。

现在让我们看，在我们刚才讨论的这一部分，苏格拉底举的例子就其本身而言是中性的，既不好也不坏，他没有提到谋杀。我之所以强调这一点，是因为谋杀当然是力量的显著标志，根据珀洛斯的说法。珀洛斯似乎忘记了这点。他认为这里的列举在内容上是完备的，从希腊文就看得出来。或者他兴许把谋杀看作内在的善？我们必须拭目以待。

468a-b，做中性的事是为了得到好的事物，而非反过来。我在这里简要提示一个微妙之处：[苏格拉底] 不再谈论坐下、奔跑和航

---

① 短语"然后我再来看看"在原始记录稿里。
② 施特劳斯说的或他的意思是"不可能"（can't）；考虑他对苏格拉底下一句话的评论。

海，而是谈论行走和站立。这样一来，航海就成为七项中性事物的中心。在这里，航海在诸多中性（neutral）事物中被提及，与第一次评论时的提法相反。这意味着——为什么之前航海是坏的？那是从令人不愉快就是坏的这一观点去看，而航海被设想为令人不愉快的。当我们在此谈论航海时，你不能以为是"玛丽皇后号"之类的东西。航海被设想为令人不愉快的。享乐主义的标准正悄悄地被非享乐主义的标准取代，从后者看，甚至苦药就其自身而言也不是坏的，[从]最高的观点看。

接下来，468b，我们发现专门提到了谋杀，它是中性的，这讲得通。我们全都承认——战士杀死敌人和拉斯柯尔尼科夫（Raskolnikov）[①]杀死老妇人完全不是一回事。可事情也没那么简单。因为目前为止，我们所知道的就是财富是好东西。假如谋杀是为了求财呢？那就是拉斯柯尔尼科夫的情形。至此尚未见到任何说法排除了这种情形。苏格拉底在这里对珀洛斯做出了巨大的让步。不过，你们会注意到这里他提到谋杀时所用的条件从句。这只是一个提醒。但让我们在以下基础上，大致把这个问题讨论清楚：智慧、健康、财富——我们做各种各样的事都是为了这些事物。如果这些行为是为了智慧、健康或财富所做，这些行为[67]有助于这些东西的实现，那么这些行为就是好的吗？那是否构成好的充分标准？一种功利主义？我们来看看。

468b-c：珀洛斯接受了整个说法。有时候我们会选择错误，但[错误]是指手段，不是指目的。例如，我们在某个给定的条件下屠杀一个人——"屠杀"是苏格拉底在这里所暗示当用的词。例如，我们可以为了财富屠杀一个人。也许我们本来不必杀人也可以获得财富，因为这人也许已经给钱求我们不要杀他。这样，屠杀就会很愚蠢。但在其他情况下，我们也许没拿到钱，那样谋杀的选择也许就并非错的。接下来，尽管苏格拉底做出了这一巨大让步，但珀洛斯还是犹豫着不想同意。难道他还想要什么更多的结果？我是指，他的僭主也许

---

① ［译按］陀思妥耶夫斯基小说《罪与罚》中的主人公。

可以在这一基础上被正当化。显然，他想要有杀人的权利，不受任何（any）牵制。

在468d-e，我概括如下：只有理性的杀人者才能说是按他的意愿行事。只有理性的杀人者才被说成有力量，因为只有理性的杀人者才得到某些好东西——例如，财富——而不必遭受死刑的惩罚。在这个上下文中，在468e开端，［苏格拉底］使用了"在这座（this）城邦里"的表述。这一表述与高尔吉亚在457d的说法形成对比："在他的城邦里"。这是什么意思？高尔吉亚曾对潜在的僭主提出一个严苛的限定：他只有在自己的城邦里才可能成为实际上的僭主。这一限定现在被取消了："在这座（this）城邦里"，意思是在任何一个他作僭主的城邦里。这样，苏格拉底就增强了修辞术的存在理由：你不仅可以在你自己的城邦里成为僭主，只要你足够聪明，在任何城邦都可以。顺便说一下，希特勒是一个不错的例子，因为严格来讲他不是德国人，而是奥地利人，而［他］成了德国的僭主，这显示出修辞术的力量。再考虑一下我之前提出的可能性：修辞术可能成为赚钱术的最高子类。所有这些意味着什么？苏格拉底以严格的非道德术语分析了这里的行为。目的和手段均非纯然道德的，但这不意味着它们不道德。然而，从接下来的段落来看，珀洛斯还是感到不满。为什么？他拒绝一切形式的合理性吗，甚至包括韦伯（Max Weber）形式上的？苏格拉底在这里正在讨论的合理性是韦伯式的——你们知道，无论手段是否有助于达成目的。但是，苏格拉底设想的目的不像韦伯设想的那么武断，因为［它是得到普遍承认的］，即智慧、健康、财富是好东西。珀洛斯真是一匹马驹。他似乎想要彻底的自由，他想只是为了好玩就去草菅人命。

你们注意，在这一部分，根本没有提到正义或提到高贵。"正义"和"高贵"在希腊人那里等同于我们所称的"道德"——若两个词合起来。提到的只有好（the good）。好不具有这种严格的道德含义。这是一个非常长的问题。我提示你们如下证据。在柏拉图《王制》的教诲中，最高的事物是善的理式。善的理式被明确说成高于正义和高贵。即便西方传统中的常用术语，至善，summum bonum（希腊文

megiston agathon），使用的也是"善"一词，而不是"高贵"和"正义"。亚里士多德《优台谟伦理学》结尾也指出这一问题，他区分了[68]关心高贵行为的贤人——贤人意味着"高贵且善"——和仅仅好的人，后者只关心得到本性好的东西，寻找实现它们的正确手段，不关心高贵本身。①该困难还有另一个提示。

无论如何，首要的考虑、根本的考虑关乎好与坏。所以问题来了：正义和高贵的事物是从哪里加进来的？它们是次要的考虑。接下来珀洛斯显得对合理性本身感到不满——苏格拉底表示，在探究之前，珀洛斯本可以在这设想的基础上，为他的僭主赢得他想要的一切，例如，如果他证明，为了得到他的财富，并且安全地得到他的财富，僭主的行为最有指导意义，事事考虑周到。苏格拉底愿意仅仅基于有利原则把问题辩论清楚——珀洛斯对任何形式的合理性感到不满，这使得苏格拉底能够且被迫引入正义，来限制纯然动物性和完全的非理性。苏格拉底已经试图向他表明，给他提示："但是亲爱的，作为一个人，你恰恰必须用理性限制你的动物行为，如果你真想得到所有这些你想要的东西。"他不喜欢那样。苏格拉底引入正义而非合理性作为限制。这接下来就会发生。

唯有一件事十分引人注目。珀洛斯本可以这样回答苏格拉底："你列举的这三种好处根本不完整。还有名誉（honor）、声望、尊重、光荣呢？"奇怪的是，珀洛斯没有这样说——这反映出他的性格。但是，假设他这样说了，论证又会如何发展呢？我们可以想象吗？让我们假设珀洛斯这样说了："你说得很好，但你忽略掉了最高的好，名誉。那是唯一真正重要的东西，而你只有通过成为一名僭主，才能拥有最完满、最大形式的名誉。"假设这也得到了讨论。那么，关于名誉地位的这个问题当然就会成为[主题]。那在这里并未发生。事实上，我重复一遍，重要的是，珀洛斯根本没有提到这一点，而这么做对于如此支持僭主的人来说本是十分自然的——他们如此支持的不是财富，而是我们说的"地位"或希腊人说的"名誉"。我就讲到这里。

---

① 参见《优台谟伦理学》1248b26-1249a17。

再重复一遍：讨论一开始，正义问题根本没有出现，那时，苏格拉底对珀洛斯做出了极大的让步，目的是让珀洛斯承认合理性原则。珀洛斯不喜欢那原则。他回到最初的论点并说道："做一个人喜欢的事情，才是真实的。"于是，在这一语境下，正义首次被提及。

学生：我有两个问题。跟黑板上的这个图表有关。他们之前在讨论中不是说过，修辞术具有道德中立的本性，即它会被滥用——那是不是苏格拉底将修辞术描述为谄媚而非真正技艺的理由之一，因为它有可能被滥用？

施特劳斯：那不是明确的理由。论证如下。高尔吉亚有常识，他说修辞术可能被滥用，正如拳击术可能被滥用。从这点来看，修辞术跟拳击术相同，它们本身是道德中立的。可是，这当然有一个重大的含义：如果修辞术可能被滥用，那么它一定要被某个比修辞术更高明的东西、一种更高明的技艺所规范，这样［69］修辞术就不可能是最高明的技艺。你们知道了吧？因此，我们可以说，高尔吉亚最终看法是，修辞术不可能被滥用，因为那是保证修辞术的至高地位的唯一方式。那是第一部分。

但是，正如我们即将看到的，这一论证完全没有得出定论。在与珀洛斯的讨论中，苏格拉底只是作了一个断言：修辞术不是技艺，而是某种卑下的东西。那么，问题来了：苏格拉底如何证实这一论断？因为他还没有证实这一点。或就此而言，珀洛斯将如何反驳？珀洛斯的反驳如下：他说："你说的有违常识，因为谄媚者，所有类型的谄媚者，都被人看不起，而演说家事实上很受人尊敬——所以苏格拉底的说法不可能是真的。"但这与另一个问题混在一起：修辞学家，或演说家，是否有力量。因为珀洛斯的意思是，他们之所以受人尊敬，是因为他们有力量。针对这一点，苏格拉底说，他们什么力量也没有。而且，如果这没让［珀洛斯］感到满意，他甚至说，就连僭主也没有任何力量，因为他们是非理性的——演说家也全是非理性的，你们看到，这么说也太过分了。他想让珀洛斯先倾听，然后再把事情辩明。

我们读到哪里了？在某种意义上，苏格拉底当然已经通过珀洛斯的表现和行为证明了他的观点。珀洛斯是非理性的，因此他的技艺，他所谓的技艺，不可能是技艺。就此而言，苏格拉底的观点得到了证明。但这当然非常不充分，因为这仅仅表明，诸如珀洛斯这样的家伙，或许包括高尔吉亚在内，不是好人。但它没有回答如下问题：是否可能存在一种值得尊敬的（respectable）修辞术——就算该修辞术也可能（could）被滥用，因为拳击的例子不算太坏。就连正派人也提升他们影响大众的力量，以免这种力量完全落到坏人手中，这有何不可呢？

学生：苏格拉底说，僭主没有力量，因为他不理性。他谈到这种极端情况只是要引起珀洛斯的注意，还是他想暗示更多东西，即如果一个人真有理性，那他就不会是一个僭主（tyrant）？

施特劳斯：是的，完全如此。苏格拉底"惊人而邪门的"种种说法，正如珀洛斯所说，实实在在地有违常识。如果你狭隘地按字面理解，这些说法确实站不住脚。但如果你理解苏格拉底心里的想法——之后将显现出来，特别是在卡利克勒斯部分，但已经在珀洛斯部分有所显现——这就是：好的生活需要灵魂经历一场彻底的转变，就像苏格拉底在别处说的那样。那么从这一观点来看，我们平常的生活方式确实很荒谬。而从平常生活方式的观点来看，好的生活方式则会显得疯狂。你要得出的结论即他心里就是这样想的，对吗？这一点从对话中显示得非常清楚。他稍后对珀洛斯说，"你必须去找所有雅典的大人物作见证——他们都会站在你这边反对苏格拉底"——

学生：可他似乎没有给珀洛斯机会去采用他的合理性概念，并把它与僭主结合，给他机会去辩护——

施特劳斯：他确实太过分了。让我们来搞清楚这点。我不关心是否［有］任何针对谋杀的微小……偏见。为什么不是财富？谋杀？非常妙。但是，你必须承认，谋杀必须实现其功能。不仅仅是东奔西跑……必须真的有用。这样，谋杀者才会继续这件事。珀洛斯连这么个说法也不接受。［70］他确实是一匹小马驹，这不等于说他没有好的一面，正如稍后所显示的，但他身上确实有某种动物性的东西。

学生：但是，因为珀洛斯是这么个人，论证才收效甚微。

施特劳斯：是呀，如果你这样看，那么确实如此，不仅《高尔吉亚》，每一篇柏拉图对话都是如此，即论证的价值总是有限的，它受对话者的性格所局限。我在一开始就试图告诉［大家］，没有一篇对话发生在两个平等的人之间。从来没有。因此，每一篇柏拉图对话的论证，原则上都是修辞性的。我说修辞性的，是指迁就对话者的能力。只有考虑到诸角色，我们才能解开关于修辞术的真正论证之谜。你们知道，我们待会儿将看到珀洛斯被打败，就像高尔吉亚被打败了，因为他承认：他承认谋杀虽然有利，却很卑劣。然后苏格拉底利用这一点击败了他。之后，卡利克勒斯接过来说："不，不要承认这一点——彻底忘记高贵，只谈有利，根植于快乐的有利，让我们在这一基础上论争。"至此，论争变得更加激进。但就连卡利克勒斯也陷入了麻烦，因为他缺乏区分快乐的错误类型和正确类型的标准，这样，他就落入一个境地［苏格拉底问］……"一个发［痒］的家伙又如何呢？"——你们叫它什么？痒？——"现在他会一直［挠痒］，他处于持续的快乐中，因此，你是指那样吗？"卡利克勒斯对这一推断勃然大怒，但他并未否认它。

所以，这篇对话总体上得出的观点是：与苏格拉底所暗示的选择相对的唯一另一选项就是享乐主义——我是指，把好等同于快乐。而那是不可能的，因为快乐之为快乐不允许你区分更可取的快乐和不可取的快乐，因为就算你添加了这样的条件，比如持续更久的快乐和不伴随痛苦的快乐，作用也不太大，因为别的东西会以更加微妙的方式渗透进来。你可以为行为制定一个理性的方向——当且仅当你假设存在人的本性这样一种东西，而且本性有其内在的秩序，凭借这一秩序，有的东西就是高于别的东西。存在着特定的比例，而这些好的东西必须按照比例进行追求。

然而，苏格拉底借以确立上述观点的论证在高尔吉亚和珀洛斯的例子中总体上不充分，因为论证只是基于他们暴露的矛盾。只有在卡利克勒斯的例子中，根本性问题才显得相对清晰。这不意味着卡利克勒斯部分的论证是完全"科学的"或"哲学的"，因为，你们看见了，卡利克勒斯也受到某种东西掣肘，因为他对人性的卓越有着特定的概念，不想放弃。所以，换言之，苏格拉底没有遇见任何

人认可彻底享乐的生活方式——如果用恰当的词表示——就是完美
属人的生活，或者一种完全没有目的的生活就像理性的生活一样好。
这样的人从未出现过。他们全都拥有某种关于高贵生活的概念。珀
洛斯也有——演说家的生活，或修辞家的生活。问题在于：这是苏
格拉底论证的一种可补救的根本限定吗？你能让一个死不悔改的懒
汉信服（convince）他正过着错误的生活吗？或者你必定能在那人里
面唤醒某种自重感，不是吗？我们可以说，苏格拉底的论证全是针
对那些某种意义上具有自尊的人的，[71]就算他们是诸如阿尼图斯
这样的死敌。阿尼图斯拥有某种赋予他自尊的东西，即他是雅典民
主或某种东西的辩护者。

柏拉图一定考虑过，有一个层面的属人生活不可能被论证触
动，除非发生意外。但某些人会把这一点视为伦理学的非理性的证
明。这也可能证明了相关人士的非理性，即他们对论证没反应。那
才是一个真正的问题。但是，总的来讲，我们必须牢记：如果你不
理解角色，不仅是一般意义上的角色，而且是此时此刻的（now）
角色——例如，被击败的、受到惩罚的珀洛斯与一开始的珀洛斯不
完全相同——如果你不考虑角色因素，你就不可能理解这几页的言
辞（你们知道，即总体内容，即苏格拉底说了什么、其他人说了什
么），因而就不可能理解柏拉图想要表达的意思。这篇对话的目的不
（not）在于澄清正义——那是《王制》的工作——正义只是偶然地
成为这里讨论的主题。正义只是偶然地成为修辞术、大众修辞术讨
论的主题。大众修辞术才是这篇对话的主题。但若不在某种程度上
澄清正义问题，就不可能彻底完成关于修辞术的讨论。

[本次课结束]

第五讲　珀洛斯部分

（468e-480d）

（无日期）

[73] 施特劳斯：我们正在讨论正义是好是坏的问题。那么，我们从苏格拉底处理这类问题的方式中学到了什么？苏格拉底对珀洛斯的第一个批评是什么？我们没人考虑过这困难，即我们参与到了一场正义是好是坏的美丽的讨论之中，却没有预先追问正义本身是什么。有些错误我们所有人都会犯，而这就是一个令人震惊的实例。而在这里，我们在同一篇对话中得到了事先警告，所以没人可以说柏拉图直到在他二十年之后写的书里才开始思考这个问题。这是同一本书——没有产生目的论①的困难。我想我应当跟你们交流一下这一经验。

在我们继续读第333页之前，我想总结一下前面的内容。修辞术的权力诉求（claim）基于以下基本事实：任何领域拥有顶尖才能的那些人不一定是有效的公共演讲者，而且任何社会都不是被专家所统治的——说的是任何存在过的社会——所有专家迟早都要在普通人的法庭面前为他们的理由辩护。公共演讲或公共写作的技艺因此独立于任何主题事物。无论在哪个领域，每一位专家都必须了解如何有效地对普通人说话。公共演讲的技艺是一项形式的技艺。本

---

① 这可能不是施特劳斯使用的那个词，但在找不到一个更准确的替代词时，它就被保留了下来。

来没人会反对修辞术，如果它把自身描述成一种从属性的技艺。但修辞术宣称是最高明的技艺，最好的而且最高贵的技艺。这一主张不是因为高尔吉亚或珀洛斯关切的公共关系而偶然提出来的。这一主张有一个根本理由：修辞术单独提供了所有知识人与polis，即城邦，这二者之间的纽带，或者，讲得更抽象一点，修辞术单独提供了哲学与城邦的纽带。

由此可以得出两个结论：要么，只有哲人才能成为修辞家，甚至只有哲人才能成为演说家（有人确实得出了这一结论，那就是廊下派。他们在柏拉图更为矛盾的说法方面跟随柏拉图，他们说，不但只有哲人才能成为君王，这是显而易见的，而且只有哲人才能成为演说家，这就不那么显而易见了）；要么，你也可以说，既然修辞术提供了哲学与城邦之间的纽带，修辞术在某种意义上也就支配着哲学，它促成了那一联合。高尔吉亚当然没有这样说。这会是一种柏拉图式的论证，但高尔吉亚代表某种修辞术提出了他的主张，这种修辞术与哲学的关系起码是含混的。所以，他断言，修辞术可能被滥用，这就暗中承认，修辞术必须被一种更高明的技艺规范，最终即被哲学规范，这与修辞术是最高明的和最高贵的技艺的说法相矛盾。在明确讨论的层面上，高尔吉亚自相矛盾：修辞术可能被滥用——它不必然正义；修辞术不可能被滥用——因此它必然正义。与高尔吉亚对话的表面结果是，修辞术必然正义。这一结果基于下述预设：正义，或一般意义上的德性，是知识。它基于苏格拉底式的预设。苏格拉底式修辞术将必然正义。这当然暗示，[74]普通修辞术，高尔吉亚的修辞术，顶多只是从属性的技艺。苏格拉底式修辞术优于普通修辞术，哪怕是普通修辞术的最高形式，即高尔吉亚的修辞术，事实证明了这一点——苏格拉底打败了高尔吉亚。

珀洛斯，高尔吉亚的学生，很生气，[因为]他的老师被打败了，在珀洛斯看来，这是苏格拉底使用不正当手段达到的。珀洛斯想要拯救普通修辞术。因此，在与珀洛斯的对话中，苏格拉底没有回到他与高尔吉亚对话中所谓的结论，即修辞术必然是正义的；它被抛弃了。苏格拉底断言，修辞术是谄媚的一部分，某种可鄙的东西，而珀洛斯断言，修辞术是高贵的。珀洛斯试图证明，修辞术不是谄媚，他提到下述事实：演说家受人尊敬，而谄媚者被人瞧不起。所有演说家都受人尊敬，因为他们有力量。苏格拉底否认演说家有力量，因为力量不可能与不理智或非理性同时存在于同一个人身上，而修辞术不理性；［它］不是技艺，而仅仅是一种例行程序，此外，它还是谄媚。他暗示，所有谄媚都是例行程序，但并非所有例行程序都是谄媚。例行程序也可以是初级技艺或附属技艺，就像举例中的护士，否则它可能就是谄媚。如果例行程序是初级技艺或附属技艺，便具有技艺的性质，就像技艺本身。但如果例行程序是谄媚，它就不受善的约束，只指向快乐。修辞术是谄媚，它属于最低类型的例行程序。作为例行程序的修辞术，如果它隶属于善，便会极大地提升普通修辞术，因为它会指向善，而另外一种修辞术甚至不会指向善。

我之所以提到这些形式，是因为如果可以的话，我们必须真正找出柏拉图关于修辞术的完整教诲，它不同于苏格拉底在这一长篇讲辞中说的那样，即修辞术是谄媚。无论如何，修辞术［不］是技艺，演说家不可能解释明白他们到底在做什么。他们的追求是非理性的，所以他们没有力量。珀洛斯认为苏格拉底在说一些奇怪的东西，完全无视显而易见的事实。因为，谁不知道演说家有力量？而苏格拉底甚至否认僭主［有力量］，后者显然有力量。这样，演说家的事业变得与僭主的事业成了一回事，这意味着修辞术必然不义。对此你也许可以这样证明：如果修辞术不是必然正义，正如珀洛斯假设以及常识假设的那样，而且它必然处理正义的与不义的事物，那么修辞术必然能够为了不义的目的［使用］关于正义的与不义的事物的知识。但是，如果有一项事业必然能够为了种种不义的目的［使用］关于正义的与不义的事物的知识，那么它一定是不义的，正如你们在个人身上看到的，如果有人必然能够行不义，那么他必然不义。潜能迟早会成为现实。

珀洛斯已经暗示修辞术必然不义，在此之后，他若想为修辞术辩护，就不得不为不义辩护。另一方面，苏格拉底要为他对修辞术的指控辩护，就必然要为正义辩护。这里暗含的问题是，正义是好是坏：至善、幸福是否需要它？在整篇对话的开端，苏格拉底已经建立起这样的原则：如果一个人不首先认识事物的所是（what），那他就不可能谈论这事物是好是坏、是高贵还是卑鄙。因此，如果一个人不首先认识正义是什么，那他就不可能回答正义是好还是坏的问题。[75] 这问题甚至没有在《高尔吉亚》中被提出。这是《高尔吉亚》与《王制》最重要的差异，因为在《王制》中，什么是正义的问题才是对话的主题。但在《王制》中有一个类似的情况。在卷一，苏格拉底反驳了忒拉叙马霍斯，向他证明了正义是好的，又在反驳的结尾表示，这反驳毫无价值，因为他们在不知道正义是什么的情况下就证明了正义是好的——这是一种智术师式的证明。① 困难在下述事实中得到暗示：苏格拉底宣称，他愿意仅在有利的基础上讨论幸福，而不必提及正义。"正义"的主题出现了，不过仅仅出现在苏格拉底是回答者的部分，不包括他是提问者的部分。可就算仅在有利的基础上讨论幸福，也需要承认合理性的原则：只有那种有利于促成幸福的行为才是好的，即便幸福被等同于财富或名誉。

但是，珀洛斯十分反常地表示反对，不但反对正义，甚至反对合理性原则本身。他是一匹小马驹，人如其名。在这一语境下，珀洛斯和苏格拉底提出了他们关于幸福的对立论点（468c）。苏格拉底通过追问珀洛斯，试图建立我称之为合理性原则的东西，同时也向珀洛斯的野蛮品味做出了巨大让步：我们的所有日常行为，就像杀戮和放逐，应当有意义。杀戮没问题，但它必须有意义。[这些行为]应当有益于我们福祉——灵魂的福祉（智慧）、我们身体的福祉（健康）或我们外在的福祉（财富）。"所以，不用担心，珀洛斯"，苏格拉底暗示道，"你将在那基础上得到大量的杀戮。"可就算如此，珀洛斯依然感到不满。他回到他最初的论断：做令人快乐的事情，尤其当那些令人快乐的事情给他人带来最大伤害时，最令人羡慕，而这构成了幸福。他暴露出自己是一个野蛮人——更准确地

---

① 《王制》354a-c。

说，是一个受怒气或盛怒（anger or ire）控制的人，因为一个人仅仅愚蠢不一定意味着对伤害他人感兴趣。换言之，他代表着柏拉图称之为血气的东西，也可以称之为暴躁（irascible）。柏拉图在《王制》和其他地方区分了灵魂中的三个部分：理性的和非理性的，非理性部分又分为血气和欲望。① 欲望是对饮食的欲求，一种低下的东西，而血气具有更高的品质，因为没有某种关于不义的内在观念，也就不可能有愤怒，珀洛斯就是代表。他想要伤害别人；他的报复心很强；因此他是报复性正义的一个潜在工具。这一点我们必须牢记在心，为的是下述重大问题，即柏拉图关于修辞术的观念是怎样的。

珀洛斯在前面的问题里充当着回答者，在此之后，他成了提问者，非常奇怪的是，他成了一位优秀的提问者。他受过某些教育；他证明在某种程度上可教。他迫使苏格拉底说，受不义胜过行不义，也就是说，他迫使苏格拉底说出某些明显矛盾的东西，或者说出某些在珀洛斯看来荒谬的东西。他反驳了苏格拉底。

我们注意到，在这里，"正义"主题再次由苏格拉底提出，不过不是他自发提出的，而是当珀洛斯第一次向他提问的时候。[76] 在这一部分，珀洛斯在对话中占据优势，是由于共同意见站在他这一边——因为那是共同意见，我们稍后将看到。珀洛斯毫不怀疑，苏格拉底，以及其他所有人，都愿意成为僭主，做那些在大部分情况下只有僭主才能做的事情。珀洛斯相当确定。苏格拉底问珀洛斯，他考虑的是正义的杀戮抑或不义的杀戮，珀洛斯说这毫无区别。苏格拉底说："现在你，珀洛斯，在说一些惊人而邪恶的东西，是在渎神。"他警告珀洛斯，要是珀洛斯说正义的和不义的杀戮毫无区别的话，他也变得矛盾，就像苏格拉底刚才说僭主没有力量是矛盾的那样。苏格拉底曾说过某些矛盾的话，他曾否认僭主具有力量；珀洛斯［也］说了某些矛盾的话，他说正义的杀戮和不义的杀戮毫无区别。当苏格拉底说正义的和不义的杀戮有区别时，共同意见显得站在他这一边，而当珀洛斯说僭主有力量时，共同意见站在他那一

① 对勘《王制》435b以下；《蒂迈欧》69c-70d。

边。苏格拉底和珀洛斯各执一端，相互对立。但正因为如此，他们具有某个非常重要的共同点。极端与极端——那些持有矛盾意见的人——彼此接触。不矛盾的、共同的意见，是一种妥协，一种正义与不义的含混结合。苏格拉底和珀洛斯是朋友——苏格拉底反复这样说——在他们都对这种欠妥的混合本身感到不满的意义上。兴许今天的贤人，为知识分子辩护的那些人，正是如此。但很难证明那一点。

苏格拉底继续说道，正义的杀戮不令人羡慕，而珀洛斯争辩说这令人羡慕。就算是正义的杀戮。为什么？你可以这样说：杀戮，与［之前］提到的坐下、站立和奔跑一样，全部都是中性的。杀戮是中性的，因此它和坐下、站立或行走一样，都没什么好羡慕的。但这是一个好例子吗？就拿最低级的观点来看，杀戮难道不比坐下或站立更为罕见吗？我们中间有谁曾在和平年代杀过人吗？然而我们所有人都经常坐下或站立。杀戮要求一定程度的力量，也许是道德力量，坐下或站立却不要求这［力量］。因而它令人羡慕——那是珀洛斯所暗示的观点。可是，难道苏格拉底不也在暗示，杀戮不像坐下和站立那样是中性的吗？坐下是中性的：无论我们是坐下抑或站立，不会造成任何道德上的差异。杀戮却从来不是道德中立的。你们可以为了好玩而坐下。但我们不会为了好玩而杀戮。杀戮总是要求强有力的正当理由，这意味着杀戮本身是坏的，尽管它可以被一个好的理由证明合理。因此，有一些行为就其本身而言是坏的。一开始与珀洛斯讨论的时候，苏格拉底就承认有这种东西。令人痛苦的行为本身是坏的——服用苦药，你们会记得。如今，苏格拉底是在暗示，伤害他人的行为本身是坏的，因此需要强有力的正当理由，是这样吗？换言之，他是用人性善良的原则取代了自私的快乐原则吗？或许的。注意，在这样的语境下，苏格拉底提到了怜悯（pity）。恶人们不应被憎恨，而应被可怜（pitied）。苏格拉底当然是温和的。但人性善良——我们必须澄清［这一点］——不排除人可以被正义地伤害。善良，换言之，必须被更高的原则所规范。就像莱布尼茨，一位现代哲人，所说："正义是善良，被智慧所节制。"

善良不是必须奠基于那一更高的原则吗，还是说，善良有其自身的基础？我们在此没有得到答案，但我们 [77] 不禁提出这问题。

苏格拉底继续说道，行不义的行为是最大的恶。那是什么意思？什么是不义行为的问题从未被提起过。行正义的行为是最大的善吗？苏格拉底仅仅是说，行不义的行为与受不义的行为相比是更大的恶。我们注意，苏格拉底只是这样断言，而我们可以猜测这一断言的理由。为什么行不义应当比受不义更坏呢？他在这里没有给出任何理由。在你们看来，有没有一个合理的解释？受不义未必会损害一个人的灵魂——让我们小心谨慎一点——［但］行不义必然如此。稍后我们会看到，有趣的地方在于，在实际的论证中，这一点几乎没有发挥任何作用。在469b，不义地杀人和正义地被杀比不义地被杀更可怜。那正义地杀人呢？正义地杀人比之前提到的三种情况更好还是更坏？我在想：不义地被杀比正义地杀人更可怜吗？想一想自我防卫。在自我防卫时，我们可以正义地杀死其他人，平安脱身比在冲突中被人所杀要更可取。那么完整的等级就是这样的：正义地杀人最高，不义地被杀次之，然后是正义地被杀，最后是不义地杀人。

469c-470b：苏格拉底又变成了提问者，这一次还是没有提及正义。在469c，珀洛斯重复了他关于僭政的论述。这是柏拉图对话中最讨厌的东西，看似没有必要、没有意义的重复。这一段和前一段论述一模一样；只有一小处改变：时态从过去时变成了现在时。在前一段论述中，珀洛斯说杀过人的人比被杀了的人更好；他现在说的是，杀人的人更好，从他的观点来看，杀人当然非常糟糕。在这里，他不关心杀戮之后会发生什么。如果你在杀人之后立刻被杀，那么杀人的好处何在？因此，在杀人和你断定这家伙幸福之间，必定有了一段时间间隔。这样看来，珀洛斯真是一位糟糕的演说家：他没有使用恰当的时态。因此这里的论证是这样的：杀戮是力量的标志，当且仅当它不会受到惩罚时。一个人做他喜欢的事情对他自己有好处，当且仅当这样行动的结果符合他的利益时。那是我们能要求的最低限度。所以，杀戮不总是好的，因为有些时候，杀戮的那些人会反过来伤害到自己。苏格拉底要求珀洛斯区分好的杀戮和不好的杀戮。你们看这里，在469e，苏格拉底如何描述珀洛斯的疯狂，他把本不是珀洛斯所说但珀洛斯也未表示反对的话归到他头上——即凭借一把短剑，他也可以烧掉房子。

470b-471d：珀洛斯不想区分好的杀戮和坏的杀戮。他再次要求苏格拉底回答问题。珀洛斯再次扮演起提问者的角色，即反驳者，这意味着他再次扮演起苏格拉底的角色。

470c：苏格拉底作了这一区分。正义的杀戮是正确的种类，不义的杀戮是错误的种类。正义的杀戮更好，不义的杀戮更坏。接下来，珀洛斯［说］，"连一个小孩子都可以反驳你。新近的例子"——esempli freschi，就像马基雅维利说——"［新近的］事实比古代的历史有更强的说服力，这些事实表明，许多罪大恶极之徒很幸福，这意味着不义的杀戮是值得的，或好的"。这里，在470e，苏格拉底头一次以宙斯起誓。语境是一个故事，有一个人［78］废黜了他的合法统治者，从而得到了权力。看，阿克劳斯（Archelaeus）还不至于像宙斯那样废黜自己的父亲。

470e：苏格拉底接下来这样说道：教育加正义才是幸福；幸福不要求健康或财富。之前，苏格拉底为了让珀洛斯相信合理性的可靠，向他做出了巨大让步，这一说法使苏格拉底暗中收回了所有让步。我们还注意到，他增加并强调了"以及女人"。在珀洛斯的理解中，女人不可能真的幸福，因为她不像男人那样擅长杀戮等等。这一点很重要，这也发生在《王制》中，柏拉图有一个关于两性平等的著名说法——这一说法的部分内容就是，男人真正的完善不依赖于他的性别。①

471a：苏格拉底再次称珀洛斯为他的朋友。为什么？因为珀洛斯试图反驳他，因而在让他变得更好，而只有朋友才会那样做。

471a-471d：珀洛斯用阿克劳斯的例子反驳苏格拉底，我希望你们再次注意修辞术的那个漂亮例子。珀洛斯反驳得很出色。［但］他的证明毫无价值，因为苏格拉底已经否认过这种反驳的前提。我请你

---

①　参见《王制》451c-457b。

们注意阿克劳斯故事中的一些小细节。在这个故事中，阿克劳斯没有被描绘成佩尔迪卡斯（Perdiccas）的儿子。故事只说他是一个奴婢的儿子，因此他不过是他那个叔父的臣民。阿克劳斯是王室血脉的事实在故事中完全被掩盖了，目的是为了加重他的罪孽，而加重罪孽当然是修辞术的一部分，就像公共行刑人的例子那样。这是珀洛斯的野蛮。他的报复心与他的［修辞才能］一起，使他倾向于成为正义的仆人——如果他被苏格拉底控制的话。故事中有一处暗示了一个事实，即阿克劳斯是被他的父亲佩尔迪卡斯任命为马其顿的统治者的。另外有一点也很有趣。当他杀死他那七岁半的兄弟时，［他谎称后者］在追一只鹅的时候掉进井里［淹死了］，阿克劳斯不敢说，他杀死了这男孩。所以正义一定在其中起了一些作用，否则为什么他要说"我没干过"？珀洛斯把正义的奴隶是幸福的这么一个观点归到苏格拉底头上。苏格拉底曾说过，幸福是教育和正义相结合——而通常来讲，奴隶接受不了教育——苏格拉底肯定不会说一个奴隶会像君主那样幸福。珀洛斯夸大了苏格拉底的论断，这很重要。珀洛斯赋予苏格拉底比苏格拉底自己更多的廊下派品质。

471d-474e：现在珀洛斯不再提问题。苏格拉底告诉珀洛斯他尚未学会反驳；他刚学会提问题。在这一语境下，苏格拉底给出了迄今为止我们读到的关于修辞术的最为重要的信息。在471d一开始，苏格拉底说："你是一位好修辞家，珀洛斯，可你不知道如何对话——争论、反驳——你的这个关于阿克劳斯的故事根本没有驳倒我。"修辞术，就其自身而言，不可能产生反驳。苏格拉底再次断言，行不义者不幸福。我们知道，苏格拉底在这里没有说，行不义者更可怜，而是说，就算一个人正义地杀戮，他本身也不幸福。

［79］471e：珀洛斯确定，苏格拉底并不相信他所说的。珀洛斯确定，苏格拉底并不把正义看作幸福的本质。苏格拉底的聪明使珀洛斯确信这一点——聪明人可不相信正义。这说明珀洛斯是骗子吗？不，因为骗子不会想要证明每个人都应当是骗子。骗子靠非骗子才能活下去。因此，在珀洛斯的不义讲辞和他的行为之间，有一种奇怪的［失］衡。他的行为属于那种正派人，如果他认为他知道

真相，他将试图去说服其他人。不必说，这样的混合并非仅仅存在于珀洛斯身上或希腊人中，而是存在于所有时代。即便在今天，我们也可以发现，有些人不是骗子却为骗子的原则辩护。在471e："我不相信你相信你说的话。"珀洛斯说。他清楚，这也是一种修辞性的反驳，类似于断言的东西。理所当然的做法是反驳或肯定，但我们从无数的例子中得知，有些人不反驳；他们只是说，"我不相信你相信你说的话"。这当然不是反驳，而是一种非常有力的修辞技巧。我们知道，有些人会在被告知他们说了谎之后就承认自己说了谎。在犯罪调查中，这是常规操作，但同样的事甚至发生在讨论中，它是修辞术的另一个例证。

471e-472d：苏格拉底对珀洛斯说："你举了罪大恶极之徒阿克劳斯这个例子，是企图用修辞术来反驳我，因为你提到许多有见地的证人，而我只有一个证人，即我自己，因此，我当然没有证人。"如果无法首先确保证人的诚实和才能，珀洛斯的证明便毫无价值。证人很多而且人们对他们评价很好这一事实，并未确保他们的诚实和才能。那么，谁是这位证人？在最好的情况下，只可能是阿克劳斯，那位罪大恶极之徒本人。但阿克劳斯会告诉他"虽然我犯下了这些罪行，但我很幸福"吗？就算他这样说了，我们也不一定会相信他。珀洛斯如何知道阿克劳斯并非特别不幸呢，即便他说他十分幸福？这一论证在色诺芬的［《回忆苏格拉底》第四卷］第二章中被阐明得十分漂亮，即你几乎不可能从人的表面和别人关于他们情况的说法中断定他们是否幸福。但苏格拉底说，珀洛斯有许多有名的证人。那些能证明阿克劳斯幸福的许多有名的证人，他们是谁？这里关于阿克劳斯的说法很独特。修昔底德记载了一段关于阿克劳斯的十分谄媚的说法，[①]他是一位非常杰出的统治者，事实上，有些著名的雅典人，诸如欧里庇得斯曾在阿克劳斯的宫廷里住过。兴许有名的证人就是诸如欧里庇得斯这样的人，以及其他喜爱住在那里的雅典人。但这不是重点。苏格拉底说："你，珀洛斯，会找到许多证

① 修昔底德《伯罗奔半岛战争志》2.100。

人，不是证明阿克劳斯的幸福，这不是一个十分重要的问题，而是要证明你的总论点的真实性，即犯罪与幸福相容，兴许还是幸福的条件。你将找到这些证人来证明你那恶毒的论断，不是在僭主圈中或冥府中找到，而是在雅典最好的圈子中找到。""所有杰出的家族都会同意你，珀洛斯，"苏格拉底说道，"而有一位证人——唯独苏格拉底——反对你们所有人。"你可以用强力和这些杰出的人们一起反对苏格拉底，这轻而易举，但是，不必说，强力不会证明什么事。另一方面，苏格拉底情愿完全基于他能否让珀洛斯一个人同意他的观点，来证明他有道理。

［80］472a-472e：［苏格拉底］举了三个例子。这些例子对于确定对话的戏剧时间比较重要。伯里克勒斯此时应该已经逝世，正如另一个段落所显示的。苏格拉底没有谈论伯里克勒斯，而是在谈论"伯里克勒斯家族"。另外两个人依然健在：尼西阿斯（Nicias）和阿里斯托克拉底（Aristocrates）。尼西阿斯大约死于［公元前］413年。对话可能发生于公元前428年至前405年之间的某个时候。[①]阿里斯托克拉底是四百人寡头政府的领袖，[②]在寡头派中，有一些十分正直、温和的人，他们因此而招致坏名声……［阿里斯托克拉底］，与苏格拉底有来往，名字是"骑墙派"的意思。他拥护统治的党派，但一直持有温和的立场。他与另外五位将军死于阿吉努塞（Arginusae）战役后的一场审判，即［公元前］406年。换言之，阿里斯托克拉底，这位男子汉深受珀洛斯喜爱，他被不义地杀害了。他受审判的故事如下。小亚细亚爆发了一场海战，雅典人取得了胜利。[③]获胜后，海上起了风暴，将军们无法运回战士们的尸体，这是

---

① 这一日期似乎被前一句话误导了。

② 这涉及伯罗奔半岛战争后期（公元前411年）发生在雅典的僭主制政变。参见修昔底德《伯罗奔半岛战争志》8.63-97，以及亚里士多德《雅典政制》29-34。

③ 关于阿吉努塞战役以及苏格拉底审判中牵涉到的细节，参见《苏格拉底的申辩》32a-c；色诺芬《希腊志》I.6-7，《回忆苏格拉底》I.1.18，IV.4.2。

一项宗教罪行。他们受了审判并被判处死刑。审判的程序完全不合法：他们必须就每一位被告人进行专门投票。而且雅典议会的规定要求只投一次票。唯一反对这一程序的人就是苏格拉底；他后来提到了这一点。① 阿里斯托克拉底被不义地杀害了，对于持有珀洛斯的观点的人来说，他是一个［不义地被杀之人的］例子。这篇对话的地点不明。似乎是在卡利克勒斯的家里，但并非如此。而为什么时间不是同样不明呢？想象有个人对你说，雅典的所有贤人，更不用说平民，都站在你这一边。一个人为了削弱他自己的道德立场，这么说不就是他所能做出的最惊人的陈述吗？举例来说，如果这种暗示使阿里斯托克拉底被不义地杀害这一点变得清晰了，那便强化了此悖论。而如果你举一个人，他总是不义地杀人，那倒还容易。

472b："你试图驱逐我"，苏格拉底说——这是一项僭主式的行为。但珀洛斯试图把苏格拉底从什么地方驱逐出去？不是从雅典，不是从"我的实质"（我的命运），而是从"那唯一的（the）实质和真理中把我驱逐"。换言之："珀洛斯，你不是一位经验式的僭主，以至于想要拿走我的钱、拿走我的领土；真正的城邦，真正的祖国，是真理。"这对于理解正义来说当然至关重要，［因为］对于可敬的雅典人来说，祖国是最高的考虑。他们用祖国界定正义，所以，无论他们是否意识得到，祖国本身并不臣服于正义。

472d：苏格拉底重新表述问题。在此之前，在471d，他曾说过，行不义之人不幸福。他是以提问的方式这样说的。现在他说："一个行不义之人，同时也不义，他可以是幸福的吗？"苏格拉底这里在不义的行为和不义的品质之间做了区分。比较《伦理学》第五卷：一个［81］人可能具有正义的习性，［他可能是］是一位正义之人，就算他曾经做过不义之事。② 另一方面，［一个］人没有不义之举，可能只是因为他害怕警察，但其本性仍可能是不义之人。苏格拉底把这［两个］条件结合了起来。行不义之事而且［本性］不义

---

① 《高尔吉亚》473e6-474a1。

② 参见《尼各马可伦理学》1134a17-23。

之人——他可能是幸福的吗？苏格拉底使我们注意到一个问题：到底是不义之举，抑或不义的品质对幸福有不良影响？苏格拉底现在是提问者。他之前当提问者时，并没有提到正义。现在，当他成了提问者时，他提出了正义问题（problem）。还要注意，苏格拉底没有评判阿克劳斯。他只是听着。他不知道珀洛斯的话是否真实，他认为那有可能不真实。

472d-472e：关于一个不义之人，一个拥有不义品质的人——他有别于偶尔作恶者——他是否可能幸福，苏格拉底和珀洛斯的看法不一致。于是，苏格拉底进一步追问，偶尔行不义者将会幸福吗，如果他受罚的话？珀洛斯凭经验说道，"不，想一想阿克劳斯——他很幸福，而如果他受到当得的惩罚"——他十分生动地描绘了罪犯的刑罚——"他就不会幸福了"。珀洛斯说，如果行不义者没受惩罚，他才幸福。在472e，苏格拉底说，行不义的不义者是悲惨的——这有两层含义——而如果他不因他的不义行为受到惩罚，他将更悲惨；如果他受到诸神和人们的惩罚，倒没那么悲惨。这里再次［出现］一个困难：如果行不义只被诸神［或］只被人们惩罚，那么他会少些悲惨吗？不行不义的不义者悲惨吗？我们可以按如下方式重建论证。如果伴随着惩罚，行不义自然是坏的。但是，所有的不义行为都伴随着惩罚，如果不是被人们惩罚，那肯定也会被诸神惩罚。所以，所有的不义行为都是坏的。这里提到诸神，这具有关键意义。在与珀洛斯的论证中，苏格拉底从未用到神罚。神罚出现在卡利克勒斯部分，而且在那一部分十分重要。

473a：珀洛斯在这里拒绝与苏格拉底论辩，他说苏格拉底企图讲些离谱的东西。他没说苏格拉底讲了离谱的东西，而是说他企图这样做，这要温和得多。接下来，苏格拉底称珀洛斯为"同志"和"朋友"。"同志"具有更多社会的和政治的含义；"朋友"是一个更严肃的词。珀洛斯试图让苏格拉底变好，因此苏格拉底把他看作朋友。苏格拉底想要报答珀洛斯，可他没有说与高尔吉亚交谈时说过的话——他没说他想驳斥珀洛斯。苏格拉底与珀洛斯的友谊，与他俩关于最重要事情方面的分歧相容。人们无法设想比苏格拉底与珀洛斯更大的分歧，而他俩还是朋友。那可能是自由主义的原初含义。

在473a-473b，苏格拉底合并了他的两个说法，即行不义比受不义更糟糕，以及作恶者是悲惨的。在这一语境中，珀洛斯发过一次誓——这是珀洛斯唯一一次起誓。这值得注意，因为它是在对话唯一一次提及神罚之后出现的。但正如你们所能看到的，这里表明了修辞术的局限；之后我们会看到一些更加明显的例子。我们已经看到，诸如"你不相信你所说的话"之类的说法是修辞性的，但起誓也是一种修辞 [82] 手法。誓言要证明的东西在这里体现得十分清楚：誓言至多证明，发誓的人相信某些东西真实；[誓言]证明不了那人的断言本身的真实性。一个意味深长的例子是，欧几里得（Euclid）的著作中一个誓言也没有。在确定无疑的推理证明中，没有誓言的位子。珀洛斯声称已经驳倒了苏格拉底的论点，即作恶者悲惨，他为此还讲了阿克劳斯的故事。他说，他还可以更轻易地驳倒受罚的作恶者不及免受罚的作恶者悲惨这个论点。珀洛斯断言"就连每一个小孩儿都看得出那一点"，这是什么意思？珀洛斯的论证可以陈述如下。当下幸福的作恶者可能会在将来变得不幸，但在当下就被大卸八块的作恶者当下就不幸。因此，证明这一点比证明作恶者一般来说会幸福抑或不幸要更加容易。这说得通。

473b-473d：珀洛斯在这里反驳苏格拉底的如下论点，即对于罪大恶极之徒而言，[惩罚]远[胜于]成为僭主并且从此以后过上幸福的生活。这也是一段漂亮的修辞术，他在这段中有力地描绘出各种各样的死刑，所有的折磨被同时施加于同一人身上，以增强效果——"你称这样的人为幸福？简直荒谬。"

在473d-e，苏格拉底说："这根本不是反驳；你不过是在使用另一种形式的修辞手法，这手法就是恐吓；在此之前，你使用过的手法是召唤见证人。"接下来，珀洛斯还将展示又一种修辞手法，即嘲讽。嘲讽也证明不了任何东西，在所提到的手法中，居中的是恐吓。我们必须牢记这一点。它在柏拉图将要提出的修辞术中发挥关键作用。我们可以说，恐吓就其实际情况或应当是的情况而言，都是修辞术，是大众修辞术的一种主要手法。当然，我们不知道高尔吉亚如何看待这一点，但我们从亚里士多德的《修辞术》中得知，嘲讽被高尔吉亚介绍为一种修辞手法。[①]高尔吉亚建议采取嘲笑对手的方式来摧毁他们的严肃性，并采取严肃的方式摧毁他们的笑声。我不知道高尔吉亚的教诲中是否也包括其他的手法。更重要的问题在于：苏格拉底真的证明了，珀洛斯关于罪大恶极之徒被慢慢折磨至死的例子无关紧要吗？换言之，要是僭主本人和他的家人被折磨至死，他就会变好吗？除此之外，没有什么能证明苏格拉底的极端论点。换言之，惩罚问题和惩罚的细节绝非无关紧要；惩罚的形式是一个在道德上非常重大的问题。在这一语境下，苏格拉底称珀洛斯［gennaios］，[②]意思相当于"文雅""高贵"。色诺芬这样解释这个词的含义：我们称动物gennaios——如果它们美丽、高大、有用，同时对人类驯服。[③]珀洛斯作为修辞家是美的，可他也是驯服的，因为他试图保护苏格拉底，不让他犯下大错。

在473e，珀洛斯提出了关于修辞术的另一个说法：一旦有人讲出别人谁也不会讲的东西，他就被驳倒了。针对这一点，苏格拉底回答如下：一个意见［83］若由大众投票决定，形成这样意见的是政治的理由，而非真实的理由。当然，珀洛斯没有这样说过；珀洛斯［谈到］的是经全人类一致同意作出的决定。那么，苏格拉底是什么意思？有许多意见，它们在实践上是人们一致同意的——意思是除了一两个人以外，所有人都同意——但却是错的。在天文学方面有大量的例子。柏拉图很熟悉这些例子。人人都知道，在柏拉图的时代，大众关于太阳大小的观念是错的。所有人，除了一位天文学家以外，都认为太阳的大小跟……差不多，好吧。那么，苏格拉底到底是什么意思呢？这些实际上被人们［普遍］持有的错误意见，其错误可以被以下事实证明，即它们与另外一些得到真实地普遍支持的意见相矛盾。

---

① 《修辞术》1408b19-20；对勘1406b15-19。
② gennaios［出身高贵］插入473d3。
③ 参见《齐家》15.4。

在473e-474a，苏格拉底承认，有人可以正义地试图变成僭主。这说得通吗？首先，柏拉图式的证据［证明］这是可能的，这证据本身值得考虑。在《斐德若》中，苏格拉底列举了一长串人类的追求（pursuits），在所有情形中，一种是好的，一种是坏的。① 在《法义》中，有一种说法，为了实现最佳的社会，你必须有一位年轻的僭主。② 这词本身并未表明僭政对于柏拉图而言完全不义，虽然就其一般用法来讲，僭政是坏的。那么，为什么苏格拉底不愿意成为僭主呢，如果有人可以正义地成为僭主的话？他在这里说道：他不是一个政治人。而这一点将在他与卡利克勒斯的讨论中变成一大主题。

在474a-b，他说："跟众人在一起，我甚至不会说话。"他只能同人们单独谈话，而非跟作为多数的多数人谈话。真是如此吗？尽管苏格拉底在这里控诉公众演讲，他还是发表了公众讲辞，由此可得出什么？如果苏格拉底确实发表了公众讲辞，他就不可能认为公众演讲者是不够格的诌媚者，否则他就明显自相矛盾。他在这里提到一个审判的故事，在故事中他不能计票，这个故事指向了苏格拉底不合群的理由以及他受审判的原因。他在这里说，他不知道如何投票表决。就像汤普森理解的那样，这可以理解为一种反讽的表达：投票是非法的，而苏格拉底不知道如何非法地行事、如何不义地行事。苏格拉底在审判期间的表现是苏格拉底的正义的唯一（the）公开证明，仅有的公开证明。值得注意的是，在《申辩》中，他把他在十将军案中的表现用来证明他的正义；这里，他则用它来证明他对政治事物的无知。苏格拉底的正义和他对政治事物的无知是否是同一个东西，这是我们之后将面临的一个问题。

在474b，珀洛斯实际上在说，"苏格拉底，你不相信正义，不是由于你聪明，而是因为你是一个凡人；凡人不相信正义"。对于珀洛斯之前所说"你不相信你说的话"，最简单的解释就是"你太过聪明"。现在他说没人相信正义。这样说的前提是苏格拉底已经承认，

---

① 《斐德若》248c2-e5。

② 《法义》709e6-710a2。

最受人尊敬的雅典人全都同意珀洛斯关于正义的看法。474b结尾有一处似乎仅仅是在重复474b第一部分说过的话。苏格拉底说："我相信，你和我以及世界上剩下的人都相信，做错事比遭受错误更糟糕，而逃脱惩罚比遭受惩罚更糟糕。"珀洛斯说："我相信，无论我，还是世上其他任何人，都不这样想。你似乎会选择遭受错误而非做错事。"[84]然后这句话[在珀洛斯口中]又重复了一遍。这些重复就其自身而言没有告诉我们任何东西，它们总是需要某种反思才起作用。区别在哪里？

　　区别在这里：苏格拉底使用了"相信"一词，这词不像圣经的"信念"，没有强调的含义。珀洛斯则用"接受""选择""偏爱"取代了那个"相信"。这是什么意思？珀洛斯暗示，相信做错事比遭受错误更糟糕，这意味着宁愿遭受错误也不愿做错事。用偏好替代相信是什么意思呢？相信某物，具有特定的意见，必然会导致选择、偏好、意愿。思虑周到意味着好好选择，思虑不周意味着糟糕地选择——德性即知识。当我们谈论作为整体的珀洛斯部分时，有一点很重要，必须加以考虑，即高尔吉亚和珀洛斯有些近似（approach）苏格拉底。高尔吉亚部分有个最简单的例子。高尔吉亚完蛋了，他被苏格拉底击败了，因为他承认：学习过音乐性的东西意味着成为一位音乐性的人，所以学习过正义的事物便意味着成为正义的人。从常识的观点来看，绝对不可能承认这一点。这一点何以可能被高尔吉亚所承认呢，要知道就连一个智力寻常的人都会质疑这转换。因为高尔吉亚对于思考看得如此之高：一旦你思考周到，你将行动得好。至于他有没有按照苏格拉底的方式思考，则是另一码事。但是在我们日常的语言中，有人会说高尔吉亚和珀洛斯是知识分子。苏格拉底不是知识分子，而是哲人。知识分子与哲人有某些共同之处，在心智、思想或你认为的特定方面。这并非不重要，虽然忽略[二者的]差异是致命的。苏格拉底、珀洛斯和高尔吉亚有一个共同点：他们喜爱谈话和聆听。从这一点来看，他们属于一类人。如果你把他们与诸如阿尼图斯之类的人抑或一位优秀的海军军官作比较，你会立刻发现不同。这不同虽然很表面，但并非完全不重要。只有当我们把这种表层的一致性当作［决定性的］时，才会产生危险。苏格拉底与高尔吉亚，还有苏格拉底与珀洛斯之间的差异都很关键。

只有当我们来到卡利克勒斯部分时，这一点才会变得［更加清楚］。在那里，我们发现有个人^①完全拒斥这种差异。卡利克勒斯说：“男孩们上学时，他们应当发表演讲，并聆听演讲。一旦他们走出学校，就应当投入生意或政治中——某种真正男子汉的事业。”尽管如此，这一社会学的差异仍具有重要意义。苏格拉底总是称珀洛斯为“朋友”，这二人之间的一致无论多么似是而非，但总是存在的，而苏格拉底与卡利克勒斯之间则不存在一致，这一事实对于理解总体处境富有启发。重复一遍：用选择、偏好取代以为、相信，这一细微调整揭示出对思考的看重，这一点意味深长。苏格拉底的准备工作到此为止，在珀洛斯部分余下的内容中，他将反驳珀洛斯。

学生：［问题听不清］

施特劳斯：人们欲求幸福，这是最基本的。柏拉图有一个词、一个日常词汇表示这个，即 eros［爱欲］，主要意思是纯然的欲望，向善的以及向往完整的善的欲望。那是人的特征。你们想要知道，这一向善的欲望如何受到把德性等同于知识影响。数学知识在本质上与柏拉图称之为道德品质的东西毫不相干。一个人可以是优秀的数学家，同时是一个完全不可忍受的人。从苏格拉底的［85］观点来看，哲人不可能如此。即便在通俗语言中，当有人说一个人举止很哲学时，这也意味着思考这些东西一定会影响到整个人。《王制》预设了灵魂的彻底转向。由此提出的问题是：这转向跟纯粹的理解行为是什么关系？二者不可分割，但也不尽相同。这些关键的洞见可以被提出，但论证必然落到准备好的灵魂上，在天性和经验上准备好的灵魂。那才是道德要素进来的地方。但这跟情感无关。所谓情感，只可以被真正理解为特定洞见必然伴随的结果。你不可能看见美却不受美触动，但是，你受触动算不上什么证明，因为许多人也受到丑的触动，以丑的为美的。因此，有必要通过谈论、论辩来

---

① ［译按］指卡利克勒斯。

证实那影响你的东西值得认识。理智（the intellect）在苏格拉底的教诲中保留着统治地位。如果最高的善是知识，那么最高的欲求便是对知识的欲求。在人的其他欲求得不到满足的情况下，这一欲求能够得到满足吗？显然不能。他必须进食，睡觉。他有种种社会关系。所以，关于人的充分善这一问题——柏拉图有时称之为正义——不局限于那种知识。

对苏格拉底说法的最简单解释，我相信应是这样：最高的德性是知识，但德性的整全不可能是知识。还有习性以及其他东西。在最高的意义上，德性即知识，[可是]把[这一点]应用于我们关于所谓有德性的人的通常理解——认为那德性应当是知识，当然是荒谬的。在《法义》中，我们看到，柏拉图了解习性的重要性，儿童教育；但这与知识无关，而柏拉图知道，没有那知识，几乎不可能成为一位真正的好人。因此，德性不可能简单地等同于知识。但是，如果"德性即知识"从最高观点来看，那么，柏拉图和亚里士多德当然完全一致：最高的德性是沉思；道德意义上的习性当然不可或缺，但道德德性不具有同样的尊严。亚里士多德称之为道德德性的东西，被柏拉图称作大众的或庸俗的德性，柏拉图的意思是说，这些德性不要求充分的心智生活；它们可以通过习性获得。他在许多场合都谈到过这一点，但最令人印象深刻的，或许是在《王制》结尾，当然他讲了一个神话，神话中有一个家伙原本是个好人，但是在选择来世的生活时，他选择了僭主的生活——不是因为他罪大恶极，而是因为他只拥有道德德性，即通过习性获得的德性。[①]只有建立在洞见之上的德性才可靠，因为它充分认识到为什么德性是好的。至于这一点能否被充分认识，则是另一回事。

在这篇对话中，"什么是正义？"或"什么是德性？"的问题未被提起。有一篇与此直接相关的对话，《美诺》，它提出了"什么是德性？"的问题，但没有得到明确回答。这就更加清楚地显出这个问题没有在本篇对话中提起。在这篇对话中，我们有的是一个较有

---

① 施特劳斯指的是厄尔神话，614b以下。他描述的段落在619b2-e5。

限的、不那么要紧的问题。我们一定不要忘记，这篇对话不是论正义，而是论修辞术。然而，它证明了在谈论修辞术时不可能完全不考虑正义问题。换言之，尽管"什么是正义？"的问题没有被明确提出和回答，但它事实上得到了回答。那回答出现在［86］与卡利克勒斯的对话中，因为只有卡利克勒斯的质疑才够彻底。虽然看起来可能有些奇怪，但珀洛斯和高尔吉亚的确过于包容苏格拉底了；他们以混淆的和扭曲的方式给了心智以过多的包容，毕竟他们是修辞家。只有卡利克勒斯质疑苏格拉底的整个道路——有别于行动道路的谈话道路。那是常见的区分，通常被表达为"真正的男子汉"和"像女人的男人"，后者指谈话的男人。女人一边织布一边谈话，而男人出去干更男人的事业，比如战争、打猎等。

这篇对话中的人物并未直接关心"我应当如何生活？"的问题。珀洛斯和高尔吉亚知道他们应当如何生活——当然是像修辞家那样生活，因为这是最高贵和最好的技艺。卡利克勒斯同样知道他应当如何生活。但在这里，他的生活方式与苏格拉底的生活方式截然对立，迎面相撞，这才使得人应当如何生活的问题变得清晰起来。高尔吉亚和珀洛斯之所以如此轻易地被击败，是因为他们与苏格拉底太相近了，但这是就他们还未被启蒙（unenlightened）的意义上而言。如果他们知道他们对言辞的看重意味着什么，事情就会不同。但是，他们并不理解自己。因此，他们最终还是傻瓜。可是，他们又并非傻瓜，尤其是高尔吉亚。下堂课我们必须解决的第一个问题就是苏格拉底对珀洛斯的反驳。到目前为止，我们没有遇到任何反驳——除了珀洛斯企图用阿克劳斯的犯罪行为及相关死刑为例来反驳苏格拉底。而苏格拉底带着某种正义说，问题［还没有］解决，现在苏格拉底必须反驳珀洛斯。只有当我们已经理解了这一反驳，我们才能真正理解总的场景和氛围。

有一件事我必须在这里再强调一遍，我们得到一些关于修辞性证明的信息，这种证明有别于真正的证明：前者有见证、恐吓、取笑，不用说还有发誓。这很重要，因为它将在柏拉图对真正的［大众］修辞术的呈现中发挥作用，而这样的修辞术才是这篇对话最终的主题：告诉我们什么是大众修辞术的真正功能。苏格拉底一直在使用真正的修辞术，只不过不是大众修辞术，因为它只针对个人。修辞术完成了一项功能，但不是专门地完成的。要是专门完成这一功能会怎么样？这才是问题所在。

第353页，474c-479e，是第五步：苏格拉底反驳珀洛斯，珀洛斯是回答者，这是正常的情况。苏格拉底是提问者，另外一个人是回答者，而那人被反驳。在第一步，苏格拉底证明，遭受错误比做错事更好：474c-476a。

474c-474d：珀洛斯说，做错事比遭受错误更好，但做错事比遭受错误更卑下。珀洛斯区分了好与高贵。卑下当然是高贵的对立面。然而这里有一个困难：珀洛斯一开始就说过，修辞术是最好而且最高贵的技艺。兴许他的意思是，虽然他做出了那一区分，但在最高的层面上，好与高贵相一致（最好等同于最高贵），但在较低的层面上，二者大可以相区分——这是一个值得辩护的立场。然而，在462c-d与苏格拉底的对话中，珀洛斯把重点放在修辞术的高贵性上，而非放在它那好的方面。为什么？修辞术是不义的或者至少对正义漠不关心。他说修辞术的高贵性与它的正义毫不相关，这是什么意思？修辞术似乎有一种超越是非对错的光芒。我认为当我们听一位公众演讲家演讲时，我们可以领会那种光芒；它有一种独特的魅力。说服就其自身而言是一种值得称赞的力量，独立于［87］它所服务的自由和统治。这就是高尔吉亚本人在452e所说的：最伟大的善是说服的力量，而非说服提供的服务。珀洛斯在此归于公众演讲一种尊严，但它事实上为哲学所独有。从苏格拉底的观点来看，这意味着，当珀洛斯把这一重要性和光芒归给修辞术时，他没有理解自己。所以，做错事比遭受错误更好，但做错事比遭受错误更卑下，这一论点表达的［不］是一个思虑周全的立场，而是公认的或大众的观点——意思是说，如果我们不去思考，［我们］就会真这么认为。没人想要遭受错误，但另一方面，它比做错事更加高贵；对此我们同样知道。在这一矛盾中，我们是未经思考就先行动了。

接下来，在474d，由于所有事物都围绕高贵和好之间的差异展开，苏格拉底便提出如下问题："高贵是什么？"他在那里说道："我们必须把目光转开。""所有美的、高贵的东西，我们称它们每一个为美或高贵的，难道没有一个标准吗？"更直白的翻译："你称这些东西为高贵的或美的，是因为此时你的目光从所有其他东西转向了一个——从所有高贵的事物转向了唯一的高贵吗？"他的意思非常简单，虽然我们对这表述并不熟悉。所有理解都意味着从观看多转向观看一。我们常常说"我们必须从非本质的内容中抽象出……"。"抽象出"的意思就是"目光转离自"。这就是柏拉图有时称之为理式的东西，但他在这里没有谈论那东西。某个东西之所以高贵或美，是因为它要么着眼于用途，要么着眼于［是］悦目的东西，或两者兼有。珀洛斯对这说法感到满意。有时我们称一件厨房用品美，考虑的是它的用途；有时我们称一匹马美，考虑的是它的外观而非用途；有时我们可能同时考虑两者。苏格拉底首先列举了各种不同的美的事物，然后讨论它们。在讨论这些美的事物的过程中，他进行了某些改变。他谈起过种种美的追求，现在他加以拓展，说的是律法和种种追求。再者，在讨论中，他增加了教导或者说学习领域；存在美的和高贵的学习领域。这样的结果就是，在讨论部分，声音来到了居中的位置。在此我临时提一个问题：声音会根据它们的用途被称为美的吗？我有些怀疑。换言之，这里对美或高贵的分析是否充分成为一个问题。

为了给这里不够充分的分析找到某种标准，让我们来看亚里士多德在《修辞术》第一卷第九章的分析。[①]亚里士多德在那里的分析让人想起这段话。当我们说某个东西高贵或美的时候，我们首先把它理解为值得赞扬的，虽然它还就其自身而言值得选择。观赏风景本身就值得选择——我们喜欢那样——却不值得赞扬。我们不会说："看，这是一位值得称赞的人，他看过了芝加哥的风景，甚至看过法国的风景。"对亚里士多德来说，高贵或美的第二层含义是，它是善的，但同时它还因为善而令人感到快乐。例如，动手术是善的，

---

① 参见《修辞术》1366a33-36。

却不令人快乐；没人会说动手术是美的。如果你称一场手术为美的，你说的是外科医生，而非病人。一片口感好的药既令人快乐又是善的，但它使人快乐并非源于它的善；那仅仅是偶然。因此，我们不说这是高贵的或美的药片，而源于健康的快乐则是源于 [88] 健康带来的善，因此我们完全可以说健康是某种高贵的或美的东西。如果我们比较苏格拉底的和亚里士多德的分析，我们发现，苏格拉底 [没有提到] 值得称赞这一要素。我们如何才能意识到称赞？我们要去听。现在你们发现为什么声音如此重要了吧。但那稍后才会出现。你们在柏拉图的《法义》中发现，有一段特别美的说法与美和高贵有关，①在那里，他说高贵或美就是可爱，它把一切事物召唤到自己这里。这里有一个双关语，因为"召唤"在希腊文中 [是] kalein，而美是kalos。苏格拉底在这里没有谈到可爱性——他这个人非常平淡乏味——只谈到利益、用途以及悦目。现在我们有一系列美的和高贵的事物，而且我们已经下了一个连珀洛斯都喜欢的定义：高贵就是有用或快乐，第三种考虑是有用加上 [快乐]。这对于论证很关键。

　　在475b-475c：如果做错事比遭受错误更卑下，那么做错事要么比遭受错误更痛苦，要么不如遭受错误有用——更坏。但做错事并不比遭受错误更痛苦，所以说，做错事比承受错误更坏。就是这样的论证。这样我们已经证明，遭受错误比做错事更加高贵。

　　在475d-475e：苏格拉底请求珀洛斯说，他宁可遭受错误也不愿做错事。换言之，在一般地证明了这一点之后，他请珀洛斯将其化用在他个人身上："从现在起，你将宁可遭受错误也不愿做错事。"那是十分严肃的。换言之，苏格拉底要求珀洛斯把论证，即logos看作一个医生。这意味着修辞术是一服药，所以它不是谄媚的一部分，因为它施加于灵魂的效果与药物施加于身体的效果是相同的——我

---

　　① 括号内的短语在记录稿中是插入语。记录者或许没能听清问题的准确措辞，只能分辨出要点。在记录稿中没有"学生"一词，而是"回答某人"这一短语。

们从《斐德若》中知道这一说法。①苏格拉底要求珀洛斯不要考虑反驳的痛苦，而要思考改善的用处。珀洛斯犹豫了片刻，尤其是当苏格拉底问他是否所有人都宁可遭受错误也不愿做错事时。遭受错误比做错事更可取，这样说是一回事，所有人这样做又是［另一回事］。珀洛斯说："根据这一论证，所有人都宁可遭受错误也不愿做错事。"这样说相当奇怪，所以，珀洛斯的犹豫情有可原，［正如］苏格拉底后来在475e-476a指出的那样；但最重要的是，后面卡利克勒斯［的部分］也表明了这一点。就算证明了遭受错误比做错事更可取，也不意味着所有人都会这样做。因此，这一论证根本没有证明那论断，除非我们假定可靠的论证所有人都必然同意——在某种意义上珀洛斯正试图那样做。这是由于他特有的理智主义。无论如何，他远不如苏格拉底那么现实主义。

经过对色诺芬的分析发现，色诺芬再现了高尔吉亚的一位学生，普洛克赛诺斯（Proxenus），而色诺芬当然是苏格拉底的学生。②这两个人的区别是什么？这［89］十分引人注目，特别是对于你们中间只了解智术师的滑稽肖像的人来说。这位普洛克赛诺斯十分擅长跟贤人们打交道，但当他不得不与粗鲁的战士们打交道时，他就毫无办法——相比之下，色诺芬则更务实，坚韧不屈，就像苏格拉底，他既可以跟粗人打交道，也可以跟贤人打交道。关于智术师和演说家有两种印象：一种印象认为他们是一种骗子，另一种印象认为他们太过理想主义。这两个方面他们兼有，而且你们在现代找得到他们的对应物。某些政治思想家和梦想家——提及他们的名字就算不是伤害，也是冒犯——无疑很可怕，他们的所作所为给全人类的体面生活带来灾难；另一方面，他们又特别温和而友善。这两方面结合在一起，兴许不可分割，这里就是这个意思。无论如何，苏格拉底以略带胜利的口吻说："我是对的，我告诉过你。"珀洛斯不再［有］任何保留，对于遭受错误就是比做错事更好这一结论，他不再

---

①　《斐德若》270b。
②　参见第43页注释①。

感到愤恨。在475e，靠近结尾的地方，你们将看到，讨论的目的在于展现苏格拉底的反驳技艺优于修辞术的反驳技艺，而并不那么在意于证明受不义比行不义更优越。

现在让我们稍微分析一下那一论证。它证明了什么？断言了什么？断言十分含混。我会给出471d到473a的四种不同的表述：行不义的人不幸福；行不义而且是不义的人不幸福；行不义而且是不义的人总体上很悲惨；最后，行不义的人很悲惨。那么，［苏格拉底］想要通过这四个不同的论断证明什么呢？行不义比受不义更坏，二人公认这一点已经得到证明。但是，受不义也是坏的，［就像］苏格拉底澄清的那样。因此，行不义的人很可悲——幸福的对立面，这一点尚未得到证明。只有当正义等同于幸福时，才有可能证明这一点；然后，凭借这一事实，行不义的人当然就会失去幸福。但幸福是正义加上X。在苏格拉底看来，X是教育。但在普通人眼里，或许包括珀洛斯，X是财富和力量。无论如何，二者都承认需要某种附加物。如果行不义的人拥有X，却缺少Y，他并非绝对不幸福，因为他拥有了幸福的要素之一。当然，必须首先确定那要素到底有多重要，唯此之后，这个论证才可能有些价值。

我现在甚至不去进一步区分两种人：前者做过独立的不义行为，后者习惯于而且是彻底的不义。现在更重要的事是提出以下问题：受不义比行不义更坏，这一点已经得到证明了吗？基于珀洛斯做出了让步，承认行不义比受不义更卑下，这一点已经得到证明。卑下是高贵或美的对立面，而美要么是有用的东西，要么是悦目的或悦耳的东西，那意味着什么？

珀洛斯的论点可以解释如下：行不义比受不义更卑下，因为行不义带来更坏的名声。那就是普通人对珀洛斯的说明的理解。珀洛斯由此暗示，行不义比受不义更有利，却有更坏的名声。要反驳珀洛斯，就必须表明，坏名声更不利，或者所有不义的行为都导致坏名声，这当然不是真的，因为并非所有的不义行为都会被［90］他人所知，而所有的不义行为都会变得被他人所知这一事实不可能得到证明。你顶多只能说，它们也许会被人知道。但是，这样一来，聪明的罪犯就有了他的理由："我更聪明。"你只能设想，有一位全能的、神圣的仲裁者，他看见所有的不义行为。但是在反驳珀洛斯时，没有提到神圣的仲裁者。珀洛斯并未考虑神圣的法官就开始相信不义的坏处。他是在并不充分的基础上开始相信的。他还没有被驳倒。另一方面，他也没有很好地为他的论点辩护。他本可以说，行不义很痛苦，因为它会摧毁好名声带来的快乐，而非像他说的那样，行不义并不痛苦——换言之，行不义卑下是因为它导致痛苦，而非［因为］它导致不利。于是，苏格拉底证明的不是受不义比行不义更好，而是他跟珀洛斯相比是一位更好的反驳者，一位更好的演说家、修辞家。

　　苏格拉底的那一胜利为我们理解修辞术提供了什么启发？对于大多数实践目的而言，人们宁可受不义也不愿行不义，不管出于什么理由。就算他们这样是基于正确的理由，但如果他们不知道它们是正确的理由，只是认为或相信它们是正确的理由，那么他们就是依据错误的理由这样做。因为基于错误的理由接受真正的观点，相当于潜在地接受错误的观点。既然多数人基于不充分或错误的理由接受对正义的偏好，而且情不自禁这样做，那就需要某种柏拉图在《王制》中所谓的"高贵的谎言"——修辞术。苏格拉底的修辞术有别于高尔吉亚的修辞术，它只生产高贵的事物。论证的第一部分差不多就是这样。在此我不关心苏格拉底是否相信（believes）受不义比行不义更好。我在这里关心的是论证，这完全是另一回事。在这里只说苏格拉底心地正直，却对他论证（argument）方面的贫乏漠不关心，这样说在人性和政治上是合理的，但从学理上不可能这样说。因此，我必须把这一点说出来。

　　学生：［提了一个关于基于错误的理由做正确的事情的问题。］①
　　施特劳斯：我们还能怎么办呢？还有别的可能吗？《王制》中高

贵的谎言是什么意思？它意味着，所有社会最终都有赖于特定的信念，这些信念对于社会成员来说不可能是显而易见的真理。这是一个简单的假设，柏拉图的表述既有力而又有争议。这些信念怎么才能植入人们心里呢？通过言辞，即通过修辞术，一种非论证性的言辞。这里讨论到正义的好处问题，却没有事先澄清什么是正义。这不是从某位现代人的观点出发的批评；这批评在对话一开始就有。毫无疑问，修辞术问题与正义不可分割，反之亦然，但二者的关系却并非［如此］简单，以至于苏格拉底式修辞术想要对正义的好处给出严格的、对每个人都有效的证明。因此，针对多数人的论证一定是修辞性的。奇怪的是，这种论证不是以告诫的形式，即长篇讲辞给出的，而是以貌似严格论证的形式给出的。在［91］证明的第二部分，苏格拉底证明，行不义之后不受惩罚比受到惩罚是更大的恶，以及，行不义行为的人绝对很可悲。

476a-477a：受罚的犯错者从惩罚中受益。"施行者施行的东西等同于遭受施行者施行的那个东西。"例如，如果一个人去打另一个人，他下手越重，另一个人挨的打也越重。被惩罚相当于遭受了惩罚者的施行。所以，如果惩罚者的施行是正义的，那么受罚者的遭受也是正义的。而任何正义的东西都高贵，所以，正义的惩罚和遭受正义的惩罚都高贵。而任何高贵的东西要么令人快乐，要么有用。但是受罚并不快乐。所以，受罚是有用的，进一步说，它对受罚者有用。受罚的人从惩罚中受益。让我们检查这一论证。不但受罚高贵，而且惩罚也高贵。于是，正义的惩罚要么令人快乐，要么有用。有用意味着对惩罚者有用：他的灵魂将得到改善。但这样他就不可能是完全正义的，而且他也不可能正义地施行惩罚。所以，正义地施行惩罚令人快乐。这一论证中的关键点正在于此。苏格拉底在这里［提出］一个十分重大的问题，它关系到惩罚及其与报复的相似。这与苏格拉底完全不相容。苏格拉底不介意惩罚。问题并非在直接实践的层面提出——因为你可以说，在实践层面，惩罚是为了方便起见——问题在于惩罚在最高层面上的治疗功能。

那让我们重新检查这前提：所有正义的事物都高贵。这假设很关键，就像苏格拉底在476b强调的那样。但是，这假设是错误的。无论是正义的惩罚抑或遭受正义的惩罚都不高贵。在469a和472e，苏格拉底说，一个正义地杀人的人不值得羡慕。这是不得已而为之，却非高贵。而亚里士多德在《修辞术》中和别处说得很清楚，正义的和高贵的事物相似，却不可等同，尤其是在受惩罚的情况下：惩罚是正义的，却不高贵。[①]如果并非所有［正义的］事物都高贵，那就得不出受罚对于受罚者有用这一结论，尤其是在一个人并非自愿受罚的情况下。受罚的作恶者得到了帮助，因为受罚的作恶者得到了某种正义的东西，因而是某种高贵的东西，因而是某种好的东西，虽然没有了那种快乐的混合物。但是，假如作恶者没有受罚呢？他保留了好的东西，此外，他还拥有令他快乐的东西。因此，要证明苏格拉底的论点，必须首先表明，受罚罪犯得到的好东西比受罚罪犯失去的好东西更有价值。换言之，不首先确立好的和坏的东西的等级秩序，整个论证便毫无意义。进而，这种论证还要预设，不存在不知悔改的罪犯——这个预设后来在卡利克勒斯部分遭到了非常强硬的明确否定。不知悔改的罪犯不可能从惩罚中受益；只有观刑者可以受益，但他不行。

如果我们看476b-476e的例子，［苏格拉底］举了三种行为的例子，这些行为都跟惩罚有关：打、烧、割。打可以是猛烈的或快速的；烧可以是猛烈的或疼痛的；割可以很深或很疼。一共有七个例子，居中的例子是缓慢地把一个人烧死。[92]我们必须提出一个问题：这样做怎么会对罪犯有好处？它也许对旁观者有好处，但这里的问题专门关注的是受罚者的好处。况且，行为的施行者和遭受者之间存在严格的对应性——[②]

477a-477e：正义地受罚的人摆脱了最坏的缺点，从而将从中受益。换言之，应当首先考虑的东西——确立好东西的等级秩序——到最后才出现，这间接证明了前一个论证，按照现在这个样子，是

① 施特劳斯可能指的是《修辞术》1366b32-33。
② 似乎施特劳斯自己没说出后半句话。也有可能是磁带在这里中断了。

毫无价值的。正义地受罚的人是在灵魂方面受益。[苏格拉底]暗示，他显然在身体和财富方面并未受益——大多数惩罚要么对身体、要么对财产造成损害。他摆脱了灵魂之恶。珀洛斯毫不困难地承认了这一点。他立即表示同意。他相信惩罚的作用。受罚的人摆脱了灵魂之恶这一点并未得到证明，因为珀洛斯立即同意了。在某种意义上，苏格拉底试图证明的是，灵魂之恶是最大的恶。贫穷是金钱方面的恶，而身体方面的恶是：孱弱、疾病以及丑陋。在灵魂方面，则有三样东西是恶的：不义、无知和怯懦。疾病和无知均为居中的例子。这一点我们必须牢记在心。在后来的重复里，苏格拉底只提到了贫穷、疾病和不义。让我们看我们是否能理解这一点。在他的重复里只有不义得到保留，而这里强调的却是无知。让我们把无知当作一种灵魂的缺陷来反思。无知会被惩罚消除吗？很难，尤其是惩罚特别严酷的时候。但让我们假设不义是无知的一种形式——就像苏格拉底会说的那样——因为德性即知识。那么不义将不会被惩罚消除。灵魂的基本缺陷，即无知，是惩罚所无能为力的。我们还注意到，身体的中心缺陷是丑陋。药物能消除丑陋吗？换言之，有一些缺陷是不可改造的。灵魂的丑陋会被惩罚消除吗？

在477c，珀洛斯承认，不义在所有缺陷中最为卑下。但他没有说不义是最坏的缺陷。换言之，他尚未完全信服这一漂亮的论证。他仍然在高贵与善之间，或者在坏与卑下之间做出了区分。苏格拉底争辩如下。卑下之所以卑下，是因为它要么最为痛苦，要么伤害最大，要么两者兼有。而不义不比正义更为痛苦，所以，不义是最卑下的缺陷意味着不义是最坏的缺陷；不义之丑完全源于它的坏。因此，不义仅仅因为它[带来]的伤害就是最大的恶，不需要任何形式的痛苦。[这]证明，不义的坏完全源于它的伤害性质，从而是最大的恶。苏格拉底在这里处理不义的情况时，让它与另外三枢德的情况正相对应：不正义就是不节制、怯懦、无知。不节制比节制更少痛苦吗？怯懦比勇敢更少痛苦吗？人们可以举一个有力的证据否定这一点，因为不节制的人会受苦。怯懦将比勇敢引起更大的恐惧。此外，不节制和怯懦有害且会带来伤害和痛苦。那么，为什么不节制［93］和怯懦不应当成为比不义更大的恶呢？再者，珀洛斯说，不义是最卑下的缺陷，但他不确定不义是不是最坏的缺陷。他那样说意味着什么？或许贫病交迫才是最坏的缺陷。但坏的东西也卑下。所以，贫穷加疾病是卑下的。它们也痛苦，从而满足了关于卑下的两个说明。所以，贫病交加是最坏的缺陷。以上这个论证不逊于这里呈现的论证。在477b，苏格拉底只在金钱的例子里谈论坏处或缺陷，没有涉及身体或灵魂方面。然后，他只在金钱和身体的例子里用到"框架"（frame）或"构造"（fabric）的表达，而不是在灵魂的例子里；与之形成对比的是，在《王制》中，"框架"或"构造"的表达同样应用于灵魂。①苏格拉底在这里完全无视灵魂的构造、灵魂的秩序。因此，我们不能期待对德性有真正的理解。亚里士多德也许会说，这论证完全没有逻辑。珀洛斯的某些论断被苏格拉底接受，并被用以反驳珀洛斯的另一些论断，由此得出的种种结论绝不可能是真实的论点。

477e-479e：惩罚是灵魂的治疗。灵魂的健康优于灵魂的治疗，即惩罚。但惩罚优于灵魂生病而无人照料的病态。我们据说已得知，行不义就是比受不义更糟糕，而那归根结底是因为不义乃最大的缺陷。

477e-478b：苏格拉底问，哪些技艺让人摆脱财富、身体和灵魂方面的恶。在身体的例子中，他问：我们把身体有恙的人领向哪里，领到什么人那里去？他没有在贫困的例子中问相应的问题：我们把囊中羞涩的人领向哪里，领到什么人那里去？也许有一种赚钱术是chrēmatistic的技艺。一个病人也许有钱付给医生，但一个穷人，就其定义而言，没钱付给任何人，即便那人表示要传授他致富的技艺。听起来真够奇怪的，灵魂的病态难道不是可能与囊中羞涩有某些共同之处，而相比之下，身体有恙则完全是另一回事吗？有治疗身体的医生，却没有治疗贫穷的医生，也没有治疗灵魂的医生可以对我们灵魂的病态负起责任，就像我们可以轻易地信任治疗我们的医生，

---

① 参见《王制》449a1-5。希腊文是kataskeuē。

他会对我们的身体缺陷负起责任那样。在478a，苏格拉底没有回答珀洛斯的问题，即他是否把法庭看作医生的对应物。后来他的确利用了这二者的等同，但不管法庭组建得多么好，它到底是不是灵魂的医生，这终究是一个问题。正义地惩罚的人们使用某种类型的正义，这意味着法庭不是简单地使用正义。

478b-e：到目前为止，我们只看到有三种缺陷。但还有三种技艺：赚钱术、医术和正义［术］（justice）。正义在这里指审判性的正义（penal justice），对应于身体方面的医术。根据珀洛斯的说法，审判术在这三种技艺中最高贵；毕竟，审判术在苏格拉底的长篇讲辞中被说成是修辞术的等价物。既然审判术是修辞术的等价物，珀洛斯自然被审判术或［健身］术所吸引。审判术不是因为它生产快乐才最高贵；所以，审判术最高贵只可能是因为它提供了［94］最大的用处，此用处仅次于灵魂的健康。灵魂的健康不需要法庭的这些医生，当然会更高。这意味着，苏格拉底谈论过的立法术及其等价物智术当然也会更高。惩罚者处理病态的灵魂，通过训诫、责难和惩罚的方式治愈他们。我们看到审判术与修辞术的关系有多么亲密。训诫、责难不也是演说吗？如果是演说，难道它没有娴熟与生疏之分？生产惩罚的技艺看起来十分像修辞术。经历灵魂治愈的人，受到过惩罚的人，好过那没有经历过治疗的人，即没有受到惩罚的人。珀洛斯没有理解这个苏格拉底式的问题，因为苏格拉底这样提问的意思也许是：在这三种目的中，哪一种最高贵？苏格拉底已经提出经受惩罚是高贵的，在此之后，就再也不会有什么说法让珀洛斯感到惊讶了。

在478b-478c，［苏格拉底］专门谈到了医术和审判术。他完全丢下了赚钱术。不过，让我们再思考思考。他们明确讨论了［摆脱］病态。至于摆脱贫穷呢？摆脱贫穷会令人痛苦吗？贫困者在赚钱的时候要承受痛苦吗？这不就与不义的例子相似吗，就像审判术类似于赚钱术，因为二者都缺乏医生意义上的专家？

在478d-478e，受惩罚的作恶者被称作幸福的，这意味着他有别于那根本不需要惩罚的最幸福的人。接下来，在478e，苏格拉底让自己限于讨论犯下最严重错误、使用最大不义的人，就像阿克劳斯：他就是会很悲惨。但问题在于：所有的作恶者都像阿克劳斯吗？换言之，关于作恶程度的问题由此浮现出来。所有事物都相等吗？有一个古典的学派，源自苏格拉底，即廊下派，就是那样说的：每一种罪都相等。这不是苏格拉底的观点。但值得注意的地方在于，在《高尔吉亚》的这一部分，他常常使用带有廊下派色彩的表述。他似乎在暗示，作恶者反正就是悲惨，这意味着作恶的程度和种类无关紧要。换言之，他暗示了极端的廊下派学说。只有当一个人十分仔细地阅读时，才会发现这并不是他的意思。

在479b-e，修辞术的日常用法可比作——不是比作高尔吉亚劝服他兄弟的病人服用苦药的那种修辞术，而是比作那种劝人们不要服用苦药的修辞术。这里没有这样说，但如果你考虑到这个例子，你必须得出这一结论。换言之，高尔吉亚应当为灵魂的病态做他为身体的病态所做的行为，即［劝服他们］接受治疗，接受惩罚。在479d-e，苏格拉底彻底［模糊］了罪大恶极之徒与仅仅作恶者之间的差异，即那些一生中曾经犯下过一次微小罪行的人们：即便那些曾经犯下过微小罪行的人也是悲惨的。他又对这一说法作了某种限定：［所有］作恶者，从阿克劳斯［往下］，跟其他人相比都应当是悲惨的。这是一个非常含混的说法。难道大多数人就从不犯错？难道所有人不是正义的就是不义的？

［95］480a-481b：不义是最大的恶，这一点据说已经得到证明。这跟修辞术有什么关系？大众修辞术的前提是，不因不义受罚比因为不义受罚更可取。今天也同样如此，当有人雇佣一名聪明的律师时，他是为了获得无罪释放。如果不义是最大的恶，人们一定会渴望惩罚，而非无罪释放。所以，辩护——意指诉讼型修辞术，在最常见的意义上讲就是当一个人有罪时请求无罪释放——是全然坏的。相反，人们应当使用修辞术指控自己以及自己最亲近的人。如果伤害人是合宜的，那么人们就应当使用修辞术来让敌人无罪释放，以及，如果可以为敌人带来永生，那对敌人而言将是真正的惩罚。

在480b，苏格拉底指出，有些灵魂疾病不可治愈，我在这里重复我之前提出的问题：要是有人的灵魂遭受了不可治愈的疾病，那他怎么可能通过惩罚获益呢？再者，这些人也不会因为惩罚而感到快乐。在这些人的例子中，惩罚就他们而言不可能是［高贵的］。就他们的惩罚者而言，它也许是［高贵的］。它要么对惩罚者有所提升——这样的话，惩罚者就不是严格意义上正义的，在这样的情形下不可能期待他们去正义地惩罚。因此，正义的惩罚在不可治愈的罪犯的情况中之所以是高贵的，乃因为它令惩罚者感到快乐。苏格拉底清楚这一点。他是个温和的人，但这不意味着他是一位无政府主义者。他把惩罚这一必要工作留给了其他人，就像我们大多数人不会去干行刑人的工作。在这方面，在480b，他提出这么一个说法："人们应当指控自己和自己最亲近的人"——他在"最亲近的人"中间提到了一个人的父母。一个人的父母总是包括父亲。而在《游叙弗伦》中，我们发现，有一个人指控了他自己的父亲，并因此被苏格拉底记录了下来。

在480c-d，苏格拉底提到了五种惩罚类型，居中的一项是赔偿，在《苏格拉底的申辩》中，苏格拉底在他自己的案子中心甘情愿提出可以对他用这种惩罚。[①]在480e：至于敌人，人们一定要避免从他们那里受苦，因为受恶是不对的；可如果［敌人］对他人犯了罪，那就必须留心别让他受罚，好叫敌人变得越来越坏。让敌人无罪释放是修辞术的良好运用之一。如果有人抢了你的钱，他伤害了你；但他伤害的只是你的财产，而非你的灵魂。他提升了他的财产，却伤害了他的灵魂。如果你恨他，你就应当让他把钱抢走。正义之人牺牲他世俗意义上的个人利益，是为了提升他的灵魂。不义之人牺牲他的自我利益，是为了发泄他的恨意。最基本的一点：从惩罚中得到快乐，这才是关键的主题。举个例子，如果遭受错误是恶——这一点已经清楚表明过了——而且我们可以追回被偷盗的［财物］，那么，我们如何追回呢？通过法律行为。那意味着在原则上要运用修辞术。如果自我保存可得到辩护，那么修辞术也可以。难道这不

① 《苏格拉底的申辩》38b。

必然是合法的吗，即人们应当运用修辞术来避免遭受错误——如果遭受错误是坏的——而不仅仅是运用修辞术来指控自己。如果在受伤害的情况下采取法律行为并因而使用修辞术完全正义，那么，使用修辞术帮助他人还能更坏吗？那就是反讽所在。苏格拉底似乎承认，最不体面的情况，即为了自己使用修辞术，是正当的。[96]可是，更体面的情形又如何呢，比如当别人受伤的时候？他已经明显遭受到不义，而你正在试图帮助他。事实上，你不可能帮助到他，除非你为他辩护——也就是在庭审面前发表演说。这难道是不义的吗？

在我看来，这可能就是修辞术的最终辩解，但不是苏格拉底特别感兴趣的那种修辞术，而是在此刻符合需要的那种普通修辞术。让我们说明如下。修辞术不可用于反抗针对自己或他人的正义定罪，但它可以用于对自己或他人进行正义的定罪。干嘛把修辞术的好处限定于一个人最亲近的人，不扩及共同体的其他成员？最后，如果你仔细阅读，仔细思考，这个[轻微的]允许——如果你犯了罪，你可以用修辞术作错误的（false）[①]指控——如果你全盘考虑过它，你会得出结论：修辞术也完全可以用于指控每一个行不义的人，而那自然意味着为无罪之人辩护。这个不起眼的小要点是亚里士多德或高尔吉亚在教授卑下意义上的修辞术时的全部所需。修辞术不是哲学，但它可以是一项体面而有用的技艺。

［磁带结束］

---

① "错误"（false）为记录稿原文，可能是录入时的笔误。

第六讲　珀洛斯、卡利克勒斯部分

（480d-486d）

（1957年2月5日）

[98] 施特劳斯：柏拉图使他的读者着迷，但每一种魅力都会危及严肃性，即关于人的伟大目标的严肃思考。没有人比柏拉图本人更了解这一点。假如他认为没有必要施展他的魅力去抵消由当下的力量、当下的成功以及当下的危险所产生的魅力，他就不会施展他的魅力。当下的成功和当下的危险都产生出关于它们自身的种种错觉。想要不带错觉地看待当下的成功和当下的危险，就有必要远离当下，退到山里或洞穴里，以便专心思索。但是，这不必然意味着我们一定要退而研究一般的柏拉图对话，以及《高尔吉亚》这篇特殊的对话——许多问题悬而未决。我重复一遍：这是一门关于政治哲学的课程，但政治哲学尚未出现在我们正在讨论的这本书里，除了一个地方，苏格拉底在那个地方谈论到立法术，他明确指出，立法术是那里提及的种种技艺中的最高技艺。他打了一个比方：立法术之于正义就像健身术之于医术。立法术是生产灵魂健康或德性的技艺，它必须算一门技艺；立法术是可教的，且应首先传授给立法者。这就是我们用政治哲学主要表示的东西。如此理解的政治哲学当然有别于另一种研究，那种研究关注谁在特定的时间和地点以什么样的观点制定了法律，并不追问谁应当（ought）着眼于什么目的制定法律。后一种研究，如今称为经验政治科学，它在某个地方有个洞，从而会带来其他问题。举个例子，我们难道不是必须区分

良法与恶法吗？抑或所有被冠以法律之名的东西都是真正的法律？这些问题必然通向更古老的观念，这些观念属于政治哲学，亦即立法术。

于是你们会有许多机缘问这个问题："为什么我们要读这篇对话？"因为就算是这一关于立法术的说法，也只是为了揭露修辞术的性质。修辞术是这么一项技艺，它使有罪之人无罪释放——扭曲的正义；而正义是这么一项技艺，它通过适当的惩罚恢复灵魂的健康。但修辞术，正如苏格拉底所说，不知不觉地变成了智术，智术又是扭曲的立法术。智术作为扭曲的立法术，扭曲了法律之为法律，而修辞术作为逃避惩罚的技艺，不知不觉地变成了颠覆法律之为法律的技艺。因此，修辞术和智术不可能在所有的阶段都好辨认。于是，修辞术不仅是扭曲的正义，而且还是对立法术本身的扭曲，若不认识立法术本身，我们就不可能理解修辞术。换言之，虽然主题是修辞术，但[既然]修辞术[是]扭曲的立法术，我们便无法不通过认识修辞术的方式去认识立法术。但是，这绝不是对困难的充分描述。因为，对修辞术的这番描绘——用好的或坏的手段在法庭上获得无罪释放——是对修辞术的充分[描述]吗？把修辞术描绘成不合格的扭曲状态，这意味着修辞术卑下而不义。但是，与高尔吉亚的对话表明修辞术在本质上是正义的。后来在与珀洛斯的对话中——珀洛斯已经提出修辞术不正义但高贵——苏格拉底才首次断言，修辞术既不义又卑下。

[99]然而，后来显示出修辞术尽管卑下，却也可以正义。那出现在与珀洛斯对话的结尾。与珀洛斯对话的结尾表明，修辞术在两种情况下有可能正义，即它可以被体面地使用于：[第一，]用于指控自己以及跟自己最亲近的人，如果他们行不义；第二，用于使对别人犯了罪的敌人无罪释放，以此他可以发泄对敌人的仇恨。这当然不是十分令人满意的解释，但却是这里提供的解释。在这一语境中我们看到，在与珀洛斯对话的结尾，苏格拉底指出，那一说法的核心在于，一个人可以防止自己受伤害：保卫自己免受伤害是合法的。如果这被允许，那么修辞术也被允许。如果有人彻底分析了这

一章节，那么他会看到，他可以出于自卫的目的合法地使用修辞术。如果这被承认，那么你就可以有相等的而且更大的权利去使用修辞术指控那些伤害他人的人，被他们伤害的，也许是些无法照料自己的人；另外，你也可以让那些没有伤害过任何人的人、那些无辜的人获得无罪释放。这一点没有明确表述。最自然、最合理的使用修辞术的方式没有明确表述。表述的只是两种极端情形：指控自己以及自己的父母；让自己的敌人无罪释放——仅仅因为这样才是正确地帮助了他们。苏格拉底对真正正义之人正义地（just）使用修辞术保持沉默，而珀洛斯没有注意到苏格拉底的这一巨大让步。

为什么只是提及修辞术的这一合法使用呢？《高尔吉亚》讨论修辞术的方式很修辞化，也就是说，讨论是为着此时此地的某个实践的、具体的目的。高尔吉亚和珀洛斯是修辞术教师，他们践行着一种虽然合法但却低下的修辞术，苏格拉底试图劝说这二人，让他们从前者转向一种更高的修辞术，而后者正是苏格拉底所需要却又无法践行的。高尔吉亚和珀洛斯践行的修辞术是公众修辞术，而苏格拉底践行的修辞术是私人修辞术。但我们必须做出某些区分。公众修辞术要么指向此时此地的某种行为——那可以划分为诉讼型修辞术和庭议型修辞术。法庭的和政治的演说家都关心此时此地的行为。但公众修辞术也可以指向关于人的一种完整的生活方式——如此就是炫示型修辞术，对德性的赞美。苏格拉底主要关心的公众修辞术，是对那种炫示型修辞术的取代和提升。高尔吉亚的炫示型修辞术必须被这样一种公众修辞术所取代：比起赞美德性，它更关心惩罚恶德。高尔吉亚的无能很大程度上归咎于他把自己限定在赞美德性方面。

践行私人修辞术的不仅是苏格拉底，还有高尔吉亚。高尔吉亚本人举了一个例子，他陪他的兄弟去看望病人，这显然不是公众修辞术，而是私人修辞术。高尔吉亚践行的私人修辞术关心身体的福祉；苏格拉底践行的私人修辞术关心灵魂的福祉。在《高尔吉亚》中，苏格拉底在我们眼皮底下践行他的私人修辞术。不过，与此同时，他在《高尔吉亚》中不仅仅践行着他的修辞术，而且我们将越来越多地看到，他还在《高尔吉亚》中展示（exhibits）他的修辞术。一般而言，苏格拉底在每一篇对话中都践行着他的修辞术。但在《高尔吉亚》中，他展示他的修辞术比在其他任何对话中都更多。他想要向高尔吉亚和珀洛斯表明他的修辞术是什么。因此，你可以不无公正地说，《高尔吉亚》是唯一（the）一篇这样的柏拉图对话：它呈现出苏格拉底正在炫示（display）他的技艺。对话开头提到一场高尔吉亚的炫示型讲辞。我们从未听到那场演讲。呈现给我们的反倒是一场苏格拉底的炫示型讲辞，这讲辞［100］由大量短篇讲辞构成，比高尔吉亚式的讲辞更复杂、更精微。对此，人们可以提出的唯一异议是，我们在另外一篇柏拉图对话中也发现了一场苏格拉底式的炫示型讲辞：《墨涅克赛诺斯》。区别在于，《墨涅克赛诺斯》是在讽刺普通的炫示型讲辞。

关于珀洛斯的章节，我还有一些更具体的评论。在这一章节中，苏格拉底把他的修辞术理论阐发成谄媚的一个分支。为什么我们不能把这一说法当作苏格拉底的观点的直接表达？出于同样的原因，我们也不能把它当作苏格拉底对长篇演讲本身的控诉。苏格拉底的确发表了长篇演讲，所以要是有任何证据证明苏格拉底是反讽的，那论据只能是这一事实：紧跟在控诉长篇演讲之后的，是对长篇讲辞的践行。或者，论据是他所谓的有必要与珀洛斯交谈，以便澄清修辞术的含义。苏格拉底早在交谈前就已决定把修辞术归入谄媚，他没有也不可能从珀洛斯那里学到任何东西。再者，我们还会看到，在珀洛斯的章节，苏格拉底直接讨论了正义是否善的问题，却没有事先追问什么是正义，这与论证一开始所定下的原则有悖。必须把所有这些因素考虑在内，如此你才会看到，当苏格拉底发表诸如修辞术［是］谄媚的说法时，这并未证明它是苏格拉底关于该主题的最终看法。劝说术主要指劝说民众和多数人的技艺，主要是通过长篇演讲劝说民众和多数人的技艺，不管修辞术是不是劝说术，［修辞术的］合法性源于两点：第一是源于它的目的；第二是源于它的性质。源于它的目的：在最低的层面上，它着眼于自我保卫的权利，然后是着眼于帮助他人的义务。第二，源于它的性质：修辞术必须跟法律和事实打交道，这也意味着它跟所有人都能充分认识的事物打交道。也就是说，修辞术不仅仅是无知者与无知者的交谈，就像它所呈现的那样。它完全可以是一场发生在一位对相关之事无所不知者与潜在的无所不知者之间的交谈。因此，修辞术本身是合法的或正义的，它是实现善的手段。但是它有可能被滥用；因此它必须被更高的技艺规管，被哲学规管。

关于修辞术的另一个考虑在于，哲学本身需要修辞术。非哲人们不理解哲学的完整意义。他们会怀疑哲学，例如，把哲人误认为智术师——苏格拉底的遭遇就是如此。因此，有必要向非哲人们解释哲学的意义，而且还要以非哲人能够理解的方式——也就是说，这种方式无法完全充分地展现哲学是什么，因为一个人只有通过哲学思考才能够理解哲学。修辞术是正当的，这一点在《高尔吉亚》中不是通过论证，而是通过行为，通过苏格拉底践行修辞术这一事实来展现的。他没有用证明。他靠两点说服了珀洛斯：一是从珀洛斯的前提出发予以争辩，因为珀洛斯本人没有清晰地理解他自己的前提（例如，向珀洛斯解释这些前提，然后暗地里引导珀洛斯）；二是诉诸珀洛斯的激情（例如，责备他，迷惑他，激怒他）。所有这些都是修辞术，不是证明。但苏格拉底践行的修辞术不是劝说多数人的技艺。苏格拉底只跟单独的个人交谈，尽管是当着不少人的面。这样，苏格拉底践行的修辞术便有别于合法的公众修辞术。这两种合法的修辞术之间有什么关系呢？

［101］高尔吉亚和珀洛斯被证明完全无法践行苏格拉底式的修辞术，意思是说，他们无法通过简短言辞说服个人。我们只是从高尔吉亚的讲述中得知他在病房里成功了，但我们没有亲眼见证。然而高尔吉亚和珀洛斯是修辞家。第二类合法的修辞术，公众修辞术，苏格拉底没有践行的修辞术，在最高的情况下可以是高尔吉亚式修辞术的改良版，即一种恢复了理智（senses）的高尔吉亚式修辞术。那么，为什么是高尔吉亚式修辞术的改良版呢？苏格拉底当然没有践行它，虽然它合法而必要。难道苏格拉底无法践行它？难道苏格拉底有他无法弥补的缺陷？苏格拉底承认，他受一种缺陷所困。在473以下，他说，他不是一位政治人；他是一个哲人。哲学在等级

上高于政治，但政治和统治是必要的。同一个人兴许不可能同时成为哲人和治邦者——因为，正如柏拉图《王制》所述，一人一事。[①]同时成为哲人和治邦者至少在实践的意义上是不可能的。那样一来，苏格拉底将需要一位助手，用《王制》的话讲，即辅助者；在《王制》中，哲人们也需要辅助者，而且他们不可能用证明使这些辅助者信服。

如果哲人需要劝说多数人的技艺，如果这技艺是高尔吉亚和珀洛斯所献身的事业的改良版，我们一定能够在高尔吉亚和珀洛斯那里辨别出这技艺的雏形，进而辨别出为什么苏格拉底不践行它的具体理由。研究珀洛斯的性格，也许有助于我们了解这一点。珀洛斯有哪些品性对实现这一目的有意义，以至于被改进、被教育、受鞭打后的珀洛斯能够成为苏格拉底的助手？也许有人会说，这种修辞术在高尔吉亚身上也有体现。我却建议我们应当专注于珀洛斯，为什么？首先，在高尔吉亚的章节中，修辞术的性质尚未变得明朗——至少对我们而言，虽然苏格拉底足以理解它。其次，虽然珀洛斯不如高尔吉亚，但他是高尔吉亚的人。由于我们关于高尔吉亚知之甚少，就不得不从珀洛斯那里获得了解。珀洛斯是哪一类人呢？他是兽性与人性的奇怪混合。他反对所有形式的理性；他表现得像一匹马驹，享受把人踩踏至死。他使我们想起另一篇讨论修辞术的对话——《斐德若》中的马。[②]

在《斐德若》中，人的灵魂被比作一辆马车。理性是驭手；马车由两匹马来拉，一匹良马，一匹劣马。良马听从理性的话，劣马不听话，必须通过鞭打使它服从。良马被称作血气、愤怒、意气；劣马被称作欲望。愤怒也许是坏的，却是正义的必然组成部分。当我们发怒的时候，我们在暗示，这件事不应当这样办。在欲望中，则没有暗示任何正义的观念。珀洛斯使我们联想到马，不过是良马；他可以被带领着听从理性，就像我们看到的。在苏格拉底的帮助下，他是可教的。理性的部分占主导地位：他在学着提问，甚至回答，

---

① 《王制》369c-370e。

② 参见《斐德若》253c以下。

虽然他没有学会严格意义上的反驳或论辩。在珀洛斯的例子中，苏格拉底的这一局部成功向我们展示出苏格拉底式修辞术的力量；他真的可以驯服珀洛斯。珀洛斯追问苏格拉底的欲望，使得柏拉图能够区分苏格拉底的两种言辞，一种是苏格拉底自发说的话，另一种是苏格拉底在被逼的情况下，即被珀洛斯盘问的情况下说的话。

［102］这给我们提供了一条重要的线索去区分自愿的对话和强迫的对话，这一区分适用于全部柏拉图对话。任何一篇柏拉图对话要么是自愿的（苏格拉底渴望进行交谈），要么［是强迫的］（他被迫进行交谈）。在每一种情况下，都有必要找出它是什么类型的对话。强迫的对话最明显的例子，当然是《苏格拉底的申辩》。苏格拉底在雅典法律的强迫下与雅典民众进行了这场交谈。自愿的对话最明显的例子之一是《卡尔米德》。苏格拉底从战争中归来——仗打得相当艰苦——而他很开心与诸如［卡尔米德］等人重逢。另一方面，《游叙弗伦》则是一篇强加在苏格拉底身上的对话。《高尔吉亚》是一篇自愿的对话，就像我们从开场所发现的。

《高尔吉亚》比其他任何对话都更清晰地指出了这一重要区分，在这篇对话中，我们注意到一个事实，即苏格拉底自发的论辩与他被提问时的论辩有差异。珀洛斯意欲反驳苏格拉底，柏拉图于是借机暗示了修辞性论证的性质。修辞性论证使用见证、起誓等手段，我们已经提到过。此外，珀洛斯默认了德性即知识的原则，就像我们已经指出的。他相信，所有人必然会同意一个合理的论证。他的兽性与他对逻各斯（logos）、论证、言辞以及对真理标准普遍一致的信念联系在一起。这是珀洛斯矛盾的地方。既然珀洛斯反抗了理性原则本身，苏格拉底便能够引入有别于智慧的正义来限制兽性。所有这些都与珀洛斯的性格相一致。这一性格在他的论点中体现出来：尽管遭受错误比做错事更坏，但前者更高贵——高贵是一种独立的状态，它不能被还原为利益或善。珀洛斯在这里表达出流行的、公认的观点。换言之，在未经反思的情况下，我们所有人都像珀洛斯主张的那样思考。这一流行观点在两个极端观点之间游移。其中一个公认的观点由苏格拉底表述，它避免了自相矛盾。另一个极端观点则由卡利克勒斯表述。苏格拉底说，遭受错误比做错事更可取。卡利克勒斯说，做错事比遭受错误更可取。珀洛斯说，一方面它更可取，另一方面却不是。他的观点位于二者中间，在柏拉图那里，居中总是意味着某二者之间的联系或纽带。高尔吉亚和珀洛斯是苏格拉底与卡利克勒斯之间的纽带，即最高的和最低的之间的纽带。这种居间性是所有流行意见的特征，这些流行意见关乎对错，关乎人事，关乎通常所理解的高贵和正义。苏格拉底对珀洛斯的反驳本身就带有修辞性。珀洛斯识别不出那一反驳的弱点。

你们一定要区分苏格拉底的论点与支持其论点的论证。珀洛斯识别不出论证的弱点，但他并不反对论点。对此我们从经验中即可认识。有人可以呈现一个论证，我们出于若干理由都不同意，但我们可以喜欢论证的结论。如果我们不喜欢它，我们可以在论证中寻找弱点。我们这里的例子很有趣，珀洛斯不反对结论，这意味着他一定对结论抱有某种同情。他与结论达成一致，这表明他与正义有着潜在的亲缘性。这一亲缘性由苏格拉底的论证得以实现。这跟理性与兽性的居间性有关系，而且与［103］内在于审判术的问题有所联系。审判术是必需的，但也产生一个问题：有些人喜欢惩罚。人必须遭受惩罚，但喜欢惩罚的人就不那么好了。

苏格拉底对珀洛斯的反驳带有修辞性。他并未给出关于正义和修辞术的真实论证，因为真实的论证一般并不具有说服力。真实论证必须由修辞性论证补足。这一修辞性论证在珀洛斯的章节被给出，它至少对于像珀洛斯那样的良马来说是充分的。让我们做个假设，关于正义的真实论证对于说服劣马不够充分。于是珀洛斯的修辞术，若是正确引导，也许正好成为说服劣马的工具。他们也许恰好可以被珀洛斯说服，因为在珀洛斯的气质中混合着某种非理性。珀洛斯热烈、粗暴、愤怒、愿意反过来伤害他人、报复心强，而苏格拉底则很温和。但是支持正义的论证应当抑制劣马，这样的论证必然令人害怕，而且会带来惩罚。这门技艺既公正又低下。行刑的技艺虽然必要，却是一门低下的技艺，珀洛斯的修辞术就其最好的形式而言不过是这样的情况。修辞术的这一子类，一般类型的惩罚性讲辞，必须取代高尔吉亚的炫示型讲辞，后者尽管悦耳，但毫不严肃而且毫无用处，卡利克勒斯在开场时称"不错"——它们只是不错而已。珀洛斯的章节位于对话的中心，在柏拉图那里，中心总是最重要。珀洛斯的章节向我们展示了苏格拉底式修辞术的力量。起初，珀洛斯很厌恶苏格拉底的奇怪论证。他确信他绝不会重蹈高尔吉亚的覆辙。他向苏格拉底发起挑战，还上升到了相当的高度，变成了提问者。然而苏格拉底可以完美地解决他。苏格拉底的修辞性力量清楚地确立起来。同时，所欲求的公众修辞术的本性也得以揭示，虽然它并不实际存在。

学生：[问了一个关于诉讼修辞术的问题]。[①]

施特劳斯：所以，我们理解的"正义的辩护"，乃是为了一个人更大的善而正义地使人受恶。它依然是一种恶。这种事本身会给特别敏感的人带来一个问题。我们可以想象，有个人以全然正义的方式击毙了另一个家伙，可他需要花数周的时间来接受此事。有些人能轻易做到这点，而另一些人，尽管他们有十足的理由，却仍然因此饱受折磨。为什么他们会受折磨？因为这里面存在着某种恶，即便它正义。这对苏格拉底而言是一个问题。出于这个理由，自我保存对于苏格拉底而言完全成了一个问题，稍后在卡利克勒斯的章节我们将看到这一点。自我保存的原则为自我防卫中的杀人辩护时毫无困难。但为什么有人在自我防卫中杀人之后会有心理负担？因为他意识到，自我保存不是最高的理由。当霍布斯的自我保存面临重大威胁时，他会怎么做呢，没人知道，但他谈论过自我防卫中的杀人，仿佛这是最自然不过的事情，跟电视剧一样平常。苏格拉底不是律师。他关心的是完全正确的生活方式，从而必须考虑一些与法律无关的细节。如果人们只在自我防卫时杀人，这世界将多么美好，但那是否充分证明人们变得足够好了，则是另一个问题。[104]苏格拉底在珀洛斯章节关心的要点是指出惩罚的整个问题，不是因为他有什么无政府主义一类的打算——这种东西与他完全格格不

---

①　括号里的话源自记录稿。很明显，誊写者只能辨认问题的要旨。

入——而是因为那里存在问题。

在亚里士多德那里，所有德性都有两个极端，只有正义例外；正义只有一个［极端］。在勇气的例子中，你有怯懦和鲁莽。在正义的例子中，只有不义。①怎么回事呢？因为在正义的例子中，不义之人想要的比他应得的更多；正义之人想要其应得的，没有多余的欲求。但如果你想要的少于你应得的，便算不得恶劣。在某种意义上，这比正义更高。坚持个人权利完全没有问题，离开这一点，公民社会不可能存在，不过，有某种残忍的、僭政性的东西与之相关。这一点也许正是在惩罚中最大规模地体现出自身。在这个方面，法律的和政治的理由完全不充分；人里面有些东西超越了这些考虑。

学生：［问题听不清］。

施特劳斯：还有另一种较低的说服技艺，一种较低的、较粗糙的类型，它唯有服务于苏格拉底时才合法——苏格拉底仿佛在通过高尔吉亚和珀洛斯控制卡利克勒斯。这有可能。为什么卡利克勒斯听高尔吉亚的话？他被高尔吉亚吸引。高尔吉亚可能有某种影响，是苏格拉底不可能拥有的。伯里克勒斯，根据非常高的标准，算是一位治邦者，可按照柏拉图的或苏格拉底的标准，他还不够格。从柏拉图的观点来看，伯里克勒斯与卡利克勒斯有某些相同点。如果伯里克勒斯会受某位高尔吉亚的影响，那将是人们可以期待的最好情况。但麻烦在于，伯里克勒斯从高尔吉亚那里学到的是，在普通的政治庭议型修辞术中运用某些超凡技巧。苏格拉底彻底考虑了这些事情，并因此得出了令人震惊的结论。在卡利克勒斯的章节，苏格拉底表面上的极端主义变得比在这里更显而易见。

卡利克勒斯的章节：481b直至对话结束。第一部分是481b-482c。卡利克勒斯登场，他受到苏格拉底的欢迎。

481b：卡利克勒斯问的是凯瑞丰，而非苏格拉底。卡利克勒斯更亲近凯瑞丰，而非苏格拉底。这二位都是民众的爱者（lovers），此外，他问的是苏格拉底是否在开玩笑。如果苏格拉底是在开玩笑，那

_____

① 对勘《尼各马可伦理学》1107a33-b4、1129a3-11。

他对卡利克勒斯的回答或许也是一个玩笑，而凯瑞丰则大概是不会开玩笑的。所以这很合情理。凯瑞丰在这里对卡利克勒斯说的话，跟卡利克勒斯起初在447c对苏格拉底说过的话一模一样。凯瑞丰所告诉卡利克勒斯的关于苏格拉底的东西，完全等同于卡利克勒斯之前所告诉苏格拉底的关于高尔吉亚的东西。首先，苏格拉底已经取代高尔吉亚的位置，成为好奇的对象。其次，卡利克勒斯已经取代了苏格拉底成为好奇者。一开始是苏格拉底有好奇心；如今，好奇的是卡利克勒斯。最后，凯瑞丰取代了卡利克勒斯，成为好奇者与好奇的对象之间的纽带。卡利克勒斯再次以诸神发誓。他是《高尔吉亚》中唯一以这种形式发誓的角色。卡利克勒斯认为苏格拉底可能会相信他本人说的话，而珀洛斯认为，苏格拉底不可能［105］相信他本人说的话。与珀洛斯相比，卡利克勒斯的心态更加开放。基于同样的理由，卡利克勒斯认为，他和其他所有人倡导的那种生活方式有可能在根本上是错误的。他对这一可能性保持开放，至少在言辞上。这里的问题不再关乎修辞术，而是关乎人应当如何生活。卡利克勒斯比珀洛斯和高尔吉亚更有好奇心。他问道："这对于我的整个生活意味着什么？"——而非："这对于一门叫作修辞术的专门知识意味着什么？"把修辞术这个具体问题与人应当如何生活这个总体性问题联系起来，这是柏拉图处理所有问题的特征。每一个问题都与人应当如何生活要么直接地要么间接地联系在一起。没有一个部分可以得到理解，除非整全得到了理解。我们首先能够接近的整全就是人类生活的整全，即能使我们的生活完整的种种目的。

481c-482c：苏格拉底对卡利克勒斯说，"你我有相同的pathos［感受］"——该词字面义是激情——"要我们去照它而行"："你和我都受同样的作用。"那激情是什么？他俩都是爱者，此外，他俩各自都爱两样东西。所以，苏格拉底说："咱们说什么话取决于咱们的情伴（beloved）说什么。"由于有一种对情伴的完全依赖，叫人不可能反对其情伴。然而，苏格拉底说，这里面有个差异："卡利克勒斯，你爱的对象反复无常，而我爱的对象之一总是谈论相同的东西。"因此，苏格拉底起头就说，他与卡利克勒斯之间的对立是基于他俩的某个共同点：他们都是爱者，具有现代意义上的激情的人。这暗示高尔吉亚和珀洛斯都不是爱者。他们是高雅的闲人；他们并不严肃。因为爱情是严肃的——爱情是生命的灵魂，富有活力，"如死之坚强"，就像《雅歌》所说。①根据普遍认可的看法，《罗密欧与朱丽叶》是唯一（the）谈论爱情的作品，而它恰恰并不欢乐。对财富、尊严以及平静快乐的欲望驱使着高尔吉亚和珀洛斯。卡利克勒斯像苏格拉底一样充满爱欲，他是一位有爱之人。这里的"爱欲"必须按柏拉图的意义理解，而非所谓的心理学的理解。我们必须看到，卡利克勒斯的爱欲（eros）是否具有足够的爱欲性；我们必须看到，他是否过于从自我保存的意义上看待爱欲，从而毁坏了爱欲之为爱欲本身。我们也从这里看到，苏格拉底式的修辞术是爱欲的修辞术。证据：《斐德若》。苏格拉底指出，他跟卡利克勒斯之外的其他人可能共同拥有某些别的激情。有些激情可能为他与珀洛斯、高尔吉亚所共有——举个例子，由才能或聪明带来的某种兴奋感。揭示人们的激情是很容易的，因为总是有别人跟他拥有相同的激情。换言之，如果每一个人都拥有专属于他自己的激情，我们便无法谈论它；根本没办法交流。但并没有绝对专属于任何个人的激情。别人也能从经验中认识每一种激情，虽然未必所有别人都能。这一事实是人类交流的基础。

在481d，［苏格拉底说，］"我们都爱两样东西"。苏格拉底爱哲学和阿尔喀比亚德；卡利克勒斯爱雅典民众（demos）和一名青年，他叫德莫斯（Demos），是皮里拉姆佩斯之子。这段话显示，苏格拉底不爱雅典民众。这暗示，一个人不可能同时爱哲学和民众：非此即彼。事实上，我们将看到，这是唯一的（the）非此即彼。为什么如此呢？《高尔吉亚》包含了柏拉图所写过的对民众、对城邦最严厉的指控。这指控［106］在这篇对话中被夸大了，就像对诗歌的指控在《王制》中被夸大了。在《王制》中，柏拉图似乎完全拒绝了诗歌。真正的问题不在于诗歌是否是坏的；问题在于什么东西才头等

---

① 参见《旧约·雅歌》8：6。

重要，哲学还是诗歌。既然哲学头等重要，这就意味着不受哲学统治的诗歌便坏，受哲学统治的诗歌便好。城邦不可能就是整全，即那真正的共同体，真正的共同之物（the true common），但它宣称如此。它必须被还原到其正确的比例，否则，它就坏。还原到其正确的比例，它就好，于是它将从属于哲学。城邦和民众不可能占据最高的位子，它们根本就是一回事。在《政治学》第三卷开篇，亚里士多德试图定义公民。第一个定义是民主的公民，然后他做了修正。① 为什么关于民主的定义首先出现？根本理由在于，城邦之为城邦，具有一种民主的偏见，［即便］它在经验上有可能反民主。城邦必须从属于某种更高的东西，我们对这种思想十分熟悉，不过是在另一种意义上理解它的。我们知道的是，人的世俗生活低于他的宗教生活。用现代的话说，我们觉得文化高于政治生活。文化当然可以玩些高雅的东西；高尔吉亚和珀洛斯就是很有文化的人。

我们得再次提醒我们自己，《高尔吉亚》的主题是修辞术——更准确地说，是公众修辞术。理解修辞术就意味着理解它与哲学的关系。苏格拉底通过哲学来审视修辞术，以此暗示了哲学本身的种种限度。哲学不可能实现修辞术可以实现的必要功能，亦即，说服民众。民众不仅仅指穷人，而且指非哲人。苏格拉底与民众之间有一道鸿沟。诸如凯瑞丰这样的偶然纽带不足以弥合这鸿沟。苏格拉底没法不让民众审判将军。② 这样，他的失败预示了他在公元前399年审判的失败。苏格拉底的技艺需要一种补充。这补充只可能是一种改善过的、有合宜目标的高尔吉亚式修辞术。在481d，苏格拉底强调，卡利克勒斯的情伴有两位。这是什么意思？苏格拉底的情伴也有两位：阿尔喀比亚德和［哲学］。但不完全如此。苏格拉底是以爱阿尔喀比亚德的方式来爱哲学。卡利克勒斯的情伴则只在名称上彼此相同——他们都叫"德莫斯"——而苏格拉底对阿尔喀比亚德的爱其实就是对哲学的爱。对话明确说到卡利克勒斯的情伴美丽，

---

① 参见《政治学》1275b5-7。
② 参见第五讲，第118页，注释③。

而民众并不美丽。因此，其中一位情伴的缺陷必然使得卡利克勒斯去爱另一位，一位能够变得俊美的人。

在［481］d-482a说到，卡利克勒斯会重复情伴们的全部自相矛盾的话。如果碰巧由他先开了口，他也会立刻收回刚才的话——如果他的情伴们与他相矛盾，这样他便自我矛盾了。苏格拉底也会重复他的情伴的话，即哲学说的话，哲学永远谈论相同的东西。哲学不如人易变，这意味着在哲学中也存在某种变易，因为哲学不是智慧，而只是追求智慧。在这里的语境下，与珀洛斯的交谈被描绘成一场哲学式的讨论，我们明白，这不可能完全属实。

［107］在482b-c，既然那个反对珀洛斯的论点是一个哲学论点，也就没人能够否认这论点而不自相矛盾。那意味着什么？一个人必然在很大程度上承认那真理，以至于他不可能否认那（the）真理而不自相矛盾。持有一个非哲学的观点不可能不自相矛盾。哲学在本质上产生与自己的一致，但不必然与他人一致。修辞术则产生与他人的一致，不管是一个人还是一群人。在482b这里，我们碰到了著名的苏格拉底誓言"以狗的名义［起誓］"，而且是其最为清楚明白的形式："以狗，埃及人的神明的名义［起誓］"。根据希罗多德的说法，埃及人极其虔敬。他们崇拜一切事物，因此也特别崇拜狗。我们假设苏格拉底极其虔敬，因此也崇拜一切事物。他为什么要以"狗的名义"起誓？比如说，他没以"猫的名义"起誓。在《王制》中，狗忠诚而有保护力。① 在这一点上，卡利克勒斯的长篇讲辞一开始就——②

482c-486d：苏格拉底在这里重述了他的论点，即行不义而不受惩罚乃最大的恶。他将这论断首次与哲学联系起来。我相信这是"哲学"一词第一次出现在整篇对话中。这非常奇怪。在高尔吉亚和珀洛斯的章节，"哲学"这个词并未出现，而是在这里冒出来了。这意味着什么？这是一个含混的说法。它的意思可能指，受不义比行

① 《王制》375e-376b。
② 磁带在这里好像中断了。

不义更好，这一论点由哲学所确立；它的意思也可能指，这一论点与作为生活方式的选择的哲学有关。哲学或许会引出如下结论：为民众效劳最好。因此，哲学只会是向我们显示最好之事的一种手段，不会是目的；而苏格拉底断言哲学二者都是：它既是揭示目的的方式，同时也是目的本身。卡利克勒斯似乎在说，确立正确的生活方式需要哲学，但正确的生活方式不在于从事哲学思考：必须从哲学思考退而转向一种更高的追求。从这里面，我们来理解接下来的一般意图，以及我们这里读到的卡利克勒斯长篇讲辞的意图。第一，卡利克勒斯必须表明，受不义是最大的恶，或行不义非常好。他哲学地表明了这一点，所诉诸的事物从法律或习俗转向自然。他说，关于行不义的坏处的通常观点是基于习俗而非自然。于是，他首先不得不做的便是责怪法律本身。第二，他将责怪哲学。在用哲学责怪并颠覆法律本身之后，他拒绝了哲学。因此苏格拉底的任务便有两层。一方面，他必须颂扬法律，另一方面，他必须颂扬哲学。这便是剩余部分的主题：哲学与法律的和谐。既然法律是使［正义］存在的东西，或者说，既然法律是使正义行之有效的东西，那么，与此同时，法律也将证明哲学与正义之间的和谐。

卡利克勒斯的讲辞由三部分构成。在第一部分，482c-484c，卡利克勒斯试图展示珀洛斯犯下的根本性错误，并宣告关于正义与不义的真理。在第二部分，484c-485e，他谴责了哲学。在最后一部分，485e-486d，他把结论应用在苏格拉底身上。卡利克勒斯表明，受不义比行不义更糟糕，哲学不可成为一种生活方式的选择，在此之后，他［108］告诫苏格拉底选择正确的生活方式，即卡利克勒斯发现的生活方式，政治的生活。

一边是卡利克勒斯，另一边是高尔吉亚和珀洛斯，两相比较，很难讲孰高孰低。因此，让我们集中注意力在卡利克勒斯的性格上，暂时不要进行全面的比较。卡利克勒斯是一位有爱欲的人；珀洛斯和高尔吉亚则是没有爱欲的人。既然有爱欲在这里意味着高贵，卡利克勒斯在什么程度上分有了那种高贵？要理解这一点，你必须考虑这一关键要点：爱在这里意味着能忘记眼中的自己，并意味着对美的欲求。这样，它便与自我保存及其派生物，比如赚钱，截然不同。我们还必须记住的是，卡利克勒斯是严肃的；他拥有爱的严肃性。用今天的通俗讲法，浮现在我们脑海中的是严肃的生意人——这里没有一句废话。但从这里所提示的观点来看，爱就其自身而言之所以更加严肃，恰恰是因为爱和［死亡］有一种亲缘性，而这种亲缘性在自我保存的例子中不那么引人注目——不必说，自我保存也与死亡有关联（霍布斯称自我保存的欲望为"对死亡的恐惧"）。卡利克勒斯的问题在于，在他接受关于正义与不义的这一观点时，或者在他接受他的确接受的关于哲学的观点时，他是否可以真正理解自己是一位有爱欲的人。

我们还必须记住，在对话的这一最后部分，关于法律或正义的问题与关于哲学的问题不可分割。一边是"法律不仅仅是低下之人的发明"的论点，另一边是哲学的案例，什么东西才能成为这两者的联系呢？什么是正义与哲学之间的联系？我们再次转向《王制》。在《王制》中，正义之人，就人可以达到的正义程度而言，是哲人，因为正义意味着好好地做自己的工作。而人的功能在于理解，在于思考。因此，尽其所能去思考、思考得最好的人最正义。于是，根据《王制》，正义和哲学是一回事。因此，在《高尔吉亚》中，为法律辩护与哲学［是］同一回事，这就不令人惊讶了。不必说，还有另一个问题：正义不完全与法律相同——我们能够区分正义的与不义的法律。我们必须首先理解卡利克勒斯的长篇讲辞，他通过这讲辞界定了法律。

学生：［问题听不清］。

施特劳斯：如果我们把民众理解成非哲人和那些根本不向哲学敞开的人，那么，同样的理解也适用于城邦本身。只有城邦中的某些人才会向哲学敞开。民众意味着贫穷之人，而最大的贫穷是彻底的无知；彻底的无知察觉不到自己无知。

学生：［问题听不清］。①

---

① 记录稿并未表明这里是一个问题，但施特劳斯的评论表明，有人提了一个新的问题。

施特劳斯：友谊是一种关系，在某些情形下，它超越了正义。友谊不在意谁占得多谁占得少。正义的残酷性在这样的情形中便消失了。你也可以说，有一个方面，城邦高于友谊。假如有任何共同体被认为比城邦更高的话，城邦便不可能［109］存在。友谊本身以城邦为前提。人们的品质有赖于它们所属社会的品质，至少在一定程度上。就算家庭，如果它不是政治社会的一部分的话，也仍有缺陷。最高形式的友谊由对真理的共同追求构成，这比正义更高。

学生：［问题听不清］。

施特劳斯：这里又有一次角色的反转。之前的反转发生在苏格拉底与珀洛斯之间。这里的反转由下述事实所示：卡利克勒斯批评苏格拉底是一个大众演说家。卡利克勒斯是哲人。之后，我们看到，把善等同于快乐是一个站不住脚的立场。卡利克勒斯的章节是这篇对话最重要的部分，这一总体印象很好地建立起来。然而，这一点必须到限定，因为在最重要的方面，珀洛斯的章节最重要。珀洛斯的章节展示了苏格拉底的修辞术及其力量，相比之下，在卡利克勒斯的情况中，虽然苏格拉底部分地使用了演示性论证，但苏格拉底失败了。苏格拉底可以相对容易地使卡利克勒斯沉默，但他不能使后者信服或说服后者。而我们已经看到，他可以用非常拙劣的论证说服珀洛斯。他不可能说服卡利克勒斯，虽然他使用了一个更强有力的论证。卡利克勒斯有一种人性的高贵，他说话的方式就给人留下了这样的印象。他对于苏格拉底而言更不易亲近。柏拉图在对话的最后这部分所意在展示的，是苏格拉底的说服力量有局限性。为了确保这一点，柏拉图没挑诸如阿尼图斯一类的坏蛋控诉苏格拉底，他挑了一位喜爱苏格拉底的人，他是所有非哲人中的最高类型。

也许可以说，卡利克勒斯是柏拉图所呈现的最好的非哲学气质的人。阿尼图斯完全是苏格拉底的敌人，一个狭隘的小人；希波克拉底，出现在《普罗塔戈拉》的开场，他也是一位非哲学气质的人，但他还很年轻。卡利克勒斯是一位成熟男人，而在这里我们看到了这种可能性的充分发展状态。与克珊提珮（Xanthippe）的对话本可以轻易地展示苏格拉底式修辞术的局限性，谐剧中就曾这样展示过，比如在买一顶新帽子的事件上。苏格拉底提供了许多理性的论证，而在他论证结束时，克珊提重复了她最初的立场。她完全拒绝倾听。有人会看到，《美诺》中的阿尼图斯情形也相似。阿尼图斯拒绝倾听。但我们在这里有一位对苏格拉底友好的人，他甚至愿意把哲学看作某种十分雅致的东西，甚至用哲学来把他对苏格拉底的［反对］建立在他心目中的哲学的地基上——例如，对自然的诉求——尽管如此，苏格拉底仍然无法打动他。

卡利克勒斯章节的开头与整篇对话的开头简直一模一样："不如问他。"但有一点不同：在开场，问题是，"高尔吉亚技艺的力量是什么？"而卡利克勒斯并未提出这样的问题。卡利克勒斯没问苏格拉底技艺的力量是什么。他要么没有意识到这一点，要么对此毫无兴趣。他感兴趣的是综合性问题，人应当如何生活。他对高尔吉亚和珀洛斯并没有技艺上的兴趣。卡里克勒斯完全献身——他是一位爱者暗含了这一点。他完全献身于哲学的对立面，如此强烈以至于他不可能被说服。那对立面就是苏格拉底口中的城邦。［卡里克勒斯］无法超越它。他选择了［110］与哲学相对立的生活方式。他涉入得如此之深，以至于什么也帮不了他。

最终的问题在于：为什么哲学的与政治的生活方式如此互不相容？一仆不事二主，同一个人不可能既思考关于整全的真理，又完全严肃地对待政治社会中的每一件事，这二者互不相容。所以有两种整全：社会的整全与整全本身。政治人是这样的人，他把政治的整全即社会绝对化。哲人把真实的整全绝对化。而这二者之间没有直接关联。这只是一种最为极端的表述，因为柏拉图也可以说，治邦术在最高意义上是哲学的一部分，而且是最重要的部分。一个人不可能看到哲学与政治在最高意义上的关联，如果他也看不到它们之间的张力；这二者之间没有纯粹的和谐。例如，当你谈论政治的基本话题时，有许多人完全满足于这样的事实，即他们的社会接受特定的价值观；或者，这些人完全满足于某些意见的有用性，如此满足，如果那些意见的有用性是真实的，那么关于那些意见的真实性的问题便无需深究——这是政治的，但它不充分。某些人可以停留于此，他们可以说，这就是奇妙的意识形态，它会处理麻烦。但这不充分。对于某些人而言，这难以忍受，因此它一定会导致分裂，因为提出前面的问题的那些人使其他人感到厌烦。

问题是：哲人们关心的这些事物，它们本身——它们可以对政治社会产生直接效果吗？这不是必须被淡化或被转化或被掺水稀释，才变得具有社会效果吗？这问题在今天被科普的信念所模糊了。你可以表述这问题如下。世上有一个观念仍然流行着，它暗示真理已经被发现，或处于一个有待被发现的持续进步的过程中，而这发现可以被转译给那些并未参与发现过程本身的人们。结果的这一转变对于解决他们的具体问题是充分的。但柏拉图想的正好相反。柏拉图呈现了这个与现代观点针锋相对的观点，从而给我们提供了一个机会，可以以更加敏锐的、更加关键的方式思考这一难题——这一内在于现代科学之中的难题。

〔磁带结束〕

第七讲　卡利克勒斯部分

（486d-488a）

（1957年2月8日）

[112] 施特劳斯：我们上一次［开始］讨论苏格拉底与卡利克勒斯之间的对话，我们从苏格拉底的评论中大致了解到整篇对话的性质，苏格拉底说，他和卡利克勒斯都是爱者，这暗示高尔吉亚和珀洛斯不是爱者。与之相关的是，目前关注的问题不再是修辞术，而是整个生活方式：人们应当如何生活。我试图解释过这两件事物之间的联系，我曾说过，爱就其自身而言有一种严肃性，这种严肃性，比如说，是自我保存所不具有的。这一点我们必须牢记在心。然而，尽管苏格拉底与卡利克勒斯的相同点十分重要，他们的差异也同样重要。苏格拉底和卡利克勒斯爱的是不同的事物和不同的人。苏格拉底爱阿尔喀比亚德和哲学；卡利克勒斯爱雅典民众和皮里拉姆佩斯之子德莫斯。苏格拉底爱阿尔喀比亚德是为了哲学、为了阿尔喀比亚德的承诺，卡利克勒斯爱皮里拉姆佩斯之子德莫斯，是因为 demos 即民众有缺陷。民众作为一个整体不美，而皮里拉姆佩斯之子德莫斯却很美。这里的要害在于：苏格拉底和卡利克勒斯的爱相互排斥。苏格拉底与民众之间彼此不喜欢——苏格拉底的结局表明了这一点——反之亦然。苏格拉底与民众失调所引发的问题只能靠修辞术解决（can only be solved by rhetoric），而且是一种超出苏格拉底力量的修辞术，而这种尚未存在的修辞术即是改进后的高尔吉亚式修辞术，一种既非庭议型的亦非诉讼型的修辞术——后面这

两种修辞术倒是存在，但从最高的观点来看，这种修辞术并无意义。我们需要一种更高的修辞术。

珀洛斯的章节已表明苏格拉底是一位修辞学家。苏格拉底成功地说服了珀洛斯。因为他不仅仅是成功地驳斥了珀洛斯——你可以驳斥一个人，而他可以固执地摇着头。而珀洛斯不仅仅被驳斥，他还同时被驯服了。珀洛斯对他跟苏格拉底交谈的结果感到满意，对达到这一结果的方式也感到满意。因此，我们看不出苏格拉底的修辞术究竟为什么还需要补充，[一种]苏格拉底自己无法提供的补充。这种苏格拉底自己无法提供的补充，它存在的必要性将出现在卡利克勒斯的章节中。苏格拉底在争论的开头就把我们的注意力吸引到一个问题上：爱民众抑或爱哲学。他与卡利克勒斯毫无共同点，除了他俩都有同样的激情。但他们激情的对象互不相容。哲学与民众的互不相容要求哲学与民众之间的桥梁，苏格拉底无法提供这桥梁，而高尔吉亚或高尔吉亚的学生却能提供，只要他接受苏格拉底为他指引的方向。

我们现在转向卡利克勒斯的长篇讲辞，482c-486d。我要提醒你们总的问题。苏格拉底重述了他的论点：行不义而不受惩罚是最大的恶。苏格拉底在欢迎卡利克勒斯的开场白中首次把他的论点与哲学联系起来。这一联系是含混的。它意味着，行不义而不受惩罚是最大的恶这一论点 [113] 被哲学确立。其次，它意味着关于不义地位的论点与选择哲学作为一种生活方式联系在一起。这两点之间有差异：一个论点由哲学所确立；一个论点与作为一种生活方式的哲学相关联。因为哲学可能导致为民众服务最好之类的结论。如果这样，哲学只会是手段，而非目的。它只会是朝向目的的方式，而非目的本身，而苏格拉底断言，哲学既是手段也是目的。哲学证实了哲学是唯一（the）正确的生活方式。要想理解卡利克勒斯，做出这一区分很重要。卡利克勒斯会说，正确的生活方式必须被哲学证实，但哲学证实，不是哲学，而是政治的（political）生活方式才是正确的生活方式——亦即，哲学可能导向好的生活，但好的生活并非哲学思考。另一种可能则是，好生活本身就是哲学思考。由此可推导出卡利克勒斯长篇讲辞的一般性质。他首先断言，受不义是最大的恶，而行不义则非常好。但这有悖于所有日常观念，有悖于所有习俗，有悖于法律。根据自然（nature），受不义才是最大的恶。自然在这里被理解为法律和习俗的对立面；因此卡利克勒斯必须批判法律和习俗本身。那是他不得不做的第一件事。第二，他必须表明，哲学不是正确的生活方式；他必须谴责哲学。因此他的讲辞由两部分构成：谴责法律，谴责哲学。相反，苏格拉底［首先］必须颂扬法律，然后他还必须［颂扬］哲学。

现在我们转向长篇讲辞本身。第一部分是482c-484c，在这部分，卡利克勒斯说，珀洛斯犯了一个致命的错误，然后他继续宣布真理，这真理是对法律的谴责。首先是珀洛斯的致命错误：482c-483a。正如苏格拉底在开场白提到他和卡利克勒斯共有的激情，卡利克勒斯开始他的讲辞时也提到了高尔吉亚和珀洛斯共有的激情。然而，后一种激情不是爱，而是恐惧，或一种羞耻感。他们纯粹就是害怕才拒绝大众观念。这样做当然令他们感到羞耻或害怕，因为他们是修辞家，而修辞术离不开大众观念，而根据卡利克勒斯，苏格拉底是实实在在一位公众演讲者、公众演说家。苏格拉底简单地接受共同的或大众的观念；而高尔吉亚和珀洛斯只是拒绝否弃这些观念。苏格拉底毫无保留地接受这些观念，这令人惊讶，因为根据卡利克勒斯，苏格拉底自称在追求真理，这意味着他自称追求自然，［但］大众的共同观念不是自然的，而是习俗的。Nomos，法律或习俗，在根本上有别于自然。[①]某些希腊思想家的关键性论点在于，一切道德区别都不过是习俗。

当然，我们必须看到，卡利克勒斯走得有多远。他说，苏格拉底接受的这些关于正确与错误的共同观念只不过是习俗，虽然他自称追求真理。苏格拉底不诚实，卡利克勒斯说。因为就像他所说，

---

① 这一句可能只是对施特劳斯说过的话的概括。在记录稿里，誊写者交代说自己是在复述一段括号里的插入语："施特劳斯解释说，nomos，法律或习俗在根本上有别于自然。"

［苏格拉底］在他的讲辞里使坏，说得通俗一点，他是在行骗。但是，他只在言辞中行骗。卡利克勒斯的意思是，苏格拉底不是哲人，而是这些大众观念的奴隶，是民众的奴隶——一个渴望赢得［114］公众掌声因而赢得了掌声的公众演讲者——相比之下，卡利克勒斯则是一位哲人，而非民众的奴隶。换言之，卡利克勒斯在判断他与苏格拉底的关系时做出的判断，与苏格拉底自己的判断完全相反。

珀洛斯犯了什么错？根据卡利克勒斯，珀洛斯的意思本是，行不义之所以卑下，依据的是习俗，而非自然。依据自然，受不义才卑下，因为依据自然的高贵才是自然的善，依据自然的卑下才是自然的坏。行不义依据自然是好的，受不义依据自然是坏的。而珀洛斯说过，行不义是卑下的。卡利克勒斯说，苏格拉底利用了珀洛斯的某种不准确。珀洛斯的意思是说，行不义依据习俗（convention）是坏的，而且并非完全卑下的，依据习俗卑下的东西根本不是依据自然卑下的东西。因此，珀洛斯的意思是说，行不义依据自然是高贵的，而依据自然高贵的东西是好的。根据卡利克勒斯的分析，珀洛斯根本没有自相矛盾。至于他是否正确则是一个很长的问题。珀洛斯是否认识到了某个东西依据自然（nature）是高贵的抑或依据自然是卑下的，根本不清楚，更不要说其他困难了。无论如何，珀洛斯未能清楚地区分依据自然的高贵事物与依据习俗的高贵事物，这是他失败的原因。苏格拉底抓住了珀洛斯缺乏清晰性这一点；他一开始不是从习俗的角度，而是从自然的角度批评珀洛斯。卡利克勒斯的这个观点正确——亦即，苏格拉底试图在没有谈论正义的情况下界定幸福。幸福是一种自然的善；而正义是否自然，尚有争议。就此而言，卡利克勒斯判断正确。

在482e-483，你们注意，卡利克勒斯把高尔吉亚和珀洛斯的自相矛盾追溯到缺乏胆量。他们害怕提出这样的论点：［道德］区分仅仅是习俗性的。苏格拉底把这自相矛盾追溯到缺乏哲学。我们必须留心，卡利克勒斯说高尔吉亚和珀洛斯的自相矛盾源于缺乏胆量，他的看法是否正确。于是，珀洛斯犯下了致命的大错，他没有清楚地区分自然与习俗。这是卡利克勒斯接下来在483a-484c要做的事情。

第一个要点在 483a-483b：卡利克勒斯证明，受不义既坏又卑下。珀洛斯的论点是，受不义是坏的，却并不卑下。卡利克勒斯说，依据自然的坏东西就是依据自然卑下的东西，就像依据自然的好东西就是依据自然高贵的东西。依据习俗高贵的东西与依据自然高贵的东西相反。受不义依据自然是坏的，所以它依据自然卑下。我们如何得知这些前提呢：第一，依据自然的好东西就是依据自然高贵的东西；第二，不遭受错误依据自然就好？卡利克勒斯并未证实这些前提。他有理由为这一疏失辩护吗？在这几点上，他与苏格拉底意见一致。那么，卡利克勒斯与苏格拉底的争议是什么呢？卡利克勒斯说，至少，受不义依据自然是比行不义更大的恶。他必须证实这一点，因为这正是苏格拉底所质疑的。他的论证可以表述如下。如果我们看一个有别于奴隶的真正男子汉，就能再清楚不过地看到何为依据自然高贵的东西，但真正男子汉的特征在于一个事实：他能够照顾好自己，帮助自己，击退敌人。因此，构成真正男子汉的一般观念对卡利克勒斯而言是一个充分的论证，足以让他断言受不义是比 [115] 行不义更大的恶。他在接下来的等量代换中预设了一点：依据自然高贵的东西是身体或灵魂的完整或健康——某个仿佛完全自立的存在。这是正常的，这是健康的，这是完整的。可以靠自己的人是最高程度上的真正男子汉，而真正男子汉忍受不了废话，他会反击；他反击时比他挨打时表现得更好。于是，问题仅仅在于：卡利克勒斯是否见识过完整的人——完整、健康、完满。抛开其他因素不论，单单就此而言，卡利克勒斯在这些限度内正确。483a-b是卡利克勒斯给出的唯一证明，如果这是证明的话。其他的论证则不再具有这一证明性质。

在 483b-c，卡利克勒斯必须解释俗人们的这个错误，即受不义比行不义更可取。从这里开始，卡利克勒斯有好几次使用了"我相信""我认为""我想"等词。之前他从未这样做过。他的这种方式表明，这一点没有得到证明。卡利克勒斯唯一不加限定的断言是之前诉诸真正男子汉的观念，真正男子汉有别于其对立面——奴隶。在这里，卡利克勒斯在解释俗人的错误时，他说，有些人说，行不义，抑或试图比别人获得更多是不义的，这是［弱者］或多数人的诡计，他们是法律的制定者，他们力图贬低比别人拥有更多的想法，因为他们寻求的是他们自己的利益。依据自然，所有人都寻求拥有更多，超过他人。然而，大多数人的尝试注定失败，因为他们要么缺乏才能，要么不够聪明去得到更多。这些多数人或弱者一直处于获得更少的危险之中。因此，他们联合起来制定法律，禁止哪个人拥有更多；他们因此而获利。在自然状态中，他们会获得更少。但是，那些受此对待的人们聪明而强健，要是没有制定那些愚蠢的法律，他们将获得更多。换言之，通常的正义观念仅仅是习俗性的。这一习俗奠基于多数弱者的自我利益。这已经暗示了一种关于何为真正的对和错的观念。卡利克勒斯接下来即将把这一点挑明。

483c-484c：正是依据自然正义，更优者比更差者拥有更多，卡利克勒斯说。他如何知道那一点的？他说所有生物都是如此。他是什么意思？大鱼吃小鱼，狮子吃绵羊，等等。所以自然无论在所有生物还是在人类中都是如此。但是，他在这里加了限定：他说在人类诸社会（societies）中，根据这一点，他暗示，强者之于弱者的优越性就人类个体中的情况而言被遮蔽了，因为在个体身上，习俗是如此强有力，以致我们看不见这一点。但是，如果我们观察社会，我们便看得见。在那里，我们看到，强国为弱国颁布法律，等等。他举了一些例子，人类的例子。事实上，在483d有两个例子。这些例子是波斯国王的例子。但这些例子是无效论据。首先，提到了薛西斯（Xerxes）。薛西斯干了些什么呢？他把他的法律强加给雅典和斯巴达了吗？没有，他被击败了。然后他提到了薛西斯的父亲，我相信这是他犯的一个错误，因为我相信他指居鲁士，薛西斯的曾祖父，他陷入了一场反对西徐亚人的战争，可这个例子似乎也没有清楚的证据，证明强者把他的意志强加给弱者。卡利克勒斯犹豫不决地用了一个雅典人的例子。因为雅典会是一个美妙的例子——例证了它如何将它的意志强加给更弱的希腊城邦。你可以想象他为什么会犹豫不决地用雅典人的例子吗？如果对话的确发生在公元前405年，那就是雅典即将被剥夺帝国头衔之际。此外，［116］此时有高

尔吉亚在场，一个来自［西西里］的人，他是一个醒目的标志，提
醒雅典人欲望占有更多，至终却走向了愚蠢。我们从这些小事中看
见，卡利克勒斯不是一位好的演讲者或演说家。一位好的演说家必
须挑选恰当的例子。

　　在483e，卡利克勒斯反对正义的普通观念，正义既不是利益，
也非快乐，而是依据自然的正义——自然正当。这正当（right），不
是利益。他还用到了另一个术语：他说"属于（of）正义的自然"，
"属于（of）正当的自然"，甚至——这是一个极端矛盾的术语——
"自然法（law）"。如果法律与自然相互对立，那么自然法就是一个
矛盾的术语。据我所知，这是关于"自然法"术语最早的记载——
如果我们同意今天通常的假定，即《高尔吉亚》的写作时间早于
《蒂迈欧》。[①] 在这里，在这一语境中，卡利克勒斯凭宙斯起誓。在他
看来，这自然法就是一种宙斯的法。宙斯的法当然不绝对正义，因
为他废黜了他自己的父亲——这一行为表明了它的问题。这自然
法，或自然正当，对卡利克勒斯而言有别于我们人类制定的法律。
卡利克勒斯没有宣称他属于那些高人一等的人之列，能够违抗人法。

　　说一说"依据自然的正当"和"正当的自然"（the nature of
right）这些术语。依据自然的正当就其自身而言不同于依据习俗的
正当，它当然暗含这层意思。但是，它也有可能暗示，它与依据习
俗的正当截然对立。可当［卡利克勒斯］谈到正当的自然时，他的
意思是指在正当里（in）以及在法律里（in）已经得到普遍承认的自
然的东西。因此，术语"正当的自然"就出现在了比如伊壁鸠鲁那
里，他否认严格意义上的自然正义。他不得不提问"什么是正义？"
的问题——尽管依据自然，无所谓正义或不义。这样，正义便是一
种习俗——以避免伤害和被伤害为目的而得出的习俗。但是，这习
俗是正义的自然（nature of justice）。所以你们看，一个人可以谈论正
义的自然而不必承认自然正当。当今的法律实证主义者将否认任何
方式或任何形式的自然正当，但他们必须讨论正当的自然，谈论自

①　参见《蒂迈欧》83e。

然法。这两个术语之间的不同就在于此。卡利克勒斯承认——而这很关键——存在某种依据自然正当以及依据自然高贵的东西。

当一个人试图理解卡利克勒斯的学说时，他会不由自主地将它与柏拉图在别处描绘的表面上相同的学说进行比较。卡利克勒斯传授了与格劳孔和忒拉叙马霍斯相同的教诲吗？卡利克勒斯的学说首先会令人想起格劳孔的学说。然而，格劳孔不承认自然正当。格劳孔试图解释，作为一个纯粹习俗性的概念，"正当"这一概念如何产生。"希望拥有更多，那是依据自然的善。"卡利克勒斯和格劳孔都这样说。但是，说依据自然的善也是依据自然的正义，正如卡利克勒斯所说，这跟说当我们讨论自然的东西时，正义和不义的概念根本没有参与进来，的确是有区别的。忒拉叙马霍斯的论点则完全不同于卡利克勒斯的论点，后者经常被人跟前者联系在一起。忒拉叙马霍斯根本没有谈论依据自然的正义。他仅仅说，不存在依据自然正义的东西。每一个正义的事物所以如此，是源于实定法——现在被称作法律实证主义。忒拉叙马霍斯还往前推进了一步，说："这是什么意思？"如果实定法是正确与错误的起源，那么立法者便是正确与错误的起源。但谁是立法者呢？

［117］不同的社会有不同的立法者。在民主制社会，立法者是普通民众；在寡头制社会，立法者是寡头，等等。但民众作为立法者，少数派作为立法者，君王作为立法者，他们有什么共同之处呢？他们是每个社会中有力量的人。因此，进一步讲，他说什么是正当由强者决定。并不是说这就是正义——你可能会说，但这一点得到了暗示，然而它充其量也只是暗示，而这关系重大。于是，卡利克勒斯当然谈论了一种自然正当，谈论了某种依据自然正当和依据自然高贵的东西。

在484c，习俗性正当是不义的，它不允许强者占有更多。习俗性正当贬低了最优秀的人。卡利克勒斯的陈述全是道德陈述，而非自然学家的陈述。卡利克勒斯继续往下讲。他指控我们，包括他自己——他指控多数人。他指控我们不义，那相当令人震惊。他指控自己不义，这使他在最高的苏格拉底式的意义上是正义的。卡利克

勒斯不考虑他自己的利益。他属于多数人；他被平等的法律服务得
很好。但是，他认为比他更优秀的人受到了多数人的伤害。他不考
虑他自己的利益，并且在注视更高事物的目光中遗忘了他自己。他
是一位高贵的人，一位有爱欲的人，一位为其所爱可以舍身忘我的
人。在这一段落中，他把自然正当说得"光芒四射"。自然正当有一
种华丽或高贵。为了抬高他对自然正当的赞美，他引用了诗人品达。
柏拉图在《法义》中也引用过这一段。[①] 在所有的校勘本中，最好的
抄本里的这句话都被纠正成了这句诗行在别处引用时的样子。这当
然不可能。卡利克勒斯怎么就不能引错呢，特别是他也说了，"我不
熟悉这首凯歌"。卡利克勒斯说的与品达写的相反，前者的意思可能
是，法律歪曲了正义的东西、最为正义的东西。例如，一个人不应
当牵走别人家的牛，这才最正义，但品达所赞美的法律却有这样的
品质，即它歪曲了关于诸如盗窃、抢劫、谋杀等事的禁令。卡利克
勒斯让品达赞美法律，是在法律最不义这一意义上赞美它。

　　让我们观察他讲辞的步骤。首先，他从法律诉诸依据自然正当、
依据自然正义的东西；然后诉诸自然法；最后，引用品达的话，他
又诉诸法，此法是一切［有死者］的王，它歪曲了最正义的东西。
卡利克勒斯有没有反对法律？他说他反对，但他引入了法律，还强
调了两遍：第一遍是他谈论自然法时，之后是他引用品达的时候。
这揭示了什么？让我们假设，哲人寻求的——我认为这也是卡利克
勒斯预设的前提——是自然，不同于法律或习俗。卡利克勒斯从法
律或习俗诉诸自然，但这自然立刻又显示成法律的形式。那意味着
什么？如果法律——它和自然是哲学的主题——如果法律是政治
行动的要素，那么卡利克勒斯把这两个东西奇怪地结合在一起，就
表明他事实上一半是哲人，一半是治邦者。卡利克勒斯使用的术语
"自然法"契合他的灵魂，他的灵魂也一半是哲学的，一半是政治
的。这将在下一段表现出来，届时他谈到哲学在一个秩序井然的生
活中应当扮演的角色。

---

① 《法义》690b。

[118] 484c-485e：卡利克勒斯已经从法律诉诸自然，他不是苏格拉底那样的公共演讲者。他似乎在哲学地论辩，全然不顾大众观念。最后，他上诉到法律，品达的法律，在这长篇讲辞中，他说了七次"我相信"，这意味着他所说的没有得到证明。他其实清楚，他的论证不够哲学。在484c，他说，一个人只有超越哲学才能发现真理——关于占有更多之美的真理不可能由哲学证实，虽然哲学亦证明大鱼会吃小鱼之类。但问题在于：朝着什么方向？后来，在497c，苏格拉底说，卡利克勒斯已经领教了较低的奥义，还未领教较高的奥义。有一种超乎哲学的奥义是卡利克勒斯暗地里诉诸的。卡利克勒斯在他这里的讲辞中关于哲学的说法，在另一篇著名的希腊文本，即伯里克勒斯的葬礼演说中广为人知。伯里克勒斯说，"我们热爱哲学而不至于奢侈"，[①]这意思可能是"我们热爱哲学，但不至于从柔弱的追求中养成柔弱的习惯，就像围坐在一起聊天"。也可能意思是，"我们热爱哲学，但同时也很节制"。卡利克勒斯的意思如下：毕生追求哲学与贤人的生活不相容。贤人可以在牛津、剑桥或类似的地方受到高雅的教育，但在此之后，严肃的事业才开始。

484d：把自己完全献给哲学意味着对法律无知。若有人以此方式贬低法律，他就不该抱怨有些人对法律无知。把自己完全献给哲学意味着他对法律、对政治事物，尤其是对人们的品质一无所知。一个把自己献给哲学的人在人群之中找不到自己的位置。这层意思在柏拉图的著名对话《泰阿泰德》中换了一个说法，虽然没有本质上的不同。有一个段落，苏格拉底向一位老数学家忒奥多洛斯（Theodorus）描绘说，一位真正的理论人甚至不知道他比邻的是人是猫，因为他不关心这样的事——他的描述让那位数学家大为受用。[②]虽然数学家对于不必担心这些他不感兴趣的东西的前景感到快乐，但对于卡利克勒斯而言，这是最严重的反对。卡利克勒斯的意

---

① 参见修昔底德《伯罗奔半岛战争志》II.40.1。施特劳斯这里的引用不准确。修昔底德的原文是："我们热爱美但不至于奢侈，热爱智慧但不至于柔弱。"

② 《泰阿泰德》174a-b。

思是，如果你想要在获得更多这一方面成功，你必须了解你试图规避的法律。换言之，卡利克勒斯关心的不是自然，他唯一关心的是人类事务，以及在人类事务方面成功。有几个细节必须提出，因为它们体现出卡利克勒斯谴责哲学的特点。在484e，他比较了两种情况，一方面是哲人一旦进入政治领域，就变得可笑，另一方面是一位伟大的雅典治邦者，比如说伯里克勒斯本人，进入哲人的群体时，也会变得可笑。当他说治邦者进入哲人们中间时，他只说到"言辞"，而在前一个情况中，他谈到哲人进入政治场所时，在484d，他说到"言辞"时则带了限定词。①观点显而易见：纯粹意义上的言辞是哲学的言辞；别的言辞则需要限定词。

[119] 在485a，他谈到高贵。恰当地参与哲学和政治是高贵的：你们念大学的时候参与哲学；毕业后参与政治。在485b，他把成年人玩的哲学比作小孩儿的咿咿呀呀。小孩儿说话咿咿呀呀很可爱，可若是成人也这样，就很荒谬，简直该打。哲学也是如此。如果一个二十岁的少年认真对待哲学，那很不错，就像两岁的小孩咿咿呀呀说话。可要是三十岁了还这样，就只有挨揍的份了。这是什么意思？卡利克勒斯在这里揭示了他的灵魂。他不但讨厌哲学，他还暗示出某种依据自然而合宜的东西。过了一定年龄再玩哲学依据自然不正派——并非根据雅典人某些愚蠢的偏见，而是依据自然不合适、不高贵。当着苏格拉底的面，他差不多是在说"你该打"。这样隐含地论及依据自然不正派而且不合适的东西，其性质相当于诉诸依据自然正当高贵的东西，即自然法、宙斯的法（高于任何人法）。卡利克勒斯代表反哲学的人。这些所谓的智术师只是简单地把自然和习俗对立起来，并称所有道德区分都仅仅是习俗性的，这些人某种意义上也算反哲学，但他们不是严格意义上反哲学之人的代表。他们以某种成问题的方式分有哲学。我会认为，卡利克勒斯是反哲学的最佳代表，而诸如阿尼图斯之流并不算。接下来，我们将看到，即便在最好情况下，反哲学的人也对苏格拉底式的修辞术免疫。

---

① 关于"合乎资格的"（qualified）的含义，参见484d3-5。

卡利克勒斯长篇讲辞的最后一部分，485e-486d：卡利克勒斯现在把关于正确对待哲学以及哲学在生命中的正确地位的教训，应用在了被指控的苏格拉底身上。在485e，卡利克勒斯感觉苏格拉底就像一位朋友、兄弟，但却是一位与之有深刻分歧的兄弟。在对话开场，我们注意到，凯瑞丰被他的兄弟搞得心事重重，苏格拉底则试图化解他与他兄弟之间的问题，就像色诺芬告诉我们的。[①]同样的场景在这里再次重演。这影响深远——影响之一是，卡利克勒斯对苏格拉底没有爱欲，因为兄弟间的爱欲不正常，因为这样，苏格拉底对卡利克勒斯也没有爱欲。我必须不厌其烦地提到希腊人关于男人之间的爱欲关系的某些成见，柏拉图当然也不时地提起。兄弟间的这种关系会被看作不正常，就像我们也会如此看待兄妹之间具有那种关系。卡利克勒斯与苏格拉底都充满了爱欲，但卡利克勒斯与苏格拉底之间不存在爱欲关系。卡利克勒斯对待苏格拉底感觉就像兄弟，他尽力给苏格拉底最好的建议，即远离哲学。在这段关系里，他有一番评论："你的灵魂有如此高贵的天性，苏格拉底。"这话说得很委婉。根据通常的看法，苏格拉底的身体没有高贵的天性，因为苏格拉底的丑众人皆知。之后他又从欧里庇得斯那里引用了一小段诗。卡利克勒斯的引用有某些小小的改动，这应当注意。欧里庇得斯说的是女人模样，卡利克勒斯则用男孩般的模样取代了它。欧里庇得斯说的是矛，卡利克勒斯则用审判代替了矛。欧里庇得斯说的是战争，卡利克勒斯用事务取代了战争。做个总结，卡利克勒斯对欧里庇得斯诗歌做出的改动适用于普通城邦民：修辞术是他的武器；他不是一位［120］战士，假如他真是战士，整篇对话就不可能发生，因为这样的话，他兴许就成了拉克斯和尼西阿斯的跟班，而不是高尔吉亚的跟班。[②]

在［486］a-d：苏格拉底应当丢弃哲学，为什么这是一个好建

① 《回忆苏格拉底》，2.3。
② 拉克斯和尼西阿斯是雅典将军，他们是柏拉图对话《拉克斯》的主要人物。

议？卡利克勒斯说，无论多么低贱的指控者，都会使苏格拉底成为
牺牲品。他救不了自己。只要苏格拉底的指控者愿意，他会判处苏
格拉底死刑，苏格拉底对此则无能为力。这听起来就像预言，但卡
利克勒斯并不当真相信苏格拉底会受死刑。毋宁说，他似乎相信苏
格拉底兴许会被剥夺全部财富，会像流放者那样生活，或者被人扇
耳光。卡利克勒斯虽然瞧不起修辞术，公共演讲，但他当然也需要
公共演讲。

下一部分是486d-488b，苏格拉底描述了他与卡利克勒斯对话的
实际处境。

学生：〔问题听不清〕

施特劳斯：由于卡利克勒斯灵魂的特殊品质，他不由自主地赋
予事物一种政治性解释。因此，哲学的区分带有政治性含义；因此，
起初自然的东西本来与习俗相反，却至终变成了自然的法律或习俗，
而他对此毫无意识。在特定的语境中，这是一个矛盾，这个矛盾反
映出他内心的矛盾——他这个人，曾经从事哲学思考到一定程度，
然后又忘记了它，就像他忘记了儿时的咿咿呀呀。其哲学思考的结
果是产生了一个有教养的、有文化的人，而不是一个哲学人，因为
哲学不过是提升他的表达的一种手段。虽然他的讲辞具有高度的修
辞性，但这不意味着是修辞性展示。他拥有某些修辞性的力量，但
他不想要展示他的力量。柏拉图在每一篇对话中所做的事，尽管并
不总是同样看得见，是我们所有人的一面镜子。如果我们保持一定
距离，往镜子里看去，我们会发现，我们自己也在某些矛盾上有份
儿，虽然不一定是〔卡利克勒斯式的〕矛盾。我们灵魂的某些可怕
的瑕疵会被揭示，然后我们必须开始就此干点什么。就算苏格拉底
也不可能完美无瑕，虽然这样说有些跑题。

学生：〔问题听不清〕①

施特劳斯：如果法律在根本上是欺骗，那你就彻底抛弃它好了。

---

① 根据施特劳斯针对这一问题的回答，有人猜测，这问题与人类学相关，
施特劳斯在下一次课（第八讲）开始时将粗略地复述一遍。

但抛弃它意味着返回一种完全野蛮的状态，在那样的状态中，即便最强者也不能占有更多，因为没有更多的东西让你获取。于是正确的做法是建立城邦，建立法律，然后利用那些傻瓜的愚蠢为自己牟利。你仔细想想，真正的自然生活其实是僭主的生活。但僭主的存在必然预设了城邦。因此，它也预设了基本的欺骗，除了他自己以外的所有人都相信这一欺骗。因此，它的确是自然与习俗的结合，但你必须讲清楚这些术语。[121] 否则，它听上去就像许多当今社会科学家的种种论断那样天真。卡利克勒斯不是哲人，这一点体现在以下事实中，即他只知道那些人们可以从他那里夺走的东西。我们不可对卡利克勒斯作出不公的评判，把他当作现代的相对主义者。他心里想的不是这个或那个特定的习俗，也不是这个或那个社会，而是每一个（every）社会所依赖的唯一（the）根本性习俗——他说每一个社会都依赖于相同的根本性习俗，即所有人应当平等地服从法律，无论法律是什么样。这才是他攻击的对象。

难道占有的欲求对人来说就不能是自然的吗？[可以，但]这并不意味着它就是好的。就算习俗不告诉他"要尽力获取"，这欲求也可能产生。就像爱与恨、钦佩、抱负等等，依据自然在人之中产生，对财富的欲求也可以是自然的。例如，妒忌在有些社会是禁忌。这意味着当外邦人来这里时，主人的妻子必须以身服侍他。但这不能证明，这主人没有妒忌的感觉，就像这并不意味着如果严禁醉酒，人们就没有饮酒以及醉酒的欲望。这些人类学家有[什么机会]能透视这些人，从而看清这些人的激情吗？如果他们不受这些激情束缚，那么我会说，他们是令人惊讶的好人，我会想知道什么条件造就了他们的好——也许我们应该在这里创造相同的条件。卡利克勒斯和苏格拉底都满足于说，拥有更多的欲望根植于人性之中，如果这欲望没有得到发展，那是由于社会的极端贫困。习性的力量，尤其是当习俗有宗教基础的时候，可以非常强大。可是，[习性的力量是如此强大，]以至于它会彻底消灭这些欲望，除非你是一个[善于反思]、善于思考的人，否则就无从逃避，是这样吗？当你看见美的东西时，你若不在更高的层次上去反思它或以某种东西介入其中，你就会不可避免地欲求它。[此时去反思它]可能是一种古老的习惯，但单独的古老习惯只有基于这样的假设才能被理解，即习惯被需要，是为了防止这些欲望充分发展。

学生：[问题听不清]

施特劳斯：卡利克勒斯举了狮子为例，但不是一群狮子。造反并不预设狮子的手下也会参与造反。我认为这只是一个现代的、社会主义的偏见。为什么个人不能造反？他们无法发起社会性的造反，这有可能是事实。但为什么个人的造反不能在影响一些人之后逐渐导致社会性的造反呢？……波希米亚人不是造反者。且不论成为造反者好不好的问题，我们谈起这些人就发笑。他们不知道他们在做什么。他们人不错，你们不该对他们太过认真。让我们到此为止。从柏拉图的观点来看，人本身无疑具有占有更多快乐事物的欲望，尽管这也是一个程度的问题——某些人就是天性纯良。对此，唯一真正的治疗手段就是理解。这理解必须通过实现潜在的理解才能获得。

下一章节，486b-488b：苏格拉底在这里描绘了他与卡利克勒斯对话的实际处境。我们知道卡利克勒斯和苏格拉底都是爱者。[122]苏格拉底热爱哲学，卡利克勒斯不热爱哲学。这会取消卡利克勒斯的对话资格。因此，苏格拉底现在证实，卡利克勒斯完全有资格参与这样的对话。在486b，苏格拉底说："要是我有金子般的灵魂，你，卡利克勒斯，将为我充当试金石的功能；你可以测试我，我的灵魂是不是纯金的。"我们必须仔细思考这个比喻。苏格拉底对卡利克勒斯说，"你可远不如我有价值"——一块石头不如黄金有价值——"但你对我来说非常有价值，你能显示出我的卓越，我的优秀。"苏格拉底的灵魂是不是金子般的可以质疑，但卡利克勒斯属于某种石头则似乎得到了确定的暗示——他是试金之石。这石头不仅用于测试苏格拉底的自然本性，而且还能滋养他的灵魂。之前没有提到或暗示过石头有滋养功能。在486e，你们看见一个缓慢的过渡来解释这比喻。苏格拉底说："如果你，卡利克勒斯，同意我的灵魂所相信的意见，那么我的灵魂所相信的那些意见就是真实的。"苏格拉底具有某些意见——例如，受不义比起行不义是更小的恶。这意见是否真实，我们不知道；它尚未得到证明。但如果卡利克勒斯同意它，它就得到了证明。卡利克勒斯将成为唯一的（the）试金石。

在486e-488a，苏格拉底提供了某些理由。卡利克勒斯拥有测试灵魂必需的全部品质。测试灵魂意味着测试灵魂持有的种种意见的真实性。这些品质是：知识或科学、善意和坦率。在希腊文抄本中，"善意"其实是"好名声"。①因为doxa有好名声的意思，所以它可以用善意来代替。灵魂测试者必须拥有关于什么是好或完善或真实的知识、科学。他还必须拥有意见，这是doxa另一个含义。他必须拥有对这个具体的人的真实意见。根据苏格拉底或柏拉图，你不可能拥有关于任何个体的知识或科学，只能是意见。第二，他必须有意愿告诉那人，当他根据真理观察那人时，他看到了什么。除了知识、意见以及坦率之外，这样的分析并不额外需要善意，因为，根据苏格拉底，知识保证了善意。另一方面，知识并不保证坦率。想一想医生，他拥有关于疾病的全部知识，却不告诉病人，因为病人关于疾病的知识会妨碍恰当的治疗。但如果我们现在转向后一个公式，那么知识、善意和坦率就是测试意见的条件。卡利克勒斯具有这些品质。像卡利克勒斯这样的人极为罕见。在487a-b：多数人不聪明；只有少数人聪明，但这些少数人并非个个都关心苏格拉底。在这些少数人中间，既聪明又关心别人的，并非每一个都坦率。同时找到这三种品质是一种奇迹。有不少问题从这一点产生。苏格拉底说，高尔吉亚和珀洛斯既聪明又为人友善，但缺乏坦率。如今，我们有一个聪明、善意、坦率的典范。因此，从这一章节得出的东西将是绝对的真实——"至真"（the perfection of truth），后来会这样称呼。

［123］苏格拉底暗示说：直到与卡利克勒斯对话，我们还没有发现任何东西。所有东西将依赖于作品的这第二部分。这一条件现在得到了详细说明。《高尔吉亚》第二部分的一流品质取决于卡利克

① 施特劳斯指的是487a3：大多数校勘者用eunoian取代doxan，这最早源于Olympiodorus的释义。在487b7，记录稿作eunous。

勒斯的品质——取决于卡利克勒斯的聪明、善意以及坦率。如果这些条件中的任何一个都是假的，那会怎么样？我们不得不重新思考整件事。问题：卡利克勒斯聪明、善意以及坦率吗？阅读柏拉图时，你们不可能像阅读人类学的文献那样去做。你们必须检查、测试它的偏见与水平；你们不能简单地把它当作绝对真理来引用。我们必须对这里界定的卡利克勒斯的品质形成一个判断，我们对整篇对话的判断将基于此。[卡利克勒斯]是一位聪明人吗？这里如何证明他是聪明人呢？在487b："许多雅典人都会承认。"这是卡利克勒斯聪明的证据吗？至少它有些可疑。我认为我们可以先观察他在对话中的表现如何，从而形成一点我们自己的判断，然后我会尝试着提出，他并不聪明。

他的其他品质又如何呢，比如善意的品质？如何证明他对苏格拉底有善意呢？证明是这样的：卡利克勒斯给苏格拉底的建议，与他给自己最亲近朋友的建议相同，所以，他一定对苏格拉底有善意。这论证令人信服吗？让我们假设卡利克勒斯的态度偏向于反对哲学——虽然在内心深处信服哲学，但态度仍然有偏向。这一点当然会借着他的朋友们显示出来。这立场也会展现给苏格拉底或其他任何人。换言之，这动机在所有情形下都可能成为反对哲学的恶意，而这种恶意会表现在所有层面上。如果有人带有种族偏见，他会在所有条件下表达出来。因此，他在这方面对苏格拉底的开诚布公不必然是友善的标志，而是类似于一个带有种族偏见的人，他会在任何人面前公开谈论他的偏见。由此提出的问题是：卡利克勒斯的主要动机是什么？如果他的动机是反感哲学——似乎正是如此——那就可以解释为什么他会向任何人表达这种反感，不管他对那人有没有善意。苏格拉底说的是"卡里克勒斯对我心怀好意，所以他不会为了伤害我向我隐瞒真理。"在我看来，卡里克勒斯不喜欢哲学，这必然包括他对苏格拉底的恶意——要是苏格拉底不听从他的话。举个例子，苏格拉底对他孩子的好意不会受他关心哲学的影响。他对他孩子的兴趣也许会受此影响，但他的好意不会。问题：苏格拉底本人会怀有善意或好意吗？好意意味着单纯的性情好，这个东西不会起太大作用，它不同于爱。

学生：[问题听不清]①

施特劳斯：如果你按照他指的那种深层含义来理解知识，那么好意或善意就是理所应当的事。所以我们必须在更通俗的意义上理解这一点。总之，苏格拉底明确说过的是，高尔吉亚和珀洛斯既是聪明人也是朋友。他们只是缺乏第三个条件，坦率。而卡利克勒斯两种品质都具备。如果[124]有人有着支持或反对一件事的强烈信念，他很有可能向所有人宣扬他的信念。这不能证明他对那个特定的人带有好意。这非常清楚。卡利克勒斯是否聪明、对苏格拉底有善意以及坦率，整篇对话的含义取决于这一点。如果他不满足这三个条件中的任何一个，根据苏格拉底的明确说法，这篇对话就不可能通向唯一的（the）真理。不必说，我们还未从另一个角度提问：只有卡利克勒斯必须具备这些品质吗？苏格拉底呢？如果卡利克勒斯具有这三项品质，而苏格拉底却不聪明、缺乏好意、不坦率，这样足够通向真理吗？我相信答案在关于卡利克勒斯聪明的简单证明中给出来了："你很聪明，至少许多雅典人会这样说。"这不是证明。这甚至是一种偏见，反对认为卡利克勒斯很聪明。因此，我们必须特别用心地阅读卡利克勒斯的反驳。我们仍旧必须重点关注这三个条件。苏格拉底在这里提出了一个说法，适用于所有（all）讨论。比较《王制》450d-e。苏格拉底在那里说，人们可以在明智的人中间谈论真理。这很重要。那里提到了两个条件：理性或明智，以及友好。

学生：我们要假设苏格拉底诚恳吗？

施特劳斯："诚恳"这个词的程度太强了。有一些关于对话的习性是我们所称赞的，虽然它们不完全等同于我们现在称之为"诚恳"的东西。一个被称作"礼貌"。当苏格拉底说"如果我有金子般的灵魂"时，如果卡利克勒斯明白这话的意思，这对卡利克勒斯而言就会很难接受，因为黄金比任何石头都要值钱得多。苏格拉底在

---

① 根据施特劳斯针对这一问题的回答，有人猜测，这问题与哲学讨论的必备条件相关，施特劳斯在下一次课上有提及。

这里没有说到任何珠宝，他说的是石头。其次，卡利克勒斯后来提及另一个事实，他说"苏格拉底，你太反讽了"。苏格拉底以他的反讽著称。反讽，根据亚里士多德，是一种交往的德性。反讽意味着什么？反讽的字面含义是掩饰。它在这里被理解为一种高贵的掩饰。亚里士多德在《尼各马可伦理学》中提到反讽，他说，显示出自己相对于别人的优越很粗野。^①就此而论，苏格拉底把自己表现得不如实际上那么聪明，这就是反讽。如果诚恳意味着对每个人都有一说一，无视具体的语境，那么苏格拉底并不诚恳，而且任何理性的人都不会诚恳。当且仅当跟你交谈这人的福祉取决于你的诚恳时，诚恳才是合理的。举个例子，如果你［卖］给他某个东西，而你在商品的质量方面不诚恳，或者如果有人想要知道他研究的进度。但在某些情况下，诚恳可能会有害。如果有位学生问我一个问题，而我若不告诉他我对另一位学生的想法就无法回答他，那么对我来说，回答那个问题就不合适。它可能会伤害另一个人。

所以诚恳必须被界定；从任何观点出发，诚恳都有它的限度。在这里，关于苏格拉底，如果你简单地理解这个词，那么道德问题就不会显得如此清晰，尽管它就在那里。苏格拉底经常开玩笑。玩笑意味着当着人们的面谈论某些东西，而且并非所有情况下其他人都知道玩笑的意思。举个例子，苏格拉底说："我爱阿尔喀比亚德。"普通雅典人的理解就是常人的理解方式，即一个老男人爱慕一位［125］美少年。这句话当然不是这个意思，但它就是这样被人理解的，苏格拉底也不认为有必要去澄清误解——这就是反讽。此外，课堂上的每一次教学，就像每一位老师都知道的那样，除了某些特殊的学科，都有必要先给出笼统的概括以提出问题。诸多限定条件和脚注只有在更高阶段才能被学生所理解。严格来讲，这样一种没有限定和修饰语的概括不真实，但对于开启讨论绝对有必要。在这样的对话中，一段苏格拉底式的对话中，事情就更是如此，远甚于在正式的教学中。

---

① 《尼各马可伦理学》1127b22-26。

　　我们有许多例子。[比如]苏格拉底说长篇讲辞糟糕——只有简短讲辞才好。这不是真的。我们发现了这点。同样地，当苏格拉底说这些就是[所需的]三种品质时，我们可以确定这不是简单的废话，但要说这话就是关于哲学讨论所需要的品质的最终陈述，则完全无法确定——依我看也不可能确定。这个概括在这一特定语境中足够清晰，而且有用。但当你把《高尔吉亚》看作一个整体时，苏格拉底无疑并不认为卡利克勒斯聪明、对他有善意或坦率。坦率他可能会承认，但他向卡利克勒斯承认的坦率并不是一种德性。卡利克勒斯的坦率可能是缺乏自控力的缘故。坦率在这里的语境中意味着在许多人面前坦率。在许多人面前坦率怎么就有助于提升哲学讨论的层次，这可并不那么显而易见（在这一方面，《王制》中的陈述更一目了然）。但如果另一个人是理智的，而且他信任他正在交谈的对象——这些才是[讨论的]必要条件。你会如何在多人面前谈论这些或别的主题则无关紧要。进一步讲，你或许可以这样说：从柏拉图的观点来看，理性和友好的区分只可能是一种权宜之计。献身于探求真理的人——这是他所说的理性——必然友好。只有那一献身中的某种缺陷，才可以使友好作为一种补充变得必要。苏格拉底在许多层面上交谈。因此，为了理解对话，人们必须做的，就是决定所给出的概括是在哪一个层面上做出的，即确定它何以只是权宜之计，或它何以就是最终结论。

　　[磁带结束]

第八讲　卡利克勒斯部分

（488a-493d）

（1957年2月12日）

[127] 施特劳斯：让我再次提醒你们卡利克勒斯的总论点：生存意味着努力占有更多。这很含混：究竟是比他自己已经占有的更多，还是比别人占有更多。努力占有更多是所有生物的本性，尤其是人。而上一次我们提出的反对理由是，人类学的证据支持不了卡利克勒斯的论断。有的社会并不存在争夺的现象。让我们反思一下这个问题。人类学证据的价值是什么？如果柏拉图来察觉这一可能性，那他反思的基础当然就过于狭隘了。问题在于，柏拉图没有察觉吗？答案显然是"不"。证据：在《王制》卷二，柏拉图描绘的第一个城邦，完全就是一个非竞争的社会：友好的人们，没有羡慕，没有嫉妒，以及每个人都待在十分狭窄的界限内。但就像格劳孔所说——确实不是苏格拉底说的——这是一座猪的城邦。[①]苏格拉底想表达的严肃含义是，这些人生活在静止的状态中——他们在理论上和实践上皆满足于祖先的习俗。他们中间没有什么陶冶心灵、探求真理的事。这种简单的、自有其魅力的社会实际上会被想要占有更多的欲望摧毁，被那种兴许是由占有更多的机会所引发的欲望摧毁。从那摧毁了这友好社会的邪恶欲望中，便出现了一个需求，即需要纠正那占有更多的欲望及其结果。这一纠正物便是真正的德性和哲

---

① 《王制》372d。

学。一个社会完全不存在占有更多的欲望是可能的，柏拉图知道这一点。但这样的机会是一个有缺陷的社会。它必须设法让自己得到纠正，因为没有走偏的机会也就不可能攀上真正的人性巅峰。你也可以说，这些人并非真正自由。他们可能在政治上自由，但他们不是真正的自由，因为他们都不知道走偏的可能性。

人类学家是一个信仰探求真理的价值的人；否则，他不可能成为一名社会科学家。但他却表示，没有［真理］追求的生活与有［真理］追求的生活同样好；否则，他就不会用感性的笔触记录这些人的欢喜了。换言之，人类学家以其低下的方式做到了帕斯卡以一种宏大的风格所做到的事情。人类学家们也相信，理性的最高成就可能会否定理性。人类学家察觉到了问题，一个原始人察觉不到的问题。人类学家有宽广的视野，他与他的朋友们或受害者，即原始人或文盲们相比，可没那么褊狭。因此，人类学家让我们面临如下问题：他拥有的这样的意识如何与人性相关联，也就是说，如何与做一个人相关联？抛开这问题，他的研究就是短视的，最终则是盲目的，但人类学不可能回答这问题，只有哲学可以回答。像这样的人类学证据并无意义，此外，它甚至不是新的证据，就像《王制》卷二所显示的那样。因为，我们知道同一事物的七十五个实例还是只知道一个实例，对于一个严肃的人而言并无区别。因为就算只有一个例子，你也会从中看出关键性的东西。苏格拉底不会与一个原始人或一个文盲对话。这确实值得注意。

让我们把这问题放到一个更广泛的基础上。［128］原始人沉默地拒斥哲学。他沉默地拒斥他一无所知的东西，苏格拉底则明确拒斥原始主义。苏格拉底思考过原始人从未考虑的东西，原始人却从未思考过苏格拉底考虑的东西。原始人拒斥哲学，从而沉默地做着卡利克勒斯明确做的事情。苏格拉底与非哲人卡利克勒斯的讨论也将含蓄地涉及原始人。你可以说，虽然我们现在不可能做到这一点，但完全理解那一对话，也就等于理解苏格拉底与一个原始人之间未写下的对话。另一个要素是尊敬古老、祖辈的秩序，这是所谓原始社会的特征，这当然也是卡利克勒斯缺乏的东西。因此，《法义》中苏格拉底与一位斯巴达老人和一位克里特老人的对话，也指出了原始人问题的某些方面，而这些方面在《高尔吉亚》中找不到。以上只是为了回答上一次课提出的那个十分有趣的问题。

柏拉图跟我们一样，面临着基本上相同的生活方式的多样性。柏拉图思考过它们各自的优点，然后得出结论，正确的生活方式是哲学的生活方式，即献身于追求真理的生活。追求真理意味着超越关于真理的意见，无论这些意见多么受传统推崇，它还意味着超越种种追求，这些追求暗示追求真理并非唯一必要之事。哲学的这一主要概念暗示了自然与习俗或法律的区分。习俗或法律首先是必须思想超越的对象，这样才能抵达实质性真理：自然。或者就像柏拉图表述的那样，离开洞穴。从这里走〔向〕那里，或学习死亡，都是同一件事的不同表述：从人的日常追求中彻底抽身而退。这一思想在两个地方发展得最为清晰，一是在《斐多》中，即苏格拉底临终前的对话中，另一处是在对话《泰阿泰德》中被称为离题话的部分。在《泰阿泰德》中，哲人被呈现为一个不知道市场在何处的人——你会想起《高尔吉亚》开篇暗示了这一点——他不知道法律，他甚至不知道比邻而居的是人是猫。① 亚里士多德在他的《尼各马可伦理学》中也提到过同样的事情，他说我们必须区分聪明的人和理智的人。理智的人在最高的程度上是治邦者，比如说伯里克勒斯，但聪明人就像泰勒斯，他会因为看星星而跌到井里，所以他非常不切实际。可以说，这是哲学之问题的第一次出现。

但有一个问题：身体有种种需要，就连哲人也必须照顾到这些需要。答案很明显：尽可能无动于衷地照顾这些需要。但这不是真正的问题。真正的问题是别的那些人。哲人既然知道追求真理是人的完善，就不能对他同伴的命运无动于衷。他将在追求真理的共同体（community）中得到快乐。他甚至会在追求真理中受益于共同体，即受益于与他人的交流。由此产生的问题是，帮助他人追求真理与哲学是无关呢，还是它就是哲学的一个本质部分。难道哲人不会通过帮助他人、指导他人学到某些真理么？难道他不会通过指导别人学到关于

---

① 《泰阿泰德》174a-b。

人类灵魂的某些东西么［129］？除了与人们一起生活、一起交流，难道还有学习人类灵魂的任何其他方式吗？可人类灵魂毕竟不是哲学的唯一主题。那么哲学便显得由两部分组成：一部分是纯理论性的，它的理论性质可与数学相比拟，另一部分是政治性的、道德性的。柏拉图在两篇关系密切的对话《智术师》和《治邦者》中提示过这一观点。这里我们可以理解柏拉图与亚里士多德之间的差异，我曾在一个更早的场合提出这一差异。对柏拉图来说，政治哲学当然包括道德哲学，它对于理解整全而言，至少跟理论哲学同样重要。理解整全最为重要的线索是理解人和人类的追求。在亚里士多德那里则不然。这一点在亚里士多德那里某种程度上被其他的考虑掩盖了。在柏拉图那里，则显示得明明白白。

哲学是正确的生活方式，而且是帮助别人过正确的生活方式：二者是一回事。但正确的生活方式在于制作关于正确生活方式的言辞。那就是悖论所在。正如苏格拉底所说："花毕生精力去制作关于德性的言辞，就是德性。"这样的言辞有许多种层次。对于目前正在讨论的东西，我已经准备了真正的问题。并非所有人都可以成为哲人，这有两个原因。第一，天赋不同。某些自然天赋是必需的，［诸如］记忆。如果一个人的记性不好，那他不可能思考；他总是会忘事。第二个理由同等重要，即闲暇。大多数人不得不辛勤劳作以追求非哲学的目标，他们没有追求哲学的自由。辛勤的劳作剥夺了心智的自由。并非所有人都可以成为哲人，因为事物的本性如此；这一事实导致另一事实，哲人与非哲人的关系是一个问题——或者，用苏格拉底在《高尔吉亚》中使用过的尖锐表达，此即哲学与民众（demos），即哲学与平民的关系。虽然民众主要指一种政治现象，即不得不谋生的穷人们，但这个词的意义经过了提炼，最终指全体非哲人。无论他们是国王、僭主抑或骑士，在这个意义上他们都属于民众的一部分。

问题是：哲学本身能够在哲人与民众之间建立起互相满意的关系吗？如果不能，哲学便需要补充。这补充就是修辞术，某个特定种类的公众修辞术。这样观察哲学与非哲人的关系，我们不是十分熟悉。为什么？因为我们思虑不周？当然，我们是思虑不周，但不只这个理由。现代哲学已经发现了我们正在讨论的公众修辞术的替代物。那替代物就是启蒙：哲学或科学的成果可以向所有人传播。通过承认同样的哲学真理，哲人和非哲人可以联合起来。这一解决办法暴露出某些困难，因为它［混淆］了真正的知识与肤浅的信息之间的区别。毕竟，启蒙被不充分地界定为对哲学或科学发现的大众传播。我想要解释这一点，这样你们会看到，这其实就是我们讨论和阅读《高尔吉亚》时真正面临的问题。

［130］在我们今天讨论的这一章节中，苏格拉底说，他会说，根除占有更多的欲望的唯一办法就是哲学。就非哲人们而论，限制（limitation）占有更多的欲望唯一可能的办法基本上是凭借多少属于外在的手段，诸如强制或培养习惯。于是哲学就被理解作在道德上比普通的道德和法律更严苛的东西。当人们说有人过"一种哲学的生活"时，这一点仍被人铭记。这暗示出哲人的道德要求更高的一面。然而，这也意味着哲学出于这个理由而不再大众。但让我们设想一下哲学在道德上不再严苛。这实际上会要求哲学的含义有一个彻底的改变。如果哲学的目的不再仅限于认识真理，而是通过认识真理有助于救赎人类，就像培根所说；有助于增加对人对非人事物的力量，就像霍布斯所说；有助于舒适地自我保存，就像洛克所说——换言之，如果哲学的目的与占有更多的欲望相一致，那么哲学将变得大受欢迎。民众将不只是科学信息的简单接受者，多少有些肤浅或浅薄而已：民众将仿佛是顾客，购买哲学或科学提供的商品，他们会从这种商品中获得巨大的快乐。

简而言之，柏拉图寻求的公众修辞术的现代替代物，是基于科学的技术。所有人都有一种无需言语的信念，即哲学或科学［有益］，这个信念消除了哲学与非哲人之间的鸿沟。我们可以说，技术是现代的公众修辞术。就算没有广告——虽然我相信，技术仍然需要广告并非偶然，广告显然就是公众修辞术，但我不必去证明这一点。举一个简单的例子，当某个医学发明比另一个更可取，他们就会通过在一种情况下展示一张手帕，又在另一种情况下展示那张手帕，或不管做什么来展示这一点，那当然是公众修辞术。所以就算是哲学与民众的技术性和解，仍然需要一种修辞术。

我们这里思考的问题不仅仅是原子弹或人口炸弹——人们这样称呼出生率剧增——而是这种新的哲学或科学，它为救赎人类而创立，它导致一种新的政治哲学或社会科学，其中被称作相对主义的东西占据着至高无上的统治地位。在这个现代世界里，最高权威变成了科学，而科学没有能力宣告任何目的，这使得任何一种目的选择都会被赋予力量。这意味着科学不提供粘接社会的纽带。舒适的自我保存或自觉的自利对于粘接社会是不充分的。我相信，在今天没有社会科学家会把舒适的自我保存或自觉的自利当作社会的纽带。人们随时随地都在谈论对意识形态的需要。这样的社会科学认识到意识形态和神话是必要的。这再一次承认了人们需要公共修辞术。从长远看，没有修辞术，如何传播意识形态和神话呢？即便我们接受现代的假设，我们还是得再次返回柏拉图。这提醒我们一个事实：我们在这一点上不是古代人。然后我们还是回到《高尔吉亚》吧。

卡里克勒斯章节始于苏格拉底关于哲学与民众相互对立的论述。为什么这一对立没有在前面的章节，即高尔吉亚和珀洛斯的章节里变得明确呢？苏格拉底暗示说，[131] 高尔吉亚和珀洛斯都缺乏爱欲，缺乏爱，以及与之相关的严肃性。卡利克勒斯说高尔吉亚和珀洛斯缺乏坦率，这在某种意义上得到了苏格拉底的承认。他们会感到羞耻。这两件事有联系，因为爱欲克服了羞耻感。因为高尔吉亚和珀洛斯是修辞家，所以这一定与修辞术的性质、与高尔吉亚的修辞术有联系。我们可以说，高尔吉亚和珀洛斯绝对化了修辞术，他们之所以这样做，是因为他们相信，修辞术解决了哲学与民众之间的对立所造成的问题。

这样，高尔吉亚的修辞术可比作现代技术：二者都满足非哲人们的欲望，从而消除了哲人与非哲人之间的鸿沟，只不过手段不同而已。古代的手段是非实质性的；它们只是言辞。而今天强调的是实实在在的天赋，但言辞也并非那么不重要，就像现代科学发现的那样。修辞家试图满足这些共同的欲望——生命、自由、财富和名誉，当这些东西受到威胁时，[他] 还让人有能力在法庭面前为自己辩护。修辞家不质疑这些欲望。它们是既有的——就像它们对于现代经济学家也是既有的。修辞家对待这些欲望仿佛它们是仅有的自然欲望。修辞家基于如下假设行动，即占有更多的欲望是唯一的（the）自然欲望。如果有人想获得奖赏，就必须遵守这样或那样的法律。为了在这样的社会环境中满足这些对于更多的欲望，修辞家必须接受关于正义和是非的共同意见，即便他不相信这些意见，即便他只是把共同意见看作全然习俗性的，看作仅在此时此地有效的游戏规则。然而，在这样做出让步时，指导修辞家的不是对真理的追求，不是能够以某种方式使他成为修辞家的哲学。修辞家自己被占有更多的欲望左右，这欲望使他想要占有的东西，多过他真是一位哲人所需的东西。他背叛了哲学，虽然他也算接受过哲学训练；他背叛的原因在于，他从心底里相信修辞术是哲学和多数人的结合体，是最高贵的技艺。尤其重要的是，他很看重声誉，看重声誉意味着必然努力想要符合习俗性的标准。这类人宣扬习俗的可鄙性质，却很看重声誉。至少这是柏拉图对这类人的分析，这分析当然适用于诸如高尔吉亚和珀洛斯这些人。在另外一种意义上，它也适用于卡利克勒斯。

　　卡利克勒斯也是自然与习俗的混合。但卡利克勒斯很少意识到他对哲学的依赖，他更多专注于城邦。因此，他从他的观点出发，创造了这个矛盾的表述，"自然法"，这在他口中意味着"自然的习俗"。另一方面，他关心贤人的尊严和贤人的得体，这使得他悟到了有依据自然高贵的东西或依据自然得体的东西。不管怎么说，卡利克勒斯不像高尔吉亚和珀洛斯靠修辞术或教授修辞术赚钱。我并不反对赚钱——我自己也必须赚钱——但在雅典社会，一个人不是贤人最为表面的标志就是赚钱，尤其是通过教育赚钱。这意味着把最高的东西看作可用钱买的货物。对此我们不要作简单理解，但我确信柏拉图和苏格拉底对此并不太过当真，因为有一本关于苏格拉底经济基础的书，十分令人着迷，那本书很清楚地写道，苏格拉底也需要某些渠道满足他的简单需要。他有［132］一些朋友照顾他。但他说，这些朋友就是他的"金钱"。[①] 可见，苏格拉底看到有这一点

---

① 施特劳斯指的是色诺芬的《齐家》。尤其参见1.14和2.8。

点虚伪藏在其优雅的贤人概念底下，但是，它并非完全无关紧要，因为对此你也许可以察觉到某些东西。

关于卡利克勒斯，我们还注意到，他无私地献身于我们会称之为理想的东西——一个他知道他不能辜负的理想。卡利克勒斯是民众的爱者，却称赞杰出的个人，并且他知道他自己不是这样的杰出个人，他知道他属于民众。卡利克勒斯属于民众，所以他渴望超越民众。他不仅爱不美的民众，他还爱着美丽的皮里拉姆佩斯［之子］。他领悟到有一种东西高于民众、高于他自己，但是，他凭靠着民众或政治的眼光解释那更高的事物，就像他把自然解释作自然或宙斯的一种习俗，这意味着他认为自然以武断的意志为基础。哲学与多数人的对立所导致的问题，高尔吉亚式的修辞术解决不了。证据就是：卡利克勒斯，高尔吉亚的朋友和仰慕者，谴责哲学的生活方式。在一个非常著名的段落中，他谴责苏格拉底［该打］。他没有判处苏格拉底死刑，这纯属偶然，因他对苏格拉底比较有好感。这偶然的好感把他与其他哲学的敌人区分开来，后者判处苏格拉底死刑，他们中最为有名的就是阿尼图斯，他算是《高尔吉亚》的姊妹篇对话《美诺》的主角。卡利克勒斯和苏格拉底一致同意，哲学与民众相对立。卡利克勒斯说，哲人们在政治领域变得可笑，而治邦者在哲学讨论中也变得可笑。这意味着关于哲学限度的问题是真实的，即过了某个点哲学就进不去了，苏格拉底和卡利克勒斯都看到了这一点，只是他俩得出了不同的结论。

你们还会看到，在485d，卡利克勒斯描绘了哲人的生活，他说，他们三四个人坐在角落里——不是在市场里对多数人高声演讲，而是在角落里小声嘀咕。苏格拉底谈到卡利克勒斯曾和他的朋友们一起商议应当选择哪一种生活，那时他们也是有四个人，也是在一个角落里小声嘀咕，而非在市场里高声谈论。就算卡利克勒斯也不得不在选择他的生活方式时退出人群。就算卡利克勒斯也不得不至少从人群中隐退一次。

这一段紧接着我们上一次开始讨论的段落：最终建立真理所需要的条件。卡利克勒斯在完成他的长篇讲辞之后，苏格拉底准备与卡利克勒斯交谈，他先一般地评论了一场完美无缺的讨论，也就是说通过讨论彻底解决问题，要满足哪些条件。这些条件，苏格拉底说，在他与卡利克勒斯的讨论中已经满足。这些条件没有在他与高尔吉亚和珀洛斯的对话中得到满足。无需多想即可知道，这些条件也并没有在与卡利克勒斯的对话中得到满足。因此，这些用于哲学讨论的条件从未在对话中得到满足。苏格拉底谈论关于哲学讨论的条件，他有什么目的？为什么苏格拉底就如同在宣称整个讨论有缺陷？讨论的主题是修辞术，那就是说，[133]是哲学的补充，或者说哲学的缺陷。苏格拉底说，到目前为止，讨论有缺陷。它不满足哲学讨论的必要条件。因为有三个这样的条件，[只有]其中两个得到了满足——这两个条件是智慧和好意（或友谊），第三个条件是坦率。珀洛斯和高尔吉亚并不坦率，因此，讨论不够充分。卡利克勒斯则将具备这三个品质。

我们必须提出的问题是，事实上，你们中的一位上次已经提出：这三个品质——智慧、好意或友谊、坦率，是哲学讨论的必要条件吗？如果有人问我们哲学讨论的条件是什么，我们会怎么说？理智（intelligence）和诚实——理智当然包括在某些领域的必要信息。这里的诚实是什么意思？有个家伙伪造支票，这个事实与他在讨论中的诚实无关。这里的诚实有特定含义。不诚实就是指想要赢，或想要避免遭人反驳的羞耻。如果这一点不存在而又有胜任的能力，那么条件就达到了。

柏拉图在《王制》450b-c谈论了这个问题，他在那里说，人们可以在明事理的朋友中间谈论真理。柏拉图暗示，这两个条件保证了诚实。如果人们是理智而真诚的朋友，诚实便不成问题。但他也暗示，缺乏这一因素，诚实，在百分百坦率的意义上，便不可能。从而，哲学讨论也就不可能。因此，根据《王制》中的说法，没有必要提出坦率作为独立的第三个条件。不只如此，在《高尔吉亚》的这一段落中，坦率意味着在许多陌生人面前坦率。而《王制》中的段落暗示说，这样的坦率不可能。这样，哲学讨论在《高尔吉亚》满足的条件下就不可能发生，因为有许多陌生人在场。苏格拉底给人造成了这样的印象：到目前为止所缺乏的唯一事物，现在却可以得到，这就是坦率，而这一额外因素的存在将保证完美的哲学讨论。可是，这一额外的因素与哲学讨论不相容。这样，哲学讨论的缺陷就在于，它不可能在许多陌生人面前坦率。或者，如果我们用爱情来比喻的话，爱情克服了羞耻感，但不是在大庭广众之下。在众人面前的讨论必然是修辞性的。缺乏坦率在修辞性的讨论中是一种德性。据苏格拉底的宣称，之前与高尔吉亚和珀洛斯的对话有缺陷，而与卡利克勒斯的对话肯定会是完美的。可事实上，所有三场对话作为哲学讨论而言都有缺陷，准确地说，与珀洛斯的对话是完美的修辞性讨论，而与卡里克勒斯的讨论将证明不仅是不完美的哲学讨论，还是不完美的修辞性讨论。作为修辞性讨论，不完美的证据是什么？缺乏成功。根据苏格拉底的说法，我们现在可以期待一场完美的哲学讨论了，可他的话只是双重反讽。与卡利克勒斯的讨论将不完美，不仅在哲学上，还在修辞学上。关于总体处境就提示这么多，现在让我们来到487d。

由于苏格拉底已经表明卡利克勒斯是苏格拉底的完美测试者——他就是一块石头，可以测试苏格拉底的灵魂到底是金的、银的、铜的还是铁的——由于卡利克勒斯是完美的测试者，这一对话的结果将是绝对真理。它［134］将是关于最重要的主题，亦即什么是正确的生活方式的唯一（the）真理。但卡利克勒斯并不聪明。苏格拉底就卡利克勒斯的智慧提供的唯一证明，是许多雅典人说他很聪明，这不是一个关于智慧的证明。你们兴许能从［487e-488a］［注意到］，关于这场讨论的宣称如何步步增强。首先，他说证明将是这样，"卡利克勒斯会同意我"，然后，"我们的同意是平等的"，［再然后］苏格拉底会同意卡利克勒斯，这意味着苏格拉底将成为测试者，而卡利克勒斯将成为被测试者。苏格拉底同意卡利克勒斯将意味着讨论的高潮，而那其实完全不可能，我们可以从我们掌握的信息猜到。让我们重新思考主要论点：如果卡利克勒斯聪明、友好而且坦率，随之而来的结果将是发现真理。但假如卡利克勒斯的对话者缺乏这三项品质呢？因此，两位对话者必须坦率、聪明而且友好。因此，只要说苏格拉底会拒绝称他自己聪明就足够了。我们在这里看到他否定自己具有这种品质。［所以他一定认为］举行一场完美的讨论，即在最终确立真理的意义上的讨论，在这里不可能。

488a-b：卡利克勒斯要成为完美的测试者，就要成为完美的反驳者，因此也就要成为最好的批评者，也就是说，成为最好的仲裁者。苏格拉底在这里要求卡利克勒斯因为苏格拉底行为不当而惩罚他。他说，他行为不当并非自愿，因此应该得到宽恕。但它仍是行为不当，应该得到惩罚。惩罚指什么？被教授真理。这种惩罚显然会提升灵魂，有别于鞭打和砍头，而鞭打和砍头能不能提升灵魂就不那么确定了。苏格拉底说，如果他故态复萌，这意味着有意表现不当，那么卡利克勒斯应当一言不发地蔑视他，以为惩罚。关于苏格拉底的报复性正义的概念，我们在这里得到一个提示：它完全不存在什么报复心态。城邦不可能惩罚教育或一言不发地蔑视就完了，这无疑是真的。但是，这里也暗示出城邦本身的严重局限，从而暗示了哲学和城邦彼此需要。但是，它们之间的差异在某些方面也是它们之间的鸿沟。

在这里，488b-491b，一段新的章节开始了。苏格拉底在这里批评卡利克勒斯强者应该占有更多的论点。在488b，苏格拉底为卡利克勒斯的论点提出了三种表述。居中的表述是这样：更优秀的人应当统治更低劣的人。这当然也是苏格拉底自己的看法。卡利克勒斯在某种意义上同意苏格拉底，但他并不理解苏格拉底。他的同意是这样表述的："你是什么意思？更强大与更优秀相同抑或不同？"卡利克勒斯说："更优秀就是更强大的意思。"于是苏格拉底在488b-489b论证如下。多数人比一个人更强，所以由多数人制定的法律就是强者的法律。但更强者是更优秀者，所以由多数人制定的法律就是由更优秀者制定的法律。因此，这些法律表达了自然的高贵或正义。但是，由多数人制定的这些法律说，行不义比受不义更低劣，所以行不义依据自然比受不义更低劣。简而言之，苏格拉底试图证明的是，如果强者的正当（right）有效，那么民众亦有民众的正当。

让我们观察得更仔细些。依据自然，强者有权统治弱者，向弱者颁布法律，而这样的法律正义。但是，这保证了那些法律也好吗？难道强者不希望欺骗弱者，就像卡利克勒斯［135］曾经说过的，弱者通过他们的法律欺骗强者？有人会争辩说，强者没有理由欺骗。为什么五千人要欺骗十个人？但是，难道强者没有欺骗的基础吗，尽管他们很强大？因为，虽然多数人在某些方面比少数人更强，但在其他方面他们可能更弱。换言之，只有强者更优秀，强者颁布的法律才被说成是依据自然正义的。卡利克勒斯承认这一点，但是，根据他的说法，这却可能迫使他接受他曾拒斥过的关于不义的看法。苏格拉底试图表明的是：如果你谈论的只是身体的强壮，不加任何限制，那么你就为多数人的统治，随之也为多数人的法律或偏见——它们受多数人尊崇——作出了最有力的辩护。于是你就会得出结论，行不义比受不义更低劣。

卡利克勒斯当然感到不满，因此在［489b-d］，他承认没把自己的意思表述清楚。他指的不是身体上的优势。就算是民主制也不可能基于多数人的身体优势，简单地用选票取代子弹——那可行不通。民众的优势基于这一事实：它由不同于奴隶的自由人组成，组成民众的人们不是三教九流，而是同气连枝，也就是说，是由有共同出身的男人组成。民众说，共同出身的自由人依据自然是立法者。这当然与"强者的权利"不是一回事，因为这是一个有限定条件的、定性的命题。可是，共同出身的自由女人同样是最好的立法者吗？这仍是一个问题。苏格拉底在489c提到卡利克勒斯的智慧在于以下事实：他认识到单纯人数占多无关紧要。在同一语境下，苏格拉底称卡利克勒斯daimonios［神奇的］。这意味着他是一位预言者；他预言，那些依据自然更优秀的人应当统治更低劣的人。他仅仅只是预言到这一点；他还不理解。在489d，有另一个词用于形容卡利克勒斯："你这奇怪的家伙，你宣称愿意帮我，可事实上，你只是在煽动我。"在这段文字中，我们看到《高尔吉亚》中首次提到了苏格拉底的反讽："你想要从我那儿学到东西，苏格拉底，你这不过是在装样子。"苏格拉底说，卡利克勒斯也在装样子，因为他戴着欧里庇得斯戏剧中泽托斯的面具与苏格拉底交谈。卡利克勒斯在装样子，因为他假装是苏格拉底的兄弟（比较485e）。

现在，卡利克勒斯在489e-490a就什么是更优秀者提出了一个更好的定义——更优秀者更聪明，他是在苏格拉底的提示下提出这定义的。依据自然，更聪明者应当统治并且占有更多。苏格拉底会承认第一点，却质疑第二点。苏格拉底说，医生必须在饮食方面统治非医生，但说医生应当比非医生占有更多的食物和饮料，则很荒谬。

他在某些事物上［比别的人］更聪明，就应当在这些事物方面统治别人，但当然没有理由说他应当比这些人占有更多。

如果你更仔细地观察490b说了什么，苏格拉底描述了这一等式：医生和非医生是聪明人与非聪明人的例子。形形色色的多数人在一起。他们聚集起来，有同样多的食物和饮料———一幅共产主义社会的画面，物质丰富，聪明人统治。这里不存在我的你的——财产——这样的问题，也不存在"正义"这个词最常识意义上的正义问题。正义，在最通常的意义上意味着尊重财产，无论这财产对所有者来说是好［136］是坏。那里面有一定的问题。为了产权所有者的好处而无视他的财产权，这样做不义。但是，如果这是不义，那之前显现为一种极端恶的东西是不义吗？从一个观点来看，被明智而正确地理解的不义，不就是好的吗？换言之，卡利克勒斯理解了柏拉图在《王制》中花大量篇幅阐发的一个要点。柏拉图在《王制》中引入凡物公有，为的是展示正义的问题：那种正义其实意味着必然准许许多愚蠢的行为、许多滥用的行为。不可能有除此之外的理解方式。再说一遍，卡利克勒斯提出了一个观点，但他并不理解这观点。法律，实定法，存在一个问题：财产的分配由法律所准许，这种分配本身可能不义。

在490c，医生如果拿得比他应得的更多，会受到惩罚。被谁惩罚？有两个答案，都说得通：被哲人王惩罚，他统治所有人；或者被自然惩罚，［医生的］胃会出毛病。这可以启发我们理解哲人王的含义。哲人王被设想为做符合自然之事。在490d-e，［苏格拉底］举了好几个例子，它们基本上都相同：医生（食物和饮料）、鞋匠（鞋）、织工（衣服）。居中的例子：最多最美的衣服。难道它们不该给织工吗？这个例子清楚表明，最聪明的人不但应当成为统治者，而且还在共同体中最富裕。其严肃含义是：最聪明的人应当占有最大数量的私人财产。在490e："为什么你老是［喋喋不休］？"这个词在阿里斯托芬笔下频繁出现。[1]这场讨论显然带有一些谐剧的成分。

------

① 出现在490e4的这个词是phluareis。阿里斯托芬笔下的例子，参见《骑士》545行，《地母节妇女》559行，《马蜂》85行，《财神》575行。

在490e，苏格拉底从消费转向生产。最聪明的生产者应当占有最多而且使用最多吗？如果农夫没有大量土地，那么得到大量的种子反而会对生产有害。如此结论就会是，财产应当根据［使用］它的能力来分配。财产的日常概念并不考虑所有者使用财产的方式。就像罗马法规定的，财产权意味着使用和滥用的权利。这个财产权概念存在着某些非理性的东西。这里指出的对普通财产概念的批评，在《王制》中发展得更为充分，这一批评暗示一种对正义的批评，因为首先与私有财产关联的德性就是正义。因此，苏格拉底将简短过一下另一个德性，即节制，节制不会引出这些难题。色诺芬的经济学论文开篇，同样指出了私有财产的问题。问题是这样提出的：财产是某种好东西，但财产可以滥用吗？或者如果被无能者使用，财产仍旧是好的吗？①如果深入思考这个问题，就会得出结论：聪明人的统治会分配给每一个人对他好的东西。因此，这一论点具有的难题导致的结果就是，承认私有财产是你可以拥有的最好的，但又在根上成问题的东西。问题仍然存在：属人的正义不是无条件的正义。但人们必须看到这一点。否则，从法律以及从任何特定安排而得的期望便成了幻影。

　　［137］在491a，苏格拉底说，这一切都在关于相同的东西讲相同的东西；卡利克勒斯老是关于相同的东西讲不同的东西。换言之，卡利克勒斯老是在讲新东西，而苏格拉底老是在讲相同的旧东西。这与正义问题有某种关联。正义主要意味着旧的、确立的、先祖的，即约定俗成的财产划分方式。但不可避免的问题在于，如此确立的正义是否好。

　　491a：就算聪明人应当统治，这也不意味着他应当占有更多。或者，他们凭什么可以合理地占有更多？诸神有宽阔的天庭。聪明的人类统治者应当占有什么？宽阔的大厅？卡利克勒斯说，在491a-b："在政治方面聪明的人应当占有更多，假如他们同时也更有勇气的话。"换言之，他不喜欢反复谈论智慧和理智；他想要得到更坚固的东西。接下来，卡利克勒斯指控苏格拉底并且责怪他。苏格拉底也

---

　　①　参见色诺芬《齐家》第一章。

指控卡利克勒斯，但并未责怪他。那意味着对话强调苏格拉底是指控者。那意味着，在这里的语境中，卡利克勒斯不再是法官，像当初显得那样。苏格拉底指控了这位自称为他的法官的人，民众的爱者，随之也就指控了后来他的实际上的法官，即民众本身。

491c-d：那些在政治上聪明而且有勇气的人应当统治并占有更多。这里面可能有着很好的政治判断力。作为他们成功统治的条件之一，[他们]应当拥有巨大的财富，像柏克所说的天生的贵族那样生活。卡利克勒斯的建议可以理解为一种流产的政治建议，只是他并不理解这建议。所以，我们发现他这位民众的爱者不但提出了僭主式的建议，还提出了寡头式的建议。

在491d-494b：为什么在政治上聪明和有勇气的人应当占有更多？卡利克勒斯本可以给出一个类似柏克那样的政治性回答，一个可追溯到亚里士多德的《政治学》并在柏拉图的《法义》中得到暗示的回答。但是，苏格拉底防止讨论变得政治不正确。政治讨论不一定得追根究底。因为这样做会带来问题：这些统治者如何使用他们的大宗财产，用于自我放纵还是用于高贵的目的？卡利克勒斯把勇气添加到了智慧上，他仿佛有所保留。苏格拉底提出把节制加到智慧中。这出现了一个问题："什么是正义——即区别于智慧和节制相结合的正义？"正义需要加入智慧和节制的结合中吗？满足于自己所有，不觊觎属于别人的东西，这不是节制的副产品吗，所以，从一种观点来看，就连比这样的正义更高的正义也不需要，不是吗？让我们看论证如何推进的。

491d：那些统治者，苏格拉底说，不也必须统治自己吗？或者，他们不是在一方面统治，又在另一方面被统治吗？卡利克勒斯不明白，因为他可没读到苏格拉底后来说的话。那是[你们用的]这些文本干的傻事，这些文本似乎不知道卡利克勒斯面前并没有一本《高尔吉亚》。他正坐在那里，而对话还正在向前发展。苏格拉底的说法十分含混。他的意思也可能是指：既然卡利克勒斯并没有说过每一座城邦只应当有一位统治者，那么那些不止一位的统治者们一定也以这样或那样的方式被统治——要么是轮流地统治[138]和被统治，要么是在这个领域统治而在另一个领域被统治。卡利克勒斯完全不知道苏格拉底指的是自我统治：在自我控制意义上的自我管理。那是"节制"一词在这里的主要含义。你可以提出这样的问题：当我们谈到自我统治时，我们是否总是想到自我控制。当卡利克勒斯开始察觉到苏格拉底的想法时，他轻蔑地拒绝了它。这个自我控制意味着清醒——意味着明智、敏锐。卡利克勒斯说："如果你把这个美好的词语理解成自我控制，那么傻瓜也符合条件，因为他们能自我控制。"他们没有巨大的欲望，于是他们就是更清醒的聪明人。

491e-492c：任何奴役和臣服都与幸福不相容。任何奴役都是暴力的，因而不自然。根据自然的正确和高贵在于充分满足最大的欲望，意思是：首先让你的欲望变得尽可能巨大，然后你还要足够强大、足够聪明以便满足这些欲望。那就是幸福或德性。但多数人做不到这一点；因此，自我控制和正义这些习俗性德性就出现了。它们必须与自然德性区分开：聪明、智慧以及勇气——聪明用作寻找满足欲望的办法，而勇气或活力用以实际得到它。你们看到卡里克勒斯的这番评论有一个推进，超出了他在他的长篇讲辞（482-486）中说过的观点。现在，卡里克勒斯揭示出行不义或者比别人占有更多的目的是有用。他现在更加接近问题的根本了。卡里克勒斯不再把他自己算作多数人中的一员，后者把枷锁套在少数人身上。这种自我看法在这里不见了。政治上聪明和有勇气的人应该占有更多。那就是说，那些依据自然更优越的人，就是那些能够满足最大欲望的人。但是，这要求政治权力，而政治权力要凭借聪明、勇气、活力以及实践智慧的结合去掌握或维持。

在492d-e，苏格拉底说卡利克勒斯的观点是别人的观点，他的意思是：卡利克勒斯声称这是精英的观点，然而正相反，实际上，这是庸俗的观点——只不过唯有卡利克勒斯敢于把这观点表达出来。可是，难道不是有许多人真心实意地反对卡利克勒斯的观点吗？苏格拉底怎么可以说"别人"呢？这是一个反复出现的问题。那些拒斥卡利克勒斯观点的人，大多都是出于祖传的虔敬而这样做。由此产生的问题是：他们所理解的诸神，是否就是卡利克勒斯所说的杰出人物那样的存在呢——换言之，就是那些一面谴责人里面的欲望，一面又沉溺在最大欲望中的那些人？他们理所当然地承认结果，所以欲望就在他们里面。那些人相信，应当做那些诸神告诉人们应当做的行为，但他们总会受到另一些人的攻击，后者说人们应当模仿诸神，也就是说，[他们]应当做诸神做的行为，而宙斯可不是什么自制的榜样。

在这里这样的语境下，苏格拉底使用了他的经典表述，"人应当如何生活"。苏格拉底现在试图说服卡利克勒斯，他的观点——不节制比自制更好，是错误的。他在492e-494b用三个说法反对这观点。第一个说法是这样："那些无欲无求的人幸福。"卡利克勒斯回答："这样的话，死尸将是唯一幸福的存在。"他要么忘记了诸神，因诸神也被认为[139]摆脱了欲求，要么他假设诸神也有欲求。人当然有欲求。如果苏格拉底引用的第一个说法"那些无欲无求的人幸福"是真的，那么所有人必然一直很悲惨，因为做人就意味着有所欲求。就这一点，苏格拉底在492e的回答如下："但是如果有人接受了你的前提，卡利克勒斯啊，生活一定也会很悲惨。"他随即承认，若以他引用的谚语为基础，按字面意思理解，生活会很悲惨。为什么以卡利克勒斯的前提——最大的欲求得到最大的满足——为基础，生活会很悲惨呢？因为生活就像往达那伊得斯（Danaids）的罐子里注水。①但那不是苏格拉底在这里说的内容。在这里，他是这样说的（因为卡利克勒斯说他宣扬作死尸才幸福）："我们就确定我们不是死尸吗？我们确定，生不是死，死不是生？"在这里，苏格拉底引用了欧里庇得斯，卡利克勒斯之前引用过的诗人。这话什么意思呢？拥有巨大的欲求意味着让自己的幸福源泉完全外在于自己，也就是说，不是通过（through）自己去活，不是在自己里面（in）拥有生命，从而就是死的。

然后，在493a-494a，来到了第三段讲辞。这第三个说法由两部分组成，或者我们也可以说，由两个版本组成。这第三个说法明确用于说服卡利克勒斯的尝试。该尝试显然失败了。苏格拉底说："我有

---

①　在希腊神话中，达那伊得斯姐妹是达那俄斯的四十九个女儿，她们嫁给了埃及普托斯的儿子们。她们在冥府受到惩罚，被迫往一个漏水的罐子里注水。

说服你吗？"卡利克勒斯说："你没有说服。"说服当然属于修辞术的问题，它在这里再次变得突出。苏格拉底试图说服卡利克勒斯去过一种自制的生活，为此，他把生呈现为死，也就是说，把活人的欲望呈现为人活着却已死去的记号，或者说呈现为活人的生命力已熄灭或衰退的记号。这兴许可以得到最好地理解，只要你们想一想亚里士多德的说法，生命在于心智的活动。[①]苏格拉底打了两个比喻，它们来自相同的体育馆（gymnasium），正如他所说。体育馆是一个人们在那里一丝不挂的地方，但在欧洲，人们也称高校为"体育馆"——灵魂在那里一丝不挂。当然，最能清楚显示人灵魂的，是一种每个人在其中都不得不暴露其灵魂中的无知的审查（examination）。灵魂的这种一丝不挂的情形稍后将出现在结尾的神话中。

在493a-d，第一个比喻是苏格拉底从一位智者（sage）那里听说的（heard）。它也被称作神话，甚至被称作离谱。这一般被看作一个源自毕达哥拉斯的故事。你们记得毕达哥拉斯定理，你们还知道，毕达哥拉斯与数学有关，但这可不仅仅是数学——它是一种生活方式。有一点与这里有直接关联。毕达哥拉斯学派区分了两种学生，"学者"（mathematicians）和"听众"（acousmaticians）：[②]"学者"并非狭义上的，而是泛指那些学习、理解的人；而"听众"，指那些只带耳朵听的人。现在苏格拉底在这里讲的故事是他从这样一位智者那里听说的。

在我转向这一比喻之前，让我们看它如何继续［140］之前两个说法：幸福意味着无需求；而那就是死——"死"现在是真正的活，是从身体中解脱。灵魂从身体中解脱后就是自足的，因而就是幸福的。生命始于死亡之后。放纵的人在死后将会极端富有，因为他们的灵魂仿佛还保留着身体。他们已经被他们身体性的欲望钉死在他们的身体上，关键的段落是493a，出现了著名的谚语：sōma，

---

① 《形而上学》1072b26-27。

② 施特劳斯这里把希腊文akousmatikoi拉丁化了，就像"数学家"是mathematikoi的拉丁化。

sēma［身体即坟冢］。sōma 是"身体"，而 sēma 是"坟冢"。身体是一座坟冢，坟冢是埋葬灵魂的地方，灵魂只有从身体中分离，才变得有生气。但 sēma 这个词字面含义是"象征""标志""记号"——可以确认任何人身份的记号，这样的东西就像盾牌上的徽章，靠它可以识别战士的身份。如果取 sēma 的这一字面含义，那么这句话的意思就是，个体性源于身体。如此，自足的灵魂就不会是该个体的灵魂。如果必有个体的幸福，那它只会是此生的幸福，就像苏格拉底在《斐多》结尾被称作幸福的——鉴于他的生和他的死。[①]若果真如此，幸福不可能同等于无所欲求。于是，自制的意思只能是满足于少量东西，或欲求很小。它不可能等同于幸福，它只能是幸福不可或缺的条件。那些拥有巨大欲求并且总是有新鲜欲求的人们必然很悲惨——鉴于幸福的首要条件在于欲求很小。

有一点必须专门考虑：苏格拉底在这里建议的是一种禁欲式的好生活的概念，某种意义上，是一个对死亡友好的概念，与卡利克勒斯信奉的有男子气概的好生活的概念截然相反。苏格拉底在这里谈到使灵魂去欲求的力量。他称之为欲望的力量，因为它容易说服。在未入门者或无心者灵魂中，欲望的功能就是一个漏水的罐子。无心者在冥府中极为悲惨，但冥府意味着在不可见的地方——就人们对这些观念的理解而言。这些无心者、未入门者用漏勺往他们的漏罐里舀水。漏勺即无心者的灵魂，而漏罐是无心者灵魂中欲望的功能。无心者的灵魂，即漏勺，其特质是没有能力相信或信任——从而也就没有能力被说服——并且健忘。

这里有两个醒目的荒谬之处。第一，无心者的灵魂被比作漏勺，而无心者欲望的功能，很容易被说服的那部分，被称作漏罐。换言之，难道欲望的功能不是灵魂的一个部分？因此，罐子不就必定是勺子的一部分吗？唯一讲得通的解释是：漏勺是无心者灵魂的［非］理性的

---

① 这句话不准确。苏格拉底在《斐多》结尾被称作"最好的、最聪明的以及最正义的"。斐多在接近对话开场的地方，58a［译按：应为58e］，称苏格拉底是幸福的。

和暴躁易怒的部分，就此而言，它不可说服——这表明苏格拉底不可能说服卡利克勒斯，因为苏格拉底不可能说服灵魂的欲望部分。苏格拉底只能说服理性和血气——血气在《斐德若》中被称作高贵的骏马。因此，他无法说服的不仅有卡利克勒斯，他也无法说服混混和流浪汉。因为缺乏共同基础。一个完全没有任何荣誉感的人不可能被吸引。但是，苏格拉底用于形容欲望的功能的那个词，它的主要含义不是"可说服的"（persuadable），而是"有说服力的"（persuasive）——善于说服。卡利克勒斯善于说服民众。[141] 卡利克勒斯善于说服民众，而且善于被民众说服。高尔吉亚、珀洛斯和卡利克勒斯都善于说服民众，但在高尔吉亚和珀洛斯的情况中，理性和血气可以被说服，这不同于卡利克勒斯的情况。珀洛斯—高尔吉亚可以成为苏格拉底与民众之间的纽带，成为苏格拉底与卡利克勒斯之间的纽带。

第二个荒谬之处是：灵魂被比作一个勺子——灵魂在选择、区分、分辨——但这里的勺子是用来舀水的，而且没有一个勺子盛得住水。这意味着，有心者的灵魂的特定品质，即能存得住水，也能分辨，在这里根本没有提出来。这里的主题只是灵魂中非理性的那部分。节制或自制是主题，而自制不得不处理灵魂中那个非理性的部分。这暗示，节制不可能是最高的德性。关于第一个比喻就说这么多。

现在说一下第二个比喻：493d-494a。这两个比喻的关系，我认为，比第一个比喻的某些细节更容易理解。［苏格拉底］不再谈论水，他谈论的是酒、蜜和奶。此外，有两个男子汉（hombres），两个真正的男人——显然是两个富人——他们有许多罐子，装满了酒、蜜和奶。但是其中一位的罐子完好，而另一位的容器漏水。表示容器的词也是表示存钱罐的词，暗示出这位放纵的富人很快将变得贫穷。拥有完好罐子的人不必担心罐子，只需关注罐子的容量。另一位则不得不额外担心罐子本身。那意味着拥有完好罐子的人比拥有漏水罐子的家伙拥有更多休息，即更快乐的生活。然而，他俩都有苦恼，因为他俩都需要把他们的罐子斟满水，即把他们的胃填饱。

这个比喻与第一个比喻相反，是完全［世俗的］。这里没有冥府和死亡。有的是人们，男人们。人死后，就没有男人和女人的区别，至少从柏拉图的观点来看是如此。节制之于放纵的优越性根据第二个比喻就可证实，并不需要考虑来生；仅需在此世属人生活的经济性这一视域内之内，来理解身体的各种需要的性质。你只须理解两件事物之间的不相称，一方面是这一舀水的收获所产生的苦恼，另一方面则是这些行为对真正的属人生活做出的贡献。换言之，苏格拉底理智地思考过我们对食物、饮料、衣物等等事物的关心。这些是必需品，只是它们不能被称作配得上"人"之名的生活内容。获取食物、饮料以及其他同类的东西是如此麻烦。因此，给予某些特定的灵魂更大的权利，这些灵魂最成功地承担了最大的麻烦，至少间接地为共同体获取了这些东西——这里面有一种特定的正义。这样的观点以某种方式存在于柏拉图心里。在政治上聪明的人应当占有更多，或者按照苏格拉底的表述，政治人士和经济人士基本上相等同，这一观点有其正当理由。在某些限度之内它可以得到辩护。无论如何，没有理由表明统治者应当过一种自我放纵的生活，就像卡利克勒斯提议的那样。

总而言之，卡里克勒斯是苏格拉底无法说服的那一类人的完美典范。这一点在这里的疑问句中变得明确："我有说服你吗，卡利克勒斯？"而卡利克勒斯说："你没有说服我。"卡利克勒斯是苏格拉底无法说服的那类人的典型，他被呈现为欲望的化身。这提出了一个［142］非常大的难题：哲学的真正敌人，就是自我放纵的朋友吗？这解释不通。哲学的真正敌人难道不是那些狂热分子吗——诸如阿尼图斯一类的人？是的。但跟阿尼图斯一类的人，苏格拉底连交谈也无法交谈。于是，我们必须重复这一问题：凭什么把不可说服者等同于自我放纵者？自我放纵者没有直接显出他们的欲望，是他们的神显出了他们的欲望。说得粗俗些：他们的神要求他们献祭物，也就是向他们要求吃的喝的。此外，这些人的神之间还彼此争斗。他们为什么争斗呢？因为他们欲求占有更多。

就柏拉图对话而言，你可以说，卡利克勒斯对苏格拉底有善意，而阿尼图斯对苏格拉底有敌意，二人之间的环节是游叙弗伦。游叙弗伦是虔敬方面的专家，他指控他自己的父亲，凭借这一事实，他表明了他的优越性；儿子违背习俗，指控父亲。那证明了他对他的

［专长的］特殊声明。游叙弗伦指控他自己的父亲，却不会指控他自己。指控他自己的父亲是他指控别人这一习性的巅峰之举。他还阐发了一种特定的神学，其主旨可以归结为一个简单的命题：意志高于理性。但那意味着，既然意志高于理性，那么在理性发表意见之前，它就还不能成为意志，也即合乎理性的欲望——它还只能是欲望。这观点的本质在于诸神——无论游叙弗伦多么谦逊——是欲望的化身。我只能在这里暗示出一个问题：这位游叙弗伦，这位奇怪的人物需要成功。他是一个局外人，一匹孤狼，就像苏格拉底；就此而言，他不成功的原因与苏格拉底的相同：游叙弗伦也缺乏修辞术。他说，当他在集会上发言时，人人都在嘲笑他。但要害似乎在于：不把诸神问题纳入考虑，你就无法解决这里的难题；卡利克勒斯也拿诸神起誓，甚至比任何人口气都重——只有他以［复数的］诸神（the gods）起誓。培养得当的个人大有可能很好地掌控欲望的生活，但如果诸神是欲望的化身，那么欲望的优越性就还是得到了他的承认，不管这人心里怎么想。不把诸神这个问题纳入考虑，就不可能解决《高尔吉亚》的问题。

学生：［评论听不清］

施特劳斯：卡利克勒斯说的某些东西让人想到尼采，尼采对这些东西的表述非常清晰。你们一定不要忘记，卡利克勒斯毫无保留地承认，善即快乐。把尼采与卡利克勒斯区分开的第一点就是，尼采完全同意苏格拉底，善不是快乐。只有区分了善与快乐，这种高超的东西才会出现。卡利克勒斯某个方面令人印象深刻。他身上有某种光芒。他让人们想起阿尔喀比亚德。这完全可以理解，而且相当真实。然而，你们一定不要被这光芒骗了，因为它其实是一个假象。具备卡利克勒斯所具备或他声称具备的所有这些品质固然不错，但这本身并非属人生活的必要条件，一个人不可被它遮蔽了双眼。这不意味着苏格拉底的论证总是旨在得出某种结论；它们很大程度上是修辞性的。一般来讲，你可以说苏格拉底的论断比他的证明更为严肃。卡利克勒斯的特点是欲望而非血气，他越是显示自己，这一点就越明显。一开始，他被［呈现］为［143］"理想人格"的代表——用现代的语言表述的话。但这种完美的人格被证明极端低劣。这种人格的光芒全因为其好挑战的个性，某种纯粹外在的、似是而非的东西。仔细观察就会发现它不过是极度享乐的生活。你也就只能说：更重要的讨论将发生在苏格拉底和政治权力或荣誉的爱者之间，就像希腊人所说——愿意放弃所有这些快乐的人。我相信答案是这样的：这一关乎荣誉的现象在这个意义上非常含混——它介于这些身体欲望和真正人性的欲望之间——如果你取纯粹的一极，即纯然的欲望对照来看，就会看得更为清晰。体育锻炼，就像这样一丝不挂，正是对话中正在发生的事。卡利克勒斯脱掉了使他显得美的华丽服饰。然后他看到了某种一点儿也不美的东西。珀洛斯，一个最初不像卡利克勒斯那么有吸引力的家伙，最终是可说服的；卡利克勒斯则最终不可说服。

　　然后我们理当追问：为什么珀洛斯可以说服而卡利克勒斯不可说服？这个问题我想尽力解释清楚，我认为这与下述事实有关，在珀洛斯里面，有某种苦涩要素。很奇怪，但珀洛斯实实在在献身于一种相对低下的、但仍为理智的追求，即修辞术，这为他与苏格拉底创造了沟通的纽带；相比之下，卡利克勒斯，不管是依据自然抑或通过他以前的生活，则完全无感于苏格拉底的推理，也无感于他关心的东西。珀洛斯被打败了；即他被驳倒了。这表明珀洛斯不够精明，他没看出苏格拉底推理的缺陷。但这尤其表明，珀洛斯期待那一论证得出结果。另一个跟珀洛斯智力不相上下的人，要是面临那种情况，他至少能说出这话："那是一派胡言，你一定在愚弄我。再说一遍核心论证，等等。"如果人们接受推理的结果，在许多情况下是因为这结果对他们而言可以接受。而在大多数情况下，人们都会接受一个论证，除非他们厌恶该论证的结果。苏格拉底的论证并不出色，但珀洛斯的内在有某种接近苏格拉底的东西，这与他给我们的第一印象相反。卡利克勒斯看上去是一位如此高贵的人物，但没有这东西。因此，唯一触动卡利克勒斯的方式就是通过一位中间者，这人具有一些珀洛斯与苏格拉底的共同要素，但同时又有另外一些把他与卡利克勒斯联系起来的要素。因此，一位提升过后的珀洛斯也许可以触动卡利克勒斯。那兴许意味着他不得不以关于诸神的共同概念为基础讨论，例如——不是彻底废掉苏格拉底的论证，而是将其修正到卡利克勒斯可以接受的程度。

学生：［问题听不清］①

施特劳斯：苏格拉底与卡利克勒斯的交流没有问题。当卡利克勒斯谈到自我放纵的生活时，苏格拉底完全明白他是什么意思。唯一的问题在于：人类的幸福是否在于献身于自我放纵？二人都认识到这问题，也都知道他们的回答不一致。你们谈论语言以及语言之所是。在你们发现语言的差异之处，柏拉图则发现了［144］灵魂的差异。当你们谈到语言的差异时，你们似乎暗示出某种表层的差异；柏拉图则发现了人性深处的差异。这是一个理由，可以解释为什么卡利克勒斯摸索着寻找词语。阐述他的观点要求一种理论上的精致，兴许也是理论上的歪曲，卡利克勒斯缺乏这些。歪曲语言含义的事情只有苏格拉底干过，即我提到的那些不可思议的双关语。卡利克勒斯无法在语言中发现可用的词语，因为他尚未在诸如强大、智慧、勇气等事物之间做出必要的区分。

每个人都有一些梦想。举个例子，秘书坐在她的机器面前幻想着嫁给老板。即便这件事也有其深度。因为那个蠢女孩的这些蠢梦想基于某些欲求，而她根本不了解这些欲求的真正目的。问题就是要在自己里面找到清晰性。有些人（不是一些教授，而只是一些学生）有这样一种愚蠢的观念，比方说，有十种价值观，他们认为这些是各自独立的东西，没有任何背景，空洞、光秃秃的，就像一个符号——这种愚蠢的观念不更是无比棘手而复杂吗？如果深入思考这些问题，难道不比到处发调查问卷得出的结果更清晰吗？你用调查问卷只能从一些肤浅的人得到一些肤浅的反应。很明显，卡利克勒斯不能被降低成比如梦想着一辆凯迪拉克的这类最肤浅的人。要点在于，如果他没有这华丽的外衣，那么这观念……

［磁带结束］

---

① 记录稿并未显示这里有一个问题，但施特劳斯的评论表明，他可能是在回应一个进一步的问题或评论。

第九讲　卡利克勒斯部分

（494a-d）

（1957年2月14日）

[146] 施特劳斯：我相信我们都知道，仔细阅读柏拉图是必要的：这意味着全神贯注地关注细节。但在这样做时，我们绝不可忘记整全。在这样的阅读中，这总是一个难题。这表明，阅读［虽然只是思考的一种形式，］却具有所有思考相同的性质。所有的思考都必须同时处理整全与部分——或者，如果我们谈及与之相关的思想品质，那么广泛性和准确性同等必要。只有广泛性才可以保证准确性不会浪费在不值得如此思考的事物上面。我这样说并非不是另有所指。在社会科学中有一个学派，十分关心准确性，却根本不关心同等必要的另一点。这样一来就会产生许多复杂的愚蠢举动（idiocy）——用丘吉尔发明的词来说。[①]苏格拉底已经隐晦提及过广泛性的含义。显然有必要提出的最广泛的问题——因为它显然是我们关心的——就是人应当如何生活的问题，未必是此时此刻地应当如何生活，而是何为人之为人的最高目的。因为个别的问题不参考目的就不可能得到恰当的裁决。

这问题可能不是最全面的问题，但所有其他问题之所以有意义，之所以为我们所关注，都源于这问题，即我们应当如何生活。每一个

---

① Winston Churchill, *The Second World War, Vol. 1: The Gathering Storm*, New York: Houghton Mifflin Co., 1948, p. 9.

问题都暗示，在它得到完善解决之先，我们至少要遇到二选一的答案，兴许遇到的答案会更多，兴许问题不可能被回答。就最佳生活的问题而言，这会意味着什么呢？生活方式的选择并非理性的。这是当今的相对主义者、社会科学家们、教授的观点，他们说任何事物都可能有价值。这当然意味着，选择并非真正的选择。按照《高尔吉亚》中的方式来表达，每个人都可以做他感到快乐的事情；或者换一种说法，聪明善良的人并非内在地优于精神失常的杀手。你们都知道，社会科学的相对主义者并未如此极端。他们偷偷承认某些理性的原则——人是社会性的存在——以免得出上述结论。于是，割喉者是出了毛病，他有些精神失调。这样，我们得出某些善与恶的标准——协调的与失调的。这意味着什么？仅仅意味着超越了下述肤浅概念，即总有哪里是有些价值的。于是他们就诉诸人作为社会存在的自然本性。他的种种行为都被对照那一本性来衡量。但问题在于，人的自然本性是否被构想得足够广泛。与之协调也许不过意味着成为一个自我满足的成功市侩。要我说，一位熟练的操作员便十分协调。哈姆雷特在他的独白中是典型的精神失调，但我认为，任何人只要不至于粗俗且愚蠢到无以复加，他会说哈姆雷特与熟练的操作员相比更高贵、更优秀。换言之，人们必须超越以协调与失调为准则这整个维度。我们再次想到《高尔吉亚》。卡利克勒斯从习俗诉诸自然，正是暗示了某种类似的东西，因为协调就意味着接受自己的社会价值，[147]并遵守这些价值。但是，人们可以正当地提问：这些价值的价值是什么？那样问就意味着从它们诉诸某种更高的东西。这可以用"从习俗诉诸自然"来表达。

　　让我们换一种方式来说明这些难题。所有价值平等——只要承认任何事物都可以有价值，就必然会得出这结论。有些人否认这结论的必然性，但他们从未给出理由。由此得出结论：谁也没有权利把他的价值观强加给别人，或妨碍任何人追求幸福。而这只是意味着遵从自己的价值观，无论那一价值观可能是什么。平等主义的社会由此可以以最简单且最粗略的方式得到支持。社会科学在许多情况下都具有这样的吸引力，这当然是因为人们相信，一旦你否认这一点，你就否认了平等。这意味着人人平等、获得最大的自由成了高于一切的关切，这关切对于全体社会成员是共同的，这关切使人人自由地追求他自己的价值观得以可能。于是，平等主义的正义必然变成最高的价值观。就此而言，这是比把善等同于正义更为深思熟虑的立场。可即便在这一层面，依然产生了某些困难。显然，此时需要法律。有些人妨碍另一些人追求幸福，必须制止他们那样做。此外，这些法律想要得到真正的尊重，就必须成为公正的法律。但谁来制定法律呢？正式的答案是"所有人平等地制定"。但是，全体一致同意现在不可能，以后也不可能。这在实践上意味着法律由大多数人制定——在一个社会里，大多数人的意志等同于法律，而法律的标准在于让所有人有平等的机会按照自己的理解追求他们的价值。

　　显然，大多数人的意志与正义之间存在着冲突，无论你如何理解正义。如何解决这一冲突呢？答案：需要［启蒙］大多数人，这样他们的意志就会渐渐地与正义的要求相一致。启蒙者与被启蒙者显然是不同的两群人。这里意味着某种程度上承认聪明人与不聪明人之间的差异。一个人若没有思考过聪明人与不那么聪明的人之间的关系，或者借用《高尔吉亚》的说法，哲学与普通人之间的关系，他不可能理解聪明人与不聪明人之间的差异。我们在这里看到，《高尔吉亚》中讨论的问题与我们自己的问题完全是一回事——不但有一种含糊的亲缘性，而且真真正正是一回事，我们一开始思考就可以看到这一点。①

　　在《孤独的人群》中，②理斯曼（David Riesman）先生没有谈论协调的和失调的，他使用了另一对区分：内在导向型和他人导向型。还有另一种类型：自主型。这种人超越于熟练的操作员。但自主意味着自己给自己立法，不是从社会中接受法律。可是，那法律的内

---

① 在下一段开头，记录稿包括了加括号的字眼"在评论之后"，这段话既可能是学生说的，也可能出自施特劳斯。

② David Riesman, *The Lonely Crowd: A Study of the Changing American Character*, New Haven: Yale University Press, 1950.

容是什么呢？［148］关于那法律的性质有任何描述吗？卡利克勒斯会是一位自主型的人吗？他拒绝习俗；他拒绝接受社会价值观的指导；他对于什么是正确或高贵有着他自己的理解。

施特劳斯：苏格拉底是自主型人格，卡利克勒斯不是。因为自主既要求你拒绝社会的诸中心，又要求你完全清楚你是以什么的名义挑战社会。但中间的情况呢，有些人摸索着寻找某种超越社会的东西，他们虽然看得不够清楚，但肯定不能把他们比作精神失调的人，比作那些甚至无法遵守社会规范的人，是吧？如果超越社会的可能性本身并非神经质的，那么，即便超越社会的要求的尝试不完美，我也看不出这尝试为何就是神经质的。想一想那些认为种族隔离不道德的人们。他们生活在一个种族隔离的社会，称他们精神失调并不公平。他们超越了社会的要求。这跟自主有何关联呢？他们所考虑的什么主题为自主性提供内容？个人凭借什么权利可以反对社会？他一定拥有某些为社会所没有的德性。曾有一些革命孕育出了一种崭新的生活方式，而且这首先发生在单独的个人身上。想一想基督教的诞生。在耶稣之前，没有基督教的生活方式。起初，基督教的观念只存在于一个人心里。在一场社会性运动存在以前，这样的观念不但可能，而且有必要存在于某个个人心中，甚至有可能在七个不同的地方存在于七个不同的人之中。满足那一基础的仍然是个体。我不理解的是，自主在这里是什么意思。

雅法：我可以提一个问题吗，这一超越的价值观的基础会是什么？某些罕见的观念如何产生，您对此心里存有某些想法。这些观念中的什么东西使其成为可能，或者是什么使其成为可能？

施特劳斯：那是一个很长的话题，但要点在于，只有你谈论自主，这个词才应当具有一个确定的含义。而如果自主本身是用已经存在的社会价值观定义的，那么我看不出协调，或同样地，失调以及自主之间有本质的不同。①

我在这一介绍中想说的只是：只要我们开始思考，我们立刻就

① 第八讲也许在这里结束；原始记录稿尚不清楚。

会遭遇到《高尔吉亚》中讨论的问题，再说一遍，遭遇一模一样的问题。语言上的困难无关紧要。《高尔吉亚》讨论的这些问题并非从当今的相对主义出发——我承认。为什么？要求作为思想家的柏拉图考虑到所有可能的出发点，无论多么错误和狭隘，这不合理吗？我认为理由很简单。这一社会科学相对主义的基础根本不是对人类事物的反思，而是所谓科学方法的结果。这个问题足够普遍，柏拉图也讨论过，但不是在《高尔吉亚》中，而是在《治邦者》［和］《斐勒布》中。①在那里，柏拉图区分了两种衡量技艺。一种技艺追问"有多少？"，它计数、标记和称重，我们用这些形式确定数量。这一类衡量技艺中完全缺乏［149］对过多或过少的思考。因此，这类关于人类事物的衡量，其结果必然毫无意义。例如，说多少人生活在一个国家没有意义，除非你说这个国家是人口过剩抑或人口稀少，更不用说更加精确的问题了。那里缺乏的是下述思考，什么是善或恰当，即严格意义上的衡量尺度。这些结果如果不提交给正确的尺度来衡量，就毫无意义。

在《高尔吉亚》中，这些问题（也是我们的问题）从修辞术开始讨论。我上一次试图详细说明，为什么这个修辞术问题是一个可以直接理解的问题。我们试图思考构成我们社会的基础的前提。如我所说，技术是柏拉图所理解的那种他想要的公共修辞术的现代等价物，这种修辞术要用来应付哲学或科学［与大众之间］的鸿沟，以及由哲学与大众的对立所导致的问题。证据：卡利克勒斯，作为高尔吉亚的朋友和仰慕者，谴责哲学的生活方式。他证明苏格拉底该打。纯属偶然的是，他对苏格拉底存有相对的善意，所以没有判处苏格拉底死刑。这偶然的善意把他与哲学的其他敌人区别开，这些人判处苏格拉底死刑，其中最为著名的是阿尼图斯，他算是《高尔吉亚》姊妹篇对话《美诺》的主角。卡利克勒斯和苏格拉底都同意哲学与民众的对立。卡利克勒斯说，哲人们在政治领域变得可笑，而政治家在哲学讨论中也变得可笑。这意味着哲学界限的问题，即

---

① 参见《治邦者》283c以下；《斐勒布》23c以下。

哲学不能跨越特定的界限，是一个真实的问题，卡利克勒斯和苏格拉底都看到了——只是他们得出了非常不一样的结论。你还可以在485d看到，当时，卡利克勒斯描述了哲人的生活，他说那些人三四个人坐在角落里，不是在市场里对着大众高谈阔论；他们在角落里小声嘀咕。而苏格拉底提到卡利克勒斯曾与他的朋友们商量应当选择哪一种生活，当时他们也有四个人，也是在角落里小声嘀咕，而非在市场里谈论。就算是卡利克勒斯，当他在选择他的生活方式时，也不得不退出人群。就算是卡利克勒斯，也不得不至少退隐一次。

接下来的段落正是我们上一次开始讨论的地方：想要最终找到真理，需要哪些条件。卡利克勒斯完成他的长篇讲辞后，苏格拉底准备与卡利克勒斯进入讨论，他总述了实现一场完美的讨论，也就是说，一场通向彻底解决问题的讨论，需要哪些条件。苏格拉底说，他与卡利克勒斯的交谈满足这些条件；他与高尔吉亚和珀洛斯的交谈却不满足。无需太多反思，我们也可看出在与卡利克勒斯的交谈中也未满足这些条件，结果就是这些为哲学讨论所必需的条件在这篇对话中从未得到满足。苏格拉底这番关于哲学讨论所需条件的声明目的何在？为什么苏格拉底宣称整个讨论有缺陷？对话主题是修辞术，也就是说，是对哲学或哲学的缺陷的补充。苏格拉底说，讨论到目前为止尚有缺陷；它并未满足哲学讨论的要求。因为一共有三点这样的要求，[只有]两点得到了[150]满足：智慧和善意（或友谊）。第三点是坦率；而珀洛斯和高尔吉亚并不坦率。因此，讨论不够充分。但卡利克勒斯会有这三种品质，苏格拉底以反讽的口吻说。我们不得不提出的问题是，同时这也是你们中的哪位上次问过的问题：智慧、善意（或友谊）、坦率——这三者是哲学讨论的必要条件吗？要是有人问我们，哲学讨论的条件是什么，我们要怎么说？我认为我们全都会说理性和诚实（honesty）。诚实在这里意味着什么？不诚实（dishonesty）被排除在外——不诚实在于想赢，或想逃避被人驳倒的耻辱。如果没有这样的愿望而且能力胜任，那就符合条件。柏拉图在《王制》450b9-e谈论了这个问题。[听不清][哲学或科学与]多数人，即民众之间的鸿沟要么被[有益的]科学，要么被言辞（speech）消弭。它要么被公认或［真正］有益的事物，诸如药物等等，要么被言辞消弭。我们关心的问题是，现代层面上以行动（deeds）消弭这一鸿沟的做法是否算是绝对的成功。只要我们认识到这一程度，我们对柏拉图的讨论就会更感兴趣。

再次回到《高尔吉亚》，采取一个稍微宽泛一些的观点，我想提醒你们注意之前的讨论。首先，在苏格拉底与高尔吉亚交谈的章节，苏格拉底从高尔吉亚承认的前提，即修辞术可以被误用出发，这相当于默认修辞术不可能是最高的技艺，它必须受一门更高的技艺控制，且最终被最高的技艺控制；苏格拉底设想哲学即这门最高的技艺。不过在对话的这一部分，他称之为立法技艺，它可以说是哲学的第一表象。用最高的技艺这样控制修辞术会保证修辞术的正义。直接的讨论转向下述问题：修辞家一定认识正义的或不义的事物吗？高尔吉亚不由自主地承认这一点，然后苏格拉底得出了似乎骇人听闻（atrocious）也的的确确骇人听闻的结论：他认识正义的事物，就一定会干正义的事，所以演说家必然正义。倘使人们理解德性和知识的关系，这结论就变得理所当然。如前所述，这是一次击倒修辞术的光辉（atrocious）成就，高尔吉亚也明白这一点。

珀洛斯的章节更复杂也更富有启发。在那里，苏格拉底把他关于修辞术的概念阐释为谄媚的一部分，这意味着修辞术既非一门技艺（［它］不过是日常经验），也不高贵。修辞术指向满足，而非善、健康。它最终基于错误的前提，即做让人感到快乐的事就是幸福。这就是今天的相对主义。珀洛斯意识到，这等于否定了合理性原则。珀洛斯的第二个观点就合理太多了：行不义比受不义更好。从这一事实来看，他承认了某种标准。这个"更好"是从什么来看更好？答案：幸福。与此同时，珀洛斯断言，行不义比受不义更卑下。然后他被这两个论断的复杂关系所牵引，最终承认行不义比受不义更坏。仔细检查这论证，会发现这里真正的主题是惩罚问题。惩罚问题还出现在接下来的语境中。行不义比受不义更坏。行不义不受罚比行不义受罚更坏。［151］惩罚问题是这样的：惩罚使人变得更好吗？除了洞察力和友好的、兄弟般的纠正，还有什么东西可以使人变得更好吗？可惩罚，即让人遭受痛苦，其动机不恰恰是再次伤害人的欲望或报复的欲望吗？这一论证贯穿于整篇对话，并在不同的层面影响论证，我们即将看到这一点。

珀洛斯章节的结论是：修辞术对于正义之人无用；只在对不义之人带来惩罚时有用。然而，简单思考一下，我们就会发现，当正义之人遭到［错误的］指控时，修辞术对于为这人作无罪辩护也有用，因此，珀洛斯章节的目的等于为诉讼型修辞术辩护，证明它被正义地使用。但是，诉讼型修辞术只是修辞术的一部分。还有政治性修辞术，或者按照希腊人的说法，庭议型修辞术，关于这一点对话者不置一词，正如我们所见。尤其是，还有这种高尔吉亚意义上的最高形式的修辞术呢：即epideictic［炫示型］修辞术。这种最高形式的修辞术又是怎么回事？它仅仅是废话、仅仅是听觉的满足吗？或者，假使给以更好的理解，它也可以承载好的意义？对这问题的回答在卡利克勒斯的章节体现得更加清晰——虽然它已经足够清晰了，如果有人仔细阅读的话。从基本议题（issue），即哲学与普通人之间的关系，产生了对于一种高于诉讼修辞术的修辞术的需要。如何可以消除这鸿沟，为了双方的利益，进而为了公民社会的利益？最高层面的高尔吉亚的修辞术也不会解决这个难题。但是，苏格拉底向他并且向我们指出了这个问题，如果我们仔细地领会他说的内容。在这一部分，我们面临着巨大的困难，还没有办法解决它：卡利克勒斯章节是什么意思？卡利克勒斯此人又含有何种深意？我认为，珀洛斯此人所内含的意义我们已经理解了：珀洛斯是一位非哲学人，受过某种哲学训练，但他可以被苏格拉底说服。卡利克勒斯与珀洛斯在受哲学训练方面同坐一条船（除了他在修辞术方面没受过那么多技巧训练），但卡利克勒斯不可说服。卡利克勒斯，这位无关紧要的人是不可说服的人的代表、典型，这一事实让我们对这个基本议题领悟到了什么？我建议我们继续往下读，这样我们可以把大部分材料汇集在一起，形成一个对卡利克勒斯性格的判断，从而使我们的讨论更准确些。

苏格拉底试图用神话说服过卡利克勒斯——用三个说法——苏

格拉底此举失败了。在下一章节，从494a-499b开始，苏格拉底不再讲神话，而是使用论证。这一区分十分常见，即神话（mythos）与说理（logos）。最初，这两个词的意思相同，但从公元前五世纪或六世纪开始便出现了区别，神话表示虚假的言辞，说理表示真实的言辞。我们也可以说，神话是使用形象的言辞，而说理是论证，不使用形象。说理接近于证明性言辞的含义。

在494a-b，苏格拉底讲了一段道理，意在显示善根本上不同于快乐。我再次提醒你们卡利克勒斯的论点：依据自然正当，那些更聪明、更有勇气的人既统治其他人，也比其他人占有更多。苏格拉底提的问题是：难道他们不首先统治自己吗，这难道不意味着练习自［152］制，或节制？卡利克勒斯："根本不是，他们必须最大程度地满足他们的欲望。"苏格拉底试图说服卡利克勒斯相信，节制比放纵更优越，他引用了三个说法，其中最后一个说法由四个比喻组成。在第二个比喻中，节制的人与他的反面被比作这样两个人，其中一个人的罐子完好，而另一个人的罐子漏水。这二人不得不装满他们的罐子。他暗示，罐子就是他们的身体，而我们正在讨论的欲望就是以身体的种种需要为基础。卡利克勒斯未被说服。他说，人一旦注满了他的罐子，就不再感到满足带来的快乐——吃喝——他就像石头一样生活了。快乐的生活是最大程度把罐子注满。换言之，如果你的罐子漏水，你便有机会总是拥有快乐，这就是欲望的生活。

494b，苏格拉底回复如下："好吧，你有最大值的流入，但你也有最大值的流出——因此，让这些东西进入你里面存在巨大的困难。此外，你需要一些大孔，这样你才能让大块的东西流入你体内。"他在那里举了一只鸟的例子，一只鹈鹕，①一种十分贪吃、散

_____

① Dodds注意到，charadriou（文本中提到的鸟的希腊名称）是"一种习性混乱的鸟，身份不明。奥林匹奥多洛斯等学者告诉我们，hama tōi esthiein ekkrinei［它一边排泄一边进食］……它暂时由D'Arcy Thompson所确认，他在 *Glossary of Greek Birds*, p. 311同意Gesner和Linnaeus的看法，把它看作石鸻。页306"。

发着恶臭的野禽。亚里士多德提到，这种鸟颜色难看，声音难听，更别提它的气味了。^①苏格拉底的回答当然是纯修辞性的："你说到石头。问题在于：石头难道不比一种又丑又臭的鸟更好吗？"

接下来，苏格拉底不用比喻，开始进行论证。他试图分析欲望与快乐之间的关系，他提到食物和饮料的例子，这是欲望及其满足最为常见的形式。卡利克勒斯让苏格拉底注意，还存在着许多其他类型的欲望。苏格拉底回答说，卡利克勒斯和他一定不要害羞，这显然是关于性欲而非荣誉的暗示，后者将是欲望的最高对象。这里的讨论缩小到身体欲望的范围，这是苏格拉底引起的——而这很重要。苏格拉底把讨论从一般的欲望缩小到尤其是关于身体性快乐的欲望。他首先提到搔痒的快乐。这当然是性欲的替代品——我们无需什么弗洛伊德也知道。德谟克利特有一段残篇，比较了搔痒和性快乐。^②卡利克勒斯感到厌烦。"你简直是个［大众］演说家"，他对苏格拉底说，意思是你是一个蹩脚的演说家。卡利克勒斯心里自然想到的快乐完全是另一回事——伟大的生活。

在494d，苏格拉底说："因为我是个毫无技巧的演说家，所以我成功地让珀洛斯和高尔吉亚感到了困惑、羞耻"——也就是说，不愿意说他们在想什么——"但我当然没法让你沮丧并感到羞耻，因为你很勇敢，你不会感到羞耻，你不会脸红。"为了避免遭遇珀洛斯和高尔吉亚那样的命运，卡利克勒斯承认，即便是那些搔痒的人，他们在痒的时候也是幸福的。这［153］逐渐导向令人震惊的结论，最好色的好色之徒很幸福，既不卑下也不悲惨。这是一句令人惊讶的话，卡利克勒斯可不敢这样说。相反，他指责苏格拉底不知羞耻，竟敢提到如此下流的东西。对此，苏格拉底说："要责备的不是我，而是你，因为你的总论断暗示了这一下流的结论，不管你喜不喜欢。"顺便说一句，我们在这里看到，卡利克勒斯并不同意金赛

---

① 参见亚里士多德，《动物志》615a2-3。
② DK B127.

（Alfred Kinsey）博士，①因为在他看来某些事物本身就下流，苏格拉底提到它们甚至也会令他感到震惊。我认为这是关于卡利克勒斯的性格最为重要的附加证据，因此，我想特别就这一段落，首先讨论这个问题。

卡利克勒斯代表那类不可说服，但恰好又对哲学和苏格拉底怀有某些善意的人。他承认年轻人应当研究哲学，而他对苏格拉底也还算友好。如果他不满足这些条件，也就不可能与苏格拉底有长篇的交谈。苏格拉底的敌人，《美诺》中的阿尼图斯跟苏格拉底的讨论就很短，因为缺乏这样的基础。我们假设卡利克勒斯代表的是不可说服者中最好的类型。还有一个对哲学也颇感兴趣后来又离开哲学的人，一位令人印象深刻的人物：阿尔喀比亚德。在柏拉图的排序中，阿尔喀比亚德是比卡利克勒斯更高的类型；他不是简单地不可说服。证据就是：阿尔喀比亚德爱苏格拉底，他欲求着苏格拉底。卡利克勒斯欲求的则是别人，而非苏格拉底。

再让我们回头看一看珀洛斯，那可说服的人。珀洛斯的论点是，高贵不同于善。这构成了下述具体论断的基础：受不义比行不义更高贵，而行不义比受不义更好。他在善与高贵之间做了区分。这一区分意味着什么？如果我们把它用在珀洛斯身上，我认为，这意味着他承认有些事物有魅力却无用。单纯的观看和聆听就使人感到快乐。这在性格上当然符合像他那样的艺术家，一位修辞家。华丽的辞藻——这本身很美，他明白这一点。这与他献身于他的技艺有关联。然后与此同时，他心里有这样一种奇特的兽性，然而这兽性又可以被驯服，然后变成——用一个糟糕的英文单词——"惩罚性"（punitiveness）；惩罚性是兽性的驯服版本。在柏拉图灵魂学的用语中，他代表易怒的部分，或愤怒、气愤的部分。珀洛斯显而易见地称赞臭名昭著的僭主阿克劳斯，那也许是由某种愤怒鼓动起来的不实之辞；我认为很有可能就是如此。卡利克勒斯与珀洛斯相反，他

---

①　金赛（1894—1956）是一位美国生物学家，他在1940年代至1950年代就人类性行为展开了既富有争议又富有影响力的研究。

说高贵等同于善。无用的、好玩儿的事物则无用武之地。他强调，玩耍对小孩来说挺合适，对成人就不像样了。他很严肃，这表明他有爱欲，有激情。不是演说家的技艺，而是这门技艺服务的目的才是最高的善——这看法与高尔吉亚相反，后者认为修辞术高于它所服务的目的，即政治统治抑或政治自由。

根据卡利克勒斯，修辞术所服务的这一目的是什么？统治城邦，这是最高荣誉；这种荣誉不可能真正大放光芒，除非［花费］大量的财富，在最大范围内扶友损敌，并享有各种各样华丽而壮观的欢乐——赛马、奢侈的服饰、宴飨、表演。这是一个理想，［154］它在今天跟在过去一样可以理解。如果你没有从自己身上认识它，那么看一看这幅画面。这是卡利克勒斯关于人类生活的目的的概念。这里［表现］为最低意义上的欲望的代表——低下且难以察觉的欲望。而且，就像你们观察到的，在这描述中存在着某种不公平。苏格拉底把卡利克勒斯拉低到单单身体欲望的层面。卡利克勒斯无法阻止苏格拉底这样做，因为他不是苏格拉底的对手。可是，我们不是得站在卡利克勒斯一方，以防苏格拉底对他行不义吗？我认为如果我们那样做，我们就本着苏格拉底的精神在行动。把不可说服者呈现为漂泊者或海边的拾荒者，岂不是好得多？

［说话听不清］①

——［阿尔喀比亚德］的辩护是这样的：②"我有权出任指挥官……同时我相信我自己无愧于这个职位。那些诋毁我的事，给我的祖先和我自己带来了荣誉，此外，也使城邦受益。希腊人曾看见我们的城邦被战争所毁，现在却断定它将比实际上更强大，因为我在奥林匹克赛会上表现辉煌。当时我派了七辆马车参赛，过去从未有过私人用这么多马车，然后我赢得了第一名、第二名和第四名，并留意让事事都与我的胜利相称。习俗把这样的表现视为荣耀。再有，我在家中展示的富丽豪华自然引起我同胞公民们的妒忌。对自己的地位感到自

---

① 磁带在这里也许中断了。
② 施特劳斯说的是"卡利克勒斯"，显然搞错了。

豪的人若落得与他人平等，那才是不公平的，等等。"① 换言之，想想你们从阅读柏拉图或修昔底德中知道了些什么，或者从关于阿尔喀比亚德的现代解释中知道了些什么，这人简直光彩照人。这就是卡利克勒斯心里所想的，而苏格拉底显得很讨人厌，凡事都要搞清楚。"华丽的衣裳：那是什么？""宽敞的房子：你需要它们吗？"很讨厌。有一幅精彩的世俗画面，它十分迷人，我相信有时它会在某种程度上让我们所有人动心，但苏格拉底把它撕成了碎片，而且向我们展示所有这些碎片都值不上那个画面。仅仅由这些碎片组成的整全何以可能是这样如此伟大的事物呢？但是，卡利克勒斯的主要观点其实是指地位、荣誉，并非这些琐碎可鄙的身外之物。它们对于他的重要性只体现在其象征意义上。

因此，让我们观察一下荣誉。荣誉是对行为的奖赏，也就是说，是对服务于他人的奖赏。关心荣誉的人可以主要献身于这些服务，他的职责，或他的地位。如果献身的对象主要是职责，那么他是献身于他和同胞公民们的共同之事。如果他主要献身于他的地位，献身于扩大权势，那么他是献身于他私人之善。但是，私人或个体性的原则是身体。因此，人们可以把一个人描述成献身于他的身体，以此表达雄心勃勃之人的欲望。这一激进的柏拉图式命题在经验上并非不可证实。我们常常发现，有政治野心的人们也欲求财富，不仅 [155] 因为财富有助于获得政治权力，而且财富有助于享乐。他们欲求炫耀性消费。我也可以这样来表述：卡利克勒斯的欲望可以显示为欲求在庭议和行动，也就是说在战斗中表现杰出，这是一种对价值、对德性的欲望——这是其光芒的根基。但它不真实。若仔细观察就会发现，这一欲望最终是在欲求德性所带来的东西，欲求成功，欲求虚假。所以就算是节制饮食的欲望，也可以显得是这一妄想中的最为实质性的部分。

这样，卡利克勒斯最难被说服，因为他渴望自我放纵，因为他

---

① 施特劳斯引自修昔底德《伯罗奔半岛战争志》6.16.1-4。他似乎在朗读 Crawley 的译本，但略有改动。

是个懦弱的家伙。但是，他只是不能被苏格拉底说服，而非不能被大众说服。因此，问题在于他能不能被实际上低于苏格拉底且高于民众的某人说服：说服他鄙视不义和放纵，说服他追求荣誉、正义以及自制。高尔吉亚或珀洛斯有可能就是这种居中的人，如果他们引导有方，如果他们发现，他们的作用在于说服人们鄙视不义，而非向其展示他们在修辞方面的才智。但是，他们如何可能说服卡利克勒斯呢？卡利克勒斯的弱点是什么？为什么苏格拉底不能利用这弱点说服卡利克勒斯？那才是问题。

我不知道我是否有解决办法，但我会试一下。根据卡利克勒斯，珀洛斯之所以能被苏格拉底说服，是因为他羞于说出他心里的想法，因为他不够坦率，因为他不敢说出来，因为他缺乏勇气。而卡利克勒斯不可能被苏格拉底说服，根据他自己的解释，则是因为他勇敢、坦率、不怕当众说出他心里的想法。这是卡利克勒斯自己的判断。问题在于这判断是否正确。卡利克勒斯敢于在公众集会上说出他在这次私下交谈中说的有关单个个人的东西，以及说他违犯了多数人的法律吗？当然不敢。这相当于说，卡利克勒斯在民众集会上的表现就像高尔吉亚和珀洛斯在那场小型聚会上的表现。但是有人会称这为缺乏胆识吗，［如果］卡利克勒斯不对公众说出他对他们的真实想法？我们会称这为缺乏胆识，或缺乏坦率，或称他是羞于这样说吗？如果一个人考虑另一个人的偏见只是因为想要控制、欺骗那人或伤害那人的感情，那这前一个人会羞耻吗？他也许害怕报复，也许会对从报复而来的耻辱感到羞愧，但他不是纯然地羞愧。卡利克勒斯只是羞愧于不反对大众的偏见，［如果他同意］这些偏见的话。他说高尔吉亚和珀洛斯感到羞愧，他其实揭示了他自己。正是这些他所攻击的偏见、习俗让他动心。也正是他可能感到羞愧。这样看来，他似乎可以被说服，如果能让他感到羞愧。卡利克勒斯承认，有些东西天然高贵；所以，有些东西天然低劣——表示"低劣"的希腊文与表示"羞愧"的希腊文词根相同。①卡利克勒

① 它们是aischros［低劣］和aischunē［羞愧］。

斯承认，有些东西天然令人羞愧。他暗示说，他不会对于干了那些依据习俗而羞耻的事感到羞耻。也因此，他会对那些极端下流的行为感到羞愧——如果它们天然令人羞愧、天然低劣。因此，他实际上永远不会感到羞愧。他永远不会被说服。然而，没人［156］干过对话中所说的这样的行为。苏格拉底只谈论过这些行为。而卡利克勒斯说，苏格拉底应该感到羞愧，因为他谈论这些天然耻辱的事物。换言之，提及天然耻辱的事物也很耻辱。然而，他本人也这样做，不是在这一段里，而是当他谈到多数人的行为时：他们怯懦地投降，他们压倒了杰出的个人。所以他跟苏格拉底一样，罪在违反了自然正确（natural propriety）。当然，卡利克勒斯不敢说出他的想法。他会被说服说出心里的想法吗？珀洛斯和高尔吉亚会说服他说出心里的想法吗？在什么条件下呢？珀洛斯和高尔吉亚会使他对自己诚实吗？又是在什么条件下呢？兴许不是仅仅提到某些天然耻辱的事物，还要暗示卡利克勒斯相信某些东西天然耻辱——抱歉，这是错误的。[1]什么引发了卡利克勒斯对苏格拉底的不当行为的愤怒？不是苏格拉底提到这些事物，而是他表明，这些耻辱的事物有可能天然高贵。然而，就像苏格拉底指出的，这一推测源于卡利克勒斯的前提，即善等同于快乐——于是任何快乐都是善。

那什么是真的呢？卡利克勒斯并不对自我矛盾感到羞愧。如果被抓住犯了自我矛盾，他不会像《王制》卷一中的忒拉叙马霍斯那样脸红。卡利克勒斯从不脸红，因为他从未做过任何他视为耻辱的事情。修辞家忒拉叙马霍斯则把自我矛盾视为耻辱。卡利克勒斯不关心他是否自我矛盾，因为他不把它视为天然低劣的。他有某些意见，但他不关心这些信念是否清晰而一致。因此，苏格拉底无法说服他。这些意见是他的自尊的地基。行动或口头上明确违反这些意见就天然低劣。但如果只是隐含地带有这些意见，而意识不到它的存在，就不耻辱。他把说话与思想分离开来。

---

① 在记录稿里，"抱歉，这是错误的"这句放在括号里。有可能是誊写者提到他或她自己的错误，但更有可能的解释是，施特劳斯中止了他的表述。

在487b，苏格拉底在重述卡利克勒斯的思想：因为珀洛斯感到羞愧，所以卡利克勒斯就敢于在许多人面前跟自己矛盾。我认为这适合卡利克勒斯。卡利克勒斯看重［他的意见］，而且他确信他会一直生活得与这些意见相符，这保证了他事实上永远不会感到羞愧。卡利克勒斯拒绝听从理性，理性意味着去反思这些意见。假如他听从理性，那么说善等同于快乐就意味着最令人讨厌的那些快乐也是善的。卡利克勒斯没有说出他的想法，因为他说不出他的想法，因为他没有思考。换言之，他对说服免疫。尽管听上去也许很奇怪，但卡利克勒斯与老派的维多利亚时代的阿姨有些相似，她们绝不会谈论某些特定的事物。像这样把自己狭隘地局限于与思想完全分离的口上言语——思想必然通向它之外——就是他的特质。什么可以使卡利克勒斯变得羞愧呢？假使他干了那些天然耻辱的事情。什么是天然耻辱的东西？当众失败。从对话来看，他并未像阿尔喀比亚德那样功成名就。不过，卡利克勒斯可以避免当众失败，只需要一个十分简单的公众技巧：自杀。只有当自杀的可能性被排除时，他才会感到羞愧，也就是说，只有当他开始［157］相信灵魂不死，以及死后正义审判者的神圣审判的时候。这当然是苏格拉底在结尾时用神话呈现的内容。不过，卡利克勒斯拒绝相信这一点。问题在于，高尔吉亚和珀洛斯凭借他们的修辞性力量，是否可以说服卡利克勒斯相信灵魂不死。如果能，那他就可能感到羞愧，以为自己遭遇了某种显而易见的当众失败。

学生：［问题听不清］

施特劳斯：卡利克勒斯在狭义上不可教。他绝不能拥有真正的德性，而只有对德性的模仿，如果德性是知识的话。

学生：那一点和他现在具有的维多利亚式的虚伪之间有什么不同？

施特劳斯：他想要成为僭主，这会表现在许多方面。他可能会成为一位正派的公民。如果有人持有他持有的意见，这意见迟早会表达在行动上。基于他关于天然耻辱的概念，他只有在当众受辱时——不管这侮辱是对是错——才会感到羞愧。

学生：上一次你说过，卡利克勒斯对苏格拉底的善意是偶然的。我不太明白。

施特劳斯：兴许这一点需要某些纠正。一位哲人会对苏格拉底友善。如果这人对他缺乏善意，纯属偶然。如果一个人对通常理解的但又是最高层面上的高贵有着强烈的感受，他会对苏格拉底友善，这便不是偶然。像卡利克勒斯那样的人，他不是致力于那种高贵而是生活于那种高贵的幻象之中，他对苏格拉底的同情就是偶然的。换言之，另一个像卡利克勒斯怀有相同理想的家伙，同样有理由反对苏格拉底。为什么卡利克勒斯对苏格拉底友善呢？因为，与阿尼图斯相反，他认为哲学在一定程度上是善的。如果苏格拉底停留在那一程度之内，一切正常，但苏格拉底是一个老家伙了，却还进行哲学思考；因此，他该遭鞭打。阿尼图斯却会说，他只要进行哲学思考，就该遭鞭打。这就要求我放弃使用"偶然"这个词吧？兴许你会说，既然［卡利克勒斯］承认某种心灵教化有其必要，他一定会同情苏格拉底。

同一位学生：我还想知道有没有可能他的善意会使他得到救赎。苏格拉底之死会对这样的人造成什么影响呢？

施特劳斯：我会说，这很难讲。一开始，卡利克勒斯认为［苏格拉底］总体上人还不错。你也许该鞭打他，但还不至于处死他……对卡利克勒斯来说，只有一种生活方式，我称之为"妄想"。我非常悲哀地发现，当今社会科学家们中间关于价值的讨论中，仍充斥着那个至关重要的事实，即我称之为妄想的东西。在比较不同的社会时，我们不得不问，［158］这样的妄想对于社会的重要性是否构成了该社会的特征。我们可以想象一个妄想在其中并不发挥重大作用的社会。

［磁带结束］

第十讲　卡利克勒斯部分

（494e-499b）

（无日期）

[159]施特劳斯：我提醒你们一下现在的情况。卡利克勒斯拒绝接受苏格拉底支持正义的论据，即受不义比行不义更好。而这个支持正义的论据同时也是反对修辞术的论据，因为修辞术的作用在于防止遭人冤枉。卡利克勒斯拒绝接受苏格拉底支持正义和反对修辞术的论据，凭借的是诉诸自然正义和自然高贵的东西：真正男子汉的生活。在智慧和勇气方面更优秀的男人应当统治其他人，且应当比其他人占有更多。但是［这些真男子汉］不应该统治他们自己。他们不应该自制、节制或克制。相反，他们应该最大程度地去满足他们最大的欲望。他坚称，只有这样的生活才快乐。这样，苏格拉底就能把卡利克勒斯最初对自然正确和高贵的诉求还原为对快乐的诉求。首先，他援引了三个说法批评卡利克勒斯的意见，其中最后一个说法由两个比喻组成。第一个比喻暗示了死后的生活，而第二个比喻没有这样的暗示。苏格拉底未能用这些说法说服卡利克勒斯。于是他转而进行论证，他提供的论证分三个，第一个论证我们已经讨论过了，它是这样的：好色之徒的快乐低劣，所以善不同于快乐。在这一论证中，善被暗地里等同于高贵，而卡利克勒斯并未表示反对。这一论证算是对卡利克勒斯的反驳：卡利克勒斯一方面说善等同于快乐，另一方面，他又说有些快乐低劣，由此他自相矛盾了。但是，正如我们所看到的，卡利克勒斯并不因自我矛盾而感到羞愧：

他只有在收回他说过的话时才会感到羞愧，因为收回他说过的话对他来说意味着放弃自己的立场，这是懦夫之举。勇敢的人要坚守他的信念。现在，我们还是从495e开始。我简单提示一下你们接下来会发生什么。

首先，有另外两个论证用来证明善不同于快乐。然后，当苏格拉底确认过善不同于快乐之后，他回顾了两种生活方式的问题：朝向善的生活与朝向快乐的生活。朝向善的生活据说是哲学的生活，朝向快乐的生活据说是政治的—修辞的生活。在这一语境中，苏格拉底重提与珀洛斯交谈时首先阐明的论点，根据这论点，修辞术是谄媚的分支——谄媚只关心如何让人感到快乐满足。但现在发生了一个激烈的变化。这两种生活方式，追求善的和追求快乐的，各自伴随着一种专门的修辞术。因此，有一种好的或高贵的修辞术，有别于之前讨论过的低劣的修辞术。当然，我们一直都在强调，苏格拉底的论证预设了高贵修辞术存在的可能性。只不过这一点直到现在才明确提出来。

现在我们首先转向494e9，第一部分是494e-497d：这就是第二个证明快乐不同于善的论证。在开头，即494e-495a，虽然［160］好色之徒的例子已经充分表明，根据卡利克勒斯的观点，快乐不同于高贵或善，但卡利克勒斯还是重申他的论点，为的是不自我矛盾——更准确地说，是免得他的言辞"没人同意"，免得他自己不再同意其长篇讲辞中说过的话。他必须坚持他的意见，他必须持定他的立场，以免自己不再男子气。如果苏格拉底向他展示他的自我矛盾，他将置之不理，并反过来说苏格拉底要么篡改了用词，要么说了不正派的事情，或者他碰巧想到的别的什么事情。

495a-c，苏格拉底说："恰恰由于你把善严格等同于快乐，恰恰由于你现在坚持说善等同于快乐，你否认了你前面的说法，因为你在那里无疑认识到高贵是某种有别于快乐的东西。你的严肃意见将不再被讨论，如果你坚持断言善就是等同于快乐。"卡利克勒斯拒绝了苏格拉底的双重警告，以一种十分愚蠢、幼稚的方式。他不想纠正自己。他不想像一个懦夫那样放弃他的意见。苏格拉底在这里使用了"前面的说法"这个词，它也可以指卡利克勒斯自夸要坦率，以及苏格拉底赞许卡利克勒斯想要坦率。但再说一遍，卡利克勒斯所理解的坦率，是指一个人应当表达他自己的种种意见，而不是一个人应当思考［那些意见］。换言之，卡利克勒斯的立场与知性真诚这个现代概念有某种共同之处。这个词在二十世纪文学中扮演着十分重要的角色，特别是自尼采以来。它非常不同于老派的热爱真理。它的意思很简单：不要向你自己和别人隐藏你的意见——亦即，诚实。但是，你要去问这些意见是对是错，从而不把你自己等同于你的意见，那才是老派的热爱真理。因此意见的对错被忽视了，而现代使用那个词的理由当然在于，不可能有关于真理的知识。你能做的最多是把自己安身于，即把你自己等同于［你的］意见。卡利克勒斯当然不是一位存在主义者，但在这方面二者有些一致之处。

现在，让我们来看苏格拉底如何开始论证：495c-e。他首先为卡利克勒斯陈述了卡利克勒斯的论点：知识不同于勇敢。你们知道，论证的观点是真正的男子汉结合了知识（或智慧）与勇气。苏格拉底用以下说法坚持第一个观点：知识不同于勇气。为了阐明这里包含着某种问题，苏格拉底在此说道，知识是某种不同于勇气的东西；其次，知识不同于快乐。当然，勇气也不同于快乐。那是卡利克勒斯论点的一部分。但第二个观点是，善等同于快乐。由此可推出，由于知识不同于快乐，那么知识不同于善，而且勇气也不同于善。

你们已经能看到一处困难了：如果知识和勇气都不同于善，那凭什么你可以称智勇双全的人为好人？但苏格拉底并未强调这结论。假使卡利克勒斯区分了纯粹的善和次要的善，那这结论对他就并不致命，我的意思是这样：纯粹的善是快乐，人致力于实现那快乐，但并非所有人都同样擅长获得快乐；为了获得快乐，你必须具有某些品质；让我们假设这些品质是知识和勇敢，那么知识和勇敢就是对于（for）[161]获得快乐有好处，从而就不是内在固然（intrinsically）善的。用柏拉图的话说，它们会很有用，却不是纯粹的善。有用总是意味着对于（for）某些东西有用，不是内在固有的善。凭借这一区分，卡利克勒斯当然可以避免困难。但接下来他就必须证明，为了过上快乐的生活，你必须智勇双全；否则，他就会陷入麻烦之中。但就事论事，他本可以凭借一个区分解决掉这个困难。而他没能做出这样的区分，这当然是他性格中的一个关键部分。

你们看到困难了吗？他一方面说令人钦佩的人在于具有知识和勇气两种品质；同时，他又说善或高贵等同于快乐。因此，［知识和勇气］必须是内在固然就令人快乐的——这一可能完全被他无视了——要不然就是，它们对于获得快乐具有本质上的必要性。卡利克勒斯根本没有面对这里产生的困难。它也不是苏格拉底反驳的中心，稍后我们将会看到。人们可以基于这些观察批评享乐主义，这将部分出现在苏格拉底的论证之中。

现在让我们从这里继续，495d。苏格拉底在这里提到了卡利克勒斯的民主称谓。他说"阿卡奈人卡利克勒斯"，而非"卡利克勒斯，谁的儿子和谁的父亲"。这种冠父名的传统至今仍在俄罗斯使用，在上流阶层中很常见。这是称呼或提及一个人的贵族方式。但在民主称谓中，人们不会提到一个人的父亲，而是提选区，你也可以说是部落：这人属于雅典的这个行政单位。这里用政治头衔来称呼卡利克勒斯，本身当然富有深意，因为此人对政治上瘾。但远不止如此。

卡利克勒斯来自的选区（deme），即政治行政单位是阿卡奈，大概在雅典的西边。这令我们想到阿里斯托芬的一部戏剧，《阿卡奈人》，幸运的是，该剧保存至今。那部雅典戏剧的主角名叫狄凯奥波利斯（Dikaiopolis）。这是个十分奇怪的人名：dikaios意味着［正义的］，而polis意味着"城邦"——换言之，一个人取名叫"正义的城邦"。这位狄凯奥波利斯反对伯罗奔半岛战争。他只是一个地主，因痛恨伯罗奔半岛的军队入侵阿提卡，于是他就抵制战争。因此，他与敌人达成了一个私下的和平协议，严格来讲这当然意味着严重的叛国行为。在他达成了私下的和平协议之后，他享受着和平的快乐。这里提到的快乐全是身体的快乐。因此，他受到族长们的迫害，因为这个选区（demos），这个村子的成员都是出了名的硬汉，他们曾在马拉松战役中立下过汗马功劳。如今他受这些人的迫害，为了避免迫害，他说服了其中一半的迫害者他们应当放他走。另一半人继续迫害他，迫害者内部分裂了，但这件事实拯救了他。为了取得这一冒险事业的成功，他不得不把头伸在执刑人的砧板上，对他的迫害者们发表一番演讲。换言之，他意识到了他的处境。在发表这一演讲分裂观众之前，他穿上了一件破衣裳。但这可不是一件普通的破衣裳，他是欧里庇得斯的角色在肃剧舞台上的破衣裳。穿着欧里庇得斯角色的破衣裳，他获得了成功。

［162］这些阿卡奈人与苏格拉底之间有某种联系。首先，名字狄凯奥波利斯，"正义的城邦"，以某种方式令人想到苏格拉底在《高尔吉亚》中呈现的内容，虽然［名字和］内容无疑都相当不同。现在，有个人反对雅典的民主帝国主义政策——后者导致了伯罗奔半岛战争——这人算不上这一卷入伯罗奔半岛战争之中的共同体的成员，他遭到迫害并［成功］分裂了观众，这意味着有一半的人被说服了，另一半没有被说服。而《高尔吉亚》这里的情况也相同：苏格拉底说服了珀洛斯，他没有说服卡利克勒斯。

我认为这里从欧里庇得斯引用的句子——你们记得，卡利克勒斯引用了欧里庇得斯，苏格拉底引用了欧里庇得斯——对于这同一个暗示非常切题。但是，这还有更深刻的含义。这位狄凯奥波利斯是一位享乐主义者，但这享乐主义不通向政治生活。自苏格拉底以来的大量历史证据证明，这里的含义在于，一种贯彻到底的［享乐主义］并不导向卡利克勒斯的那种关于政治生活的概念。大致来说，它毋宁说导向人们公认的意义上的德性。你们兴许可从伊壁鸠鲁那里认识到这一点。伊壁鸠鲁也认可日常德性即所谓的传统德性乃是奠基于享乐主义的真正德性。那是一致的享乐主义，虽然从其他理由来看它并不充分。柏拉图对此十分熟悉，这在对话《普罗塔戈拉》结尾表现得最为明显，那里描述了一种基于享乐主义的道德科学，它指向日常意义上的明智生活。若秉着理性，衡量快乐与痛苦，则它指向的实践结果，将与苏格拉底的非享乐主义立场指向的结果相同，只不过它的内容不完满。理智的享乐主义使人远离政治、军事的生活。

卡利克勒斯甚至在这里都保持不了一致；他不是他自以为的那

种贯彻到底的享乐主义者。这一点直接从对话显示出来，如果你比较善等同于快乐的论点与他对男子汉的描述，在后者那里"快乐"一词并未出现，而只有对高贵和正义的一种呼吁（an appeal）。那就是你们有些人感受到的诸多困难之一的基础：如何去调和卡利克勒斯在第一段讲辞中呈现出的性格与那个狭隘的论点，即善等同于快乐。当然不可调和，但我们可以说，卡利克勒斯并不一贯。但另一方面，基于他的勇气概念，他对自己的不一贯完全无动于衷。勇气唯一要做的就是死不改口。自我矛盾不要紧。事实上，苏格拉底继续说，卡利克勒斯不可能正确认识自己。他没有自知之明；他不可能看到他的无知。他意见的坚定向他隐藏了他的无知。然后在〔495e-496c〕——①

干得好和干得差相互对立，因而它们不可能在相同主题的相同方面共存。当其中一个，比如说，干得好不再存在于一个主题中时，其对立面就出现了。这是一个总命题，稍后我会再次讲到。苏格拉底用眼疾为例〔阐释〕这论点。如果有人患了眼疾，他在眼睛方面就不健康。可一旦他摆脱了那一疾病，他便获得或重新获得了眼睛的健康。总的来说：好与坏，具体的（specific）好东西和坏东西，不可能在同一人身上〔163〕的同一方面同时存在。有恶的时刻就没有善，反之亦然。幸福是善的总和或巅峰，悲惨则是恶的巅峰，它们无法共存。如果悲惨消失，幸福就会出现，反之亦然。这在495b-496c得到了阐发。一个人无法同时占有一个事物的善与它的恶。他也无法同时摆脱事物的善及其对立的恶。以上即为论证的第一部分：关于好的和坏的事物，这是最基本的关系。现在苏格拉底即将说明，在苦乐方面，相反的说法才真实，它们必然同时存在，而且必然同时消失。结论就是，善根本上不同于快乐。

现在让我们首先弄懂在496b-497a阐发的论证的大致思路。欲望令人痛苦，而欲望的满足令人快乐。以饥饿和口渴为例——这里举

---

① 在记录稿里，正如上述文本所示，这是一段话的结尾（这里的斯特方码是496c，已经被删掉了）。施特劳斯也许正在请人朗读他提到的那部分文本。

的主要例子。在这种情况下，满足欲望的快乐，即进食，要求痛苦，即饥饿和胃口在场。如果不饿了，源于进食的快乐就没了。可见快乐和痛苦同时被占有，也同时消失。如果你吃饱了，就没任何胃口了，你就没有任何痛苦，你无法再从进食那里获得任何快乐。快乐和痛苦相依相存。快乐要求痛苦同时存在，但善无法与恶共存，具体的善无法与具体的恶共存。所以，快乐不同于善。这是论证的大致思路。

在我们讨论论证中的困难之前，我想看一看论证本身是否已经被理解。如果你们提出后面论证中的某些困难，我不会介意，不过我们应当首先领会苏格拉底的看法的本真含义（the stripped meaning）。就像如今的人会说的那样，有两种价值观，两种［人想要或欲求的东西：一种被］称作好东西及其对立面，坏东西，另一种被称作快乐的东西及其对立面，痛苦的东西。苏格拉底说，好东西与快乐的东西在结构上完全不同。好东西无法与他的对立面同时共存，另外，这二者也无法同时消失，相比之下，快乐和痛苦的本质就是在相同的主题上共存，而且是在相同的主题上同时共存，以及在相同的主题上同时消失，就像饮食的例子描绘的那样。这很好理解。只要你有胃口，有欲望，这意味着有个东西它本身很痛苦，你就会享受食物，所以进食的快乐和欲望的痛苦一定同时存在。再者，当欲望终止的时候，即源于不满足的痛苦终止了，快乐也就终止了。当你吃饱了，就会厌弃（detest）更多的食物，这意味着食物不再令人快乐。所以这一点才是论证的要害。

学生：［说话听不清］——当其中一个减少时，另一个就增多。但那不是同一回事。

施特劳斯：是，那是很重要的一点。但那在两个例子中以及在各中间阶段中不仍旧是真实的吗？可是，在你达到满足感的那一刻，快乐就减少得更多了，难道这不是真的吗？所以那证实了这一点。换言之，你的意思［164］是这样：在某个阶段，很可能是最快乐的阶段，饥饿感基本消失了，因此愉悦感更纯粹。但永远不会有纯粹的快乐。我的意思是，想要产生快乐，总会混合需要、欲望。我的意思是，从绝对的痛苦到绝对的满足之间的延续性不会否认一个事实，即在达到满足、彻底的满足之前，存在着痛苦的要素。但在完全满足的时刻，快乐和痛苦都消失了。或者，你会说可能有一种不带饥饿的快乐？我认为那是一个很好的观点。非常好，那么也就是说，存在一些与欲望无关的快乐。我认为那是对苏格拉底论证的严肃反对。我承认那是真的，但让我们先将其记在心里。

学生：你如何解释，一旦快乐充盈，就不存在快乐了？

施特劳斯：苏格拉底是这样说的：一旦你获得满足，你就不再痛苦抑或快乐。

学生：可是当你的快乐达到充盈时，你也在苦痛之中？

施特劳斯：此时你有需求［如此才能达到充盈的快乐］。否则你不可能享用食物。

同一位学生：若说你曾有（have had）需求，这我看不出有任何不合理之处，但你的快乐充盈时，你就不再有需求。

施特劳斯：是，可如果你没有这需求，那胃口……

同一位学生：是的，但这不相当于说——

施特劳斯：这是对上述说法的修正。因为说"带着胃口吃"，不是修正饥饿，而是彻底消灭饥饿，不是吗？当你吃了你所能承受的量时，你便不再有任何胃口了。任何人达到这个程度时——无论他有多能吃，多能喝，他迟早都会达到这个程度——他便对食物和饮料感到厌恶。在这个时候，朝向那个目标，无论是食物还是饮料，快乐和痛苦都已经终止了。

同一位学生：好吧，那么，我们所有人都在某个时刻感到饿。但假设我们一天有八个小时，而在大约四点钟时有某些令人满足的东西，并且我们知道在五点钟时我们就会离开，或下课，然后回家吃饭。

施特劳斯：现在，如果进食令人快乐，对进食的期待也会快乐。显而易见。

同一位学生：是的，但期待与欲望同时存在。

施特劳斯：当然。换言之，那里存在着混合。有趣的是，关于这些快乐，苏格拉底的提示至少表明可以存在完完全全的痛苦——一个人只是饥饿或口渴——但不可能存在完完全全的快乐。那才是[165]重点。因为就算饮食得到充分的满足，痛苦也一定在那里，以便使快乐成为可乐的。

同一位学生：[说话听不清]——设想你已经停止进食，因为你已经饱了，但又并不满足。

施特劳斯：是，那非常好。那是另一种快乐，苏格拉底的论证有一个弱点，我们可以确定他没有注意到这弱点。这快乐之后被伊壁鸠鲁称作katastematic[安宁的]快乐，他的意思是指，一种源于满足的、正常状态的快乐，欲望并未参与其中。①最好的例子，从伊壁鸠鲁的观点来看，就是良好的感觉，幸福的感觉，这源于健康和强壮的身体。这些来自早上五点起床，一边吹口哨一边冲澡，你们懂了吧？这行为本身不暗示任何欲望。它仅仅源于状况，即状态：katastematic。

接下来，我们必须考虑论证本身，它完全不依赖于苏格拉底这里叙述的细节。但我们也必须注意文本，因为苏格拉底亲自给出了某些暗示。现在，如果你们首先翻到496b5，在427页，我们看到"各种好处及其反面"。你们从中看到，之前给的例子——速度、力气、健康——本不是用以指好东西。但奇怪的是：健康、力气和速度却又是苏格拉底在归纳时使用的仅有的例子，他试图以这些为例来证明关于好坏的这一总的关系。换言之，关于好东西和坏东西的论点仅仅浮于表面。他甚至没有打算去证明它。你们还看见，它与苏格拉底不久后发出的警告相关，就在同一页："我们同意这说法吗？等你想好了再回答。"这是一次警告。而卡利克勒斯相信，他已经考虑充分了。无论如何，我们不得不说，首先，关于好东西和坏东西的论点虽然被提了出来，但它无论如何没有被苏格拉底特有的方式证明，这方式被称作归纳法——亦即，观察不同的好东西的例

———————————

① 参见伊壁鸠鲁书信，*Letter to Menoeceus*, 131-132，与第欧根尼·拉尔修《名哲言行录》10.136.1-12对勘。

子，然后对其［进行概括］——因为不管健康好不好，它在这里跟力气、速度一样，明确有别于好东西。我们可以注意的第二点：好东西及其反面不可能同时失去。这在什么条件下成立？举个简单的例子，幸福和悲惨，一个综合实例。［它们］不可能同时失去。在什么条件下成立？

学生：嗯，当你死了，当然。

施特劳斯：正确。所以论证忽略了死亡，或者，换言之，它预设了灵魂不朽。人要么悲惨，要么幸福，要么介于两者之间。他永远不会同时失去它们。但这只在灵魂不朽的条件下成立。于是，不朽这个尚未证明的假设却成了下述证明的基础，即快乐不同于善。因为若无此假设，就不可能做出快乐的东西和好东西之间的区分。

［166］496e，第429页又出现另一个难题，页末出现了另一个苏格拉底式的警告："难道这不是立刻发生，同时同地？无论在灵魂里抑或身体上，只要你乐意，我就相信没有差别。"这也暗示出一个难题。此处未区分痛苦或快乐是发生在灵魂中还是身体上，这也意味着模糊了身体快乐与灵魂快乐之间的差异。这涉及你们之前提的问题，即有人会说，存在着无混杂的快乐。在496d，你们在这里发现一个提示：

苏　饥饿本身就令人苦恼，不是吗？

卡　我承认。

苏　口渴也是如此？

卡　肯定。

苏　那么，我再问一下，还是你承认，所有需要和欲望都令人苦恼？

卡　我承认得了，就不要问啦。

这问题被轻易地承认了，所有欲望都令人苦恼。如果所有快乐都暗示欲望，而且如果所有欲望都令人苦恼——两个假设：所有快乐都暗示欲望，所有欲望都令人苦恼——那么所有快乐都将是快乐和痛苦的混合，所有快乐都将与痛苦混合，不可能有纯粹的快乐，所有快乐将是混合的，而好坏则并不必然混合。我认为这才是论证的核心。这成立吗？我们已经举过一些无混杂的快乐的例子。[有问题吗？]

学生：我不想打断你。在苏格拉底与珀洛斯的讨论中，他区分了快乐与痛苦，他断言它们分别是善与恶的要素。如果某物令人快乐，那它可能是善的。他以所能提供的快乐的分量来衡量善。

施特劳斯：不。他做的是这样。你也许有道理，但你说的话没有反映出这一点。在珀洛斯的讨论中，涉及的问题不是善，而是高贵，高贵被划分成两个东西：快乐和有用。

学生：[说话听不清]——有益的。

施特劳斯：有益的，它是善的形式。你们看出这里的区分与刚才做出的区分有什么直接联系吗？这一个区分总是混合，而上一个区分本质上是无混杂的。

学生：我想在这里寻找某种联系，它能暗示痛苦可以与善有关联。

施特劳斯：那不是这里的关键，为什么不是呢？如果你阐明它，并且表明善与快乐的关联会导致对这里的论证至关重要的结论，那么我会承认，但你没有表明那一点。

学生：如果把善想成某种必须予以评价的东西，而把快乐想成某种不证自明的东西，不需要评价，就像美，那么似乎就能看到，在快乐和善里面如何可能存在着某种恶，并且看到，在这一论证中，你不需要任何真正一致的假设。

[167]施特劳斯：我真的没明白你的意思。这里假设，善与快乐有本质性区别，你真的是在这假设的基础上论辩吗？你会承认那一点。然后你必须更深入一些去看，因为苏格拉底在这一论证中没有这样做。举个例子来说明什么是本身好且本身不快乐的东西。你们得从那一点出发。就快乐而言，我们有不少例子：饥饿[和]口渴的例子就足够了，吃喝快乐。但我们没有任何关于善的例子。

学生：理论上，善与快乐在这里有着本质的区别。

施特劳斯：是，但这样说还是无效的，如果你不给我们提供至少一个例子来说明什么东西是本身好的，而无关快乐［和］痛苦。

同一位学生：任何道德行为都是本身就或善或恶，与某种价值有关。

施特劳斯：是，但得试着陈述给卡利克勒斯听，让他能够领会。

同一位学生：沉溺于种种欲望，就是说，沉溺于你想要的任何欲望。你有变好或变坏的欲望。你可以说这是好的或坏的，如果你了解（knew）——

施特劳斯：是，但自我沉溺的善是由快乐构成的，由善与快乐的同一性构成。我想我们暂且试着跟随苏格拉底的论证，而且我认为你们心里考虑的这些观点即将出现。

你们每一位都听过柏拉图的理式论（doctrine of ideas）。例如，有一种正义的理式；而柏拉图的一般教诲当然认为正义是善的。但总归是有一种正义的理式，无论它指什么。那么，涉及正义的［人们］、正义的法律、正义的行为、正义的尺度，这意味着什么？这问题容易理解吗？我的意思是，我们所有人都在相当理性地谈论正义的人们、正义的行为、正义的法律，但柏拉图宣称，有这样一个东西，被称作正义的理式。有一种正义的理式，根据这一事实，[1] 正义的人们、正义的行为、正义的法律之上预先设下了什么？我知道这样讲有些抽象，可若不在这些事物方面专门花时间——有人知道这问题的答案吗？在《斐多》结尾，苏格拉底在他死后被描绘成一个神奇的人，据说他很正义、很高贵、很节制等等，但有一个限定语——就是说，他是在同时代人中间最为正义。[2] 同时代人中间最正义的人就完全正义吗？当然不是。那一点必须普遍化：没人完全正

---

① "摆在……前面"（lies forth）一词出现在记录稿中，但它也许不是施特劳斯自己说的。值得注意的是，施特劳斯在下一句话中说这个说法"讲得有些抽象"。

② 《斐多》的最后一行，"厄刻克拉特斯啊，这就是这位朋友的终了，我要会说，在我们碰见过的人当中，他最好、最睿智、最正义"（118a）。

义，没有政策完全正义。[168]否则，柏拉图意义上的正义的理式就毫无意义。我所拥有的每样好东西一定不完善。这也意味着：它同时分有了恶，只有混合的程度才是要点。所以你可以这样表述柏拉图学说的含义：在人类生活中，不存在纯粹的善。也许你甚至可以说，不存在纯粹的恶，因为所有道德的恶都在于对某种真正善的东西的误用。好东西是不完善的；它们会与其反面混合。

那快乐呢？所有快乐都是混合的吗？柏拉图对这一主题有十分明确的强调，特别是在一篇名叫《斐勒布》的对话中。在那里，他明确区分了这里讨论的快乐类型与另一种快乐类型。源于食物、饮料等等的快乐，它们一定与痛苦、具体的痛苦相连。但还有一些快乐不与任何先前的欲望有关系；它们是纯粹的快乐。举个例子，闻玫瑰花香带来的快乐。① 我们很享受花香的乐趣，可如果我们不享受这乐趣，我们也不会感到痛苦。这里我们必须做出一个区分。习俗也许使我们必然 [总是] 钟情于某种香味。那么，我们严格感受到的，或者说让我们感觉痛苦的，当然是习俗或处境的缺失，而非事物本身。[相反]，缺乏食物和饮料时，我们的感受则独立于任何习俗，虽然靠着练习瑜伽之类可使情况有些不同。基本上，[这] 很自然。所以存在一些无混杂的快乐，因为就算离开它们，也不会感到痛苦。如果你看见一只小狗缠着你在洒满阳光的草地上嬉戏，天又不太热——我觉得这看起来是 [一种] 完美的快乐。其他人 [也会这样觉得]，但并非所有人。那本身就是完美的快乐。还有一些完美的快乐。这样的快乐也可以存在于更高的层面。例如，又是一个柏拉图式的例子，有一种快乐源于理解一个带有绝对的、铁一般的必然性的数学命题，这绝不是强制性的，因为当你解题的时候，你充分施展着你自身的才能。它不是外在强加于你的：这是完美的快乐。

还有一些完美的快乐。但是，可以存在完美的快乐，却没人可以占有完美的东西（那并未否认存在完美的东西，只是说人能占有的东西中没有一样是完美的），就人类的一般处境而言，这意味着什

---

① 参见《斐勒布》51e。

么？有人会说，柏拉图用这一困难，在某种程度上暗示出了享乐主义的唯一合法的理由。有一个为享乐主义辩护的理由，它不见得充分，但比其他任何例子更有说服力，它从一个事实开始：人能够享有完美的快乐，而不能承受完全的痛苦。一切所谓的审美事物，[正如它们现在的称呼，当然都根源于此]。现在你们可以在某个例子里非常清楚地看到这一点，这个东西对于作为一位哲人的柏拉图来说特别重要，即寻求真理。当柏拉图说人不可能拥有智慧，只能追求智慧时，他指的当然是人不可能拥有最大的善。这善就是知识。人一旦拥有知识，总是同时拥有相应的恶，即无知。但另一方面，当人在某个重要的观点上理清头绪时，这却是快乐——必然伴随着快乐。凡是成功解决过问题——不是为了应付考试——的人都会明白那一点。在某种意义上，那本身就是完整的。但当你证明（proof）你领会了其含义的时刻，并认识到新的问题会基于你领会的东西产生时，你意识[169]到充分的善即知识事实上并未实现。快乐可能具有某种完美性、彻底性，人拥有的善却不可能完美而彻底。变得更有知或更好很可能永无止境。但是，快乐有圆满、有完美、有止境，这在某种意义上又能使人心平气和地去从事这种从根本上具有西西弗斯性质的行为。

学生：理智问题的解决之中也涉及痛苦，你认为有这可能吗？

施特劳斯：不，一旦你解决了，之前困惑带来的痛苦，即"我不能解决它"的痛苦就结束了。

学生：解决问题的[欣喜]似乎取决于问题的难度。

施特劳斯：是，可另一方面，解决行为本身彻底终止了痛苦。你在吃东西的例子中也看到这样一种特殊的延续性。当你越吃越多时，你的饥饿感逐渐消退，但这在理论上没有延续。在某个特定时刻，你会说"嗝"或者"我饱了"。

同一位学生：我的确看不出，数学家在解决数学问题时不也是面临这样的处境么？

施特劳斯：是，但解决本身是从未解决状态的一种脱离。

同一位学生：我看不出这哪里不同于吃东西。有一个特定的点……

施特劳斯：这有一个过程。我的确相信有一个差异。或者，如果你不相信那个例子的话：如果你事先对美景没有任何欲望，而美景突然映入你的眼帘，那样的例子便成立。你本来对此毫无欲望，而你却感到非常快乐——欣赏美景不混杂痛苦。也许你在那个时候会牙疼，但那是另一回事。但这美景本身十分完美。

同一位学生：举个小狗的例子。比如说，你在上课的路上，没法逗小狗玩，这就涉及某种程度的痛苦。

施特劳斯：是，正确，但那是偶然的。要我说，主要的快乐其实不在于有没有跟它玩耍，而在于这种完全受限的小宠物纯粹的一面：它不知生死，不懂核威慑，甚至不知道饥饿，因为它在当下感到非常满足——就连一个婴孩也无法在视域方面这样完全受限——幸福存在于这个视域之内，对于我们人类来说不常有这样的幸福。你描绘出一幅你想要得到的画面，但［你］不可能在那里。

同一位学生：这难道不是现实痛苦的结果吗，多多少少吧？

［170］施特劳斯：换言之，那意味着另一回事。意味着：若不彻底分析人类生活的根本性质，我们可以完全理解任何人类现象吗？那才是你想说明的。也许如此，但首先被给予我们的是诸如快乐一类的东西。让我们假设快乐与善存在着差异，即这些东西首先是这样被给予我们并呈现自身的：其中一种在本质上不受限制——没有完美的知识，没有完美的德性等等——而另一种则本身有其完美状态。你说的情形非常有可能，兴许只有有死之人才能享受这种形式的快乐，所以就算我们不去思考它，关于有死性或［对］有死性的预见依然存在。也许就是如此。但要点在于，这种有死性无论在追求善还是在追求我们的快乐时都在起作用，我们只有在快乐上才能得到某种无混杂的东西，而就另外那个而论，我们永远不会得到纯粹的东西。所有法律，无论有多好，只要仔细分析，就不会显得完全正义。法律某种程度上需要我们的这种关于［正义］和不义的检验，有些地方法律不够格，那么就不［完全正义］……一种科学理论之为科学理论，要求我们超越［它］，根据完全真实的东西接

受检验。但这快乐……比如说玫瑰带来的快乐，它本身不要求你超越它。它已经满足了。

我认为人们常用"美学"来表示的意思与此相关。你们知道"美学"一词源于希腊文的感官知觉①——永远不要忘记这一点——因此，那似乎是这种完美性的真正家园。就拿人们谈论的艺术作品的完美性来说，它很可能与此非常相关。以柏拉图对话为例，作为提供完整真理的书籍，它们有显而易见的缺陷，不完美。但这不妨碍柏拉图对话可以是完美的艺术作品。你们看，那是因为这个事实——而非尽管存在这个事实，即根本性的不完美，比如说他的有死性，对追求善和追求快乐都有效。你不能因为发现了人类需求的根基即社会，或者其他什么东西，就忽略我们在现象层面发现的区分，从而勾销掉保持这一区分所带来的问题——在这个例子里，就是有完美的快乐而没有完美的［善］。你们理解那一点吗？所谓的还原主义学说——无论是高的或低的还原主义——都是把人类现象还原到一个根基，而所有这些还原主义学说都存在一种危险，即大量的现象，我们都意识到的种种差异，并未被看得非常重要。举个例子，就像那些在政治科学中谈论权力的人。假设权力，而非有死性，是一项根本因素——那么，你在任何地方都发现权力：在家庭中，在教室里，当然也在政治中；你在商店里也会发现权力。但如果这导致你无视政治权力与其他形式的权力之间的基本差异，那你最终就还不如思考权力之前那么聪明了。你们明白我的意思了吗？我的意思是，如果政治权力仅仅被看作一项普通的权力，比如说丈夫对于妻子的权力，妻子对于丈夫的权力，或你认为的其他权力——有些人将其看作一个伟大的洞见。也许如此吧。但如果这洞见导致的结果是，这个家伙最后说出"谈论政治毫无意义，［171］它跟非政治的事物没有根本性差异"这样的话来，那么要我说，他倒还不如从来没有过这公认的洞见。

现在让我们继续496b-497a。你们看这里的例子是食物和饮料。

---

① Aisthēsis.

之前在490c-d，卡利克勒斯曾粗暴地［反对］这种低俗而狭隘的快乐。他说："你呀，苏格拉底，尽讲些食物、饮料、鞋子，我讲的可不是这种快乐。"现在卡利克勒斯与这种快乐和解了。苏格拉底是有可能在一定程度上驯服卡利克勒斯的，至少可以驯服他让他承认身体的快乐。他在那方面至少能被驯服。

接下来在497a-d：关于快乐和痛苦同时终止的论证由此开始。卡利克勒斯反对这讨论：首先，他反对证明善不同于快乐的尝试，其次，他尤其反对提及终止欲望。

［说话听不清］①——在一种没有希望的情形中，他知道。因此，讨论因为高尔吉亚的缘故得以继续。所以，整本书被称作《高尔吉亚》而非《卡利克勒斯》是正确的。高尔吉亚是除了苏格拉底以外最重要的人物。

497a，我说几点。那里使用的几个词语表示对节制和拘谨的某种嘲笑——这词主要用于妇女。卡利克勒斯在涉及以类似于智术师的方式进行辩论时，显得有些拘谨，就像《美诺》中的阿尼图斯。在497c，我们发现那里提到诸奥秘，提到卡利克勒斯的意见的超越哲学的品质，卡利克勒斯本人就这样说过。哲学也许是卡利克勒斯尚未领教的渺小奥秘。在497d，我只说一小点：苏格拉底对卡利克勒斯说："无论如何你都不会否认之前你同意过的观点。"这是一个防止卡利克勒斯同意他的办法，因为那样做当然会使他再次抛弃他的立场。关于第二个论证差不多如此。现在说一说第三个论证。

497d-499b，论证过程如下：好人之为好人是因为存在某种善。你们明白吗？你们一定不要在这里寻找细枝末节。很简单，如果你们突然听到，"一个好人之所以是好人，是因为他具有某种善，他身上存在着某种善"，［你们就会回答说：］"可是，当然只有某种善存在于他们里面，好人才是好人呀！"根据卡利克勒斯，善等同于快乐。因此，好人之所以是好人，是因为快乐存在于他们里面。那意味着好人之为好人要不断地感受快乐，因为只有快乐才是善，或者

---

① 磁带在这里中断了。

至少好人在他们的生活中要比坏人感到更快乐。然而，卡利克勒斯还说过，好人聪明而勇敢。

现在，如果我们观察聪明而勇敢的人，我们发现他们并不比又蠢又胆小的人更快乐。苏格拉底专门举了懦弱的例子：在一支军队中，每个人都会害怕，谁更害怕呢？勇士还是懦夫？当然是懦夫。可如果敌人撤离了战场，情况又如何？勇士的快乐较少，懦夫的快乐较多一些。所以懦夫有着［172］更多的痛苦，以及更多的快乐。但是，卡利克勒斯之前就暗地里承认，拥有巨大的欲望——巨大的痛苦由巨大的快乐满足——是幸福的准则。因此，卡利克勒斯就被打回到一种他不得不承认的立场，即作为勇士的辩护者的他，实则是为懦夫辩护，因为懦夫更会有逃跑的欲望，更多恐惧（恐惧是一种负面欲望）也意味着更多快乐。论证的特点是完全无视其他任何事物，始终专注于身体的痛苦和快乐。苏格拉底想要表明，就算在这一层面上，就算在身体的欲望和恐惧这一层面上，享乐主义也不可能。但是，你不是也可以说，就整体而言，勇士的人生比懦夫的人生更快乐吗？因为令人恐惧的情形无限多，以至于完美的懦夫，如果存在的话，会一直感到痛苦；而且，如果痛苦有片刻减轻，他又会开始担忧某些新的痛苦，就算在敌人撤退的时候，他也会担心敌人也许会从另一边回来。

但是，［卡利克勒斯］根本不理解他自己，当然，他连享乐主义也［不］理解，因为可能存在［一种］［比他的］享乐主义理智得多的享乐主义。但你们一定不要忘记，这里的要害不是要启发人理解快乐问题。那只是隐含而且偶然的。要害在于向我们呈现出苏格拉底无法说服的人的最佳案例；我们一定不要忽略这一点。那种人的特质得到了刻画。他有各种各样的优点，他喜欢苏格拉底，他是一位有教养的人，如此等等。而我确信，他是通常意义上的正派人，即合乎这个词的日常含义。他基本的恶习在于，他不认为自我矛盾丢脸。那是一件不幸的事情——不是说自我矛盾是一件在人前丢脸的事……而是说他没看到，如果他自相矛盾，他就必须补救。我的意思是这个，他根本没看到这一点。他关于勇气的概念意味着，一旦你找到你的这些意见，就要坚持下去，抛弃它们是懦夫的行为。我认为那是卡利克勒斯心中最深刻的公理。而他的意见碰巧比阿尼图斯的那些意见更有利于哲学，举个例子，根据卡利克勒斯的意见，在二十岁以前，你一定要（must）学习哲学。这个世界上存在着更多的卡利克勒斯在我们中间，兴许比我们愿意承认的要更多。

现在来看更特别的几点，然后我们可以讨论那个问题。497d-e，苏格拉底知道，卡利克勒斯绝不会认可这论证的结论，亦即，善不同于快乐。他在498a-c着重强调，根据卡利克勒斯，懦夫比勇士感受到更多的痛苦和快乐。他专门对此加以强调。然而，在498c推导结论的过程中，苏格拉底忽略了勇士和懦夫之间的差异。换言之，苏格拉底说，快乐和痛苦平均分配给了好人和坏人、有德的人和缺德的人。他们中间的不同并不在此。是卡利克勒斯做出了在快乐方面对懦夫有利的区分，而不是苏格拉底。

现在让我们暂时检验一下论证。好人被说成是那些感到快乐的人，他们处于快乐状态中，处于持续的快乐状态中，没有任何限定条件，不管这些快乐是什么。由此必然得出结论，一个傻笑着感到满足的白痴就是好人、完美的人，但任何一个头脑正常的人都不会承认这一点。但卡利克勒斯的两种好人观念冲突了，他［173］从未将其结合起来。一种观念是，好人是那些感到无限快乐的人；另一种观念是，好人是那些有能力取得最大快乐的人。而后者自然排除了白痴；受称赞的是才能、德性，不是快乐本身。换言之，受称赞的不是住在漂亮的豪宅里，有六个佣人伺候着，而是有能力赚到这样一栋豪宅，即德性——德性才受称赞。

卡利克勒斯的论证无视快乐的等级——白痴的快乐，懦夫的快乐，真正男子汉的快乐——卡利克勒斯承认有各种各样的快乐。他真正赞美的只有真正的男子汉，但他的一般论点是，善等同于快乐，这迫使他忽略人类的等级差异，以及他们相应的快乐或痛苦。因此，问题在于：等级（rank）的差异可以在享乐主义的基础上得到理解吗？在第一个论证中，即关于庸人的论证中，结论大致是这样的：根据善与快乐的等同，没有高贵（noble）的地位。而我认为，那是一个严谨的论证，因为，什么是归谬法？有一些可耻的快乐。但当你断言善就是快乐时，就不可能存在可耻的快乐。但这结论——它不仅是此处一段漫不经心的评论，而且是成熟的伊壁鸠鲁式享乐主义学说的特征，也许是最有名的享乐主义学说——被明确说出来："高贵不过是习俗，可我们要彻底忽略它。"而伊壁鸠鲁还只是说，对诸德性的普通敬意必须根据用途（useful）来理解。例如，勇敢对于更快乐的生活有用。可像内在的光彩、内在的善之类的东西就不可能存在——只能作为快乐存在于快乐之中。而第三个论证指向另一个密切相关的事实，即善与快乐的等同没有为区分快乐的等级留下空间。你可以说，若基于严格的享乐主义学说，你当然不可能区分更可取的快乐和不那么可取的快乐。你可以说范围大的快乐、持久的快乐比短暂的快乐更可取。或者你可以说，强烈的快乐比缓和的快乐更可取。那是你可以做的。但你不可能引入对等级的思考。例如，白痴和真正男子汉——这里没为［这二者的区分］留有位子。我们可以承认男子汉好过白痴的事实，但我们相对于另一个而言更偏爱这一个，这不可能在上述基础上得到辩护。

学生：可是，难道你不能以强度和程度的方式处理所谓的等级差异吗？那似乎才是问题。

施特劳斯：你指什么？

学生：嗯，有某种善，比如说，高贵，可以解释成给人们提供了更强烈的快乐。

施特劳斯：可为什么就会这样呢？……但是，如果你把善等同于快乐，你只能区分严格意义上的善，即快乐，与本身并不令人感到快乐却有益于快乐的东西。例如，苦口良药。它并不令人感到快乐，却对快乐——来自健康的快乐——有用。那是你可以做的。但对于高贵之为高贵本身，你不可能这样做，除非运用诡辩。换言之，你若这样做，就［174］必须把高贵降低为与之含义相反的东西，降低为某种它不是的东西。你可以说，我们凭借勇士的某些行事原则有所领会。这行事原则可以在享乐主义的基础上得到辩护。但是，它内在地值得选择这一点不可能得到辩护。"高贵"的品质不可能在享乐主义的基础上得到辩护。

我可以顺便做个评论吗？基于以上内容所界定的这个问题——善等同于快乐抑或不同于快乐？——在前现代时期曾是唯一（the）根本的道德问题。例如，你们读西塞罗就能发现——它经过某些改造后又出现在了现代时期的开端。例如，西塞罗《论至善与至恶》中，这是前现代时期最为流行的一本道德著作，讲的就是这个问题，就像在柏拉图的对话中，以及在亚里士多德的《伦理学》中。我们只能从相关的后期现代思想中得出一个否定性的结论：以这些术语讨论的这个论题消失了，这是现代道德思想在过去两个世纪发展的特征。现在罕有典型的现代人算得上严格意义上的享乐主义者，因此，也就没有典型的现代人会采取反享乐主义的立场。当然，古老的享乐主义——即便是粗糙的古老形式——活了下来，而且非常强有力。如果你跟经济学家们交谈，当他们谈论种种需求以及应当如何思考这些需求时，你最为清晰地看到这一点——也就是说，享乐主义最粗糙的形式，它是这里的前提。所以它确实十分强大，以隐匿的方式。但在哲学思想中，我不认为十八世纪以来出现过任何重大的享乐主义者。所以如果有人想要理解古典的道德和政治思想，没有别的办法，只有认识到这是唯一根本的（the fundamental）问题，而不是比如说，经济决定论以及相反的某种东西。就是这个问题，我认为我们所有人都可以在自己的生活中认识到它，它确实直击根本。其中的含混性来自下述事实，在大多数情况下，我们像古人一样通过爱好快乐的人、爱好身体快乐——"直接的快乐"，就像古人们称呼的那样——的人去理解快乐，相比之下，更加理智的享乐主义立场早已超越直接的快乐，把快乐的高级形式纳入了思考，不过前提是唯有某个东西的快乐性质才能使它成为真正善的。

学生：你说的意思是，高贵不可能在享乐主义的基础上被承认为内在高贵的。但这在某种意义上被享乐主义否定了，他们认为，你所谓的"内在的高贵"给予我们的无非是某一种非常强烈的快乐。我的意思是……所以我猜想，唯一的答案必然诉诸事实。

施特劳斯：但是，并非如此……问题在于这论证是否——就像密尔，他会使用这样的论证——问题在于，这是否并非真正纯粹的循环论证。就是说，他首先指的是高贵之为高贵本身，然后，他尝试用那个断言把高贵与他事先构想好的享乐主义协调起来。[请讲？]

学生：所以你的主要观点是，[有人]可以制定某个这样的一致方案，但这样完全就是罔顾现象……柏拉图会说？

[175]施特劳斯：是，我知道甚至在十八世纪，还[有些]人试图为一切都留出余地。但我认为这其实会混淆问题。卡利克勒斯不是享乐主义的典型代表。这毋庸多言。他其实并非真正的享乐主义者，因为他关心高贵和正义。[那]完全属实，而柏拉图对话中关于享乐主义最精致的讨论出现在《斐勒布》中。我已经尝试在我关于自然权利的研究中重述过享乐主义古典批判的关键要点，在论古典自然权利的章节中。主要观点可简单概括如下。

快乐在享乐主义学说中当然总是意味着人类的快乐，人的快乐，而人们的快乐不同于驴和其他生物的快乐。快乐总是把自然倾向假定为人的结构性自然（nature），凭借这自然，这些种类的事物可以成为对人而言快乐抑或痛苦的东西。享乐主义把对快乐和痛苦的感觉与这些感觉的基础分开，即与人的品质、人的自然本性分开。这一点也在其他方面表现出来。当我们思考快乐和痛苦时，首先出现的是感官的快乐与痛苦，即身体性的快乐和痛苦，这并非偶然。因为就身体而论，快乐和痛苦的性质显然更具有支配性。例如，在其他事物中，它就不占支配地位……我们会享受它们，即享受那些更高的事物，但我们所想的并非只是享受，也并非主要是享受。如果有人说，当他以某种方式行动并为此而问心无愧时，他感到很享受，为什么他感到享受？为什么他对此感到快乐？因为这行动内在是好的。他宁可受良心不安而痛苦，也不愿心中没有任何感觉，而如果你在吃东西且觉得这东西味道很好，那就行了。吃就令人快乐。它并不指向超越自身的东西。我认为，如果有人可以看到我所研究过的这些享乐主义学说，那他总是看得到，这些学说必须强行把这些现象纳入一个事先构想好的方案中。那不是我们面对它们时观察它们的方式。当我们遇到一件英雄行为并从中感到快乐（pleased）时，把这种快乐比作我们从食物中获得的快乐，就多少说不通。因此，这些品质性的不同不仅仅是快乐的不同。它们首先是论主题上的不同——英雄行为和食物——只有根据本质上的不同，你才能恰当地解释快乐。你没有办法专门区分不同种类的快乐，除非你超越快乐的维度——那才是要点。那才是我认为我要回应的内容。

在诸快乐之间也许存在着品质上的和本质上的不同。但是，诸快乐之间的这种品质上的和本质上的不同不能从快乐来理解，而只能从快乐的基础来理解。依我看，这是享乐主义的基本弱点。苏格拉底、柏拉图［以及］亚里士多德认识到了这一点，他们的观念在于，快乐的基础是灵魂，是灵魂的性质，是灵魂的结构，而这使［人］既认识到享乐主义中所包涵的真理，同时又不否认我们从生活中认识到的现象。

学生：……你真的触及了享乐主义者的根据吗？他是从那些事先构想好的模式出发界定他的术语，而你是从你的立场观察他的方法。你的假设与他的立场完全不同，这样做不是必然以你的假设去理解他的立场吗？［176］［你的立场］在于，在快乐—痛苦的计算之前已经存在一个基本的结构，而享乐主义者说不存在这样的结构。

施特劳斯：是，但目前的局面是，谁也无权像卡利克勒斯那样行事，并且说，"这是我的意见，先生，语毕"。例如享乐主义者和我都不会如此。肯定不会。所以我们必须达成一个使讨论得以可能的观点。否则就可以说，我们所有人一定都是极端不理性。所以我们必须使问题得到解决，使讨论得以继续。

学生：你认为一位深思熟虑的享乐主义者可以坚守住他的立场吗？

施特劳斯：反对苏格拉底的这些（these）论证，轻而易举。

同一位学生：而你认为，如果双方都坚守各自的立场，不肯为了达成一个共同的论证基础而向对方投降——换言之，他们不理睬对方的说话，不配合、不齐心，因为他们在理智上互相排斥，至少在前提上互相排斥——

施特劳斯：这当然只是对卡利克勒斯的一个附带性的反驳。但它不是对最高意义上的享乐主义的反驳。要反驳后者，就不得不走向一个高得多的基础，就像《斐勒布》中所做的那样，或者就像亚里士多德《伦理学》中那样。你不得不提出如下问题：比如说，伊壁鸠鲁，古代最有名的享乐主义者，或者我们有所了解的任何一位——谁在现时代是真正举足轻重的人物？洛克或许是，他的学说已经是修正过的［享乐主义］——他们对于我们所了解的人类事务的论述是否比苏格拉底、柏拉图、亚里士多德更加充分？那是个问题。

学生：我认为，上一个问题似乎想要否认，他们所有人从中出发的现象在性质上根本相同。

施特劳斯：是，但问题是这样的。例如，在伊壁鸠鲁的例子中，假设——不是基于现象，而是基于某种特定的宇宙论——是，全部知识的来源都是感觉，这一前提必然导出一个结论：关于善恶的全部知识的来源只能是对善恶的感知，而那当然只能是快乐和痛苦……这样，伊壁鸠鲁就否认了你必须从如实呈现的现象出发。你甚至不得不证明那一点。

学生：先生，你一次次暗示卡利克勒斯等同于民众。

施特劳斯：不，卡利克勒斯"热爱民众"，苏格拉底是这样说的。民众之为民众，对哲学的存在一无所知。你们一定不要忘记，现代民众已经是预设了哲学存在的群体，你可以证明这一点，但古代民众并非如此。所以他们对哲学的存在一无所知，当他们开始意识到哲学时——你从古典著作中获得的一般印象——他们就对哲学抱有敌意。他们不信任哲学。这是事实，它构成了阿里斯托芬的［177］苏格拉底谐剧《云》的基础。苏格拉底在那里与普通人打起了交道。到底是怎么回事呢？主角发财后娶了一位贵族妻子。所以他不再是一个单纯的普通人，他的儿子也变得无所事事，还欠下了一屁股债。由于他很世故，而且懂点哲学，一个折中的办法就是成为苏格拉底的学生，不是为了探寻真理，而是为了摆脱他的债务。整部谐剧在这一处境下发生了反转。[①] 不，卡利克勒斯不是民众的一

[①]　参见阿里斯托芬《云》行1-125。

员。因此，他还发表了一段不同寻常的反民主的评论。你们记住他
是一位大人物。他不是［民众］的一员，而是一位僭主。

学生：我在想，卡利克勒斯的不可教是否类似于民众的不可教？

施特劳斯：如果你这样想，那倒十分值得思考。但请不要犯下
不可原谅的错误，以为柏拉图只是统治阶级的一员，带有这个阶级
的全部偏见。柏拉图取的是"民众"一词的更加广泛而深刻的含义，
它表示俗人，无论他们贫穷抑或富有，高贵抑或平凡，诸如此类。
这种概念与政治的、粗俗意义上的民众观念的唯一关联在于：有身
份有教养的人事实上拥有闲暇。至于他们如何使用那一闲暇，则存
而不论。但是，闲暇是思考必不可少的条件。所以社会差别的假象
早就被柏拉图看穿了，也被当今的任何一位自由派看穿了，因为这
无需多大的聪明才智。

就政治而论，区别在这里：柏拉图觉得，尽管贤人较之普通人
的更高地位是可疑的——因为他们中间自然存在许多傻瓜、许多白
痴、许多低俗的人——政治的差异仍然不可避免（inevitable），理
由很简单，出于私有财产的必要性。因此，由于公共财富的稀缺，
富人与穷人之间的差异是必然的，一定程度上也是武断的、偶然的。
如果有个人的收成在某一年保留了下来，而所有人的收成都完蛋了，
他就变成了富人。事情就这样发生了；这与正义无关。但要改变这
种情况，改变这种不平等的分配，只能意味着用另一次不平等的分
配取代目前的分配。另外一些个人会因新的分配而变得富有，你得
到的唯一区别只在于：由于某些暴力行为，全新的计划一开始会不
得人心，因为新的分配将依赖于暴力的优势。别无他法。我认为那
是柏拉图得出的实践性结论。

讨论那个问题的困难，尤其是在这样短的时间内，源于今天存
在着一种强大的、愚蠢的偏见——非常强有力——据此偏见，柏拉
图是法西斯主义者。你们一定听过。这些观点在这栋楼里的许多课
上都被表达过。因此，任何试图从柏拉图那里学点东西的人都处在
一个有些傻的位置。但是，你们必须以这样的心态来看待这里的问
题——在这个方面谈论法西斯简直是胡说八道。甚至也不能谈论共

产主义，虽然柏拉图作品中有证明共产主义的要素：柏拉图在《王制》中似乎想说，只有共产主义的社会才是正义的。我现在不能讨论这一点……我只能说，［178］柏拉图［认为实际的方案］是：对实际存在的城邦加以改善，把里面的成员划分成若干阶层、群体，让其比实际情况更合理一些，而且这个城邦当然是一种绝对的"情境社会"（situation society），社会中存在富人和古老的家族，他们会是社会的支柱。我的意思是，如果你说柏拉图是个顽固的保守派，那是事实。那毫无疑问——我的意思是，从当今的视角来看。他与亚当斯（John Adams）之间的共同之处比与杰克逊之间的要多一些。①毫无疑问。问题在于：那样认为的理由是什么？你们看，你们不可能像卡利克勒斯那样，一口咬定说，柏拉图就是持有这种意见。问题在于：这些意见的根据是什么？在所有的现代讨论中，我们最终都应回到一点，即全体社会成员都有必要的闲暇是否可得。全体社会成员是否总是可能拥有闲暇，这一问题通常没有被提出。柏拉图认为，理所当然永远不会有足够的财富流通，不是因为人类贪得无厌，只是因为自然的馈赠有限，你可以这样说。柏拉图也许由此做出了教条式的假设，因为他并未预料到一种扩张经济以及随之而来的一切——还因为他也许没有料到会有一种致力于技术的科学。毫无疑问，那才是根本性的问题。

但由于这些需要长期发展才能克服的限制条件，我们可以说：卡利克勒斯——顺便，有一点回答你的问题，你知道，当时，苏格拉底说："你（You）在谈论所有人（all）思考的东西。"但要点在于，专注于意见而毫不关心这些意见的依据，以及宁愿自我矛盾（contradict）也不愿收回（retract）这些意见，这是不是俗众心智的特征。我相信这就是你要得出的结论。这是相当严肃的一点。但它将意味着卡利克勒斯是被挑选出来的，因为他至少还有可能与苏格拉底交谈，而阿里斯托芬《云》的主角斯瑞西阿得斯（Strepsiades）却做不到。换言之，卡利克勒斯受过一些教育，对高尔吉亚的修辞

---

① ［译按］杰克逊是美国第七任总统，亚当斯是美国第二任总统。

术感兴趣，这使他有了与苏格拉底交流的可能，而在其他大多数情况下，缺乏这样交流的可能性。我想我在课程刚开始时提到过，与色诺芬笔下的苏格拉底相反，柏拉图笔下的苏格拉底从未与普通人交谈过。^①那是事实。而卡利克勒斯，就社会地位而言，当然不是严格意义上的普通人。我必须就此打住。现在，我们要说什么来着？

我们可以说，虽然苏格拉底的论证必须被补充完整，必须被更详细地界定，但他已经确立的立场在我看来是真实的，即善不同于快乐。现在产生的问题是：善与快乐之间的区分涉及苏格拉底和卡利克勒斯关于生活方式的争论，这区分对此争论会产生什么结果呢？有一种善的生活方式，它不同于致力于快乐的生活方式，它是什么？它又如何影响修辞术的论题？正如之前所坚持的，修辞术专属于快乐的生活方式，但这是真的吗？或者我们不可以区分两种修辞术，一种属于好的生活方式，另一种属于坏的生活方式吗？答案是可以，随即，我们一直在努力寻找的那个点，［179］即那种苏格拉底想要的但尚未存在的修辞术，便敞露出来。我们将在下一次课讨论它。

［本次课结束］

---

① 参见第一讲，页30以上。

第十一讲　卡利克勒斯部分

（499b-505e）

（无日期）

[182] 施特劳斯：我们正在讨论的是苏格拉底试图借以证实如下论点的论证：善在根本上不同于快乐。中心论证使我们得出结论，人们不可能占有无混杂的善或纯粹的善，却能占有无混杂的诸快乐，这当然没有直说。我要进一步阐明上述论点，思考《高尔吉亚》中的这一中心论证，思考这一关于善与快乐之别的论证运用于哲学时的意涵。所有的欲望据说都是痛苦的。虽然苏格拉底警告卡利克勒斯，这一点应当再考虑一下，但卡利克勒斯在表述时未加任何限制。爱欲即欲望，哲学本身就是欲望（《形而上学》的第一句话），对知识的欲望。如果所有欲望都痛苦，那也会有痛苦内在于哲学，或者更宽泛地讲，在哲学中，快乐与痛苦必然共存。于是，哲学与身体性快乐之间就会有某种相似性。这兴许是苏格拉底在《斐多》开篇为欲求死后生活辩护的理由，因为人死了以后哲学就无法令人满意或令人感到痛苦了。他在那里用了比喻——虽然语境不同却依然适用——当时他表明，捆绑解除以后是多么快乐：痛苦和快乐注定有关联。[①] 这很可能跟哲学本身大有关系。你可以说，在哲学中，快乐源于知识，痛苦源于无知。那么在哲学中，也有善和知识与恶和无知的共存。甚至在知识方面也存在着与食物饮料的流出与流入等同

---

① 参见《斐多》60b1-c7。

的事，就像《会饮》解释的那样：遗忘相当于知识的流出；温习相当于知识的流入。①这样，哲学便无法令人满意，因为它是善与恶、知识与无知的混合，除非哲学是不朽的唯一（the）方式。那是一种可能性。要么，就得存在一些纯粹的快乐，不要求痛苦的同时在场。

　　在我回到论证，即我们现在正在讨论的部分之前，我想要提醒你们卡利克勒斯章节的整个论证。我们很容易忘记我们之前讨论的内容，而我们必须将此一直牢记在心。这里的主题当然还是修辞术，主要是对大众修辞术的批判，它可能被误用，并且服务于无罪或定罪的辩护，还服务于政策制定。但所有这些——无罪辩护、有罪辩护以及政策制定——都必须讨好民众。否则，它们就绝不会被采纳。因此，苏格拉底批判大众修辞术并给出一个极端的提法：修辞术只有在起诉一个人自己以及他最亲近的人时才有用。就在这一刻，卡利克勒斯参与进来，然后苏格拉底对他表示欢迎。在这一上下文中，苏格拉底提出了下述类比关系：苏格拉底之于卡利克勒斯就像哲学之于民众。这样，哲学和民众第一次变得相同。然后，卡利克勒斯发表了他的长篇讲辞，并提出两个断言：第一，自然与法律（或习俗）是最根本的对立；第二，真正男子汉的生活与哲人的生活有着根本性差异。[183]但是，卡利克勒斯无法使他以自然与法律的根本区分来区分的两种生活方式相谐调。换言之，他没说自然［不同于］②习俗和——比如说，和政治。自然［对他意味着］真正的男子汉；习俗意味着多数人。③真正男子汉的生活超越了这些习俗。卡利克勒斯的论证所奠基其上的这一根本区分，即他所理解的自然与习俗之间的区分，没有为哲学保留位子。我认为，这是理解论证顺序的关键。在此之后，苏格拉底说，与卡利克勒斯的交谈完全满足哲学讨论所需的条件。然后他审查了卡利克勒斯的论点，强者应当统

---

① 参见《会饮》207e1-208a7。
② 施特劳斯也许已经在黑板上写下了这几个字。
③ 这句话在记录稿中的原文是："自然——真正的男子汉；习俗——多数人。"施特劳斯也有可能已经把它们写在了黑板上。

治其他人，而且应当比其他人占有更多。随后他质疑强者是否也应当统治自己，亦即控制他们自己，然后他引用了三个说法来支持自制或节制。

下一步——我们上一次讨论的内容——是三个论证，意在证明善不同于快乐；快乐在这里被理解成身体的快乐，即受节制规范的欲望。我们今天讨论的499b-505b是这一章节的真正中心，苏格拉底是这样论证的。在确定善不同于快乐之后，他现在试图表明，两种生活方式的区分是这一区分的结果：追求善的生活方式和追求快乐的生活方式。首先，我们可以说，这两种生活方式，一种符合苏格拉底的生活方式，而另一种符合卡利克勒斯的生活方式，我们还可以试着说，一种是哲学的生活方式，另一种是政治的生活方式。苏格拉底进一步说，我们必须区分两种修辞术：一种指向善，另一种指向快乐。然后，苏格拉底事实上使这两种生活方式相协调，用的是他提出了根本性区分，不是自然与习俗之间的区分，而是善与快乐之间的区分。善与快乐之间的根本性区分意在作为另一种区分的唯一（the）基础，即哲学的生活方式与卡利克勒斯选择的、暂时可以称作的政治的生活方式之间的区分。我们稍后将看到，这一基础并不特别充分。

关于卡利克勒斯再多说一句。我之前说过，卡利克勒斯是那类不可能被苏格拉底说服的人的最佳代表。卡利克勒斯的虔敬超越了普遍接受的程度。因此，他有点同情哲学，因而也同情苏格拉底。但是，他又在普遍接受的语境之中理解这一抱负，即超越普遍接受的东西。因此，他误解了他自己的抱负：他渴望超越善与快乐的相等，尤其是身体的快乐，但他无法阐明善与快乐之间的本质性差异。因此，当苏格拉底责怪他简单地把善等同于快乐，尤其是身体性快乐时，他无法提出有效的反驳。我们［184］可以把这一点与上一回结尾时提出的观点关联起来。卡利克勒斯想要成为政治家。这需要依赖民众。他想要超越民众，为的是统治民众。但是，这需要取悦民众，与民众打成一片，因此需要把善等同于身体的快乐。苏格拉底试图证明，善不同于快乐，然后他从这一区分得出结论，有两种生活方式，哲学的和政治的。

如果善被错误地等同于身体的快乐，那么唯一（the）的纠正物、唯一（the）卓越的德性便成了克制，用这里喜欢的话讲，即节制。在这一点上，与修辞术问题的联系再度浮出水面。因为，首先，这里说为了产生节制，需要有修辞术——或用这里希腊文动词的双关义来说，该动词的意思是让人醒悟，也就是惩罚[①]——惩罚需要修辞术。这篇对话所探寻的那种被欲求的修辞术是惩罚性的。可是，其次，节制不仅仅意味着饮食方面的节制，它还有更宽泛的含义，我们可以称之为庄重或谦逊。就此而言，它有别于粗俗无礼、口无遮拦或肆无忌惮。这个意义上的节制不是支配身体性欲望的德性，而是唯一（the）支配言辞的德性，产生言辞的正派。这么说不是指所有修辞术都是惩罚性的。《斐德若》极为清晰地表明，还有一种更高的修辞术，被称作爱欲的修辞术，它就没有这种惩罚性的品质。但这两种类型的修辞术，最高的爱欲修辞术和较低的惩罚修辞术有一个共同点：它们都具有公共精神，它们的根源在于关心他人，从而有别于自我保存。但还有一种合法的修辞术，其根据在于自我保存，要么是个体的自我保存——诉讼型修辞术，要么是城邦的或社会的自我保存——庭议型修辞术。更高种类的修辞术是爱欲的和惩罚性的修辞术，它们取代了对话刚开始时提到过的高尔吉亚的炫示型修辞术。关于之前内容的总结和随后内容的提示，就说这些。

现在我们翻到499b，第439页底部以下。苏格拉底在这里开始从快乐与善的区分中得出与修辞术相关的结论。卡利克勒斯说："苏格拉底，你呀，活像个孩子，我在逗你玩呢，假装向你承认我从未质疑的东西，即快乐存在着等级上的差异，存在着好的快乐与坏的快乐。你欢欢喜喜地得到我表面上的承认，就像一个孩子——这就像小狗得到了一根骨头。你根本没有迫使我放弃我的立场，让我像懦夫一样离弃我的岗位。"卡利克勒斯相信他已经取得了胜利——但又不完全相信。他没发现苏格拉底在迫使他跟苏格拉底一起玩耍。而玩耍，我们知道，适合小男孩［以及］像苏格拉底这样不可思议

---

① 施特劳斯指的是497b1的noutheteis。

的家伙，却不适合像卡利克勒斯这样严肃的人。卡利克勒斯在行为或言辞方面无法避免自我矛盾。苏格拉底回答："你根本没有与我辩论呢，卡利克勒斯，而是蒙骗了我。但是，正因为你在蒙骗我，你就与你宣称的说法相矛盾，你说你会坦率，因为你是我的朋友。你在行为上又一次自相矛盾了。"［185］这是卡利克勒斯一直就有的麻烦；他不是以行为就是以言辞自相矛盾。然而某种意义上他并不在乎，因为重要的是守住他的立场。

499c-d，卡利克勒斯现在承认，有些快乐比其他快乐更低劣，不仅如此，还有一些快乐是坏的。任何一位享乐主义者当然都不会承认这一点，因为享乐主义者一定会认为每一种快乐之中都存在着某种善。

499d-500a，这里区分了好的快乐与坏的快乐。好的快乐首先是那些有助于，比如说，身体的好处或德性的快乐。这就意味着，选择快乐不可以是为了快乐本身，而应是为了某种不是快乐的东西，比如说，为了身体的健康，为了善。选择要合理，就得靠技巧，即靠技艺或靠科学。

500a处有一点我必须提醒你们注意。苏格拉底说，卡利克勒斯是以第三者的身份加入苏格拉底和珀洛斯之中的。他并未加入高尔吉亚。换言之，我们现在看到的人物顺序是从苏格拉底开始，其次是珀洛斯，然后是卡利克勒斯。这取代了最初的顺序：高尔吉亚、珀洛斯、卡利克勒斯。苏格拉底在某种意义上窃取了高尔吉亚的位子。苏格拉底和珀洛斯曾一致同意，一个人必须为了善做任何事情：468c。如果你打算去查，你就会发现，珀洛斯立刻收回了这一说法。然而，珀洛斯现在并未抗议，因为他老早以前就被驯服了。在500a，苏格拉底再度提及他与珀洛斯、高尔吉亚谈论过的内容；他没说他已经与珀洛斯、高尔吉亚达成了一致。不过，修辞术是谄媚的分支这一点，当然从未在苏格拉底和高尔吉亚、珀洛斯之间达成一致。我这么说也是为了让你们看到这些措辞是如何被谨慎选择的。但是，苏格拉底在这里还没有把修辞术说成谄媚。这里他意在达到一个结论：由于善在根本上不同于快乐，所以一定存在两种修辞术。这一点之前从未提到过，虽然我们通过深入思考论证必然直接认识到这一点。

回头去看，我们现在可以说，苏格拉底对珀洛斯的胜利要伟大得多，因为他根本没有对珀洛斯作出这种让步。换言之，他本可以在与珀洛斯讨论的结尾这样说："我刚才讲的对于某种特定的修辞术、大众修辞术是真实的；当然，还有一种更高的修辞术。"他从未这样说。珀洛斯不得不接受——他最后哑口无言——之前得出的论断，即修辞术不过是坏而卑下的。在这一语境下，苏格拉底向友谊神发誓——友谊神指宙斯，用在这里当然十分贴切——因为承认有一种高贵的修辞术已确立了苏格拉底与修辞家之间的友谊。

接下来，500b-d，善与快乐之间的区分首先与另一种区分关联起来，即当今政治的生活方式与作为哲学的生活方式之间的区分，这暗示，也许还有另一种政治可能与哲学有联系，或许还等同于哲学。所以政治的生活方式现在只意味着一般认识上的政治的生活方式。也许还有一种政治活动具有完全不同的性质。在500d，苏格拉底说，他试图区分两种［186］生活方式：哲学的生活方式与政治的生活方式。但是，他是在什么地方试图区分那二者呢？我认为他的意思是，通过区分善与快乐，他试图为生活方式的区分奠基。在500d，提出了一个关键性问题：这两种生活方式——对善的理智追求与对快乐的理智追求——真的是两种生活方式吗？难道它们不是一回事？论证过程似乎是这样的。首先是快乐与善之间的区分。这导致政治的—修辞的生活方式与哲学的生活方式之间的区分，换言之，即卡利克勒斯的生活方式与苏格拉底的生活方式的区分，或遵守（within）公认意见的生活方式与超越（transcends）公认意见的生活方式的区分。但这里提出的问题是，苏格拉底一开始提出的两种生活方式的区分是否有效：追求善与追求快乐之间的区分，它区分了哲学的生活那样好的生活与修辞术的—政治的生活那样坏的生活。我们需要一种关于好的生活方式与坏的生活方式之间的区分，但是否可以把它们等同于哲学的生活方式与修辞术的—政治的生活方式，这并不清楚。

在500d-e：苏格拉底与高尔吉亚—珀洛斯之间并未在如下方面达成一致，即善不同于快乐，进而导致不同类型的追求。苏格拉底最终提出的结论，即修辞术是谄媚的分支，并未得到苏格拉底与高尔吉亚—珀洛斯的一致同意，它只是苏格拉底的断言。

在500e-501c，苏格拉底总结了他在珀洛斯章节关于修辞术的说法。这段总结当然意在重复，而它总是意味着其中会有一些细微的改变。如果你仔细一点观察501a，你发现技巧或技艺必定考察了其所照料的东西的自然。这在之前没有说过。在他提到的段落中，465a，他说的是，技艺若将什么东西应用于人，它就必定考察了这个东西的自然，而不是考察它所照料之人的自然。这句话的结构十分复杂。它使人以为，医术瞄准的是善，但这里没有这样说。个体的自然在这里取代了善。换言之，对于个体有好处的东西，医术或修辞术，依赖于个体——而不取决于个体的意愿和念头，相反，很自然地，你必须考虑个体的自然，这样才能对他有好处。这是一番新的思考，是之前的讨论所没有的。苏格拉底在这里谈论起谄媚时也有一番额外的评价，即谄媚不是技艺，因为它没有进行完整的计数。这一点之前没有提到过。这一点与对个体的考虑有关，因为我们通过类型了解个体，而分类法又必须对诸类型进行完整的计数。

在501c，苏格拉底更加详细地展开了这一观点，［这一］关于谄媚与技艺之间的差异的观点，并将其作为他与高尔吉亚、珀洛斯所共有的观点。但是，他在这里并未把修辞术当作谄媚的一个分支。让我们把这一点搞清楚。你们记得珀洛斯章节区分了技艺和谄媚。这里的区分虽然是在重复，却有某些修正，而且是很重要的修正，因为现在的重点更清晰地变成了思考以医术或修辞术来治疗的个体，这种思考很重要。苏格拉底现在说他和［187］珀洛斯—高尔吉亚一致认同技艺与谄媚的基本区分，但他没说他们也认同修辞术是谄媚的一个分支。卡利克勒斯这里在讨好高尔吉亚，而讨好据说是谄媚的特征，与好坏无关。卡利克勒斯本来想结束对话，但他为了讨好高尔吉亚而选择继续。这里我们有了一个讨好的例子。讨好一定是坏的吗？显然不是。甚至在某种程度也算讨好的修辞术，也未必是坏的。在所有这些情况下，你们不仅要倾听普遍的论点，还要观察发生在对话中的特殊实例。完全无动于衷的讨好才是坏的。

在500e，卡利克勒斯勉强同意苏格拉底说的话，为的是讨好高尔吉亚。苏格拉底不再反对卡利克勒斯仅仅出于这个理由而同意他——这意味着卡利克勒斯没有被说服。整个对话不再是严肃的讨论，而是为了高尔吉亚的一场展示。

501d-502c：现在讨论的纯粹是在同时讨好多数人的灵魂的技艺。我们不禁想到，第一个情况里的谄媚就像讨好多数人的灵魂的技艺。这里提到了哪一些技艺呢？一共有五种：吹笛术、竖琴弹奏、合唱制作、酒神颂诗以及肃剧。它们都被称作谄媚。然而，你们发现在竖琴弹奏和酒神颂诗的例子中，它们并非总是被称作谄媚，在竖琴弹奏的例子里，有一个限定条件：竞赛时的竖琴弹奏。谈论起酒神颂诗时，也有一个限定条件——以一位诗人，喀涅西阿斯（Cinesias）为例。之后，这些限定条件都不再谈起，因此对诗和音乐的指控变得更加严肃，因为没有再保留任何限定条件。我们还在这一相互映衬中看到一句关于这位不称职的诗人的有趣评论。讨好人们的时候不考虑善，这是坏的，但是，连讨好观众的能力都没有，当然比不上有能力讨好他们。

柏拉图在别处称之为"诗艺"的东西，或者今天称之为审美愉悦的东西，必然暗示了某种价值。就算它的价值在道德层面上被否认了，我们仍然可以发现有诗艺价值和没有诗艺价值的不同。举个例子——柏拉图在《王制》卷三中举过这个例子，阿喀琉斯在《伊利亚特》中对阿伽门农出言不逊："你揣着一颗鹿心，瞪着一对狗眼。"苏格拉底说这太糟糕了，因为它是诗艺的，[①] 诗艺的性质在于如下事实：说一个人，一位国王有一对狗眼，这是对此人的绝妙侮辱。毕竟，狗还有其他品质，狗会咬人，还会发怒，但他都不提。但阿伽门农有一颗鹿心——对懦夫的绝佳形容。但这种绝佳的形容使其在道德上更坏，因为它是如此有诗艺，而且这样的话是一位臣民对他的主上说出来的。诗性的品质不等于道德的品质。因此，一个无法实现诗艺完满，更不要说道德完满的人，不如另一个虽然也不道德却能实现诗艺完满的人。

---

① 《王制》389e12-390a5；对勘《伊利亚特》1.225。

我们还在502b看到，他谈到的那种现在得到承认的非谄媚的修辞术，是不坦率的。它对坏的快乐沉默不语。它掩盖了恶的令人快乐的性质。修辞术现在与诗艺相提并论，而［188］对修辞术的谴责现在扩展到诗艺，尤其是肃剧。这会导致什么结果呢？目前为止，修辞术被明确当作谄媚——某种低俗的、可鄙的东西。如今这一指控扩展到包括诗艺在内。这使得当一位修辞家变得更容易。根据这一观点，修辞家一点也不比索福克勒斯更坏。从天知道的什么观点来看，他也许仍然很坏，但成为一位肃剧家是值得尊敬的。这是此处达到的结论。

在502c-d：所有诗艺都是大众修辞术，因而是谄媚，因为如果我们不考虑韵律，诗艺的实质就是面向所有人的言辞。"面向所有人"意味着面向妇女、儿童以及奴隶。现在修辞术甚至显得比诗艺更高明，因为修辞术从不面向所有人，而只面向集会，不包括妇女、儿童，更不用说奴隶了。现在开始为修辞术平反了。然而，我们应当注意，502d清楚表明，对修辞术的指控只适用于面向公众、面向剧场而制作的诗歌。然而，大众修辞术优于剧场，因为它至少要挑选它的观众。修辞术只面向自由的成年男性。

在502e-503a，苏格拉底问道："修辞术的性质是什么？我们在此是不是一定要区分两种修辞术？"卡利克勒斯说这还真不简单，因为有两种演说家，高贵的和低俗的。有些演说家只打算讨好邦民，另一些则试图让邦民变好，后一种修辞术以善为目的，前一种修辞术以快乐为目的。但这不是卡利克勒斯的说法。相反，他说，有一种修辞术关心（cares）邦民，它不仅仅以演讲者的私人利益为目的。因此，苏格拉底将试图表明，这种对邦民的关心，或公共精神，其实就是讨好。这种关心到底意味着什么呢？难道它不就是满足人们的欲望吗？然后苏格拉底继续说道，修辞术也有两部分，并不简单。诗艺也有两部分：大众的和高贵的诗艺。所以，高贵的修辞术和大众的修辞术并存。之前的说法是，修辞术本身就是谄媚，这里的说法发生了倒退。高贵的修辞术将会谈论最好的东西，而不会谈论恶的或坏的东西。但是——现在来到503b的关键处——高贵的修辞术尚未存在。这篇对话就是为了发现高贵的修辞术。

503b-d：所有雅典的政治家只使用过那种卑下的修辞术。这里卡利克勒斯的态度发生了转变。他表示不同意，尽管他已经决定要一直同意苏格拉底的说法，以便结束对话。然而，这件事过于严肃、过于重大，以至于他不能再保持沉默。接下来是在描绘、勾勒高贵的修辞术。这里，在503b表达了一个意思：人一开始、最初都是坏的，演说家的作用就是让他们变好。这没那么令人惊讶，因为人都需要教育。如果有人不接受教育，他就会变坏。对教育的需要暗示，存在着一种朝向恶的基本倾向。注意，对雅典政治家的批评是普遍性的；它针对的不仅是这一位或那一位政治家，而是所有人。因此，这批评甚至包括雅典的缔造者，如果他也是一位演说家的话。[之后，]卡利克勒斯提到了四个人的名字，根据他的说法，他们全都是优秀的演说家。在这次列举中，他主要遵循的是时间顺序，但也不全是。在提到了喀蒙（Cimon）之后，他自己又想起喀蒙的父亲米尔提阿德斯（Miltiades）。这就使得儿子排在了父亲前面。苏格拉底指出，卡利克勒斯从一开始的意思就是，[189]统治者不但要满足统治者的欲望，而且还要满足民众的欲望，这是他们的事业。这里他提到说，卡利克勒斯刚才提及的四位伟大的人物算不上真正的政治家。为了认识苏格拉底的观点的重要性和极端性，你们必须想想，如果最令人敬重的政治家，我们的国父，居然被称作坏政治家，我们有什么反应。这里的含义稍后将变得更加清晰。

503d-504a：真正的政治家—演说家必须满足什么条件？[苏格拉底]这里从其他领域举了五个例子。造船者居于中间的位置。船在雅典民主生活中扮演着十分重大的角色，如你所知，但我们一定不能忘记，我们也谈论"国家航船"。当我们谈论造船者时，我们关心的不只是舵手，还有国家的缔造者，也可以说是奠基人。那么，优秀的演说家—政治家又如何呢？他不可随意出言，而应注目于某一样事物而不看其他任何事物。他将从所有事物中抽身而退，专注于某个事物。那某个事物是什么？善的理式，正义的理式。但这里并未这样说。我将尝试着紧紧盯住论证，因为那很关键。就像所有

其他照看他们工作的匠人——每一位都在挑挑选选，然后把挑选的
东西应用到他们的工作上，这意味着要么包括了他自己的工作在内，
要么只是其他匠人的工作——他不是随随便便地这样做，而是要叫
他所制作之物获得某种形式（form，eidos）。这意味着什么？匠人
们并不是那么不顾其他所有事物而只注目于一种理式。相反，他们
看待他们的制作时着眼于做出他们所要制作的东西，好叫它能获得
（receive）某种理式，某种形式。他们不会不顾其他所有事物而只注
目于理式。这暗示了什么？

这段话几经篡改，我想是因为人们不理解这一点。他们认为，
柏拉图这里是在谈论观看理式。《王制》卷十呈现了这种观点的极端
例子。如果有一位木匠想造一把椅子，他要怎么做？他必须观看某
样东西，否则他不可能造出椅子。这个东西被称作"椅子的理式"。
于是，椅子的理式便在他的全部活动中指导着他。[①]但现在这里强调
的绝不是观看某种理式，而是别的东西：强调的是他们的制作，他
们的制作是要叫他们的作品获得一种形式。柏拉图这里指出的是一
个非常简单的事实，所有匠人，包括好修辞家，都不是理论人。在
某种程度上他们的工作中也有观看，但观看只是他们行动的一部分。
从柏拉图的观点来看，严格意义上的哲学可以称为观看理式，它与
实践的复杂关系在这里根本没有讨论。我们已经看到，就算在珀洛
斯的章节，哲学也没有被提及，哲学只表现为立法术的形式，作为
一种哲学的替代物。至于匠人们，包括最好的政治，若不忽略除椅
子的理式以外的一切事物，他们不可能通过无视其他所有事物而单
单注目于椅子的理式，就使他们所加工的质料获得一种形式；他们
还不得不观看其他匠人的作品，他们自己的作品某种程度上必须与
其他匠人的作品相和谐。因此，这里强调的完全在于质料，在于匠
人的工作与其他匠人之间的协调，而非理式。

一把椅子一定是室内的椅子或室外的椅子，因此它必然与其他
匠人的工作相关——造房者、园丁。这里头一［190］次，主要考虑

①　参见《王制》595c6-597e5。

的是药物或言辞所运用其上的那个个体的自然。匠人把一切放入特定的秩序；他们强迫一个东西适合并协调另一个东西，这样便把整全建立得秩序井然。他们不是仅仅观看秩序；他们建立了那一秩序，他们全是匠人，连政治家也是。好的匠人把他制作的东西造成秩序井然的东西。因此，好的演说家把灵魂造成秩序井然的灵魂。为了制作个体的灵魂，［他不得不］认识那一个体的自然，或者个体灵魂的集合的自然。好的演说家把灵魂造成秩序井然的东西。他那样做靠的是什么手段？他要把灵魂造成什么样子？这一问题在504a-d得到了回答。但首先要重新澄清：当柏拉图谈论这些事物时，他通常说的是目光转离所有感官事物而朝向观看理式，但这里没有这样的提示，因为这里强调的重点完全在于政治技艺的实践性质，也因此，观看的行为只是匠人的理智行为的一部分。

柏拉图的理式是什么意思？举个例子，当他在《王制》卷十使用椅子的例子时，木匠观看［这椅子］是为了造一把［椅子］，这是什么意思？当然，它并非表示一把具体的椅子。它是一个模型，模型不可能以这椅子存在的方式存在。人的灵魂有别于野兽的灵魂的原因是，用神话语言说，人的灵魂在出生以前就看见过理式。用非神话的语言说，人在感官知觉之前，就已经对这些形式有所领会，否则，他就不会有属人的感官知觉。用今天的话讲，或许可以这样说：从来就没有纯粹的感觉；感觉总是被解释；范畴先于感觉存在。柏拉图不说范畴，而说理式。我们可以说，理式是感知一切事物的自然框架。这个框架存在于人的本质之中。但哲人会把澄清那一框架即这些范畴当作他的明确任务。哲人关心的是理式之为理式本身，而常人只是略微理解理式而已。常人也略微理解正义，虽然他们的理解也许很不充分。他会说，正义之人是守法之人，却不考虑法律可能是什么。

这里暗示的难题在于，根据亚里士多德，柏拉图并未承认存在人造物的理式。[①] 在我看来，这里的段落基于如下前提，即不存在人造物的理式，因而也不存在复杂的语言。柏拉图在《王制》卷十谈论了人

---

① 《形而上学》991b6-7、1080a4-6。

造物，这可能需要专门解释。如果哲学不是智慧，那么就连哲人的把握也不够充分；哲人与非哲人之间的不同将在于，哲人将把握理式当作他的任务，而其他人使用那一属于人自身的把握。在我们身后仿佛有一束光照亮我们前方，叫我们能观看。哲人将是转身观看光源的人，而我们通常的做法是使用那一光亮，而非转向它。也许有一些生理的障碍，阻碍着某些人以哲人把握理式的方式把握理式——例如有些人记性不好。这样他们在理解时便更加困难，以至于不能对他们期望过多。人的构成各自有别：有些人的才能多一些，有些人的才能少一些。

　　[191]我们到目前为止把理式说成是一种模型，而[我们已经谈论过]模型对于行为的必要性。当我们谈论正义的理式——完美的正义时，那还算容易理解。但在其他理式的例子中就完全说不通了，例如，有一种狗的理式。狗作为模型的方式怎么可能跟正义作为模型的方式相同呢？要回答这个问题，我们必须把理式放在一个更宽泛的基础之上来理解："理式"，或"形式"，或"样式"，首先指两种完全不同的东西。第一种含义根本不是"模型"或"榜样"，而是"种类"，即"族群"——猫猫狗狗之类的。这是一种现象性事实，即存在着不同种类的事物，它们都是依据自然而存在。然后柏拉图把这种现象性事实与作为模型的种类或自然群类这样一种观念结合起来——理由一开始并不清楚。这一点如何理解？最流行的概念是"模型"的概念。种类如何变成了模型？让我们从人类开始。

　　人无完人，这样讲是有道理的。让我们从头开始：每一个人都不完美。但除非我们事先领会人的完满，否则我们不可能那样说。让我们把这种人的完满称作"理式"。这理式可以划分成诸如正义之类的不同理式。就拿苏格拉底来说，他是一个不寻常的完人，但他仍旧不完美。我们在[许多]方面都可以看到他的不完美。举个例子，他是一位老人，因此，他需要年轻人的帮助。每个人，无论男女，是无法单独生育的，完整需要两性的结合。老人需要年轻人，年轻人需要老人。愚人需要智者，但智者也需要愚人。个体没有完整的可能，而人的族类作为一个整体，其自身中有达到完整的可能。因此，整全似乎具有这种完整或完满的性质，这是个体不可能具有的。我暂时提议，那作为理式外在于个体、超越个体的东西，很可能正是作为整全的种类、群类。那样就可以解释这概念的双重性了：一个含义是"种类"，另一个含义大致来说就是"理式"。"志向的目标"和"完整的种类"是两个不同的要素，它们在柏拉图的理式概念中实现了某种和谐。我不认为现在我们对此还能多说什么。

学生：［问题听不清］

施特劳斯：这段话表明，匠人，包括政治家在内，必须观看eidos［理式］，观看形式，但这一想法并未得到贯彻。这段话的内容是，他们必须观看的东西是他们把他们的言辞运用于其上的东西，而且他们还要观看其他匠人。柏拉图在这里有一刻曾暗示，政治家的主要任务在于观看理式。但他立刻改变了想法，认为政治家，以及其他任何匠人，都必须观看他的行为和言辞所应用其上的东西，并观看其他匠人。然而，这里指出了整个理式问题。柏拉图本人提出了一个十分粗糙的概念，根据这一概念，存在着万物的理式。你可以表述如下：只要我们把一个名词（不是专有名词）运用于许多个体之上，就存在着那一名词的理式。这是对理式的纯粹"逻辑的"理解。从这一观点可以得出结论：存在着一种服装工人工会书记的理式，因为有不止一位这样的书记。但这就有些荒谬了。

［192］同一学生：我之前的意思是纯粹的献身也许就足够了，就像苏格拉底那样，不需要修辞术。这篇对话潜在地表明，情况并非如此，因为它为政治修辞术作了某种辩护。有一些先后顺序上的理由在里面，而其中一个理由正是在这个问题中被暗示出来。有一个必须去看的材料（matter），它并不完全被理式所影响，甚至也许完全不被理式所影响。

施特劳斯：尤其在日常实践活动中，也存在这个十分严肃的问题，比如在说话这件活动中，你不仅要思考什么是内在就最好的东西，还要思考如何将其运用到这个人或那个人身上。否则，它就完全没有技术含量。但是这里要注意的是——嗯，你们都读过《王制》：书里有一个人离开洞穴去观看理式，站在顶端观看善的理式。这一观看是决定性的事情。但在此之后必须干什么？之后他将返回洞穴，而且当然还要记住那善的理式。政治活动本身就是日常活动：如何在这个阴影世界中管理事物。这当然是一幅容易让人产生误解的画面。管理需要一门专门的技艺，这跟观看过任何理式可不是一回事。

学生：这里的回头看难道不是有双重含义吗？某种意义上，它不就是从肩膀上看过去吗？

施特劳斯：是的，但然后你可以转身，不再使用那一亮光在相同的事物中寻找你的出路，而是试图观看光源。

学生：在这里的具体情形里——而非在《王制》中，正义的理式在《王制》中发现自哲学、政治家与修辞学家之间的某种关系——这里的这一段处理的只有修辞术问题。换言之，政治家观看他的臣民时乃是着眼于他们的善，但与此同时，必须还有一种他没有观看的善，这善仿佛位于他的身后。

施特劳斯：他还必须考虑他要把善运用在什么地方。社会不同，质料也就不同，这样一来他打算制定的法律也就会随着社会不同而不同。

同一学生：那么，在这一特殊情形中，问题在于运用，并未具体涉及回头看，是吗？

施特劳斯：是的。这一点只有暂时的提示，然后立刻被掩盖了，因为这里的重点完全在实践活动上。我们还可以这样表述：虽然苏格拉底在卡利克勒斯对话开始时说过，基本问题是哲学与民众的问题，但这篇对话从未讨论过哲学本身。这一事实最为清晰的体现是，这里仅仅是暗示了理式、理式论而已，并没有以任何方式阐明它。

学生：如果，当你观看理式时，这就是指引，那么可以得出结论：制作事物的唯一方式就是根据模型制作，或者说，制作即观看的结果。

[193] 施特劳斯：但重大的问题在于，柏拉图究竟是否承认过人造物的理式。这一点十分可疑。

学生：提出船与国家之间的类比是什么目的？

施特劳斯：也许是因为没有城邦的理式。

学生：那么你也必须重新考虑你那正义的理式。

施特劳斯：让我们假设，正确理解的正义，指的是比例。为此你就并不需要城邦的理式。

学生：我认为他在这段话强调的重点不是不存在人造物的理式，而是艺术家必须拥有理式。

施特劳斯：如果你是在洛克使用这个词的意义上使用"理式"一词，这当然成立。在柏拉图的意义上，人造物的理式绝对可疑。他说一个事物应当获得一种形式，但他没说，一个人必须在所有事物中只观看形式。文本没有那样说。我会说，人造物的问题不可能基于这段话得到解决，但这段话当然不支持存在人造物的理式的观点。我们必须区分人的技艺和神的技艺，这相当于区分技艺与自然，然后我们再次面临相同的问题。

按照论证的进展继续，504a-b：如果一个东西获得了秩序和装饰，那么它就是好的。我译作"装饰"的词是cosmos，这是由于它的美，该词在希腊文中还表示宇宙。这样，如果灵魂获得了秩序和装饰，它就是好的。但是，并非秩序和装饰构成了善；相反，善是秩序和装饰带出的结果。就灵魂而论，这意味着什么？通过特定的秩序和装饰，人们变好。更具体来说，通过特定的秩序——柏拉图称之为"合法物"——和装饰，即"法律"，人们变得正义——也就是说，通过守法和有序，即通过节制。这意味着什么？这个命题从整体上看是一个人造的命题：秩序，装饰；合法的东西，法律；守法，有序；正义，节制。①通过合法物，人们变得守法，亦即正义。通过法律，他们变得有序，而且——也就是说，节制。这正好相应于他在总体上对秩序和装饰的区分。他本可以换一种说法的。什么意思？宇宙比秩序更为根本；法律是根基。人们通过法律变得有序，即节制。节制是根本的东西；正义是相对的东西。这个说法在柏拉图那里不只出现过一次，它可以表述如下：如果你有的是非常节制的欲望，那么你就没有动机夺走别人的东西，没有动机行不义。节制，按照彻底的理解，杜绝了不义的可能。从这一观点来看，你可以说，只教人节制

———————
① 在记录稿中，这四对概念两两一组，第一组在左边，第二组在右边。

就够了。因此，柏拉图在《王制》卷二和卷三中，[194] 当他谈论护卫者的教育时，只教人节制以及文化。这就足够了。那是表述正义问题的一个很好的方式。除了像这样节制欲望之外，哪里还需要正义？除了节制欲望之外，为什么我们还需要正义？现在我只是把这个问题提出来。但只有提出了这个问题，我们才能理解，作为具体德性的正义是什么。

好演说家借助法律使灵魂节制。他并非在所有事物中只观看节制的理式，而是观看有待变得节制的个体的灵魂，并观看个体与别的个体之间的关系。最初，秩序就是目的。然后，秩序是朝向目的的一种手段。秩序首先意味着灵魂的良好秩序，然后意味着法律。法律是次要的；但它不仅是次要的，法律本身作为一种把人变好的手段，还存在很大的困难。《治邦者》花了相当篇幅阐明这一点，这篇对话表明，法律，由于它的普遍性，或许对个体有害。① 如果秩序最终只是一种手段，我们就不得不提出更深层次的问题：这里提到的德性——正义和节制——难道也是相对于更高目的的手段？那一目的会是什么？这问题自然无法在此得到回答。

504d-505e：技艺精湛的好演说家愿意做一切来使他的公民获取正义和节制，而非讨好他们。这又是一个十分常见的观点，可以在亚里士多德《伦理学》开头看到，在那里，亚里士多德谈到了好政治家的作用。② 立法者要让公民们变好，并且行为高贵。技艺精湛的好演说家治疗其公民的灵魂的方式，与医生治疗身体的方式一模一样。但这里出现了一个困难：医生治疗的是哪些身体？有病的身体。换言之，臣民们的灵魂被设想为有病的灵魂。好的演说家将建立严厉的统治，因为——你几乎可以跟着马基雅维利一起说——在一开始，所有人都是坏的。这一切必须由演说家来完成。但是，演说家现在有了一个宽泛的含义，他同时意味着立法者。立法者怎么可以被称为演说家呢？他干什么？他发布命令，而［发布命令］就是说

---

① 《治邦者》293e8 以下。
② 《尼各马可伦理学》1102a5-26。

话。就所发布的命令而言，重要的当然是不仅易懂，而且有效。我们一定不要老是想到公众与立法者之间存在着律师阶层，［律师］愿意接受任何语言。最终，你必须有一种对非律师阶层有效的语言。立法者的成功在这里取决于其言辞的有效性，这导致一个重大问题：政治权力是否并非独立于言辞的有效性。对话中拿来与演说家或立法者作比较的对象，不是像在珀洛斯章节里的健身教练，而是医生。

演说家—立法者实现的功能不是建构性的，而是恢复性的或纠正性的。这就意味着，这里讨论的教育在本质上是惩罚性的、纠正性的。立法者—演说家如何使灵魂远离其欲望？我相信这是一个笑话：同样一瓶威士忌，让病人远离它也许更为容易——如果那人灵魂健康的话。在最低的层面上，教人节制靠的是惩罚，［195］靠的是让灵魂生病的人并非只是简单远离他的欲望，而是远离他欲望的对象。这一论证的结论是，这里讨论的活动，即演说家提升人的灵魂的活动，是惩罚。

教育的缺席并非无关紧要，在这一意义上，你可以说人是坏的，因为若没有教育，他当然就会成坏人。在《政治学》开篇，亚里士多德谈到了城邦的必要性，这种必要性来源于，人生来就有为善或作恶的武器。如果他不接受教育、训练，那他将会变坏。[①] 在这里消极的教育（negative education），比如说根据卢梭理解的方式，完全不充分（柏拉图和亚里士多德某种意义上也承认，人的自然之善不可能这样解释，仿佛他的善若早期不受任何欲望的干扰就可得保存似的）。在这个意义上它是积极的教育（positive education）。当柏拉图说德性即知识时，他不过是抛给我们一个诱饵。想知道这句话的实践含义，就必须阅读《法义》，这是柏拉图写过的最具实践性的著作。教育的基础是养成习性。这些男人不是儿童，而他们的教育不是任何真正意义上的知识，而是习性的养成。当柏拉图说德性即知识时，他的意思首先是——当然这话有许多其他意思——我们通常理解的德性其实是通过训练而习得的习性。但根据柏拉

---

① 《政治学》1253a31-39。

图，那不是真正的德性。你可以这样说：亚里士多德称之为道德德性的东西，被柏拉图称之为大众德性。它们不是真正的德性，因为它们并非基于洞见；它们是通过习惯而获得。或许对此最清晰的表述在《王制》结尾的神话之中，神话中说到一个仅仅通过习惯养成德性的人，他选择了僭主的生活，因为［他的德性］不是基于洞见。① 为了获得真正的德性，也需要培养习惯。试问你如何才能有一副健美的身体，除了反复——一定意义上，愚蠢的——锻炼以外？这也适用于灵魂中较低的部分。柏拉图从未否认那一点。亚里士多德意义上的审慎主要关心的就不是确立生活的目的，而是实现目的的手段。审慎的人并非通过审慎去认识他必须实现的诸目标。审慎是寻求手段的德性。人若考虑的是金钱，那么关于诚实的种种思考便不在他的考虑之列；那得归功于他的教育。审慎的人事先（a priori）排除了不诚实——技艺人士并非如此。亚里士多德那里如何定义手段，② 是最为困难的问题之一。大众德性对柏拉图来说非常重要，虽然它们非常低俗。在最高的层面上被亚里士多德称为静观的生活的东西，柏拉图则十分奇怪地称之为审慎的生活。但这审慎不再是亚里士多德意义上的。在《斐多》中，柏拉图说哲人毕生都在盼望审慎。③ 审慎对于柏拉图而言意味着亚里士多德理解的智慧——不过，是指那种必然包括对实践事物的某种态度的智慧。在《美诺》中，德性是否可教的问题表述如下：德性即知识，一切知识都可教，所以德性可教。但是那里的论证却走向了如下方向：可德性显然不可能被教授。这只是对德性即知识那个首要谜题（enigma）的放大。

［196］我认为有可能用非谜语式的语言表述柏拉图的意思。但想要理解柏拉图，要害在于：如果你真的想要理解，你当然必须把这谜一般的套语记在心里，并从你真正理解的地方开始。举个例子，当柏拉图表明节制防止人变得不义时，你也许可以理解——如果你

---

① 参见《王制》619b2-e5。

② 施特劳斯也许指的是"诸目的"。

③ 《斐多》67e-68a。

观察犯罪行为或任何其他不义行为的动机。于是我们便可以追问：彻底控制欲望和愤怒虽然对于正义而言是本质性的，但它等同于正义吗？举个例子，有一位穷人十分节制地从一位富人那里拿了某样东西，节制也包括这样的行为吗？由此你就明白，合法财产的问题当然不被节制所涵盖。但是，又是什么使尊重人的合法财产成了属人的德性的一个重要部分呢？你唯有从柏拉图的提示，即节制是正义的基础出发，才能进入问题。节制是否等同于正义，那就是问题。这正是我们人类的命运：我们在更加派生的意义上推进得更好、更容易。对我们来说，看出这是一棵橡树比解释什么是橡树容易许多。因此，说德性即知识，是在最为综合的层面上说的。我们可以从它下降——每一步都是有用的——然后我们也许就会明白，一个十足的蠢人不可能在任何更高的意义上是个有德之人。当然，也有些人智力高超却品格卑劣。为什么？

柏拉图在《王制》中讨论过另一个困难：如果德性即知识，结果就是，护卫者的技艺、卫士的技艺即相当于盗贼的技艺。为了成为一名窃贼，你的知识必须与护卫者的知识一模一样。如果德性等同于知识，你得出的结论是，护卫者就是盗贼，而且如果之前已经证明护卫者是正义的人，那么正义的人就是盗贼了。[①]对此你我显然会表示反对：护卫者的意图与盗贼的意图正好相反。柏拉图没有考虑这个因素，尽管他明明知道。问题在于：柏拉图凭什么对此不加理会？意图可能就是他所理解的审慎，或者说，知识必然包含正确的意图。但这样的话，这知识就不可能是护卫者的这种知识。对此，另一个重大的例子是当我们使用"理式"一词时。柏拉图的理式论人人皆知，人人都听说过。但它是什么意思呢？为什么他要谈论理式？理式的作用是什么？有任何确立理式之存在的可靠论证吗？如果你提出这些疑问，你会看到，你并未从柏拉图那里获得答案。理式是预设的。这是它如此难以理解，同时也如此有教育意义的原因。

[磁带结束]

---

① 参见《王制》333e3-334b6。

第十二讲　卡利克勒斯部分

（505b-513d）

（1957年2月26日）

[198] 施特劳斯：我们现在可以区分出七种修辞术，我们把它们统分成大众的和高贵的。大众修辞术的目标是快乐而不是善，这意味着它想要实现其目标，就得讨好缺乏教育的民众。这修辞术由三部分组成：诉讼型、庭议型以及炫示型修辞术。这些修辞术在《高尔吉亚》中遭到了攻击。苏格拉底以高贵修辞术的名义攻击它们，而高贵的修辞术以善为目标。高贵的修辞术又可以划分为两类：一类以保存为目标，另一类以提升灵魂为目标。以保存为目标的修辞术要么以个体的保存为目标——也就是诉讼型修辞术，要么以城邦的保存为目标——也就是庭议型修辞术。这几种高贵的修辞术在《高尔吉亚》中都没有得到清楚的认识。为了实现善的目的——保存个体抑或保存城邦，当然必须考虑民众的意见，在这一意义上它是讨好民众的。因此，之前所说的高贵的修辞术与大众的修辞术之间或许没有本质的不同。无论如何，这一区分变得有些微妙。

更加重要的是第二类高贵的修辞术，它的目标在于提升灵魂。这是柏拉图唯一关心的修辞术。我们要再次对其进行划分。[第一种旨在] 提升个体的灵魂，这意味着选择、挑选个体。他们何以被挑选？因为他们值得被挑选，因为他们值得被爱戴——用这个词更深刻的意义来讲。这种修辞术就是爱欲的修辞术，它是《斐德若》的主题。另一种以提升为目标的高贵的修辞术，则是以提升城邦为目的，进而以提升民众为目的。这是惩罚性的修辞术，也是《高尔吉亚》的主题。高贵修辞术的第二部分以提升灵魂为目的，它要么提升个体的灵魂，要么提升城邦的灵魂，它取代了大众的炫示型修辞术，后者虽然高雅、优美，却无用、无益，没有好处。关于炫示型的大众修辞术的观点体现在珀洛斯关于高贵与善的区分中——也体现于卡利克勒斯在对话开场时做出的评论中，他说高尔吉亚的演讲十分雅致，仅此而已（其中毫无真正的真理）。我们还可以说，炫示型修辞术不严肃；它是一种优雅的表演。就此而论，它与卡利克勒斯的严肃、激情或者说他的爱欲相对立。这一点体现在他把高贵或雅致等同于善上。关于修辞术的种类，我们就说这么多，我认为，如果有人想要从整体上理解这篇对话，他一定要深入思考这些不同的种类。

《高尔吉亚》讨论了高贵的修辞术，这修辞术的必要性源于哲学与民众之间的鸿沟。这一修辞术的功能在于驯服或教化民众。民众的首要特征是单纯、认可意见或法律——充分意义上的法律，在这里它不仅表示行动的法则，还表示对这些法则的推崇：共同的意见。但是，民众的另一个特征是拉平善与快乐，尤其是身体性的 [199] 快乐。民众的这两个特征，第一，接受权威意见，第二，把善等同于身体性的快乐，它们有何共通之处？其联系如下：若不约束种种欲望，社会不可能存在。但是，这种约束也可以由对惩罚的恐惧抑或对奖赏的期盼产生。就此而言，对欲望的约束由身体性的惩罚和对身体性奖赏的期盼所提供。换言之，超越对身体性快乐的欲望的东西，即约束身体性的快乐，这本身与身体性的快乐具有相同的性质。它不过就是恐惧身体性的惩罚，或者期盼身体性的奖赏。民众必须赚钱过活。这意味着他们的活动致力于满足最基本的需求，身体性需求。他们不得不这样做，不但为了他们自己，而且为了整个社会。如果用现代心理学术语表达民众的这一社会功能，它意味着民众的生活基于以下前提：善即满足身体性欲望；就连对这些欲望的约束，也仅仅是从这些欲望的角度来理解的，即，约束是因为害怕身体性的惩罚且盼望得到今生或来世的身体性奖赏。

　　这类人是苏格拉底无法说服的那些人的原型，只有像高尔吉亚和珀洛斯那样的人才能说服他们——只要高尔吉亚和珀洛斯被恰当地引导。高尔吉亚和珀洛斯可以被苏格拉底说服。这里总的思想如下：[首先，]苏格拉底，他代表哲人，然后是像高尔吉亚和珀洛斯这类人，最后是民众。苏格拉底只有通过他们的中介才能对民众产生作用。你也可以说，哲人与知识分子、意识形态理论家有差异，后者是哲人与非哲人之间的中介人。在《王制》中，珀洛斯和高尔吉亚的位子被忒拉叙马霍斯取代。忒拉叙马霍斯对《王制》至关重要，但一开始时他必须被驯服。在此之后，他成了苏格拉底与民众之间的中介。卡利克勒斯在《高尔吉亚》中被呈现为不可说服的形象。但卡利克勒斯不完全是民众的一员。他甚至不完全是哲学的敌人，就像我们所看到的。那么让我们做出如下区分。民众本身没有变得可见。民众没有出现在柏拉图戏剧的舞台上，不管是《高尔吉亚》抑或其他对话。对话的所有参与者，甚至像阿尼图斯这种讨厌鬼，他们都会作为煽动者、领袖或别的什么人从人群中间脱颖而出。但《高尔吉亚》的特征则在于，就算是苏格拉底也没有使他身上最具特征性的东西变得可见：哲学没有变得可见。我们已经看到，哲学在珀洛斯的章节被立法术所取代，而理式论只隐含在卡利克勒斯的章节中，甚至根本没有得到说明。哲学在《高尔吉亚》中没有变得可见，因为对话考虑的仅仅是高贵的修辞术中较低的类型，惩罚性的修辞术，而非爱欲的修辞术，不是那种内在于哲学的修辞术。哲学必然伴随着爱欲的修辞术，《斐德若》表明了这一点。《高尔吉亚》讨论的修辞术类型是外在于哲学的，或者说只是工具性的。另一方面，哲学和民众并未出现在这篇对话中，所有聚光灯一方面聚焦在卡利克勒斯身上，他是不可说服者的代表，另一方面则聚焦在高尔吉亚和珀洛斯身上，他们是可说服者的代表。

　　我想在这里再提一点，因为我们对这一点的处理过于简单：哲学没有变得可见，这意味着什么？在这些比喻中，有一个把灵魂[200]比作筛子。这当然可能有某种非常好而且非常深刻的含义，亦即，灵魂会分辨，就像筛子分辨粗的东西和不那么粗的东西。然而，这一层含义被这里对这比喻的用法完全掩盖了，根据这里的用法，筛子是用来舀水的——那当然所有的水都能通过，没有区分出任何东西。关键点在于这些意思并没有被提到，只是隐射而已。这一说法意味着什么？如果我们不从无聊的教材出发——比如编纂的辞典（柏拉图当然没有写过这种东西），而是从我们自己能够理解的内容出发，哲学对于柏拉图，以及对于更早的哲人而言，是理解整全的努力。如何理解整全？整全如何可以被理解？还有，柏拉图在追问整全上的改变是什么？简单来说，正如我们在亚里士多德以及后来所有教材中发现的那样，哲学滥觞于一位名叫泰勒斯（Thales）的人，他发现万物皆源于水。[①] 他做了什么？他关心的是万物。水在这里是什么？他认为水是根据，万物生长于斯又复归于斯。但柏拉图主要关心的不是万物生长于斯的东西。另有一条进路体现于四元素说中，其要义可概述如下：有四种元素，水、火、土、气，它们可以还原为一些基本的属性，例如冷热、干湿，以及这些对立属性的不同组合。举个例子，火的属性是热而干。这里不仅是事物的本原的问题，而且还将每件事物分解成不同的组成部分。这些组成部分的特质是什么？它们是可感的。这里我们处理的论点是，整全，以及整全的各个部分，它的特点是由异质性的事物构成——不是同质性的，就像水，而是可感的异质性。

现在可以将柏拉图的学说表述如下：整全的特点是不可感的、智性的［，是异质性］。这是一个典型的柏拉图式论点。整全由这些智性的、异质的要素组成，它们即理式。所有后来的思想都以这样或那样的方式承认这一苏格拉底式的命题。所有后来的思想都承认，整全由本质上不同的部分组成。换言之，在你认识整全本身之前，你甚至不可能提出"整全的本原是什么"的问题，就像在你认识椅子之为椅子之前，你不可能回答谁造了这把椅子的问题。整全的本质在于其内在的结构。你必须把这一点与我上次讲的内容结合起来，即理式是事物的种类、抱负的目标或模型。然后你会逐渐理解得更

---

① 《形而上学》983b20-22。

透彻。

在这段非常笼统的讨论中，我只想提一点，它对《高尔吉亚》很重要。柏拉图式的学说暗示，不可能每一个事物都有理式。我有一个临时性看法如下。理式的概念暗示，有些事物没有理式，如此一来我们就必须承认一个基本的区分，一边是理式，一边是分有理式的事物。柏拉图一般用术语 metechein 表示后者。不可能把任何个别的事物都理解为一种混有理式的事物。在每一个个别事物中，存在着某种极端不同的性质，一种非理式的性质。用亚里士多德的话讲，即质料。柏拉图从未使用过那个词，但他在关键处表明，存在着某种无法简化为理式的东西，这东西对于柏拉图和亚里士多德同样不可或缺。倘若我们说，这一区分最终要追溯到诸如质料一类事物的存在，并且质料不可能被理智地理解而［201］理式却可以——倘若如此，结果就是，每一个不但与质料相关，而且跟理式与质料的关系相关的事物，严格来讲都不可能完美。严格来讲，有生有灭的整全领域不可能完美。倘若如此，那么诸如城邦这样本质上属于这一维度的事物，也许就不可能拥有专门的理式。我认为这是柏拉图内心的想法。这产生一个特殊的问题：城邦是什么，如果不存在也不可能存在城邦的理式的话——除非是在纯粹逻辑的而且并非最终切合实际的意义上。毕竟在理论上有可能每一个存在物都是一种理式的构形；那就意味着整全在原则上完全可以理解。你也可以说，可加以数学化的整全概念不过是整全完全可理解这种观念的一种特殊形式，而根据亚里士多德和柏拉图，整全有某种本质上的不可理解性，其根源在于，用亚里士多德的话讲，诸如质料的东西。换言之，不存在个体性的理式，即不存在可感的个体性的理式，事物除了分有比如说椅子性（chairness）的理式之外还分有它。

我认为，若要一方面不违背对话的证据，另一方面又不呈现出一种词条化而且又得不到柏拉图证实的柏拉图学说，那就只能大体作如下笼统之说，并以此作为理解对话的唯一起点：柏拉图哲学的原则在于，整全，即整全的神经（the nerve）的特征在于智性的异质性。换言之，整全本质上由诸部分组成，而且不可能被理解为同质性的。其次，这异质性有一种理智的性质。比如说，植物与根，或者人与根，或者狗与猫之间的本质性差异，都不可能从其可感属性的角度去理解；把握本质性差异不再是可感的。对于柏拉图，充分的知识是不可能的。既然没有理式完全独立于其他理式，那么，没有关于整全的完整知识，就不可能存在对于某一个理式的完整知识。你可以说，有一面铁墙把整全围在一起。有些东西不可能被预见，[①]这一事实最深刻的根据在于另一事实，即整全中的某种东西是不可理解的。举个例子，困难也可以从这个角度阐述：似乎有两种衡量标准，严格意义上的数学的标准和我们会称之为道德或政治的标准。数学与这个问题有关，就像《蒂迈欧》体现的那样。从这个角度来看，困难在以下事实中显示出来，即这两种类型的理解，数学的和道德—政治的，事实上总是有区分，却又指向某种共同的东西。然而，关于它们如何相联系，我们却没有充分的知识。科学种类的二重性是那同一个最终的二重性的一个方面。

让我们回到更容易理解的东西，尤其是在《高尔吉亚》中，而这与两种类型相关：可说服的人和不可说服的人，卡利克勒斯被表现为不可说服的人。现在让我们再思考一次卡利克勒斯的性格。差不多在每一篇对话中，柏拉图都是让人物的性格逐渐展开，这里也是如此。第一印象十分重要，但它终究只是第一印象。这人的本来面目［还没有表现出来］，也没有任何人的本来面目会在人们第一眼看到他时就表现出来。因此，他们现在已经发现，除了问卷调查之外，我们还需要深层次的心理学。如果你们翻到511b，［苏格拉底］说——卡利克勒斯常常反对苏格拉底的是，如果有人像苏格拉底那样生活，他会被邪恶的家伙杀掉——苏格拉底说，［202］这相当于一个暴徒杀死一个好人。而卡利克勒斯回答说："这不正是令人愤怒的事儿吗？"让我们把这一点当作认识卡利克勒斯的性格的真正线索，假如我们在后面没有发现更好的线索的话。卡利克勒斯推理的开头完全可以理解。他愤怒于卑鄙者伤害高贵者，这是正当的。这

---

① 施特劳斯在这里也许说的是"看见"。

种对于恶人有力量的愤怒也可视为珀洛斯的思想的开头。我认为珀洛斯表面上对僭主阿克劳斯的热情描述，非常可能间接表达了对这样一个恶棍的愤怒。倘若如此，这正当的愤怒就暗示，不抵制恶不人道，或者说不正义，结果必然是人必须有力量去打击恶。

但之后我们被引导更进一步。在许多情形下恶有法律支持；因此，有人会运用合法的或非法的权利，因为不义之人打击正义之人，所凭借的正是他们这些不义之人制定的法律。换言之，这最初的愤怒，如果是经过深思熟虑的，必然导致追问法律的合法性，或者导致从诉诸法律或习俗上升到诉诸自然。从正面讲，这愤怒暗示，正义之人或好人应当统治，而只有这样的统治是依据自然的。到目前为止，苏格拉底都会赞同。摆在他面前的有两条路。［其一：］最优秀的人必须统治，但这统治是一种负担——《王制》卷一——好人承受负担，只是因为不这样做的话，奸邪之徒就会统治。①好人们并不从统治中感到愉快。为什么？因为他们的心思不在这里。他们在意的是更高的事物：哲学、科学、艺术、纯粹的快乐。拥有对这些更高事物的意识的人们原则上是可说服的。

当我们说更优秀的人应当统治时，所敞开的另一条路是这样的：统治不是一种负担，它令人愉快。这条路只在一种情况下成立，统治者在统治的过程中培养出对民众的爱，即卡利克勒斯式的激情。这要求统治者被民众同化——用理论来表述，这意味着把善等同于身体性的快乐。一旦这一过程完成，我们就只能得出，更优秀的人依据自然必定会统治，而且依据自然必定会占有更多——而这当然并没有包含在［卡利克勒斯或珀洛斯］起初迸发的那种可敬的义愤中。一旦实现了这一步，这个没有充分认识到更高事物的人，便把统治当作某种本身就令人愉快的东西，而这东西于是就成为这人唯一的（the）真理。但他也会不由自主地承认，这真理不是哲学的真理。正如卡利克勒斯所说，这是超哲学的真理，这真理不可能被证明，只能被坚定地相信。放弃它、抛弃它就是懦夫的行为——这是

————————

① 《王制》345e-347d。

卡利克勒斯的原则，它驱使着他的全部行为。真理——更优秀的人应当统治，在主观层面上的关联物是勇敢而非智慧。放弃真理是犯罪，自相矛盾不是。而假如智慧才是目标，自相矛盾比起撤回自己的观点就要糟糕得多。这样，可能说服卡利克勒斯的唯一途径便只有让他失败，那对他来说意味着羞辱。他可以逃避这种耻辱的途径就是自杀。对此的解决方案就是证明灵魂的不朽，这样自杀就不可能了。我们可以说，这是个好办法。但还有一个坏办法。那就是无限的自我欺骗：憎恨、怨恨以及最终设法杀死苏格拉底。关于卡利克勒斯到目前显示出来的性格，就说这么多。

[203]《高尔吉亚》讨论了高贵的修辞术，这种修辞术教化民众，它关心的是使人节制。这很好理解，因为如果唯一的（the）错误在于把善等同于身体性的快乐，那么治疗办法就是能够控制对身体性快乐的欲望的德性——节制。这与另一篇对话《斐德若》中关于修辞术的教诲相反，在那篇对话中，哲学表现成一种疯狂的形式。①我们通过接下来的一段话来更接近论证：这种治疗过度爱恋身体性快乐的药方，关心的是在灵魂中带来某种特定形式，即理式。它关心的是在灵魂中带来某种秩序和装饰。这里柏拉图用秩序或装饰取代了形式或理式。一种内在的秩序，一种不可见的样貌，但也是一种外在的正派，一种可见的样貌——那就是节制的特征。它通过某种秩序——节制②——带来正义。它通过某种装饰——法律——带来节制。这暗示，既然合法的事物必然预设法律，正义便也预设了节制。节制是基础德性。这看起来十分合理，如果文明的开端是驯服身体性欲望的话。

用现代语言来说，文明的开端［在于］一些禁忌，一些针对身体性欲望的禁忌。就此而论，无论禁忌的内容如何，它们都有一种教化的效果。好的演说家凭借法律生产节制。他到底是以法律为前

①　对勘《斐德若》249c-e。

②　记录稿写的是"节制"（moderation），但苏格拉底说的或表示的也许是"合法的"（the lawful）。

提，还是制定法律？如果他制定法律，他同样可以废黜法律。这一点这里并不清楚。但好的演说家被比作医生。这暗示，好的演说家高于法律，正如好的医生高于治疗的种种规矩，从而不必拘泥于这些规矩。因此，好的演说家具有真正立法者的地位。与医生的类比还有另一个重大含义：好医生并非确立健康，而是恢复健康。换言之，好的演说家对应的不是确立健康的健身教练，而是恢复健康的医生。好的演说家不得不与病人、野蛮人打交道，这意味着与败坏的人们打交道。于是好的演说家的教育便具有惩罚性质。

505b，语境仍然与之前相同：善与快乐之间有着基本的区分，从这一区分得出结论，存在两种修辞术——高贵的和低下的修辞术。我们尤其关心高贵的修辞术，它旨在提升公民的灵魂，使他们节制而正义。你们在这里看到，柏拉图结合了智慧与节制。他用虔敬取代了勇气、勇敢。这表明，勇气与虔敬之间有一种特别紧密的关系，可以尝试性地表述如下：真正的勇敢是虔敬，或者勇气是通俗意义上的虔敬——迷信——的真实替代者。对柏拉图来说，虔敬不是四枢德之一。虔敬的地位是一个十分严重的问题。对于亚里士多德同样如此。它出现在亚里士多德讨论大方德性的时候，这种德性的最高部分就是装饰神庙。[①]在古典的哲学伦理学中没有严格意义上的虔敬的位置。

［204］只要灵魂是坏的，好的演说家就会使灵魂远离欲望，从而提升灵魂。这种远离便是惩罚。因此，好的演说家将惩罚坏的灵魂，正如医生使病人的身体远离他们欲望的对象——食物和饮料——为的是改善他们的身体。但是，对灵魂的这个惩罚意味着什么？它仅在于言辞吗？难道就不包括对欲望的对象的抑制？让我们思考一下语境。卡利克勒斯表现为不可能被苏格拉底说服的那类人的典型代表。体现一个人绝对不可说服的最清晰、最简单的例证，表现于这人凭靠着善等同于身体性快乐的原则去行动或生活，野蛮人就根本不可能被说服。如何提升他的灵魂呢？首先是通过身体性

---

① 参见《尼各马可伦理学》1122b18-35。

的惩罚——面包和水，而非支持面包和水的言辞。最低类型的惩罚必然是身体性的惩罚。坏的灵魂通过身体而受惩罚，这意味着，若没有狱卒的帮助，好的演说家不可能发挥他的功能。在较高的层面上，用身体性惩罚相威胁——意味着言辞——可以取代真正的身体性惩罚。也因此，这一部分以提出高贵的修辞术提升公民的灵魂并将德性注入他们心中这一观念开头，却以高贵的修辞术被还原为惩罚性修辞术结尾，因为若缺乏这一惩罚性要素，它就不可能发挥其功能。

此时此刻，卡利克勒斯进行了他最后一次反抗：505c-506c。他所反对的论点是，接受惩罚比放纵更可取。卡利克勒斯之前在497b就对此表示过反对，当时，苏格拉底已经表明，欲望的满足相当于快乐的消失。那时他的反对被高尔吉亚轻而易举地迅速制止了。与此同时，卡利克勒斯甚至有几次变得真正感兴趣起来，当提及严格意义上的政治时。但是，现在他受不了了。他感到苏格拉底正在对他做他所谈论的事——苏格拉底正在用言辞对他施加惩罚，就在苏格拉底在其论证中讨论惩罚之时。换言之，苏格拉底谈论惩罚的同时也在施行惩罚。

卡利克勒斯希望苏格拉底此刻同别人交谈。苏格拉底以令人震惊的坦率说，"还有谁希望呢？"，意思是"还有谁希望接受惩罚呢？"。但是苏格拉底做了让步，当时卡利克勒斯恳求他开恩，说："苏格拉底，你真的需要我合作吗？"苏格拉底现在愿意一个人讲了，条件是如果他讲得不真实，别人就要拦住他。因为，正如他所说，他不知道真理；他只是在寻找真理。但首先，他希望知道是否有人认为讨论应当完成。高尔吉亚似乎想中止讨论，但事实上他说，苏格拉底应当把话（logos）讲完。这里没有搞什么投票表决。高尔吉亚做了决定，但他不再强迫卡利克勒斯参与其中。高尔吉亚想看苏格拉底发表长篇讲辞，［完成］长篇讲辞。

在506a-b，高尔吉亚区分了他的投票和他的意愿，他的意愿和他的投票都支持继续讨论。这意味着什么？这意味着人们不总是根据他们的意愿投票。然而，就其他人而言，投票和意愿当然是一回事。高尔吉亚是更具有反思性的人，他能够做出这样的区分。在506a，苏格拉底似乎在说："如果依你们看，我在谈论不存在的东西。"事实上，他说的是："如果依你们看，关于存在的事物，我不同意我自己。"换言之，他说的是："你们必须拦住我，如果我前后不一的话。"但在这语境里会产生一个问题：真理本身是前后一致的吗？在506b-c，[205][苏格拉底]说："如果依你看，我讲得不[美]。"在柏拉图对话中，会出现下述表达："讲得好"，"讲得正确"，"讲得[美]"。这些区分十分重要。讲得美①意味着讲得和谐，没有自相矛盾。一个人可以在这个意义上讲得高贵、前后一致，而不必讲得正确。这些词出现在高尔吉亚露面的最后时刻，具有一定的重要性。

506c-508c。这一段十分奇怪。苏格拉底在没有卡利克勒斯参与的情况下重复了前面章节的论证。这是一段独白，但它是一段对话形式的独白，苏格拉底既是提问者，同时也是回答者。这是在讲什么？发生了一个巨大的变化。这段重复与之前的论证之间有一个决定性的差异如下：高贵修辞术的积极方面，其非惩罚性的方面，在这次重复中甚至没有被间接提及。这段关于修辞术的说法，仅仅复述了高尔吉亚与珀洛斯章节结尾时说过的内容。由此，修辞术的指控的、惩罚的性质被极力强调，而启迪人、引人向善的一面——后者把修辞术与诗学联系在一起——则被彻底抛弃了。这与德性的新学说有关联，后者符合这一观点。苏格拉底所做的是：他现在更清晰地揭示出这一高贵修辞术的性质——你们也可以说，这一高贵修辞术的低下性质——以及隐含在这一高贵修辞术中的德性观。

在506c-507a，苏格拉底成了唯一的发言人，他一边提问一边回答。他在与他自己对话。接下来的部分表明，这样做毫无必要。那这段假对话是什么意思？如果你看506d，这段话看上去就像苏格拉底在回答卡利克勒斯的问题，他说："我们和其他所有东西会因为某种德性的降临就都是好的吗？依我看，一定是如此，卡利克勒

---

① "讲得高贵"和"讲得美"其实是同一个副词：kalōs。

斯。"所以它看上去就像苏格拉底在回答卡利克勒斯的问题。之后，506c，[①]看上去就像苏格拉底在代表他自己和卡利克勒斯回答另一个人的提问，一个没有名字、我们看不见的家伙。这个没有名字的家伙是逻各斯、论证，即柏拉图经常拟人化的东西？或者是一位与卡利克勒斯有些相似的神明？无论如何，论证导出了如下论点：好灵魂是节制的灵魂。由此开启了这段关于德性的论证。对高贵修辞术的这一理解的典型结论是，节制是唯一（the）的主导性德性，而我们必须观察接下来发生了什么。这有悖于苏格拉底的通常教海，即实践智慧是主导性德性。

在506d，苏格拉底扩大了德性的概念，这样它能运用于所有存在物，不仅限于人。所有存在物在这里被划分为人造物、身体、灵魂、活物。这一区分并不特别清晰。还有不是活物的灵魂吗，或者，活物难道不就必然是身体与灵魂的结合吗？这当然对于死后生活的问题至关重要。通过秩序、正确以及技艺取得德性才是最高贵的方式，这意味着德性也能以任意但并非最好的方式取得。灵魂的装饰应当在于节制，这一说法只是双关语产生的结果，因为在希腊文中，cosmos，即装饰，是名词——［206］形容词cosmios派生于它，而后者常用作"节制"的同义词。这装饰很可能只是外在的正派。我们在这里清楚地看到《高尔吉亚》与《王制》之间的差异。《王制》谈的是正义；这里谈的是节制。柏拉图在不同的对话中把不同的德性当作主导性德性，这一事实表明其中有某种武断的东西吗？《王制》的论题比《高尔吉亚》的论题具有某种优越性。按照《王制》，正义是什么？关心一个人自己的事务。他的意思是：做好一个人自己的事务。这样做意味着以匹配灵魂各部分内在尊严的方式满足各部分的需求。如此理解的正义其实就是整全的德性。就节制而言，不可能实现这一点。

507a-c：在整个自问自答章节这里，一共有十四个提问和回答，

---

① 施特劳斯到底指的是506c还是507c，并不清楚。

但只有在十三种情形中［说话听不清］。①苏格拉底在这里提出了他的论点：节制的人具有所有这些德性，是完全的好人，因而是幸福和蒙福的。这论点当然不可能被讨论，理由很简单：什么是节制的问题从未提起过。它大可以指，在饮食方面自制的人是完全的好人，因而是幸福和蒙福的，但这会是一个可疑的论断。这里讲得很清楚，节制是针对人们和诸神的行为，因此它由正义和虔敬构成。虔敬意味着做虔敬的事情，意味着守礼仪。这里没有提到谈论或思考特定的事物。在507c，四枢德是节制、正义、勇气和虔敬。虔敬取代了智慧。这意味着虔敬是民众的智慧。在这一语境下，节制被表现为主要德性。

507c-508c：节制是幸福的充要条件。我们可以说，它是道德德性，通过实践习得，从而有别于传授而得。由此我们得出结论：如果节制是主导性德性，包括了其他所有德性，如果拥有节制就等同于有福，而且如果节制可以通过惩罚获得，那么幸福可以通过惩罚获得。

507e-508a：正义和节制是共同体也是人们与诸神的友谊的唯一（the）条件。勇敢和虔敬现在被抛弃了，因为诸神当然不虔敬；他们也不勇敢，因为他们无惧死亡，是不朽的。但人的德性可以说正在于模仿诸神。节制的含混性在这里被节制与有序之间的区分暗示出来，这两个词之前曾被当作一回事。这里仍旧对智慧保持沉默。智慧不占统治地位，宇宙能够存在吗？对智慧保持沉默，正如对诸理式保持沉默。对哲学保持沉默是这篇对话的原则。这里所说的诸智者指的当然不是阿那克萨戈拉之类，他是首位宣称理性支配整全的人。卡利克勒斯没有把他的心智运用于宇宙。他忽略了几何学；因此他也忽略了几何的平等。这暗示，对不义和放纵的真正治愈始于数学。在共同体中分配荣誉是成比例的平等，不是彼此相同，而是每人都有他应得的一份。在［207］买卖中是算术的平等：东西按照它的价值出售。"以眼还眼"就是算术的平等。通过诉诸几何的平

---

① 记录稿里这句话结束于"十三种情形"。有两种可能，要么有些单词听不清，要么施特劳斯在表述中有所省略。

等，苏格拉底再次超越了惩罚的领域。

508c-e：如果前面说的都正确，即节制是主导性德性，或者几何的平等在人们与诸神中间非常强有力，那么就可得出，苏格拉底在反对珀洛斯和高尔吉亚时说的话就是正确的。这意味着与高尔吉亚和珀洛斯的讨论完全不充分。只有我们认识到几何性平等的地位，才能证成那里说过的话，而几何性平等的地位甚至在这里，在卡利克勒斯章节也仅仅是被断言，而不是被证实。苏格拉底现在放弃了他在珀洛斯章节结尾提出的要求，即人们应当指控自己的双亲，如果他们犯错的话。他还放弃了在珀洛斯章节结尾提出的说法，即修辞术对于正义之人相当无用。因为对话在那部分结尾已同时表明，好的生活方式必然包含某种类型的修辞术。这里所理解的高贵的修辞术关联着对德性的某种特殊理解，根据这一理解，节制，而非智慧抑或正义，才是主导性德性。

508c-513d：新的章节始于苏格拉底为他的生活方式辩护，反对卡利克勒斯的攻击。我想指出问题所在。有两种生活方式：哲学的生活方式，苏格拉底是其代表；另一种为卡利克勒斯所推崇，政治的、修辞术的生活方式。这一区分与另一个区分，即善与快乐之间的区分有关联，也与技艺与谄媚之间的相应区分有关联。在500c-d，产生的问题是：这一区分正确吗？善与快乐之间的差异区分出两种不同的生活方式，这样说正确吗？最好的生活方式也是［最快乐的］，难道不是吗（参见柏拉图《法义》卷二）？哲学的生活方式有别于另一种生活方式，即它既不政治也不包含修辞术，真是这样吗？

现在出现了一次原则上的彻底转变：这原则不再是善与快乐之间的原则，而只是两种善之间的原则。让我们把其中一个称为人性的卓越。政治生活在本质上受对快乐的追求指引，是这样吗？政治的生活方式之为政治的根本所在是什么？这里给出的答案是：自我保存。这本身并不令人快乐。这两种不同于古典政治哲学的重大选择——第一种是享乐主义，第二种是另一种完全基于自我保存来理解政治的政治哲学——都被苏格拉底看到了。自我保存，包括启蒙

[哲学]的自利，站不住脚，其理由将出现在这段讨论中。对修辞术
而言，结果如下：我们现在具有一个较高的善和一个较低的善。较
低的善是自我保存。有许多门技艺服务于自我保存。诉讼型修辞术
意欲在法庭上获得无罪释放，也服务于自我保存的目的。这意味着
诉讼型修辞术致力于好东西。其次，诉讼型修辞术与飞行员、游泳
选手以及医生的技艺具有相同的地位。现在，诉讼型修辞术不再是
谄媚，恢复了其应有的地位。基于这一前提，即基于较高的和较低
的善之间的区分，我们区分了哲学的和政治的生活，并且返回到高
贵的、较高的修辞术及其功能。

[208]当人们说"国家利益"时，是什么意思呢？最简单的意
思就是关于生存与自由的自我保存。政治的目标不是提升，尤其是
道德的提升，而是保存。这合情合理。但问题在于：善与快乐之间
的区分并非为政治的和哲学的生活方式辩护的基本区分——尽管
如此，为什么它还有用呢？让我们现在用教条的方式来说明。每一
篇柏拉图对话都抽离某种本质性的东西。不同的对话抽离的东西也
有所不同。举个例子，在《游叙弗伦》中，论证的特点在于抽离灵
魂；灵魂的现象被故意忽略了。在《高尔吉亚》中，被忽略的是哲
学。但这必须立刻用另一种说法予以补充：严格意义上的政治也被
忽略了。正如我们只得到一条关于哲学的提示，我们也只得到一条
关于政治的提示，因为它只表现为僭主制或民主制的形式，在苏格
拉底看来，这都不算好政治。为什么苏格拉底在讨论修辞术时抽离
哲学和政治呢？这里的严肃目的在于理解修辞术——不是一般的修
辞术，而是弥补哲学与民众之间鸿沟的那种修辞术。这一主题外在
于哲学。但为什么它也外在于政治呢？

如果我们以柏拉图看作好的政治方案为例，那么我们有哲人、
辅助者和民众。《王制》是如何解决问题的？哲人说服辅助者，辅助
者强迫民众。在《王制》中，问题是政治问题。在《王制》中，解
决办法是让哲学拥有政治权力。是否合理是另一回事，但它接近现
实，因为政治权力是某种接近政治的东西。[在《高尔吉亚》]这里，
问题是哲人如何通过他的辅助者，作为修辞学家的辅助者，驯服民

众。我们可以说，这不是严格意义上的政治行为，而是先于政治的，[首先去]塑造人民，这样他们才能变成社会的成员。这里讨论的是首先的组织者，而非严格意义上的政治问题。只有以这样的方式，作为一种教化修辞术的修辞术问题才变得清晰。这里的讨论抽离了政治权力的问题。在任何具体研究中，都有必要更彻底地暂时孤立研究对象。如果你孤立它，你就会得到令人惊骇的结果。这是《高尔吉亚》非常重要的一部分。首先，我们问：主题是什么？其次，明确提出的问题是什么？你只有追问这一顺序主要关注什么，才能理解这种抽离。在这里，是修辞术。

[磁带结束]

第十三讲　卡利克勒斯部分

（508c-516c）

（1957年2月28日）

[210] 施特劳斯：让我们再次放眼全局。在高尔吉亚的章节，修辞术的性质和意义完全没有变得清晰，如前所述。在珀洛斯的章节，修辞术已经被还原为谄媚的一种，而且仅仅指向有别于善的快乐。最后，对话承认，修辞术只有在作为一个人为自己和自己亲近的人作无罪辩护的工具时，才值得尊敬。但细读这些章节就会发现，这不是对修辞术的充分表述。换言之，修辞术比对话者所承认的更重要且更值得尊敬。现在，在卡利克勒斯的章节，对修辞术的需要被公开承认。这部分关于修辞术的论述更为坦率（frankness），你可以说，这是由于卡利克勒斯的坦率。但这样理解必须附加某些限定条件。换言之，苏格拉底就是在卡利克勒斯的章节更坦率了呢，还是他只在某些方面更为坦率？我认为他只是在某些方面更为坦率。无论是承认那种高贵修辞术——卡利克勒斯对此表示抗议和反对，还是承认诉讼修辞术是一门技艺——但却是一门非常低下的技艺，都完全不服务于苏格拉底的谈话对象卡利克勒斯的目的。[然而，]这些表面上对修辞术的让步，虽然对卡利克勒斯而言是一种羞辱，却十分重要，而且在讨好修辞家，因为修辞术毕竟被认作一门重要的——虽然是从属的——技艺。鉴于高尔吉亚和珀洛斯的宣称，苏格拉底挫了他们的傲气；鉴于卡利克勒斯的宣称，苏格拉底又挫了他的傲气。承认修辞术具有某种重要性对卡利克勒斯而言并不那么

意义重大，毕竟他不是修辞家。

现在我再次提醒你们论证的步骤，因为如果一个人只是读这论证，会感到困惑。首先，我们在卡利克勒斯的章节区分了善与快乐，这区分源于高贵的和俗众的修辞术之间的区分。高贵的修辞术现在被承认为一门技艺，而俗众的修辞术仍被看作谄媚的一部分或一种。但这高贵的修辞术，就像在这一章节所讨论的，并不像它起初看上去那么高贵。它的功能在于驯服或教化民众；它有着基本的惩罚性质。因而它不如最高类型的修辞术，因为它不引导那些天分适合的人们热爱智慧（从事哲学）。在《高尔吉亚》的讨论中，那不是高贵的修辞术的功能，在《斐德若》的讨论中却是。在《高尔吉亚》的讨论中，高贵的修辞术包含着一种对德性的特殊理解：节制取代智慧成为主导性德性。这是我们目前读到的地方，而现在，在我们今天要讨论或开始讨论的章节，还有两个步骤有待完成。

第一步是善与快乐之间的区分被两种善之间的区分代替：较高的和较低的善。较高的善仍旧在最高的意义上是人性的卓越，仍旧与高贵的修辞术联系在一起。但那不是主题。主题是这种修辞术奠基于较低的善，而较低的善是自我保存。自我保存使诉讼型修辞术——那就是说，俗众的修辞术——有理由是一门技艺，［就像］医术和其他技艺同样服务于自我保存。但是这种类型的修辞术，尽管现在被认可为一门技艺，［211］却仍只是受轻蔑的对象。关心自我保存与真正的男子气即勇敢互不相容。我们必须提出的问题是：若完全不关心保存生命，这样的勇气概念难道不有点夸张吗？换言之，这种自我保存的观点，因而还有诉讼型修辞术的观点，也与节制互不相容吗？然后我们来到第三步，在整个作品差不多要结束时，出现了下述观点——我现在只是教条式地表述它，我们将看到它是如何出现的。这篇对话所理解的那种高贵的修辞术旨在驯服多数人，从哲人的观点来看，它和诉讼型修辞术［最终］都具有相同的目的（end）：保存哲学进而保存哲人，同时使多数人平静、驯服多数人。两个方面在这里实现了联合。

这个最终的解决办法代表着节制观点的胜利，它有别于孤立的勇气观念——孤立的勇气不关心保存。于是，节制便表现为哲学与城

邦之间的纽带。这主题没有在《高尔吉亚》中得到阐发，但在柏拉图
《法义》前两卷中得到了最为清晰的阐发。哲学与城邦之间需要一种纽
带，因为这二者的对象在本质上不同——虽然并非互不相容。哲学本
身的特点并不在于节制。所有思考、所有［探究］都必须谨慎，确实
如此，但也必须大胆。节制接近于谨慎，而非大胆。谨慎，你甚至可
以说哲人、思想家、科学家使用该词时的那种意义上的谨慎，恰恰与
大胆相同，正如你们所有人看到的那样。科学家们、哲人们真正重要
的发现，都在于他们敢于谨慎——去怀疑（doubt），而其他人则没有
谨慎的勇气。无论如何，谨慎与大胆的这种结合属于柏拉图所理解的
哲学的本质。而他在《智术师》和《治邦者》的对话中最明确地阐发
了这主题，那两部对话向我们呈现出，勇敢与节制、大胆与谨慎配对，
乃是哲学的属人问题。一位谨慎的人，泰阿泰德，年轻的数学家，还
有一位大胆的年轻数学家，即年轻的苏格拉底，他们必须由被一位称
为［爱利亚］异乡人的成年哲人来把他们配对，方可生育出哲学精神。
然而，尽管这节制就其自身不是唯一的（the）哲学德性，但就这个词
的某种含义而言，可以说它正是苏格拉底—柏拉图哲学的特征。

　　在柏拉图和色诺芬，甚至在亚里士多德笔下，我们都听苏格拉
底这样说过，前苏格拉底哲学是疯狂的。自苏格拉底起，哲学变得节
制、清醒、富有常识。[①] 举个简单的例子，前苏格拉底哲学曾说整全是
一，或者他们曾说整全是无限。这两种说法都很疯狂，因为如果整全
是一，它将意味着，例如，这把椅子就是整全——这是亚里士多德反
驳帕默尼德的论证。[②] 那完全说不通。我们可以说这椅子在整全之中，
仅此事实就已表明，说整全就是一是错误的。另一方面，假如存在
着无限多样的区分，那么任何理智的定向（intelligent orientation）都
不可能存在。它会导致精神失常。精神健全［212］需要有限数量的
区分：理式、智性的异质性等等。所以苏格拉底哲学尤其强调基本常

---

　　① 参见柏拉图《斐多》98b7-99d2；色诺芬《回忆苏格拉底》1.11-15；亚
里士多德《形而上学》985a18-21。

　　② 参见亚里士多德《物理学》1.3。

识。正如西塞罗所说，苏格拉底把哲学从天上引入人的家庭和城邦之中。①它确实从常识开始。所以从这一观点来看，常识、清醒、节制甚至可以说是苏格拉底—柏拉图—亚里士多德哲学的特征，只是我们不可忘记，它虽从常识开始，却也必然（necessarily）超越常识。关于这一点就说这么多，现在让我们立刻转向508c13，第471页。

在这一章节的这里，508c-513d，苏格拉底面对卡利克勒斯的攻击为他的生活方式辩护。根据卡利克勒斯，苏格拉底的生活方式与抵御所有类型的伤害的自我防卫互不相容，因而这种生活方式可耻、懦弱。另一方面，苏格拉底却坚信，受伤害本身并不可耻。在说明他的观点时，苏格拉底在这里并未提到，在各种类型的伤害中间，杀和被杀，哪一种是人可以承受的极端身体性伤害。为什么？兴许是因为在人们（men）中间羞耻，必然以活（living）在人们中间为前提，一旦［你］被杀，你就不再感到羞耻了。在这里的讨论中不再提及快乐与痛苦之间的区分。快乐与善的论题现在也被关注德性或关注自我保存，即较高的善与较低的善这一论题所取代。那表明一个事实：卡利克勒斯主要关心的归根结底不是快乐，［而是］某种善。

苏格拉底在508a-509a［说］，遭受错误比做错事更可取，这论点之前就证实了，"用钢铁般的言辞或理由，至少它看起来（seem）就像它表现（prima facie）的那样"。从平实的英文来看，这意味着它当然尚未证实，因为铁一般的理由不是最好的理由。根据一切世代的流行看法，我认为什么才是最好的质料呢？黄金！在这个意义上，柏拉图说——举个《法义》中的例子，645a——法律的和理性的拉力是金子般的，因而温和，而理性的下等奴仆的拉力是铁一般的、坚硬的。铁一般的理由不是最好的理由。

你们在这里、在508e6也发现这样一个十分复杂的表述：它已经在"上面"，在"那里"，在"在第一篇讲辞中"得到证明。这里有一个双层重复，可既然"上面"之所指已由"在第一篇讲辞中"充分示明，你们就可以把这种重复理解成一种暗示，即其所指从高尔吉亚和

---

① 《图斯库路姆论辩集》5.10。

珀洛斯章节下降到了卡利克勒斯的章节。这在某种意义上当然也是真的，因为高尔吉亚和珀洛斯比卡利克勒斯更训练有素，与他们的表现相反。所以那是一个问题。苏格拉底证实了遭受错误相对于做错事的优先性，珀洛斯对此感到满意。我们在审查论证时已经看到，论证极其成问题。而我们现在发现，某种东西算是认可了上述说法。就算你们不去追问铁一般的理由是什么，你们看这里讲得很清楚，"至少它看起来就像它表现（prima facie）的那样"——也就是说，并未完全证实。

关于对话论证性质的这个问题接下来在509a处理。苏格拉底在这里（here）说这是他的论断，还说他永远不（not）知道真理。一个呼应：在506a，他说过，"我不知道，我却要跟你们一同探究"。[213] 现在他不再说他正在与卡利克勒斯一同探究（seeking），这无论如何说不通，因为根本没有什么探究。卡利克勒斯甚至不满足探究最基本的条件。苏格拉底怎么可能跟他一同探究呢？现在他说："所有我跟别人一同进行的探究总导致相同的结果，所有曾经反对过我的人都使他们自己显得可笑——他们自相矛盾，故而变得可笑。"倘若情形就是如此，那么你们看到了困难所在。苏格拉底说："我不知道。"但在每一次交谈中，结局都是他的论点是唯一可以成立的，没有自相矛盾。那么他是不知道吗？他说"我不知道"是什么意思呢？苏格拉底的无知究竟是什么意思？你们记得，这门课我是从讨论苏格拉底式无知这个问题开始的。现在，让我们稍加思考这个问题。

苏格拉底在这里说，他不知道，而只是探究。如果他不知道，他不可能教导人。他不可能教导我们。我们怎么可能从他那里学到东西呢？在阅读《高尔吉亚》时，我们可能从他那里学到东西吗？这是我们在此唯一实用的测试。现在，让我们观察我们本可以学到什么。高尔吉亚的章节：明面上的论证有很大缺陷。然而这一章节却暗示了一个论点：既然修辞术可能被误用，它就必须被更高的技艺规范，或者说，修辞术不可能是最高的技艺。这是真实的并得到了确证，虽然并不是苏格拉底向高尔吉亚提出的那些理由确证的。如果我们转向珀洛斯的章节：做一个人喜爱做的事情，举个例子，仅仅因为有趣而杀人，这是野兽行径。人必须行事合理。摧毁的冲动是有问题的，即便是摧毁不合理的和无生命的东西。因此，摧毁需要辩护，证明它对于目的而言是必要的。对人的摧毁尤其重大。它不直接以这样的形式说出来，却从与卡利克勒斯的整个讨论中暗示出来。[这些论断]对我们而言说得通。这些论断得到了法律和人类常识的认可。苏格拉底似乎也知道这一点。但是，这些论断完全讲清楚了吗？对摧毁的否认有没有被追溯到其根据，即人需要其他人和物，追溯到人是政治的或社会的动物的事实呢？没有。所以它不是真正的知识。苏格拉底关于修辞术的论证就算谈不上糟糕，也不充分，这反映出他的严肃陈述不充分。我[曾尝试]指出，他的严肃陈述依赖于人类的常识，依赖于人人迟早都不得不诉诸和服从的一种使用。这些陈述依赖于某种信仰、信任（pistis），若不摧毁全部讨论的基础，信念就不可能受到质疑。但是，至少在这篇对话中，这些陈述没有被追溯到最后的根据。举个例子，它们没有被追溯到自然——尤其是人的自然——与善的关系上去。这关系，用最简单的方式讲明白，可能意味着一种本质上对自然的目的论式理解，这样万物都被自然引向某物；因此，善属于万物的定义本身。这里没有这样做。兴许在任何一篇柏拉图对话中都没有这样做。每一篇对话的所有严肃陈述都是含混的，兴许它们反映出一种最后的、最终的含混。《高尔吉亚》尤其依赖于一个没有阐明的预设：哲学作为对普遍知识的追问，是最高的追求。那确实只是一个断言，只是一个预设。如果苏格拉底完全无知，它当然没有任何价值。可如果苏格拉底的无知是一种有限定的无知，这关于哲学的预设[214]在对话中就不可以一直只是预设；必须以一定的清晰度将其阐明。

现在这关于哲学的论点可以划分成两部分。第一部分：一定有一个最高的追求——人的追求一定有一个等级序列，因此，一定有一个顶峰。而第二部分：哲学就是那一最高的追求。现在，让我们首先来看这一论点：一定有一个最高的追求。在这篇对话中，在诸如真正男子汉与普通人之间的区分中，这一点被视为理所当然。存在着较高的和较低的人。在较低的层面上，我们可以发现完全没用的家伙，荷马称之为"大地的负担"。①换言之,存在着一些德性,一些人类卓越的形式,因而也就存在着一个人相对于另一个人的优越性。我们无法否认那一点。即便我们说这一点与平等互不相容,就算我们说人应该都只是平凡的普通人,我们也不得不跟华莱士(Henry Wallace)的传记作者同声说,"华莱士[是一位]不平凡的人(Uncommon Man)"。②总之我们还是回过头来承认了德性或优越性。只要有人的地方,我们就能发现高低之分——最为显眼的区分是统治者与被统治者,而这总是暗示,统治者必然具有某种特殊的品质,这品质叫作智慧,它不属于身体,而属于灵魂。这篇对话没有证实这一点,但它让我们想起这一点。问题也许当然在于条理清晰地阐发这一点,但是否有哪一篇柏拉图对话做到了此事,却令人怀疑。这些事物没有追溯到它们的根源,即人的自然。它们被理所当然地视为显然为真的东西,但它们需要一种更为全面的反思,这里缺少这样的反思。

现在来看第二个论点:哲学应当是最高的追求。在我们现在愿意称之为常识性区分的粗陋基础上,提出了一种主张:修辞术地位最高。国王和长官通过修辞术——这是高尔吉亚的隐含主张——进行统治。修辞术统治统治者。这一论断即便乍看上去也十分可疑。我们只需要思考霍布斯在《利维坦》中对修辞术的攻击,他在书中谈到修辞术怎样败坏慎虑(prudent deliberation)。③这番关于修辞术的说法想要讲得通,只有在民主社会才行,尤其是在直接民主社会,在这样的社会中,统治权力必然受言辞左右。当然,现代的民主和古典的民主存在着巨大的差异,因此它们各自与修辞术的关系也存在着巨大的差异(我突然想到,修辞术必然存在于美国民主之中,有任何这方面的研究吗?或者,讲得更实际一点,一般参议员和众议员较之于普通公民具备何种修辞术才能?具有杰出的公共演说才

---

① 参见《伊利亚特》18.14。

② Frank Kingdon, *An Uncommon Man: Henry Wallace and 60 Million Jobs*, New York: The Readers Press, 1945. [译按]华莱士象征着新政民主党人的平民哲学。

③ 对勘《利维坦》5.14。

能，对于一个人获得选举成功在多大程度上仍然是重要的？）。无论如何，关于修辞术的论断绝非不言自明，只有当你在直接民主社会时才不言自明。但除此之外，我们可以扩展论证。修辞术意味着打理人的灵魂。它需要关于人的灵魂以及灵魂的不同类型的知识。因此，修辞术在本质上依赖于哲学。然而，另一方面，修辞术又是哲人与非哲人之间的纽带，它使哲人与非哲人和平相处，从而显得像是在统治哲学。[215]修辞术对最高地位的要求以否定的方式被成功驳倒了：人类追求的最高位子已被证明不可能被修辞术占据。这里并未从正面阐发什么是哲学，正如我们已看到的。

所以，你可以这样说：《高尔吉亚》的特征是——只要稍加修正，这适合全部柏拉图对话——它给出了对问题的某种表达，并成就了某种上升。这一有限的上升在这里受到刻意限制，它是作为整全的哲学的影像，哲学则是一种不会受到刻意限制的上升。就此而论，每一篇柏拉图对话，无论有多难以理解或容易理解，都是哲学本身的影像。就算是最高的哲学活动——这正是柏拉图写作对话的题中之义——也不完整。可奇怪的事实在于，虽然人们永远无法实现完整的理解、完整的知识，但有可能理解得更加清晰，甚至再清晰一些。而那正是苏格拉底说他自己无知的含义。这话只有在这个词最字面、最严格的意义上才成立，而不是［简单意义上］。现在，让我们继续论证：509a-c。

学生：若缺乏某种关于清晰性的概念，你可以在清晰性方面取得进展吗——就是说，你不是必须有一个关于绝对清晰性的概念吗？

施特劳斯：某个概念，请说。

同一位学生：我猜想，那不意味着具有清晰性。

施特劳斯：是的。

同一位学生：可你必须有一个关于那一清晰性会是什么的观念，不是吗？

施特劳斯：是，你必须有某种知识，某种关于整全的意识，如果你要分辨——举个例子——广义的问题与狭义的问题，综合的主题与狭隘的主题，诸如此类。缺乏这样含混的认识，不可能进行任何思考。反过来说，一切思考都暗含了这样的认识。即便人们绝对确信整全不是别的，而是肉眼可见的宇宙——天上与地下——其内涵也多过他们嘴里说出来的意思。说整全是天上、地下以及它们之间的东西时，整全的含义已超出（more）了那一说法。这里面有一种反思，是它将人们从整全的观念引向了这样一个回答。因此，它可以被批判。你们可以提问，"这是对整全的正确理解吗，以这一方式界定它？"用一个柏拉图的比喻来表达，[你必须]超出高于天空的地方，才能触及整全的真正界限。但是，你们看，到处都是这样。在所谓的道德问题中同样如此。每一个部落，无论多么简陋和原始，都有关于善的某些论断。善是"[这样的]或那样的"。可是，善意味着更多；它比"这样的和那样的"宽广得多，因此你可以从辨认这个（this）善，上溯到论点的第一部分所预示的东西。因此，全人类彼此之间的理解在原则上是可能的。

509a-c："如果行不义是最大的邪恶，尤其是如果这样的不义行为不受惩罚的话，那么，哪一种无助"苏格拉底问，"——在什么方面的无助——会使人可笑，使他颜面扫地呢？"在回答[216]这个问题之前，苏格拉底更加充分地阐发了这个问题本身。就在此前，他曾提到一个事实：他的所有对手总是变得"可笑"——跟他的问题中出现的是同一个词。①他的对手们无法援助他们自己。他们的无助指什么呢？他们在遭到反驳时无法提供援助，他们宣称知道，最终却显出无知。这或许就是最大的耻辱？在这个例子里，单纯的无知，以为自己知道其实不知道，以及宣称知道却当众（publicly）表现得无知——显然这是三种不同的情况：无知但同时很可能伴随着意识到自己的无知；无知却宣称知；以及第三种情况，因着不知却宣称知而当众蒙羞。哪一种是最大的耻辱呢？通常情况下，我相信最后一种更加耻辱，[却又]最有助益。所以这完全吻合在509b6的这一奇怪表述，"这种最可耻的援助"。正是如此。这就是珀洛斯、高尔吉亚以及卡利克勒斯的下场：丢脸，却非常有助益。

---

① Katagelastos.

顺便说一句，这一现象表明，说善不同于高贵——就像珀洛斯
所做的——有几分道理。这同样适用于全部惩罚，如果惩罚合理的
话，即该惩罚丢脸而有助益。因此有人会说，珀洛斯的论点，善不同
于高贵，特别适用于理解惩罚，而且惩罚是更深层的关切。这符合
珀洛斯思想的惩罚性质。我之所以提到这一点，是因为我之前认为，
"善不同于高贵"这一论断仅仅是在［借珀洛斯之口］承认高尔吉亚
的炫示型修辞术有魅力却无用。但该论断也可以追溯到惩罚现象的两
个方面：有助益，同时也很丢脸。当然，我们尤其看到苏格拉底意义
上的真正惩罚的含义：反驳。我指的是这种比喻意义上的鞭打，不
是严格意义上的鞭打，因为严格意义上的鞭打不一定教人东西。最
后，在严肃的事情上，对社会意义上的丢脸的考虑就不及对真正助
益的考虑重要。你们在历史中找得到这样的例子。忒米斯托克勒斯
（Themistocles）有一次与一位斯巴达将军（我忘记了他的名字）商议
对策，这位斯巴达人变得不耐烦了，因为忒米斯托克勒斯反对他的计
划。然后这个斯巴达人拿起棒子扁了忒米斯托克勒斯一顿——他很生
气。忒米斯托克勒斯是一位非常理智的人，他并未要求二人决斗（要
是在古希腊有这样的决斗的话），反而说道："打我可以，但要听我
的。"①对忒米斯托克勒斯而言，这事对他太过重要，以至于他不会抱
怨挨了打，同样，就这里的情形而言，一位理智的人也会说"用反驳
来鞭打我吧"，而非"不要浪费我的感情"。

509c-510：鉴于有两种恶，即做错事和遭受错误，所以至少需
要两种援助、帮助。善与快乐之间的区分一开始导致了两种修辞术
的区分，高贵的和低下的，它现在被另一种区分取代，即两种善的
事物之间的区分：较高的和较低的。寻求这两种善的事物都是合法
的——［不］遭受［217］错误和不做错事——但要以恰当的比例。
对于这两个目的来说，都需要一门特殊的技艺。关于不做（doing）
错事，或者说成为正义之人，仅仅行事公正是不够的，就像早先提

---

① 参见普鲁塔克，《忒米斯托克勒斯》11.2-3。另一位将军叫优利比亚戴
斯（Eurybiades）。对勘希罗多德，《原史》8.59，讲法稍有不同。

示的。人们也必须学习它。它是一门技艺、一门科学。

509c 提出，没人故意犯错。我不知道对话有没有明确说过，一切犯错都是无意的。据说前面已经说过，但这不一定意味着它被明确说到过。我不记得有哪一段这样说过。关于犯错的这一理解，即一切犯错都是无意的，源自如下苏格拉底式的论断：一切德性都是知识，因此一切恶德都是无知。但是，一切犯错都是无意的这一主张，与报复性惩罚的精神互不相容。如果我们痛恨的是有人明知故犯地做坏事，可是如果他［从根本上］无法知道他是否做错了，那么我们［从根本上］不可能有恨。由此，我们开始［看到］苏格拉底［与］任何报复性精神之间的根本差异。

510a-e：避免遭受错误的技艺，这段讨论的整个重心都放在这技艺之上，这门技艺在于主动与当权者、与既有政权同化。但这种影响人民的技艺，这种与统治集团、统治阶级同化从而使人变得强有力的技艺，它不是防止做（doing）错事的技艺。相反，这两门技艺彼此互不相容。我在这里注意到两件事情。首先，苏格拉底不再坚持下述矛盾说法，即不义之人或蠢人掌握权力这回事不存在。他回到常识对此的承认，即，很不幸的是，蠢人和不义之人当然有可能掌握权力。第二点在当前语境中更为重要：为什么防止人遭受错误的技艺与防止人犯错的技艺正相对立？这在什么条件下成立？防止人遭受错误的技艺，苏格拉底说，它意味着使自己同化于既定的政治秩序。可为什么它与正义互不相容呢？在什么条件下它与正义互不相容？

学生：当那一政治秩序不义的时候。

施特劳斯：正确。换言之，苏格拉底在这里没有考虑一个正确的政治秩序的可能性。在这里我们再度看到之前已经观察到的相同情况：在这篇对话中，苏格拉底抽离了某些特定的事物。我们可以说，他抽离了政治本身，只考虑了政治生活的种种不正确的、错误的形式。事实确实如此。他为什么这样做？这一点只有考虑到如下这点才能得到理解，就像上一次课解释的那样：要考虑到，这篇对话的主题是澄清修辞术，只有当我们把在人性中导致修辞术的要素从所有其他要素之中孤立出来，特别是从哲学和正确的、好的政治生活中孤立出来，才能最大程度地体现修辞术的功能，而且体现得最为清晰。

511a-b：苏格拉底说，一心挂虑不受不义的人，必将导致最大的恶落在他身上，即不义。抵制恶本身已然是恶。但卡利克勒斯表示反对：倘若如此，善良而正义之人必然会变成邪恶而不义之人的受害者，这就太可恶了。针对这一点，苏格拉底回应说，511b-512b，"你〔218〕预设保存生命就是善（good）"。苏格拉底没说卡利克勒斯的论点预设了保存生命是最大的（greatest）善。但苏格拉底的论点十分奇怪。为什么保存生命不该是善呢？苏格拉底说"尽量活得久"，从而不动声色地提出了这个议题。这个表达并不必然意味着保存生命就不是善。举个例子，如果有个青年希望活到心智完全成熟的时刻，这不等于贪生怕死，因此我们不能义正辞严地反对这种想法。那么，苏格拉底到底想达到什么结论呢？当他与卡利克勒斯讨论时，原先的问题本是善是否等于最大程度地满足最大的欲望。这一点已然被抛诸脑后。现在的议题是，单纯保存生命是否就是善。〔卡利克勒斯〕之前是从最大的情况出发：最大程度地满足最大的欲望。如今他只谈最小的情况：仅仅（mere）保存生命。尽管这一点受到了质疑，卡利克勒斯没有底牌了。

我们可以说，卡利克勒斯已经找不到可以坚持的世俗之善了，不管多么普通的善。那正是苏格拉底这里教学活动的意义。严格来讲，苏格拉底没有否认生命是一种善。他否认的只是生命是最高的善。关心保存生命的技艺不是很高的技艺。他举了一些例子，但诉讼型修辞术正是这样的技艺，它指向生命的保存。所以，诉讼型修辞术具有医生的和鞋匠的技艺的同等地位（鞋匠也保护我们，当然，以免我们被蛇咬，以及一些我不清楚的情况）。所以，有趣的结论是，并非苏格拉底，而是卡利克勒斯才是鞋匠隔壁的邻居。苏格拉底扭转了局面，卡利克勒斯落入下风。不体面的是他，卡利克勒斯。但苏格拉底为什么否认与自我保存相关的一切尊严，夸大这一论据呢？归根结底，那是对政治（日常理解的政治）本身的攻击，针对的是一个无度地爱着政治的人。

我上一次提到，苏格拉底在《高尔吉亚》中限定了他对善、幸福的理解，因而限定了对政治的理解，使其有别于另外两种进路。一种是享乐主义。而享乐主义，严格来讲，只要它存在过，总是非政治性的。另一种则是自我保存。而自我保存，正如苏格拉底清楚表达的，使一种政治的学说成为可能。他并未阐发这一点，因为他不相信它的有用性，可它后来得到阐发，正如我上次提到的那样，被霍布斯、洛克和卢梭阐发：自我保存是社会的基础。这一类把政治生活奠基于自我保存之上的政治理论，其困难在什么地方？

学生：嗯，就像苏格拉底表述的那样，它无法自圆其说。

施特劳斯：在哪方面无法自圆其说？

同一位学生：你付出的大于获得的。

施特劳斯：是，但一个人也可以反驳苏格拉底说："你在这里假设目前讨论的社会是一个特别低俗的社会。可社会不也可能是一个好社会吗？让自己与好社会同化就会使［人］变好。"我们不也能这样说吗？但是，苏格拉底会说：如果你把自我保存当作所有东西的理由，你就不会对作为价值的善感兴趣。你不可能感兴趣，因为那意味着要千方百计地自我保存。在最低的层面上，你得到了一个十分外在的、表面秩序的和平，因为战争可不利于自我保存，战争，包括国际的和［219］国内的——这就是霍布斯式的方案，它可以出现成倍的变种，但几乎始终是同一回事。但你何以可能最为简单地证明，自我保存不可能是真正的目标？很简单：你尊敬的是什么样的人？我相信我们所有人都认识一些我们很尊重、很敬佩但已经去世的人。如果生命是最高的善，每一个活着的人，无论多么低贱，都比某些去世的人更值得尊敬。在人之中一定存在着某些与生死无关的东西。我们的全部方向，我们思考和表达的一切，将变得上下颠倒，如果我们说生命，保存生命是最高的善（我是指，在某些特定情况下它可以是最高的善，比如有人得了阑尾炎这样的情况。这与［我的说法］当然不冲突，因为在这样的情形下，这样做最为必要［necessary］；但它本身不是善）。你不可能坚持这一点而不陷入各种各样的麻烦。当然，在政治事务中尤其困难，即你不仅要为死刑，还得为发动战争的可能找到正当理由。一个只考虑自我保存的战士不可能是优秀的战士。我是指，我们也应当考虑自我保存，但要使其从属于实现功能或完成使命。我认为［把自我保存排在首位］绝不可能。

可是，为什么像霍布斯这些人向往那样一种从一开始就不可能的解决之道呢？因为另一条进路，即把创造最高的善、完满的人类之善作为社会的目标，会对个人和社会有非常严苛的要求，这样，你能实现一个真正好社会的几率就变得很低。［再一次是柏拉图指出了这一点，他］在《王制》中无情地挑明了问题所在，你们知道在王制中，［实现理想政制的］几率接近于零，即便是根据最支持柏拉图的解释来看。［像霍布斯这些人］想要的很实际："让我们定一个低的目标，每人坚持最低的要求，然后我们便可以得到一个实际的解决办法。"但这并不实际。人只考虑实际，这种想法本身并不实际。就是如此，所有随之而来的报复会发生在一些预料之中和预料之外的地方。但是你们看这里，问题，这样一种方向的可能性，即让自我保存成为目标，古人当然认识到了。怎么会不是呢？因为在雅典有一个十分常见的现象叫作valetudinarian［担心生病的人］——你们知道，就是一个人在世时没有别的想法，除了保命、活着、健康，别的一概不想。有这样的人，但在雅典——特别是因为药物昂贵的缘故，而且［因为］他们对药物有很高的敬意——这个现象起了重要作用。所以他们知道这样的问题——你可以把你的身体和生命的自我保存以及你的健康当作最高目标，而古人之所以没有阐发这问题，是因为他们把它看作一件毫无希望的坏事。

学生：［苏格拉底］这里的说法包括了救助别人的观点，自我保存以及救助别人。

施特劳斯：他令人震惊地夸大了这件事，因为这里显得仿佛任何自我保存的思想都丢人。毫无疑问。但严肃的地方在这里：我认为苏格拉底的这些论点全都有其严肃的意图，而他的论证则从来没有这样的意图。那是柏拉图全部对话的特征。当然，自我保存在这里与人性的卓越相比更低下，他的意思当然是这样。然后他提出了［220］那一令人惊骇且极端的夸张之辞：保存是一个完全可鄙的观点。它导向了纯粹的胡言，正如我们即将看到的。我［将］谈到那一点。

在511c，你们看到，卡利克勒斯在这里［通过两次发誓］，一方面强调了他关于诉讼型修辞术之尊严的信念，另一方面，他又强调游泳术并不崇高，尽管后者也算自我保存。这一点对他很重要。接下来，苏格拉底甚至不打算提及游泳需要哪些要素。他说，"如果我们掉进这样的东西里面……"他没有说掉进水里（water）。他给卡利克勒斯上了一堂有关轻蔑的课。水当然与海洋有关联，而海洋与海军有关联，而海军则关系到雅典帝国，这一点后来将进入对话，所以这里有非常好的理由对水保持沉默。在511c-d，舵手或领航员的技艺有别于游泳的技艺，它不仅救人性命（那一段译得不太好），甚至还能救回他们的尸体。证据：在阿吉努塞战役中，雅典的将军们既没有救回死者的尸体，也没有救回财物。① 而在511e，你们看到一个十分有趣的拯救或保存的先后顺序：他自己、他的儿子们、他的财物以及他的女人们。女人们排在最后。这使我想起一句德国农民的谚语，它只能不恰当地这样翻译：女人死了不要紧，马匹没了才要命。这里的想法是：如果你失去了妻子，再娶一个就是，她还会带着嫁妆来，但——在给马匹上保险之前——马匹没了就是实实在在的损失。

512b-513c：法律或习俗认识到救人性命的行为的低下性质，根据法律，领航员、轮机员等等不会因此而获得表扬。你们看，情况发生了变化。苏格拉底以一种完全非习俗的方式扩展了他的习俗性判断，使其范围扩及将军拯救整座城邦的情形。一切旨在拯救、保存生命以及财产的技艺都在相同的低层次上。苏格拉底是这样说的："现在，如果对这些大众技艺的轻视中——雅典和其他地方的所有贤人都感受到了那种轻视——包含任何真理，那么，善一定是某种不同于自我保存的东西。而德性一定是某种不同于保存自己和他人的才能的东西。"事实上，特别是为卡利克勒斯所看重的德性，勇气，就在于为某种比生命更高的东西牺牲生命。尊重勇气或勇敢已经意味着认可某种比生命更高的东西。所以真正的男子汉，有男子气概的人，没有任何理由让他自己与既定政权同化，尤其没有理由为了保命而与雅典民主政制同化。那样做将是取了较低的东西而舍了较

---

① 参见第五讲，页118注释③。

高的东西。若未使这种同化达到其最充分的形式，一个人就不可能取悦民主政制，从而取得在体制内保存自己的权力。现在这一充分的同化必须被充分地理解。让自己完全同化于民主政制，对卡利克勒斯来说当然意味着放弃他所理解的关于自然与习俗之间的区分，因为只要他坚持该区分，他就不可能成为一位全心全意的民主社会的成员。所以卡利克勒斯其实在每一点上都自相矛盾。

我们这里了解到，诉讼型修辞术指向自我保存。它与医术有相同的地位。这样诉讼型修辞术就成了一门指向善的技艺，而不仅仅是谄媚的分支。[221] 让我们重新考虑一遍。我重复一遍刚才我说过的关于这一部分的思考过程。首先，我们区分了高贵的和低俗的修辞术，这是基于善与快乐之间的区分。高贵的修辞术是提升公民的灵魂的技艺，或真正的治邦术，或立法术。其次，高贵的修辞术不是被比作健身术，而是比作医术。因此，它不是建构性的，而是恢复性的，也就是说，是惩罚性的。第三步，大众的修辞术，尤其是诉讼型修辞术，也被比作医术，对话承认了它是指向善的而且是一门技艺，但从勇气、从男子气概的角度看是低下的，从而被拒斥了。

现在让我们观察512d-e的某些细节。"活任何特定的时长"。相比之下，在511b，苏格拉底说的是"尽可能活得长"。你看，苏格拉底的说法变极端了：任何一种（any）对自我保存的关心，任何一种（any）长命的活法，都是低下的。在512e，我们看到，勇气意味着某种虔敬：不去忧虑人力所能掌控之外的事物，把它们留给神——不是信靠神，而是信靠女人们，不为自己的生命延续而祈祷，而是只要还活着就得活得最好。关心拯救自己的生命，因而关心政治权力，这对于德性就像巫术对于德性一样至关重要。这是在试图操控诸神，就像巫术一样。没人能够逃脱命运，这样的信念被称作女人气的信念；它使人柔弱。苏格拉底由此暗示，他夸大了不利于医术的证据，因而也夸大了不利于诉讼型修辞术的证据，还包括随后不利于政治的证据。人可以逃脱命运这样的信念只可能产生某种治疗［效果］，并且不可能完全真实。

学生：［听不清］512e。那不是指向善的生活吗？

施特劳斯：是，当然。整个强调的重点在于两种善：人的德性以及自我保存——德性是最高的，而保存是某种较低的事物。但关于德性与自我保存的区分被苏格拉底以最极端的形式表达，以至于关心德性被呈现为与关心自我保存互不相容。真正的男子汉不可以热爱他的生命，像长寿这些事［他必须］交托给神，而且［他必须］信任那些女巫，她们说没人可以逃脱、躲开命运，［他必须］只关心尽可能生活得好，不管生命有多长。苏格拉底引用了女巫们的一个观点，以此暗示这一说法的困境。那使人在某种程度上怀疑这一说法的真实性。我们不可能简单地把一切甚至生命都交给命运。去看医生才合情理，而苏格拉底夸大了其理由，为的是对卡利克勒斯施加某种惩罚效果。但暗地里，诉讼型修辞术的重要意义和价值却以这样的方式得到了承认。他在这里说，自我保存导致一些技艺出现，像鞋匠的技艺，像诉讼型修辞术。但是，对诉讼型修辞术的价值的这种［认可］，在这里被一种针对所有救助的和保存的技艺的轻视所掩盖，而且这种轻视还被严重夸大了。也就是说，这一轻视不但适用于救助自己，还适用于救助城邦。而救助城邦当然是正义的。所以，他夸大说所有救助的或保存的技艺都毫无价值，为的是更加充分地显示出与救助的技艺相区别的卓越的至高地位。

［222］在513c-d，你们看，苏格拉底对修辞术的攻击诉诸卡利克勒斯身上的某种东西。那是一个十分节制的表述。他高贵的心灵不会满意于下述想法，即他应当全身心地投入追求保存生命之中。他明白那一点。这里说卡利克勒斯兴许以后会被说服。他里面的这种高贵直觉可能会被其他要素清除掉。但那并未否认他现在不可说服的事实，相比之下，高尔吉亚和珀洛斯现在即可被说服。

新的章节始于513d，一直到522e，在这一部分，苏格拉底批评了雅典的治邦者，并且把他自己的事业表现为真正的治邦术。你看，教学的直接目的在于贬低卡利克勒斯眼中的政治生活、政治抱负。一切都服务于这一目的。政治不过是拯救城邦，而拯救城邦只是拯救自己的一种变体而已，而拯救自己是某种很低下的东西——一个当然站不住脚的论证。但在《高尔吉亚》的语境中，这一章节的意义在于带出以下真理，即诉讼型修辞术是一门技艺，反过来，这一论证步骤也就阐明了尚未出现的高贵修辞术的性质。但是，按苏格拉底的用法，高贵修辞术的功能在于驯服或教化民众。我们现在正明确承认了这样一种高贵修辞术的必要性。无论多么勉强，我们也承认，诉讼型修辞术不是谄媚，而是一门技艺。现在的问题是：高贵修辞术驯服多数人，粗俗大众修辞术是保存自己生命的诉讼型修辞术，这二者之间是什么关系？那将在下一章节中处理。

现在在513d，苏格拉底转向区分快乐与善，这是区分低贱的与高贵的治邦术的基础。苏格拉底在前一章节已经认可大众修辞术是一门技艺，从而政治也是一门技艺，现在他却回到"大众修辞术不过是谄媚"的论点。戏剧层面上的重点当然在于，卡利克勒斯没有意识到这个巨大的矛盾。

513d-e：苏格拉底在这里省略不提——就像他在500a-b已经省略过那样——两种追求曾被对分成建构性的和恢复性的，而只提恢复性的，就人的灵魂而论，这种恢复性的追求就意味着惩罚性的。对应于身体情形中的健身术的修辞术被彻底丢掉了，这再次表明，重点已经完全转移到惩罚性的、恢复性的修辞术，它有别于真正建构性的修辞术、积极的修辞术，后者是《斐德若》中描绘的修辞术。

513e5-514a：真正的政治技艺使邦民们变好。现在这被证明可以与取得较低的善相容。换言之，最高的善与自我保存的较低的善之间的对立，是前一章节的特征，现在则被丢掉了。

514a-d：苏格拉底现在准备审查伟大的雅典政治家——忒米斯托克勒斯、伯里克勒斯等等——研究以下问题，他们是否运用了政治技艺。他们是真正的治邦者抑或只是谄媚者？他为这一目的举了[223]一门从属性的技艺为例：为城邦建筑（building）房屋、公共建筑物的技艺，建筑公共建筑物的技艺是一门建构性的、陶冶的（edifying）技艺。你当然知道"陶冶"一词源于"建筑房屋"。在希腊文中，这是一个词：陶冶、建筑房屋——在拉丁文中都是aedificare。① 他在514d-e

---

① 希腊文动词是oikodomeō。

又举了一个医术的例子。这里出现了两道誓言。第一道誓言"以诸
神之名",苏格拉底将此誓言归在卡利克勒斯名下;第二道誓言"以
宙斯之名"是苏格拉底以自己的名义说的。现在我们碰到的东西更容
易解释。第一个例子是建筑术,这就产生一个问题:潜在的公共建筑
者师承良师吗?如果我们知道他师承良师,而且已经修建过好的私
人建筑,那么我们可以放心地推荐他从事公共建筑。就医术的情况而
言,问题则完全不同。我们希望聘为国家医生的这位医生自己身体健
康吗?他在从事私人业务时成功吗?都是些奇怪的问题。好医生自己
一定要健康吗?显然不是。如果我们不相信我们自己的经验,我们只
需要去读柏拉图的《王制》,里面讲得很清楚,患过病的医生甚至会
是更好的医生,而且他可能正患着病。[1]所以好医生不一定要健康。其
次,医生不也像建筑师那样需要教师吗?

要想理解这个问题,我们唯有先知道苏格拉底的意图是什么,他
心里的想法是什么。苏格拉底想得很长远。他认为政治技艺,高贵的
修辞术,更亲近医术而非建筑术。而这高贵的修辞术就是灵魂的医
术,如果我们把这些问题用于思考灵魂的医生,你立刻就看到,这些
问题是唯一合理的问题。灵魂的医生一定拥有健康的灵魂,否则,他
不可能帮助其他人,这一点当然比他师承良师要重要得多。关于灵魂
的医生的师承问题,[在这里变得无关紧要,]兴许还有一个原因,那
就是根本就不存在灵魂医生的教师。514d和514e有这一个小小的迷
人之处。我现在不能读;那太花时间了。你们自己面前就摆着文本。
苏格拉底把医生的问题只运用在自己身上:假如他是医生,或者卡利
克勒斯是医生。但苏格拉底可以被设想为奴隶的医生。他不可能被想
象成为妇科医生。苏格拉底是不是一位成功的灵魂医生,这问题与另
一个问题相关,即他是不是他的妻子克珊提姗的灵魂的成功医生。因
为如果苏格拉底是一个很好的人类的医生和训练者,那么他首先应当
在他的妻儿身上展示这门技艺。他在那里做得一败涂地。这显示出他
紧接着提出的问题有所关联,他问的是伯里克勒斯和忒米斯托克勒斯

---

① 《王制》408d-e。

在试图驯服雅典民众方面一败涂地的事。

在515a-d，苏格拉底在这里把问题运用到卡利克勒斯身上，后者被当作一位渴望踏入政坛的男人。你们现在直接听到了可靠的消息，卡利克勒斯相当年轻，尚未踏入政坛，他现在想要进入政坛了。苏格拉底没问卡利克勒斯——在他把建筑术和医术作类比之后，他本该如此问的——卡利克勒斯在政治技艺方面［是否］有师承，也没问他是否拥有健康的灵魂，而只问他有没有使任何人、任何公民变好，［224］这样他现在就能着手去改善全体邦民了。因为，根据政治技艺的定义，它意味着改善全体邦民。但是，当一个人声称他能做到此事时，你可以公正地问他，"你之前做过什么？你使任何人变好了吗？"现在苏格拉底从三个层面表述了问题。首先，"你曾经使哪一位城邦民变好吗？"［其次］——这特别有趣——"你曾使得哪个十足的混蛋，无论外邦人抑或雅典人，奴隶还是自由民，变成一位完美的贤人吗？"第三个问题："有哪个人（human being）因为跟你交往（intercourse）而变得更好？""交往"一词在希腊文中跟在英语中一样具有双重含义。① 而"人"当然有两种性别。② 这是一个十足滑稽的问题。我的意思是，论证的反讽性质明显从这些问题中表现出来，如果你只读这些问题的话。因为中间的问题总是最为重要的问题，我重复一遍，这个问题是："你曾使得哪个十足的混蛋，无论外邦人抑或雅典人，奴隶还是自由民，变成一位完美的贤人吗？"假如这是胜任公共职务的条件，那么我认为没人有资格涉足政坛。

在515b5及以下，卡利克勒斯认为这个问题不公平——并未给出好理由——但是，他既没有这份聪明，也没受过训练，指不出具体哪里不公平。他本可以轻易地揍苏格拉底一顿，可他没有那样做。然后苏格拉底含蓄地问卡利克勒斯他有什么类型的教师，通过问他杰出的雅典治邦者是不是治邦者，或好人（hombres），或好邦民。换言之，苏格拉底没问卡利克勒斯："你有好老师吗？"相反，这问

---

① 这个词是sunousia。

② 这个词是anthrōpos。

题被另一个关于雅典［治邦者］的问题以如下方式所取代："如果你在政治技艺方面有任何好的老师，他们想必是伟大的雅典治邦者？就像阿尔喀比亚德，伟大的治邦者，他的老师是著名的伯里克勒斯，同样是一位知名的雅典治邦者。"这里涉及雅典治邦者的提问必定且当然也是针对卡利克勒斯提出的，而且一定要被理解（understood）为针对卡利克勒斯提出的："你（you）是治邦者吗？你（you）是一个好人（hombres）吗？你（you）是好邦民吗？"问题很中肯，既然［卡利克勒斯］宣称他其实已经做好准备成为全体雅典邦民的教育者，并因此专门来做苏格拉底本人的教育者。那在515c很精细地指了出来，人称代词"我们"在那里出现时有两个不同的含义：首先，"我们雅典人"；其次，"咱们，苏格拉底和卡利克勒斯"。

现在，［苏格拉底］开始审查伟大的治邦者们。这都是卡利克勒斯之前提到过的名字：忒米斯托克勒斯、喀蒙、米尔提阿德斯、伯里克勒斯。这是卡利克勒斯谈到他们时的顺序，基本上是按各自出生的时间顺序。现在苏格拉底稍微调整了一下顺序，他把伯里克勒斯排在首位，把忒米斯托克勒斯排在最后。那么，这一调整意味着什么？你看柏拉图是多么的仔细。他在干什么？苏格拉底通过这一细微的改变揭示出某种东西。他从伯里克勒斯开始。一方面是伯里克勒斯与苏格拉底之间的关系，另一方面是忒米斯托克勒斯与苏格拉底之间的关系，这二者有什么可比性？非常简单的表面事实：伯里克勒斯是苏格拉底同时代的人，就像这篇对话某个地方指出的那样；而忒米斯托克勒斯则被遗忘已久。苏格拉底即便在这里也从人们熟知的人开始。但他奇怪地保留了不合适的顺序，让儿子排在父亲前面。

［225］在515d-516b，他用证据表明伯里克勒斯是一个坏的治邦者，在古代，这一直被看作十分令人震惊的一段话，甚至在现代，我认为也是如此。为什么伯里克勒斯是一个坏的治邦者？雅典人在他的统治之下比以前变得更坏了，因此他不是一位真正的治邦者。真正的治邦者的作用不在于让城邦变得强大、常打胜仗，而在于让邦民们变得富有德性。而雅典人在伯里克勒斯死去的时候与伯里克勒斯刚开始统治的时候相比，变得更加缺德了。

让我们看一看515e的某些细节。苏格拉底［在515e4说］——这
段话被认为特别讨厌——雅典人变得又懦弱、又贫嘴、又贪财。那
是相当严厉的指控，有人曾描述柏拉图如何不公正地那样说。但是，
柏拉图当然从未那样说过，苏格拉底也没有那样说过。苏格拉底说的
是人们这样谈论伯里克勒斯。这些人是谁？寡头们，崇拜斯巴达、视
之为最好的那些人。苏格拉底明显把这一裁决与他本人对伯里克勒斯
的认识区别开来。关于伯里克勒斯，他知道些什么，在515e？换言
之，伯里克勒斯遭遇了什么？有什么能证明伯里克勒斯是一个坏的治
邦者？他受到了指控。在［领导］民众多年以后，他被控盗用公款。
当然，这里是预设伯里克勒斯没有盗用公款。否则就讲不通了。那显
然是在反讽：假设伯里克勒斯是好人，那么他本应让雅典人变得富有
德性；在他完成了教育雅典人的进程之后，雅典人说他盗用公款。当
然，［如果］他确实盗用了，人们也可以说他是一位杰出的治邦者，
因为他让雅典人意识到这样做是在犯罪。我们现在充分看到了这段话
的反讽。但毫无疑问，对伯里克勒斯的指控自然意味着恰恰相反的东
西：他并没有盗用，雅典人起诉他挪用公款正是他们在伯里克勒斯统
治下道德堕落的标志。那很清楚。苏格拉底提出，伯里克勒斯的遭遇
比事实还要糟糕。那似乎没有问题。这本身可以证明伯里克勒斯是很
差劲的治邦者吗？我稍后将试图阐发这一点。这里只讲一点：卡利克
勒斯当然反对这个针对伯里克勒斯的指控，这样就显出他是一个真正
的民主派，拥护雅典民主政制，尽管他发表了关于真正男子汉的长篇
讲辞，而且表达出对鞋匠的轻视。可另一方面，我们在这里也看到，
苏格拉底尽管谴责庸俗的政治，却又不自觉地带有我们称之为"政治
尾巴"的东西——亦即，这些斯巴达的粉丝，他们某种意义上与苏格
拉底有关联，虽然你不能把苏格拉底本人降低到斯巴达的粉丝的程
度。那已经指明了政治的问题。

515e-516a：卡利克勒斯现在说，伯里克勒斯无法帮助他自己应
对起诉，与对伯里克勒斯这个人的判断毫不相干（irrelevant）。那至
关紧要，因为卡利克勒斯一开始的计划当然就是：为了能够救助你自
己，你必须涉足政坛。而他现在承认，这一观点有多么可笑。伯里克

勒斯也无法救助他自己。然而，这是把他当作坏人的理由吗？卡利克勒斯亲口说，苏格拉底关于这些伟大的雅典治邦者的说法具有一种治疗效果，这必须从上述效果来理解。政治活动不是朝向救助自己或朝向自我保存之路——这与卡利克勒斯出于无知而产生的想法截然相反。细思之下，哲学生活，即某种隐退的生活，［226］从自我保存的观点来看，兴许比政治生活更好，难道不是吗？关于雅典［治邦者］的测试是这样的：他们是否成功驯服了多数人。那当然与高贵修辞术的意图一致。而他们是——这表现得很明显——差劲的驯服者。当他们试图驯服多数人的时候，他们自己却受到了这些野兽的攻击。

［治邦者的统治］对邦民的效果也在516c7暗示出来。高贵修辞术的目标，驯服多数人，同样是为了自我保存的需要，这一点变得清晰起来。诉讼型修辞术的目标和高贵修辞术的目标在《高尔吉亚》的讨论中重合了。哲学需要自我保存，并因而使哲人可以被视作整个论证的出发点，这导致了对《高尔吉亚》中所理解的那种高贵修辞术本身的需求。在他对伟大的治邦者们的审查中，苏格拉底假设所有人都可以被说服——而我认为这是整件事的根据——因此大众意义上的完美演说家，就像伯里克勒斯，一定有能力说服所有人。但这一修辞学家兴许会提出的假设，苏格拉底本人肯定提不出。苏格拉底很清楚——而整篇《高尔吉亚》就是要展示这一点——并非（not）所有人都可以被说服。所有人都可以被说服是一种信念，而大众修辞术最终依赖于这一信念。该信念依赖于对自然的某种抽离，即抽离人的自然以及人的类型的多样性，后者决定了说服的限度。

我还要让你们注意516b-c，这一段包含了一段表面上不必要这么长的论证，这论证显明了温和的重要性。正义之人是温和的——这一点被重点强调。倘若如此，这种温和必然影响到正义之人对待惩罚的态度。这种偏向于惩罚的倾向，即这种行刑之人的要素，与真正的正义并不相容，但在较低的惩罚者与被惩罚者层面可能是必要的。今天就讲到这里吧。

［本次课结束］

第十四讲　卡利克勒斯部分

（516d-520e）

（1957年3月7日）

[229] 施特劳斯：在我们开始读文本之前，我想提醒你们一般性问题。《高尔吉亚》预设哲学有可能或有必要。事实上，只有在那一预设的基础之上，《高尔吉亚》所讨论的问题才会产生，因为这问题是哲学与民众，因而就是哲学与修辞术的关系。但是，《高尔吉亚》并未阐发哲学是什么，虽然它提到了哲学。例如，苏格拉底说，"我不知道"。他知道他不知道。哲学是无知之知。然而，他还说，他在所讨论的主题上跟人们的一切对话，总是导向了相同的结果。所以他终究还是知道的。我们可以怎样协调这两个矛盾的论断呢——其中一个说他不知道，另一个则说结果总是相同的？知识不是占有物，一旦取得便不可能失去，因为知识会被遗忘。知识必须反复温习。知识有输入和输出，这跟食物的情况类似，这样一来，哲学本身便分有一种身体性需求或欲望所具有的那种西西弗斯式的性质。此外，苏格拉底的确有知识——因为就连无知之知也是知识——可他的知识不完整，因此，在某种意义上它就是无知。

但是，《高尔吉亚》阐发了哲学之意义，其方式是寻求一门使灵魂健康或变好的技艺，一种灵魂的健身术［，它为灵魂所做的事］，就像健身术为身体所做的。因此，柏拉图可以称哲学学校为"学园"，一个进行健身锻炼的地方，［亦即］为了灵魂的益处而进行健身锻炼的地方。正如好的身体状态不是随便拥有的，需要持之以恒地锻炼身体，同样，好的灵魂状态也不是随便拥有的，需要持续地进行适当的灵魂活动来使之得以恢复。因此，哲学关心的是灵魂及其特定的善，也因此哲学可以被称作立法术，就这个词最宽泛的意义而言。传统术语当然是"灵魂的医术"，但我们不得不在这里避免这个术语，因为医术在狭义上仅仅表示治疗性的或恢复性的，而并非建构性的。

但是，这样被理解作灵魂医术的哲学，不就是一种局部的追求了吗？举个例子，它就不关心身体，不关心其他动物的灵魂，也不关心天堂等东西。对话提到，灵魂的善主要在于节制，sōphrosynē，从而有别于akolasia，放纵、缺乏自制力。所以，节制包含了分辨好的与坏的快乐，高贵的与低俗的快乐——它是一种对欲望的限制。作出如此分辨和限制是为了什么目的呢？粗略并通俗地说，是为了自我保存。[你]不要吃太多，否则你会生病，你不要抽太多烟，否则会得肺癌，等等。但是，这显然不够，担心生病的人（valetudinarian）形象可笑，这一事实就是证明。甚至保存城邦也不够充分，因为如果缺乏进一步的定义，缺乏进一步的深入，保存城邦就不过意味着集体的自私，仅此而已。那只不过是放大版的保存，它是比单纯的自我保存在道德上更优越一些，却不是根本性的优越。因此，我们必须说，分辨好的与坏的快乐是为了德性、为了人性的卓越。如此，节制就在于[230]依据人性的卓越限制欲望。但是，这十分困难。节制是人性的卓越，据说还是主导性的德性。这样我们便得出一个荒谬的结论：人性的卓越在于为了人性的卓越限制欲望。因此，我们必须区分节制和人性的卓越本身。但是，人性的卓越本身是什么？

我们在508a已经看到，节制据说是把整全保持在一起的东西：天与地，人与神。从这个角度来看，有人会得出一种对节制较宽泛的理解，亦即，节制是向最高原则靠拢（assimilation），或者，用柏拉图在别处的说法，是向神靠拢。但是，根据柏拉图，这一靠拢是知识上的：人性的卓越即知识。于是节制本身便只是获取知识的手段。从这点来看，哲学作为对灵魂的改善显然就不是一种局部的追求——就像它只被理解作心灵的医术时看上去的那样——因为灵魂，人的灵魂虽然是整全的一个部分，却又在某种意义上（in a way）就是整全。"在某种意义上"——通过认识整全而成为整全。亚里士多德说"灵魂在某种意义上就是一切",就是这个意思。①"在某种意义上"——就是指通过认识的方式。但是,我们主要通过诸部分接近整全。而在这些部分中,没有任何东西比人的灵魂更高,同时对我们而言更可企及、更加重要。达到完全的人的灵魂就是有德性的灵魂。因此,政治技艺或立法术就因其关注有德性的灵魂,而完成了对灵魂的真正理解;也因此,政治技艺便不仅仅是一门没有任何形而上学意义的实践科学,正如在亚里士多德哲学中那样,相反,这门政治技艺就是形而上学本身,如果我们可以使用那个词的话。此话当然需要某种限定条件,因为,就像柏拉图在某些晚期对话中阐发的那样,政治技艺只是哲学的一部分。另一部分则没有具体的名称。我们可以说它就是理论哲学,尤其与严格意义上的数学相关联。哲学包含这两个部分,一部分是充分意义上的哲学,我们后来称之为形而上学,而至关重要的另一部分就是政治技艺。再说一遍理由:人的灵魂是整全中最为重要的部分,它可以使我们接近整全,而政治技艺处理的是人的灵魂的完善、德性。这一点就讲这么多。

现在,我们从一个稍微不同的角度再来说明一下对话为什么不直接讨论哲学,甚至提都不提,为什么哲学在这篇对话中被遮蔽了:因为若没有这样的遮蔽,就不可能分析这篇对话的直接主题,修辞术。就我刚才谈论的而言,这种对哲学的柏拉图式理解,你们认为还有什么地方需要进行解释吗?这个奇怪的东西在关于苏格拉底行为的传统理解里表现得十分明显,以至于哲学似乎已被还原成了伦理学或政治学,而这种被称为伦理学或政治学的东西,意在成为整个哲学,而不是哲学的某个具体分支吗?现在我们回到文本。

在我们正在讨论的章节中,伟大的雅典[治邦者们],从米尔提亚得斯到伯里克勒斯,全都遭到了严厉的批评。这一章节从513a开始,在519d结束。我提醒你们注意一下上下文,苏格拉底已经在卡利克勒斯[231]章节阐发过真正的或高贵的修辞术概念,它有别于

---

① 参见《论灵魂》431b21。

已有的低俗的修辞术。高贵的和低俗的修辞术之间的区分是基于善与快乐之间的区分。高贵的修辞术指向善，［它］改善灵魂，这非常具体地意味着驯服民众。

在这之后，苏格拉底用两种善的区分取代了善与快乐的基本区分：较高的善和较低的善——较低的善是自我保存。在这一语境中，他表明诉讼型修辞术是以自我保存为目的，而不是以快乐本身为目的，因而它是一门真正的技艺，就像医术，不像之前谈论的那样仅仅是谄媚。换言之，这一章节相当于把诉讼型修辞术改造成一门从属性的但却合法的技艺。之后，苏格拉底又回到善与快乐的区分，而且以此为根据区分了真正的政治技艺和虚假的政治技艺。根据这一区分，真正的政治技艺旨在让邦民们变好，而虚假的政治技艺旨在满足人们的欲望。这就带来了一个问题：那些优秀的雅典［治邦者］是什么地位？所讨论的第一位治邦者是伯里克勒斯。伯里克勒斯不是一位真正的治邦者。他没有使邦民们变得更好，而是变得更坏。这体现于雅典邦民在伯里克勒斯政治生涯的末期迫害他这一事实：他们指控伯里克勒斯盗窃。伯里克勒斯不是一位真正的治邦者，这体现在他无法救助自己的事实之中，他不善于保护他自己、他的财产以及他的地位。由此推出以下意涵：真正的政治技艺虽然在于让邦民们变好，但也至少部分地符合大众的政治技艺，治邦者设法凭后者保护他自己。通过让邦民们变好、变得温和，你增加了保护自己的可能性。或者，若把这一点运用到修辞术中，那就意味着高贵修辞术至少部分与大众修辞术、诉讼型修辞术重合。因为作为驯服民众的工具的高贵的［修辞术］，也为保护哲学因而保护哲人所必需。高贵的修辞术从这一观点来看优于诉讼型修辞术，后者来得太迟，就像苏格拉底的例子所体现的，但在一定程度上它拥有与前者相同的目标。这是我们上一次讲到的地方。

我们现在翻到516d，第499页上边。苏格拉底在这里得出结论：伯里克勒斯不是一位好的治邦者。卡利克勒斯不喜欢这个结论："这是你的说法，苏格拉底。"一个常见的转折，许多对话里都有：当一个人无路可走的时候，他就咬定说"那只是你的意见"，而不是深入论证中去。苏格拉底发誓说他的论断也是卡利克勒斯的论断，从卡利克勒斯承认过的说法来看。然而，对卡利克勒斯来说，前提与结论之间没有必然联系，因为他虽然坚持他的论断、他的意见，却拒绝基于从这些论断得出的结论继续思考，往下推进。因此，苏格拉底不得不用起誓的手段，在卡利克勒斯的意见与意见的结论之间建立联系。他所凭靠着起誓的宙斯甚至提醒了勇敢的卡利克勒斯，男子汉卡利克勒斯，让他想起来勇者有时候也必须妥协、让步，因为还有更高的力量存在。不必说，单靠誓言本身保证不了卡利克勒斯真的承认这些前提——因为他并未承认过这些前提，正如你们在516e和516c可以看见的那样——保证不了这些前提的可靠性，也保证不了从这些前提就能推出那些结论。

我们来观察下述困难，从而提醒你们注意那一点。真正的治邦者据说让邦民们变好，［232］伯里克勒斯之所以是坏的治邦者，是因为他让邦民们变坏了。但是，真正的治邦者让邦民们变好。所以，在他们执政初期，邦民们必定不如他们执政结束时那么好。为什么就得是这样呢？难道好的治邦者不可以让邦民们保持良好吗？为什么就一定有那种改善的必要呢？其次，是上节课讨论过的一个观点：雅典人在伯里克勒斯执政初期服从他的统治，当他执政结束时，雅典人却起诉他盗窃。兴许他在最后确实犯了盗窃罪——从这里的证据来看，我们很难断定——又或者，邦民们由于确实被伯里克勒斯的统治改善，所以在伯里克勒斯执政结束时，他们的要求变大了。这些都不是真正有说服力的论据。上一次我打算提到的一点，在516a-b指了出来：如果温顺的动物变得野蛮，这一定是照料者的错——这话未必对。可能存在其他原因，诸如疾病、食物匮乏、需求增长，等等。所有这些意味着什么？卡利克勒斯是伯里克勒斯的仰慕者。在卡利克勒斯心里，伯里克勒斯代表着什么人对他而言是一件至关重要的事情。卡利克勒斯无法为上述事实辩护，这意味着他无法在最重要的方面救助他自己。这一点由实事向他证明出来——与此同时，伯里克勒斯无法帮助自己对付民众这一点，则由苏格拉底的某种有缺陷的论证或曰言辞（logos）向他证明出来。根据卡利克勒斯的定义，这一体现在伯里克勒斯身上的理想形象并不是一位"男子汉"。伯里克勒斯自己无法救助自己；所以，根据卡利克勒斯自己关于真正男子汉的概念，伯里克勒斯不配当卡利克勒斯的榜样。若模仿伯里克勒斯，卡利克勒斯在民众的大型集会上就可能变得可笑，[就像他]在这场讨论发生的小型集会上变得可笑一样。他既不适合政治也不适合哲学，虽然他声称自己完全适合从事这二者。

学生：[说话听不清]在我看来，这个正义概念恰好与高尔吉亚说的修辞术的诸目的一致——那就是让人们变得温和或顺从，而非让他们变得更好。所以，苏格拉底在这一段里貌似在称赞正义，实际上称赞的是某种类似于说服或顺从的东西。

施特劳斯：我没看出这一点。这里提到的温和十分重要，在涉及惩罚性时，它有关键含义——这是我看到的。

同一位学生：兴许我可以这样说，重新表述一遍：在这段话里，正义变得等同于温和，与珀洛斯相关的段落里可不是这样的。

施特劳斯：人们会简单地提出这个问题——举个例子，拿一种众所周知的刑罚来说：鞭打是让人变温和的好办法吗？在一定程度上它让人们变得顺从，但不一定会变得温和。

学生：兴许不仅仅如此，毫无疑问[说话听不清]。如果伯里克勒斯确实干了他被起诉的那些事情，那么，严厉或惩罚性的修辞术当然会很合适，而且非常正义。在这段话中，某种关键的东西被遗忘了。人被比作动物，比作顺从的动物，比作羊和牧羊人。这段话的旨趣与其说在于正义——虽然暗示了正义一词——不如说在于让人变得顺从或被说服，这正是高尔吉亚本人说过的那种修辞术最初的目的：让[233]人服从……我之所以认为这里以这种方式呈现了我上述所说，理由如下：这段话最大的旨趣在于驯服卡利克勒斯或者像卡利克勒斯那样的人，所以正义等于驯服。而在与珀洛斯交谈的段落中，苏格拉底试图让珀洛斯变成驯养人而非被驯服的对象，因此当然是严厉受到称赞；相比之下，与卡利克勒斯交谈时称赞的则是温和——两者都是关于正义的片面观点。

施特劳斯：这里面很有些含义，但需要更长、更仔细的阐述。那当然是亚里士多德在《政治学》卷一论证奴隶制时所暗示的内容。在那里他攻击了两种正义观点。[1]二者皆有误：一种观点把正义等同于好脾气（good naturedness），可以说就是不要严厉对待任何人；另一种观点把正义等同于权力的主张、权力的运用。正义是某种介乎二者之间的东西：它不像那些人说的那样温和，绝不使用暴力；也不像另一些人说的那样严厉，仅仅是权力的主张。但是，这一事实本身恰恰承认了上述严厉要素，正如在柏拉图《王制》卷一中，那里一会儿说正义即仁慈，但这一说法在描述护卫者时被悄悄地撤回了。护卫者被描述成必须像狗一样，这意味着对他们认识的人即对自己的邦民友好，对陌生人凶恶。[2]那是柏拉图在《王制》中呈现同一个问题，即对待正义中的严厉成分的方式。而你认为，在《高尔吉亚》中，对问题的呈现某种程度上被分解了，一部分被孤立在珀洛斯的章节中，另一部分则在卡利克勒斯章节中，是这样吗？至于这里如此提到温和，你也许是对的。但它是否完全经得起辩护。我不知道。也许经得起。

[现在]让我们来到接下来的部分，516d-e。苏格拉底在这里讨论了另外三位提及过的治邦者：喀蒙、米尔提阿德斯和忒米斯托克勒斯。苏格拉底确立了一个正确的顺序，从现在到过去，即伯里克勒斯、喀蒙、忒米斯托克勒斯、米尔提阿德斯。另一方面，这也是一个逐渐严苛的惩罚顺序。你观察到那一点了吗？伯里克勒斯受到的惩罚最温和，而米尔提阿德斯受到的惩罚最严厉。这具有十分重大的意义。这意味着两三代以前的雅典人比现在的雅典人更加野蛮。忒米斯托克勒斯从米尔提阿德斯那里接手的不是温和并因而正义的人，他们更加严厉，以此类推。所以那意味着对雅典治邦者的批评从其理由来看是无效的。你们看到了吗？[看，]伯里克勒斯接手的人们相对野蛮，这群人曾用贝壳流放法放逐了他的前任。现在轮到伯里克勒斯来统治他们了，而他唯一的遭遇不过是让他支付一笔罚金，一笔数量很大的罚金。所以伯里克勒斯确实改善（improved）

---

[1]　参见《政治学》I.6。
[2]　参见《王制》345b-e、375e-376b。

了他们。伯里克勒斯让他们变得温和了，前任的情况也是如此。

再重复一遍，这暗示出，这里对雅典治邦者的批评是无效的——这并非意味着在更深刻的意义上它是不对的，而是从这个方面来看批评得不对。苏格拉底在这里再度表明，正如他在许多场合表明的那样，这些相当不充分的论证不可能受到卡利克勒斯的质疑。卡利克勒斯无法救助他自己。例如他本可以利用这一事实，即伯里克勒斯受到的惩罚与米尔提阿德斯受到的折磨相比简直微不足道，这就表明，由于这四个人持续不断的活动，文明程度与温和程度提升了。但是，他甚至都没考虑到这一点。在516e，对雅典治邦者的批评显然立足于苏格拉底的夸张概念，这概念规定了什么是［234］好的治邦者。一位好的治邦者——你们来回忆一下——在于让一个十足的恶棍变成一位完美的［贤人］。那才是所提出的问题。事实上，迄今为止当然没有一位治邦者做得到这一点。但事实上，对雅典治邦者的批评乃是立足于卡利克勒斯关于真正男子汉的概念，这样的人能够救助自己。而他们全都无法救助他们自己。

现在我们来到关键段落，517a。伟大的雅典治邦者既没有使用真正的修辞术，让人们变好或富有德性，［也］没有使用谄媚的修辞术。真正的修辞术可确保治邦者不会遭到来自其臣民的迫害。但是谄媚的修辞术的成功标志是什么呢？逃脱惩罚。所以较高的修辞术和较低的修辞术至少部分重叠。高贵修辞术与诉讼型修辞术的目的（telos）就真正的治邦者，亦即哲人而言是相同的：保存他们自己，进而保存哲学。在这一论证中，使用技艺即修辞术的技艺意味着成功生产那门技艺的特殊产品。举个例子，使用鞋匠的技艺意味着成功生产鞋子，一双合脚的鞋子。但匠人一定总会成功吗？假如在刚才的例子中没有生产出鞋子，难道鞋匠就不再是鞋匠了吗？当然不是，因为皮革也许会短缺，或者他的工具也许坏掉了，存在着这些意外状况。所以这里的整个论证以抽离偶然、机运，乃至抽离自然为前提，正如我们在前一个场合所看到的。这一批评毫无理由地假设所有人都可以说服。但苏格拉底在做出这一假设时，并没有任何不义之举，因为它实际上是卡利克勒斯的假设。根据卡利克勒斯，真正的男子汉可以在一切情况下照料自己，而这太荒唐了，卡利克勒斯在伯里克勒斯的特证前不得不承认这一点。

517a-b：虽然卡利克勒斯是被高尔吉亚强迫才与苏格拉底继续对话的，但如果对话主题令他感兴趣，他也无需任何刺激。举个例子，过去的治邦者比当今的治邦者更好吗？这是卡利克勒斯，一个政治人的直接兴趣。在517b的开头，苏格拉底称卡利克勒斯很神奇（daimonic）。人们通常将这个词译作"奇怪的"，卡利克勒斯预言了什么？这些形容词不是随意使用的。当苏格拉底称卡利克勒斯是一个神奇的人时，他的意思是卡利克勒斯预言了某个东西。卡利克勒斯预言了什么？卡利克勒斯说过去的治邦者比当今的治邦者更好，从而预言了他不会取得伯里克勒斯取得的成就。那对于他自己的生活方式的选择来说具有某种重要性。

517b-518c：苏格拉底承认，就庸俗治邦术的品质而论，过去的治邦者比当今的治邦者更好。但他否认过去的治邦者是真正的治邦者——真正的治邦者指那些人，他们关心的是让邦民们变得有德性。那么，这种庸俗治邦术是什么类型，亦即，我们称什么为治邦术？一种照料性技艺（a ministerial art）。苏格拉底承认需要这样照料性的关怀——权力、食物、武器等等——［他还承认］关心这些事物有一种技艺的品质，而不只是谄媚。但是，作为一门照料性技艺，它一定受更高的技艺管控或规制。举个例子，面包师的技艺虽然也是一门技艺，但它一定受健身训练师或医生的技艺规制。此即苏格拉底在这里所表明的——不是在［235］解决问题，而是在表明一个问题，［即：］那种技艺是什么？是哪些匠人把治邦者仅仅当作仆人、当作干粗活儿的使唤，就像医生把面包师或药剂师用作仆人或干粗活儿的？尽管如此，政治技艺在这个词的原初含义上——比如说在马基雅维利的含义上（没有任何贬义）——就是让城邦变得强大、繁荣、自由、守法的技艺。这就是照料性技艺，它必须受更高的技艺规制。但它的确是一门技艺，而非谄媚。然而，这里从技艺到谄媚的过渡非常自然，因为一旦照料性技艺拒绝服从它的上层技艺，它就不再是一门技艺，就因这一错误的解放行为变成了一种非技艺、一种谄媚。摆脱了其上级技艺的照料性技艺就是谄媚。

在517c-d举的那些例子中，你们将发现居中的首先是服饰，其次则是编织术——基本上是同一个东西。庸俗的政治术，即我们通常理解的政治技艺，是一门像编织术一样的女性技艺。真正的男性技艺是那最高的技艺，我们称之为哲学。这与流行的观点相反，根据流行的观点，男性技艺是某种政治技艺，尤其是将军的技艺，因为将军当然是高等的政治人物，最受人敬仰，尤其是在雅典。哲学被流行观点视为一门女性事务，因为将军显然不坐在屋里闲谈。他们甚至不待在城邦里，他们离开城邦率军出征。但你如何才能使这种观点由优势转为劣势呢？嗯，治邦者—将军及其军队［仍旧］待在整全之内、在房屋内，只有哲人离家出走——指洞喻。将军不从这里离开——我指整个城邦世界以及［城邦关心的事物］。就此而言，你可以说，将军是坐在家里的妇女，而哲人才是走出去在外面活动的男人。

让我们思考一下这个对比，面包师和庸俗治邦者。苏格拉底在这里确立了比例：面包师之于医生，就像庸俗治邦者之于真正的治邦者——然而，真正的治邦者尚未存在。但面包师显然不隶属于医生。那么，怎样才能使得庸俗治邦者隶属于真正的治邦者呢？或者，关于个人应当如何使用庸俗治邦者的产品，必须留给个人（individual）去请教真正的治邦者，就像关于他应当如何使用面包师的产品，他要去请教医生？换言之，真正的治邦者，灵魂的医生，到底能不能被设想成一个合法控制社会的人？

在518b-c。为了回答苏格拉底的问题，即在雅典谁是治邦者，卡利克勒斯曾列举了伯里克勒斯、喀蒙以及忒米斯托克勒斯。苏格拉底说，卡利克勒斯这样做，就好像在回答谁是良好的健身训练师时，却提到那些最有名的面包师、最有名的烹调师以及最有名的调酒师一样。嗯，调酒师是这里的希腊表达的对应说法。你们看，我刚才提到了三种人可以替代健身训练师：面包师、烹饪师以及调酒师。三种。你稍后在519c看到，四位雅典治邦者只剩下了三位。而在这里，我们这篇对话也有三位人物：高尔吉亚、珀洛斯以及卡利克勒斯。你们在这里看到，居中的烹饪师的例子中，提到了写作——就像《高尔吉亚》的居中人物，珀洛斯的写作也被提到了；相比之下，对话没有提及高尔吉亚的写作。提及面包师就暗含着这里纠正了珀洛斯章节的极端命题。人们需要面包、肉以及酒，[236]生产这些东西不是谄媚，而是一种照料性技艺。同样，大众修辞术也是一门技艺。诉讼型修辞术［是一门技艺］，但它是一门照料性技艺。而作为照料性技艺，它们必须被更高的技艺管控，被真正的［政治术］，或高贵的修辞术管控，就像面包术被医术管控。

接下来的部分，518c-e，苏格拉底完成了从一种区分到另一种区分的回归，从区分不同的善，即一种较大的或较低的善，回归到区分善与快乐——或者，兴许更准确地说，把对通常意义上的政治术的描述从合法却低下，回归到将其描述为纯然低下的谄媚。著名的雅典治邦者像烹饪师一样养肥雅典人，却不像医生那样为她合理搭配饮食。他们把雅典人养肥，让她失去昔日的肉身，意思是毁坏了雅典昔日的强盛，而这强盛是通过健康的政制取得的。他指的是下面的事：在希波战争以前是昔日的雅典，然后雅典变得富有而强大了（我指雅典帝国），这得归功于这四个人。他们让雅典变得伟大。这意味着什么？他们让雅典变得肥胖，正是在变肥的过程中，雅典失去了她昔日的（old）肉身，亦即，就连她在雅典帝国出现以前已经拥有的权力、自由以及独立，也都丧失了。

学生：这意思是说，这个国家在此之前、在梭伦时期是健康的？

施特劳斯：保守派中间有这样的观点，如果可以使用那个词的话。在雅典，情况是这样的：有一种叫作祖制的东西，你们可以说这是有细微改动的梭伦政制。无论如何，有了它，马拉松战役的胜利以及希波战争期间的陆战胜利才有可能。然后，一切不幸的源头——忒米斯托克勒斯，出现了，他让雅典变成了一个海上强国。而这海上强国和伴随而来的帝国主义，与雅典民主制度的发展一致且不可分割，因为雅典人不得不给予划船的水手充分的公民权。在雅典——在柏拉图看来——民主政制，至少雅典民主政制与帝国主义是一回事。不只是柏拉图，阿里斯托芬也持有相同的看法。那是保守派的看法。

从这一观点来看，邪恶滋生于忒米斯托克勒斯时期，随之代代递增，并在伯里克勒斯时期达到顶峰。这些人眼里的伯里克勒斯，某种程度上就像在我们这个国家中某些保守派眼里的罗斯福。我认为这样比较并无不当。这是不是苏格拉底抑或柏拉图的推理则是另一回事，但在某种程度上他俩持有相同的看法。我们之后将看到限定条件。但在这里的语境中，这些人是真正坏的治邦者。但是雅典人并不责怪这三人。他们不把损失——不仅包括雅典帝国的灭亡，还包括昔日雅典的势力的丧失——归咎于那些起初的败坏者，反而归咎于某些完全无辜的人，而且他们称赞这些昔日的、更早先的治邦者。这意味着什么？这些前任治邦者不能使用谄媚修辞术，也不能使用真正的修辞术；然而，在某种意义上，他们非常成功。他们死后获得了巨大的荣誉。所以那是某种［产生于］谄媚修辞术和真正的修辞术之间的东西。

接下来是518e-519a。前面的段落听上去也许就像在称赞一直到马拉松战役为止的雅典旧时代。注意米尔提阿德斯的名字不见了，米尔提阿德斯，他赢了一场陆战——这里我的想法，我想到的还有重装步兵［237］军队——不同于忒米斯托克勒斯负责的海战。然而，苏格拉底现在在［519a1］称忒米斯托克勒斯、喀蒙和伯里克勒斯为"古人"。所以，苏格拉底心里所想的不是返回"古人"。苏格拉底寻求的解决办法不在过去、在祖先那里、在祖制之中。因为，我们之前已经看到，惩罚的顺序指出，古时候尽管有某种顽强值得尊敬，却非常严厉。古时候缺乏温和，温和是后来才出现的。

现在让我们先来看接下来的部分，519a-d。这部分要告一段落了。分析四位伟大的治邦者得出了一个结论：不但没有严格意义上的真正治邦者（治邦者是让一个十足的恶棍转变成完美的贤人的人，这一要求早已预先决定了结论），而且，现在进入雅典政治生活，就像卡利克勒斯欲求的那样，是极其愚蠢的，因为现在的政治人物们得为伯里克勒斯及其他人的行为买单。所以，苏格拉底选择的非政治生活比卡利克勒斯的选择更优越，即便从庸俗意义上的审慎来看也是如此。苏格拉底在这里同时提到两个人：卡利克勒斯和阿尔喀比亚德。苏格拉底依然可以警告卡利克勒斯；阿尔喀比亚德他则警告不了。不可能指望阿尔喀比亚德时刻自己警醒。苏格拉底偏爱阿尔喀比亚德胜过先前四位治邦者——修昔底德在某种意义上也证实了这个判断。他甚至质疑能否称阿尔喀比亚德跟那些人共同负有责任。基本上，阿尔喀比亚德是个受害者。谁的受害者？伯里克勒斯的受害者，毕竟他是阿尔喀比亚德的监护人。你们看，通过这番关于当今治邦者的评论——阿尔喀比亚德在当时实际上就是一位治邦者，而卡利克勒斯现在也希望成为一位治邦者——苏格拉底收回了在517b对先前几位治邦者的相对称赞。

你们看，这里有一个发展脉络。这里提到马拉松战役；那尚是好的。然后出现了某种衰败：［雅典变得］愈加民主。有些人指出了一条向上的道路。这是十分奇怪的……这个人物，阿尔喀比亚德——你不能去责怪阿尔喀比亚德……甚至你能否称他负有共同责任都成问题——阿尔喀比亚德基本上是一位反民主政治家。他在民主政制中出道，却由于机运的某种巧合，与一个不那么民主的政权牵连在一起。阿尔喀比亚德具有这篇对话中提到过的一种品质。你们还记得吗？

学生：他是苏格拉底所独爱的人。

施特劳斯：换言之，阿尔喀比亚德算是受过苏格拉底的影响。当然，我们在这里遇到了一个深刻的反讽：第一次有一位雅典的治邦者受到了哲人的影响。而他当然是——用质朴的观点来看——所有治邦者中最糟糕的一位：这个人最放纵、最不负责任，但也许在所有雅典人中最有才华。这指出了整个论证，即关于这四位治邦者的这一批评的反讽性质。苏格拉底真正严肃坚持的观点，他已在《法义》第三卷中表明：雅典成了一个海上霸权，与之相关联，它当然变成了一个巨大的经济体和激进的民主政体——这就是雅典的痼疾。[①]但那不表示他没有看出其中的问题。他知道回到过去已不可能。[238]事实上，回到过去仅仅意味着某种类似于克里提阿的所作所为，这一人物

---

① 《法义》卷三讨论了雅典的衰败（698a-701d），但关于变成一个海上霸权所存在的危险的具体讨论，发生在卷四开始部分（704a-707d）。

同样与苏格拉底有关联——他领导了三十僭主。柏拉图本人曾谈及三十僭主：当他们出现时，回首过去，旧时那争议颇大的民主制看起来就像黄金时代。[①]他很清楚，由于这些事情，只有民主制的某些可容忍的形式才是唯一可能持续的东西。这一点在三十僭主之后才被证实，而它当然意味着苏格拉底必将为此被杀——此即这样的民主制需要阿尔喀比亚德付上的代价。那无疑部分解释了苏格拉底为什么会沦为民主制的牺牲品。我只提这个问题：如果阿尔喀比亚德比伯里克勒斯更优秀，这整篇对话的特征，即赞美节制，又会如何呢？这一点不就必须从根本上重新思考吗？这一任务在对话《斐德若》中完成了，那篇对话处理了修辞术的较高形式。

现在是这一章节的结尾，519b-d：无论哪个治邦者都不能抱怨被统治者对他行了不义抑或忘恩负义，因为以下事实：他是一位治邦者，他声称他能够改善被统治者或者让他们变得正义。治邦者的情况与智术师的情况相同，后者也声称是教授德性的老师。可为什么智术师的主张没有根据呢？换言之，就治邦者而言，不管有没有明说，治邦者都凭着他们的职责和作用声称他们会让邦民们变好。这一主张与智术师的主张性质相同，后者明确说道："我们能教人，让人变好，我们可以教授人们德性。"为什么智术师的主张——［治邦者］的主张在这里被归结为智术师的主张——是没有根据的？

学生：这主张不以知识为基础。他在智术与哲学出现对立以前就建立了。

施特劳斯：很好。我很快会回到那一点。但让我们重新表述一下问题。对智术师的批评部分在于一件事：他们声称能够教授德性，完全不考虑他们拥有的那种具体的知识或非知识（non-knowledge）。为什么声称教授德性会受到质疑？那在柏拉图对话中是一件很普通的事情。那些对话里面不是经常提到德性不可教吗？若如此，若德性不可教——那么我们这里有一个证据：阿尔喀比亚德。苏格拉底爱阿尔喀比亚德，正如他所说，而且他热爱德性，但他在让阿尔喀

---

① 《书简七》324d。

比亚德变得富有德性这一点上彻底失败了。现在，如果德性不可教，那么人们还能合理地期待治邦者会教授德性而且让邦民们变好吗？或者说，治邦者会生产什么呢？兴许他生产的不是严格意义上的德性，而只是庸俗的德性、政治德性。可倘若如此，倘若生产真正的德性是不可能的，那么因为他们不生产德性而批评雅典治邦者忒米斯托克勒斯等人，当然就完全不具备正当性了。而这里没有提出来的有限的政治批评……亦即，对帝国主义和海上霸主的批评——唯有这样的批评才是正当的。

我想要把前后联系起来。我们已经看到了下述这些东西。这论证开始于把修辞术呈现为一种单纯的谄媚（还记得吗？），在珀洛斯章节。然后卡利克勒斯章节表明，在区分［239］善与快乐的基础上，存在一种高贵的修辞术，其作用在于让人们变好。而善主要被理解为节制。那意味着对苏格拉底之前说法的大幅修正，他那暴力的长篇讲辞把修辞术说成是单纯的谄媚。高贵修辞术是存在的，它是一种真正的技艺。他之后又说过，或者承认过，诉讼型修辞术是一门技艺，一门真正的技艺，只不过是一门低下的技艺。然后变得清楚的是，《高尔吉亚》中讨论的高贵修辞术与诉讼型修辞术就哲人而言，具有相同的目的，亦即，它保存哲学，因此保存哲人的性命。

但是现在，我们看见了我们完全没有心理准备的东西：什么是《高尔吉亚》中讨论的那种高贵修辞术？它生产什么？它具有一种特殊的惩罚性质。它生产的东西，我们称之为民众的驯服。那是真正的德性吗？从柏拉图的观点来看，不得不回答否。因此批评雅典治邦者，为的就是表明这一点。这批评的夸张性质本身就是意在用于一件事，即用于暗示，就连高贵修辞术，《高尔吉亚》中讨论的高贵修辞术所可能产生的东西（更不用说人所能指望治邦者生产的东西了），也不是德性。当我们抵达这一点时，我们便阐明了修辞术的含义，高贵修辞术的含义。我不知道我把这一点讲清楚没有。

举个例子，当时，苏格拉底对珀洛斯说，受不义比行不义更好，然后苏格拉底说服了珀洛斯……但他证明这一点了吗？证明的意思是他已经通过演绎的方式证实结论。但这论证的性质是什么呢？它有很大的缺陷，可它足以说服珀洛斯。苏格拉底确实部分表现得像一位修辞家而非一位辩证法家。你可以说，苏格拉底在对话中以两种方式展示了他所能使用的高贵修辞术：在珀洛斯的案例中，苏格拉底展现出它有效的一面，而在卡利克勒斯的案例中，则展现出它几乎完全无效的一面。在卡利克勒斯的案例中，苏格拉底成功修理了他，修理了他的傲慢——无论你怎样称呼它，但苏格拉底没有动摇卡利克勒斯的意见哪怕一丝一毫。因此，这篇对话实际（in deed）展示的高贵修辞术，即苏格拉底实践的高贵修辞术，并不是苏格拉底要求的那种高贵修辞术，因为它没有驯服卡利克勒斯之效。它只从外在驯服了他。他一直都死守着当初在他的长篇讲辞中表达的意见。

学生：哦，这部分与《王制》中的段落对应吗？在那里，苏格拉底表明，人人都无法获得知识的德性以及德性，但他们发现他们所能拥有的德性是通过在国家中找到自己专门的角色，然后保持他们在国家中的等级和地位，是这样吗？我指的是，这里也是一回事，即他无法在人们之中灌输严格而论的德性，但他至少能让他们变得顺从。所以［他们可以拥有］德性——我是指，对他们可能的程度上的德性，然后那些能够具有更多严格意义上的德性的人便有机会获得它。

施特劳斯：但是，无法通过使用高贵修辞术使他们获得德性。使用另一种修辞术倒有可能，如果我们称之为修辞术的话。你说的正确。不过必须补充两点，就两点。在《王制》中，这些人，这些头脑简单的人，是顺从的。那很清楚。但除此之外：他们的功能，他们的职责，根据《王制》的假设，［240］是理性的功能，因为整个国家是理性的。一个人——比如说，一个鞋匠或无论什么职业的人，或者农夫——只会做理性的事情。"理性的"在这里是什么意思？举个例子，鞋匠不可能受赚钱的考虑影响，而生产更多或更少的鞋子，抑或更好、更差的鞋子，因为那在他们的考虑之外。相比之下，在《王制》以外的（non-*Republic*）社会中，人们或许顺从，但他们功能的内容很大程度上仍是非理性的。这是第一点。第二点是，在《王制》中，修辞术的重要性不那么明显，因为权力，身体的、军事的权力掌握在那些可以被苏格拉底说服的人手里。因此，对《高尔吉亚》意义上的高贵修辞术的需要，至少在《王制》中不像这里那么显而易见。所以，你可以说，对《高尔吉亚》意义上的高贵修辞术的需要，与缺乏智者的统治相匹配。不过，既然缺乏这样的有效统治是正常的，《高尔吉亚》在这方面就比《王制》更接近人们的实际生活，尽管听上去很奇怪。《高尔吉亚》和《王制》与其说［提供了］两种同样可适用的方法，不如说它们代表了两种阐述最根本的政治问题的不同方式，

学生：如果群众（masses）或民众（Demos）……

施特劳斯：不要说"群众"。我知道这个词在许多著作中都译作"群众"，但这其实是一个十分有误导性的表述。整个牛顿物理学都隐含在"群众"这个词当中。Masses［质量］是一个物理学概念，而非政治学概念。民众是一个政治学概念。如果你说的是"多数人"，这个词就比"群众"更加贴切。你看，群众的概念——以及大部分群众比小部分群众拥有更大权力的内涵——是那一理论的一部分，一个当今常常被遮蔽了的部分，虽然它以"用选票代替子弹"的流行语继续存在着。因为子弹，显然指子弹的质量、［数量、］子弹的数目，它具有某种重要性，尤其是自从子弹成了只不过是拳头的精致版本以来。所以民众是不同于群众的东西。就是这样，继续。

同一位学生：民众似乎保证了或证明了统治者的德性。换言之，伯里克勒斯要想更好地保存自己，唯一的方式就是行善，即以种种正确的行为恰当地引导民众。所以，如果我们假设民众功能的内容总是非理性的，而且就像你所说，［他们的德性］是一种模仿或表面相似，而非实际上的真正德性，那么其实就永远没有什么途径能证明领袖是好的，因为民众总是非理性的，我们可以这样说吗？

施特劳斯：如果这一假设正确——而我相信，根据柏拉图，确实如此——结论就是，你不可能通过一位治邦者的人气来证明他是善是恶。这是说得通的。那不意味着不存在其他的标准。那是一个问题。也许存在其他不同于人气的标准。举个例子，就算他失败了，但他也许已提前规划了一套政策，五年后——然而已太迟了——人人都看了它，"我们本应当那样做的"。［因此］我们看到，这人真正

掌握了全局。

学生：那为什么苏格拉底说，伯里克勒斯做得不好？

[241] 施特劳斯：嗯。很好。苏格拉底故意使用了一个错误的标准。只提一点——我之前提到过这一点——这是从卡利克勒斯的前提必然得出的一个批评：真男子汉是可以救助自己的人。"救助自己"意味着统治民众而且从不被民众指控各种各样的罪行。现在，苏格拉底把这卡利克勒斯式的前提运用到一个更高贵而且更高明的治邦术概念上，用这个标准衡量了卡利克勒斯的全部偶像。他表明，[卡利克勒斯]自己的偶像与他的理想不相容——这是卡利克勒斯的另一个基本矛盾，但这一自相矛盾就像他犯的其他矛盾一样，几乎对他毫无触动，因为他的原则是：被迫放弃自己的意见是软弱的。他唯一确定的事情就是，他必须坚守某种固定的信条，无论结论或事实是否反对它。如果向敌人妥协，那就不像个男人。他对于辩论有着一套严格的军事概念，而且是十分狭隘的军事概念：你要坚守岗位。

我想要讨论的最后章节：519d-520e。智术师与大众治邦者的比较在这里仍在继续。在519d-e这里，苏格拉底承认，他确实是一位大众演讲者，就像卡利克勒斯当初在482c指控他的那样。苏格拉底能够（can）发表长篇讲辞，他不必有一位回答他问题的人便能够详细说明他的观点。如果有任何人怀疑这一点，我们在这里便可以看到。但是，就像他说的那样，他在这里这样做不过是被逼无奈。《高尔吉亚》所要求的，以及那里部分展示的那种高贵修辞术，具有一种强迫的性质。这是《高尔吉亚》中的高贵修辞术与《斐德若》中更高的高贵修辞术之间的区别，后者也导致长篇讲辞，正如我们在《斐德若》中所看到的，但那不是强迫性的讲辞，而是爱欲的、有意的、自发的讲辞。苏格拉底在这里含蓄地承认，他本人在说服卡利克勒斯方面不算成功的演说家。卡利克勒斯这里关于苏格拉底的评论——苏格拉底是一位好的演说家——指向苏格拉底的修辞术，而不是指向苏格拉底的实质性论点，后者是卡利克勒斯永远也不会赞同的。

接下来在519e-520c，苏格拉底把治邦者与智术师作类比。他重复了关于智术师的说明，而卡利克勒斯现在同意关于智术师的批评，

因为卡利克勒斯是贤人，而智术师都是些可鄙的人。苏格拉底说，
[治邦者]以及演说家的情形与智术师的情形是一回事。智术师甚至
比演说家和[治邦者]还好一些。

现在，520c-e：苏格拉底指出为什么智术师普遍被人瞧不起。
流行观点认为，没有更大的理由去瞧不起智术师甚于瞧不起[治邦
者]，在质疑过这一观点之后，苏格拉底又深入讨论智术师之所以
普遍被人瞧不起的理由。虽然智术师的技艺在等级上高于演说家的
技艺，但他们却被人瞧不起，因为他们教人德性时要收钱，这很低
俗。为什么？首先，我们可以说，德性不可教，因此智术师这样做
相当于欺骗，因此很低俗。但还有——这表现在520c-e：一个人可
以就另一个人怎样才能变好提供建议，并且建议他如何最好地管理
他的家庭和他的城邦。声称能够让人变好毫无问题，但那仅仅是给
人建议。这样的建议并不意味着对方会接受建议。建议不包括欺骗
的要素。这样的建议[242]在本质上不是欺骗。那么，为这样的建
议收费为什么就低俗呢？苏格拉底暗示，兴许也有更明智的智术师，
他们会说，"我们只能给你建议；你要不要采纳建议是你自己的事"。
但是为这样的建议收费为什么就低俗呢？我们会说，因为它揭示出
一种人性的缺乏。但这不是苏格拉底说的。他说，这种对人有好处
的方式必然使受惠者产生回报施惠者的欲望。换言之，接受建议的
人必会帮助给他建议的人。但这也不对。人们期待受惠者会让施惠
者受益，但受惠者未必能活出人们的期待。还有一种可能，他也许
希望给建议者建议，从而使他受益。但这不是人们期待的恰当回报。
那么，建议者要求付费是不可辩护的吗？苏格拉底的意图何在？

智术师的情形与治邦者的情形是一回事。但智术师却因要求收
费或[报酬]而受指责，相比之下，治邦者并未受到此类指责。[每
个人]都觉得——[包括]苏格拉底本人，《王制》347-369——治
邦者承担了麻烦，理应取得报酬。要求金钱或"学费"（honorarium）
并不低俗，后一个词体现了这种收费中包含的值得尊重的性质：荣
誉。为提供建议而收取学费并不低俗，即便是那种性质的建议。或
者，如果这很低俗，那么就治邦者而言这样做也低俗。正是依照通

常的贤人概念，没人能坚持卡利克勒斯的说法，即统治者应当占有更多，而且他们应当占有任何东西。卡利克勒斯的贤人概念，如果你记得，是如此荒谬：好人应当统治而且占有更多。但是在智术师的情形中，人们说他们低俗，因为他们收费。这些治邦者自己也收费，或者干类似的事情。如果人们保持前后一贯，他们就会说，治邦者应当像智术师索取得一样少。然而，苏格拉底某种意义上同意流行的看法，认为一个人向另一个人提供他所能提供的最大的服务并因此而收取报酬很低俗——那才是要害。换言之，如果你建议一个人他应当如何安装电灯，那完全合法；那不是你可以给予另一个人的最大服务。但如果你给他建议什么东西对他好，那就低俗了，因为，如果这一服务有任何用处——而且只有在这种情形下它才配得上奖赏——它就建立了友谊，而为友谊向朋友收取报酬是低俗而荒谬的。

　　然而，有一个微妙的困难，苏格拉底——包括柏拉图，由于他的诚实——没有对自己隐瞒。友谊不废除双方对各自需求的关心。但是友谊照料这些需求，这样它们便不再作为需求而显示出来。但种种需求一直都存在。因此，苏格拉底可以在一次与一位经济学家的交谈中说——他们在此之前已把"钱"界定为某种有用的东西（useful），引申了其含义，因此这里超越了财富或金钱的通常概念——"朋友是财富，以宙斯的名义，因为朋友十分有用。"[①] 我的意思是，如果某人有朋友，他绝不会挨饿，只要朋友们没一贫如洗。所以存在一种合理的利己主义，一种对自我保存的合理关心，它大有可能一直持续却因为友谊的存在而不显示出来。这篇对话到此就结束了。主要论证结束于恢复智术的名誉的这一评论。现在，看，我将在下一次课更加充分地阐发这一点。

　　[243][本次课结束]

---

① 参见色诺芬，《齐家》1.14。

第十五讲　高尔吉亚神话

（521至结束）

（1957年3月10日）

[245] 施特劳斯：你们记得我们曾在珀洛斯部分……这一比例：立法术之于正义，相当于智术之于修辞术——前面两个是技艺，后面两个是谄媚。修辞术很久以前已经恢复名声，因此，整个区分的基础便很可疑。也许我们也不得不重新思考智术的地位，特别是因为我们拥有的唯一证据是这样的：重要的是，正如我们这里看到的，智术比修辞术更高贵。我们恢复智术的名声，这意味着什么？恢复修辞术的名声不令人惊讶，因为我们所有人都承认，至少在特定的限度之内，并且为了特定的目的，这是必要的。我们可以做什么？[但是] 智术现在显示为一门比修辞术更高明的技艺，而修辞术可以成为一门合理的高明技艺，即这种高贵修辞术。唔，我为你们读一段话，来自一篇难度更大，就算从表面上看难度也更大的柏拉图对话，《智术师》，231b。这篇对话的问题在于发现（find）智术师。对话列举了一些定义，其中第六个定义是："那么，让我们同意分辨技艺的一部分是净化术，而净化术的一部分与灵魂上的清除有关，这门技艺的一部分是训诫，训诫的一部分是教育；并让我们同意，盘诘智慧的空洞自负是我们正在讨论的东西，它不是别的，正是地地道道的智术。"[1] 换言之，在这里的这个定义中，智术

---

[1]　施特劳斯这里引用的是Fowler的柏拉图《智术师》英译文（1921）。

等同于苏格拉底的特殊技艺。这背后是什么？我们今天谈论智术时，不仅受柏拉图的影响，还受到亚里士多德的影响，在后者那里，哲学与智术之间有一道清晰的界限，智术乃是虚假的哲学。[①]这概念不仅存在于柏拉图那里，有可能比这还早。但普通人把什么理解作智术呢？普通人不研究柏拉图的《智术师》或亚里士多德的《形而上学》。所以普通人如何理解智术师呢？

学生：教育者，或者他自己以教育者自居。

施特劳斯：是，那是一种方式。但人们毫无困难地把苏格拉底看作了一位智术师。那当然不是偶然的，因为你必须理解哲学本身，至少在某种程度上，这样才能理解哲学与智术之间的差异。所以，民众本身不可能看清哲学的本质，而且必然会把哲学误认作智术，我们有必要从此出发。更糟糕的是，哲人还能反讽地预料到那一点，并且说哲人所从事的正是智术。从此，我们明白，论证的下一步结论必然是：民众分不清苏格拉底是不是智术师，他会面临智术师的命运。他会被指控，因而他会需要诉讼型修辞术。当苏格拉底日后受雅典民众指控的时候，他将如何解决他个人的诉讼型修辞术问题？那是我们接下来会遇到的主题。

［246］哲人和智术师有某种共同点，有别于普通意义上的贤人——今天我们所说的"书呆子"暗示了这种区别。有一类我们不理解的X；他们会干一些贤人不会干的怪事。但这个X十分不同，就像X不同于Y。但在贤人看来，X和Y其实没有区别，除了在表面上。举个例子，如果你说："我看见有一个人靠着与别的人交谈赚钱，那么他就是一位智术师；如果他不收费，就像苏格拉底那样，那么他就是一位贤人。"但这相当不充分。我的意思是，你完全有理由说，苏格拉底有富人朋友［时常接济他］，另一个人则不时说"给我点钱吧"，二者之间的差异不是很大。［各自］都是一种获取报酬的方式。那是一种天然的社会反应。

让我们从以下事实出发：不是卡利克勒斯而是苏格拉底提出了

---

① 参见亚里士多德，《形而上学》1004b17-26。

"哲学"的主题。在我称之为"开场白"的段落中，苏格拉底定义了他与卡利克勒斯的关系，他是这样说的："你卡利克勒斯热爱民众，而我热爱哲学。"我会这样解释这句话：从卡利克勒斯的角度来看，哲学与智术之间并没有差异。你可以使用更有敬意的名词，"哲学"，也可以使用不那么有敬意的名词，"智术"——两者指向同一种人。它们对年轻人都很有好处，特别是二十岁左右的人，但过了那个年龄，二者都不值得追求。高尔吉亚则是另一回事。他是一位修辞术教师，因此［他］对国家特别有用。

学生：高尔吉亚跟这些智术师是不同的人吗？我是指，当人们称擅长教授人们德性的人为智术师时——这是高尔吉亚吗？

施特劳斯：那正是高尔吉亚拒绝做的。

同一位学生：哦，他之前说过："我会教那些来见我的人德性。"

施特劳斯：不，是"正义的事物"。在《美诺》中可以见到。高尔吉亚爱嘲笑那些宣称"我们可以教授德性"的人们。[1]高尔吉亚教修辞术。我们所指的关于正义事物的教诲意味着某种狭隘得多的东西。反讽的是，那正是高尔吉亚在那里表示的意思。高尔吉亚的意思是这样："人人都知道正义的事物是什么——没什么好教的。如果有人来见我们，而且不知道伪造支票是犯罪，我就会告诉他这是犯罪。如果他不知道，他怎么能当辩护律师呢？"

同一位学生：这样一来，正义和德性难道不是被贬低了吗？

施特劳斯：既是又不是。对于高尔吉亚来说，我相信，真正的德性是他所占有的东西，即他那说服他人以及生产其他说服者的巨大能力。你别犯罪，否则就会被投入监狱或其他你不愿意去的地方，这本来是普遍审慎的问题，而他却认为并不重要。但是，就是会有人犯罪，因此诉讼型修辞术必须存在，而诉讼型修辞术——如何在陪审团前面发言，这才是他更感兴趣的东西。因此，诉讼演说家以及诉讼演说家的老师当然必须知道什么是［247］禁止的，什么是允许的。而什么是禁止的、什么是允许的，有一部分是在所有国家都一样的。我

---

[1] 《美诺》95c。

是指，如果你直接跑到街上去杀了一个人，那在任何地方都不被允许。还有些事情在希腊或在波斯有所不同；又有些事情在希腊内部也有差别。你必须去了解，就这么简单。那就是刑法——你可以学习的。那时了解刑法也许比今天更简单。那就是他话中的意思："如果有人碰巧不知道什么是正义的事物，我来告诉他。"

我们不得不提到《美诺》，高尔吉亚在那篇对话里是隐藏的主角，美诺是高尔吉亚的小学生。高尔吉亚提出一个主张，亚里士多德为此还称赞过他，即不同类型的人有不同的德性：男人、女人、儿童、统治者和被统治者的德性各不相同。这些道理当然人尽皆知，但他却不厌其烦地详加说明。那是修辞术的一部分。当你读亚里士多德的《修辞学》时，你发现那书专辟一章论述诸德性，因为演说家必须对此有更清晰一点的认识。[①]高尔吉亚所做的事，不论是口头的抑或书面的，相当于从他的角度给出了亚里士多德《修辞学》那一章的某种早期形式。他确实写过一本书，以帕默尼德的学说为基础，我们将注意到［说话听不清］……如果你再往前一步，就会发现彻底的（complete）怀疑主义从中浮现出来。那是高尔吉亚在他本人关于［非存在］的书中阐明的观点，这本书已经亡佚，但有人对之略知一二。[②]至于高尔吉亚的这种极端爱利亚式的哲学与修辞术有什么关联，我不知道。但我觉得一定有某些关联。柏拉图在这里甚至没有提及高尔吉亚的哲学背景，不过他甚至也没提及高尔吉亚的任何写作，相比之下，他却提到了珀洛斯的写作。

学生：你说过，卡利克勒斯不区分哲人与智术师。但是，在之前的部分，在他开始劝说苏格拉底时，他说过，哲学不过是当你年满二十岁成年后可以忘记的东西。可是，他没瞧不起哲学，相比之

---

① 参见《修辞学》1.9。

② 高尔吉亚的《论非存在》并未流传下来，但我们知道有两段文字，记载了这本书的内容。一段见于恩皮里柯（Sextus Empiricus）的《驳教师》（*Against the Schoolmasters*）；另一段见论文《论麦里梭、色诺芬尼和高尔吉亚》，有人认为这篇论文的作者是亚里士多德，有人则认为是某人托名亚里士多德所作。

下，在之后的章节——

施特劳斯：但那是指向一件特殊的事，指向智术师十分特殊的一个侧面，这一点并不普遍适用于所有智术师，亦即，那些人说，"我们可以教授德性，但要一小时几元几分钱"。那在高尔吉亚眼里很可笑，因而在卡利克勒斯眼里也很可笑。此外，教人而收学费不够雅致，这是贤人的偏见。贤人不会干这种事。［说话听不清］……

苏格拉底常说到他将被剥夺财产。剥夺苏格拉底财产的人不会从中获益——理由是他没有很多财产给那个人去得。卡利克勒斯认为，苏格拉底谈论危险时太过轻描淡写，而这些危险是他真实面临的。苏格拉底回答卡利克勒斯说，他充分意识到了这些危险，而且卡利克勒斯面临的危险跟他苏格拉底一样多。然而，他预先知道，诚实的人不会指控他苏格拉底，而且他很有可能被判死罪。他宣称他愿意向卡利克勒斯解释［248］为什么他预料到这两件事：只有不诚实的人才会指控他，而且他很可能被判死罪。他在521d-522e进行了解释。

为什么苏格拉底很可能被判刑？因为他的处境就像一位医生，在一群娃娃组成的法庭上被糖果商指控。娃娃们不理解他为自己辩护的理由，而且糖果商的花言巧语会使他们确信自己讨厌医生。糖果商指控医生给娃娃们带来各种各样的痛苦：医生给他们苦口的药片，又切又割等等，相比之下，一切美妙的事情都来自糖果商。因此，娃娃们当然会处罚医生。在521e，苏格拉底提到他曾经对珀洛斯说过的话，但对珀洛斯他只是说，如果医生不得不在娃娃们面前与糖果商竞争，医生就会饿死。这导致一个问题：为什么苏格拉底没饿死？因为他还有一些家产，而且并非所有雅典人都像娃娃。

在521e，我们看到，不是糖果商本人，而是另外一个人发表了迫害的言论——这预示着现实的审判，因为起诉苏格拉底的不是苏格拉底的真正敌人阿尼图斯，而是莫勒图斯（Meletus）。在521e，你还看到有一个指控说，苏格拉底败坏年轻人。既然在这里的比喻中他是对娃娃们讲话，那么"年轻人"必须被修改：他败坏年纪最小的娃娃（youngest）。但这里指针对苏格拉底的实际指控。正如苏格拉底在522a-b所说，他不可能对这样的法官讲真话，因为他们完全理解不了他。苏格拉底不介意死刑，只要他不因下述罪名被判刑，即当他被指控在关于人们和诸神方面说过或干过不义的事情时，他却没有能力救助自己和他人。现在我就讲到这里，然后转到522e，通向神话的过渡段落。

人们不应害怕死亡，而应害怕带着自己充满许多不义行为的灵魂抵达冥府。冥府是不义的恶不断累加之处。从523直到结束，我们现在来读神话。这一神话有什么功能？首先，它是苏格拉底发现的自身所处困境的解决之道：当苏格拉底受民众指控时，他会说些什么？我们已经看到，他不可能说真话；那些人听不懂。现在，他以一种间接的方式指出，若希望自己被人理解，那么他可以怎样说。此外，这神话是高贵修辞术最后的一个成就。到目前为止，我们实际上看到的只是对高贵修辞术的某种分析或暗示。而在这里，在这个神话中，我们却看到了一个作品，一个高贵修辞术所产生的产品。那么，什么是神话？

在古代注疏家那里，[①]我们发现这段评论："神话是非真实的言辞，它提供真理的一个影像；它服务于隐藏哲人的真实学说的目的。但是，诗学神话与哲学神话有一个区别。诗学神话如果没有被理解，就有害处。"举个例子，荷马讲的关于诸神的故事，根据这一学派，就只是神话。但如果读这些故事时只如荷马所呈现的那样去读，而没被理解，那么它们就有害处——呈现诸神犯下的所有罪行。相比之下，哲学神话总是有益的，不管它们是否被理解。还有另外两个神话类似于《高尔吉亚》结尾的那个神话。一个在《斐多》结尾，另一个在《王制》结尾。[②]但它们有很大的区别：在《斐多》结尾和《王制》结尾，[249]死后审判的故事被明说成就是神话，相比之下，这里的故事，正如我们看见的，则不然。

我想提醒大家，苏格拉底之前有一个场合提到过神话——你们记得，在493a-d，当时他举了几句关于来生的说法，也许来自毕达

---

① Olympiodorus。参见《柏拉图〈高尔吉亚〉注疏》第48讲。

② 参见《斐多》110b-114c；《王制》614b以下。

哥拉斯，比如把灵魂比作筛子。他在那里明确地谈论神话，要么是别人的神话，要么是他自己创作的神话。但是在523a这里，苏格拉底否认他将讲述神话。我们可以说，《高尔吉亚》所要求的高贵修辞术将把神话呈现为真实的言辞，即logoi。但是，苏格拉底接着说，他相信这段讲述是一段论证（logos）、真实的言辞。那么，鉴于论证的性质，它至多只能是真实的意见，因为它没有被证明，所以不是知识。他没有试图去证明关于死人的审判。

一开始，他说"听着"。卡利克勒斯无疑将只从道听途说获取知识。我们还知道，后来，荷马被召来作见证者，而且我们已经看到，通过见证者证明事物是修辞术式的证明，不是［真正的］证明。死后奖惩的秩序源于宙斯，正义的守护者。但苏格拉底不是简单地呈现奖惩的秩序；他讲述那一秩序的史前史。他为什么那样做？他为什么要讲述宙斯是如何建立起那奖惩秩序的？好吧，你可以说：为了赞美这一秩序。宙斯建立的秩序改善了在宙斯之前就已经存在的既定秩序。所以无论如何，就像我所说，苏格拉底讲述宙斯建立的秩序的史前史，是为了称赞它；但与此同时，通过讲述克洛诺斯的秩序，苏格拉底也提醒我们注意宙斯统治的［革命］性质，也就是注意其不义性质。在宙斯对正义的守护中存在一个问题，因为宙斯是废黜他的父亲才建立起他的秩序的。你们知道，先是克洛诺斯，然后才是他的三个儿子，宙斯、波塞冬和普鲁托。波塞冬是海洋之神，而普鲁托是阴间之神。所以宙斯是陆上之神，当然也是众山之神和地上居民之神。这里不需要提波塞冬，后面直接把他忽略了。作为海洋和船队之神，他与死人的审判无关。你看，海上帝国主义者在那里没有一丝机会。有三位神明，就像《高尔吉亚》里有三位主角（高尔吉亚、珀洛斯和卡利克勒斯），三位治邦者（忒米斯托克勒斯、喀蒙和伯里克勒斯），还有三种谄媚者（面包师、糖果商和调酒师），在518b。波塞冬还是驯马师，这一点并非不重要，因为珀洛斯是一匹小马驹，一匹马。《高尔吉亚》的故事，无论如何，反映了人的现实——我们一定要记住这一点。

523a-b：克洛诺斯的法律"永远而且直到现在仍然存在于诸神中间"——那暗示它不再存在于人们中间。根据克洛诺斯的那一法律，好人们死后去往福岛（Isles of the Blessed），①坏人死后去往塔尔塔罗斯。然后人就是神，或神就是人？诸神会死吗？无论如何，这些神的地位是一个问题。用《蒂迈欧》的话讲，这些神明依据习俗成为神明：法律造就的神明。如此，他们不就是被神化了的人吗？他们不是也分有人的弱点，以至于他们中的某些人正义，因而值得奖赏，而其他人不正义因而该受惩罚吗？

[250] 523b-c：起初，活着的法官审判活着的人，而这会导致误判，这当然对于《高尔吉亚》之前的教诲有巨大的意义，该教诲说，正义术，或审判的技艺，让人变得更好。但是，如果这些法官不那么好，无知而且兴许还受贿，那就会让人怀疑惩罚本身的价值。你们在这里看到，不是宙斯，而是普鲁托以及福岛的监管者们［注意到正义的误用］。普鲁托是一位神明，可那些监管者是什么身份？只有不义者才应当只受阴间的神明统治，而正义者则不该如此吗？你理解那个问题吗？正义者去往福岛，不义者去往普鲁托那里、阴间。这里所提出的问题是：不义者将受神明——普鲁托——统治，但谁将统治［那些］居住在福岛上的人，是那些福岛的监管者还是谁？根据希腊人的观念，柏拉图曾谈到过的一个观念，福岛上是谁在统治？克洛诺斯。克洛诺斯统治福岛。苏格拉底对此保持沉默。为什么？克洛诺斯做了什么？那也是一个笑话。好吧，让我们使用一个与此相关的更加普遍的词：娃娃们是"年轻人"，而他毁坏了年轻人。"毁坏"在希腊文中与"败坏"是一个意思。②克洛诺斯败坏年轻人。他干了苏格拉底干过的事，因此苏格拉底机智地对这件事保持沉默。顺便说一下，根据抄本的文本，普鲁托和监管者都来自福岛。那很是说得通，因为，如果克洛诺斯正义地失去了他的统治（如果宙斯是正义的守卫者，我们就必须如此推测），另一位神明将不得不统治福岛。

在523c-e宙斯说，人们受的审判很糟糕，因为他们受审时被他

---

①　最初抄本作islands；接下来在这一修订版本的剩余部分统一使用isles。
②　这个词是diaphtheirō。参见《苏格拉底的申辩》24b8-c1针对苏格拉底的指控。

们的衣服遮着。从那以后，就改为赤裸者审判赤裸者——"赤裸者"，也就是说，不仅被剥去了衣服，而且还被剥夺了身体，因而也就是死人。此外，必须停止让人们预知自己的死亡。这一预见将被普罗米修斯夺走，他已经得到了命令。为什么这项命令要交给普罗米修斯？兴许宙斯在普鲁托来找他之前就已经意识到正义的误用。他拿走人们对自身死亡时间的预见，这样人们便不能拖延让自己变好，而是必须时刻等待死亡。那是一种可能性。另一种可能性在于，宙斯没有意识到正义的误用。那么，为什么给普罗米修斯命令，让他从现在开始不准人们知道他们的死期？

在埃斯库洛斯的《普罗米修斯》中，第245行以下，我们发现这段评论：普罗米修斯把盲目的希望放进人们的胸膛，以此使他们停止预见死亡，又把火赠予人们。他因这两项罪过受到宙斯的惩罚。宙斯不想要人们使用火。那就是说，他想要人们缺乏技艺抑或不够聪明，并生活在对死亡的持续恐惧之中——也就是说，怯懦地活着。苏格拉底的宙斯则没有因为普罗米修斯使人们停止预见死亡而惩罚他，而是命令普罗米修斯使人们再也不能预见死亡，以此把盲目的希望放进他们胸膛，这样他们就会正义。

在523e，宙斯宣称，他在普鲁托和福岛的监管者来之前就已经意识到正义的误用。可我们怎么知道？唯一的证据就是他对普罗米修斯下的命令，这命令是在普鲁托出现之前下达的，而那一命令只证明他［251］的兴趣在于让人们变得顺从。

我们在接下来的523a-524a还看见，宙斯没有直接阻止正义的误用。情形的改善被推迟到他的三位儿子死以后。由此产生了严重的问题：如何审判这三个儿子？因为他们仍在旧秩序下去世。他们必须自己审判自己吗？如果只有赤裸者能审判赤裸者，他们哪里有审判的资格呢？三位法官是宙斯的儿子，两位来自亚细亚，一位来自欧罗巴。首席法官来自亚细亚。顺便说一句，米诺斯（Minos）和剌达曼堤斯（Rhadamanthus）：他们的父亲是宙斯，他们的母亲是欧罗巴。你知道，欧罗巴就是欧洲；当时宙斯以公牛的模样出现在欧罗巴面前。有人说，欧洲人后来的命运以及在欧洲犯下的一切蠢事都可以从母亲被一头公牛引诱了这件事来理解。但是，无论如何，你或许可以这样理解：米诺斯和剌达曼堤斯是欧洲的儿子，在希腊文中表述为"生于欧洲"，"欧罗巴所生"。柏拉图在这里没提到那有死的母亲。正如你将看到的，没有提到这些儿子们的母亲，因为根据他的教诲，神与人之间当然不会结合。但这就带来了问题：宙斯的儿子们是什么身份，如果神与人之间没有结合的可能？到底怎么回事？我们所听到的唯一一件事就是，他们是宙斯的儿子，但如果神与人之间没有结合的可能，那么他们一定是神——恰如他之前暗示的那样。希腊神话还讲过这么一个故事，宙斯的陵寝、宙斯的坟墓出现在某处。卡利克勒斯将站在法庭面前，审判他的大多是素不相识的异邦人，甚至有蛮夷。这也可以体现在柏拉图《苏格拉底的申辩》的对应段落中，41a，苏格拉底提到了这里的三位法官——米诺斯、剌达曼堤斯和埃阿科斯（Aeacus）——但还加上了第四位法官，特里普托勒摩斯（Triptolemus），后者是一位半神，一位来自阿提卡的英雄。卡利克勒斯在那里将找不到任何认识的人，没人会出于家族因素对他和颜悦色。此外，首席法官米诺斯是古代雅典的敌人，他因在雅典的暴行而声名狼藉。你们看，这位可怕的雅典敌人将担任首席法官。

524a-b再次暗示，卡利克勒斯可能只是道听途说才知道这个故事，而且这是苏格拉底讲的。可苏格拉底本人也是道听途说才知道的。那么，它为什么不是神话呢？答案：因为苏格拉底从他听说的内容中推导出结论。换言之，听来的故事成为苏格拉底自己讲述的一半内容，因为他从（from）讲述中推导出结论。既然前提决定了从前提推导出的东西的性质，那么神话的性质自然就不受影响。

在524b-d：死亡是身体与灵魂的分离。尸体保留人生前的特征，有自然的，也有习得的。关于这一点，举了三个例子，由希腊文"再一次"指出。居中的例子是长发，所以如果有人去世的时候留了一个特殊发型，那会保留一段时间。长发代表装饰——cosmos——我们之前谈到过。但你还看到一个十分有趣的例子，因鞭打而留下的伤痕。如果一个坏蛋挨了一顿鞭打而变好了，那么他的身体将显示出惩罚他的痕迹，而他的灵魂则相反。

524d：现在，同样的情况也适用于灵魂，亦即，人去世以后，灵魂也体现出此人的［特征］，灵魂的先天特征和后天习得的特征。在此以后，［252］灵魂将脱掉伪装，显示出其自然本性以及因为其追求而获得的种种东西。但这里有一个差别：就身体的情形而言，外表的装饰一定程度上保留着。举个例子，人们所留的发型、指甲以及别的东西，装饰性的东西，仍旧可以体现在身体上，入殓师甚至不去动它们。就灵魂的情形而言，纯然外表的装饰则直接消失了。

在524e-525a，苏格拉底转而谈论亚细亚人审判死者的情况，算是神来之笔。他不想直说卡利克勒斯将遭遇什么事。但是，刺达曼堤斯只关心正义和不义，而且关心节制及其对立面——他不关心勇敢和智慧。

525b-c：对不义者的惩罚是痛苦，就像苏格拉底这里所说，受苦是摆脱不义的唯一方式——意思是洞见不管用。苏格拉底的基本教诲是，能使人从不义中解脱出来的唯一东西就是知识或洞见，而与此相反，这神话却基于这样一个前提，即只有通过痛苦才能摆脱不义。但那些不可能摆脱不义的人，那些不可能被治愈的人，也仍将受痛苦，虽然他们不可能被改善。为什么？这样他们便成为其他人的警示。他们受尽极大的痛苦和极度可怕之事，且无时无刻不是如此，是为了冥府的新来者的好处，每次若有新来者，都必须叫他们目睹那些受尽痛苦的人。但是这里有个困难：既然这些新来者反正都依据他们所当得的受惩罚，那么这些人一直受折磨又有什么用呢？关于福岛上的情况，什么也没说。嗯，但你们可以推测出福岛的情况吗，从你们听到的对立面去推测？［答案：］快乐。如果那里有痛苦，这里一定也有快乐。但最好的人最快乐，这一叠合与整篇对话的整个论点背道而驰。我们可以说，《高尔吉亚》抽离了最好的人最快乐这一叠合，因此也抽离了哲学。《高尔吉亚》有一个前提，即善与快乐完全对立，就像我们已经看到的。

525d再次提醒我们一个事实，即珀洛斯讲述的阿克劳斯的事迹若缺乏进一步证据，就不应当它为真，因为珀洛斯是一位演说家，而他也许跟阿克劳斯有一些私人恩怨。

525d-526a：普通邦民比有权势的统治者境况更好，因为他们变得极端不义的机会也较少。这当然暗示了对卡利克勒斯的建议："不要试图成为统治者——如果你仍是一个普通人，受到这一可怕惩罚的机会就小一些。"然而，还是可能有好而正义的统治者——526a-b承认了这一点——尽管统治者变得不义的机会是如此之多。正义的统治者的典型雅典例子就是阿里斯忒德斯（Aristides），即著名的"正义的阿里斯忒德斯"，忒米斯托克勒斯的劲敌。然而，他无疑不可能是在定义意义上的真正治邦者，因为他自己遭到了放逐。不过，苏格拉底显然在这里区分了正义之人和真正的治邦者。

［253］在526b，他再次提醒我们对多数人的批判。我们可以说，这一神话的特征在于强调大人物的邪恶。忒尔西特斯（Thersites），荷马笔下的这位小人物，甚至比某些统治者更幸福。神话在这个意义上具有一种民主的性质。与驯服民众的目的相一致，它必须设法讨好民众，办法就是描绘大人物、统治者所遭受的可怕惩罚。

在526b-c，他仍然只谈论剌达曼斯的做法，这是一种讨好卡利克勒斯的方式，因为剌达曼堤斯掌管亚细亚人，而非掌管欧罗巴人。剌达曼堤斯送去福岛的灵魂，曾经虔敬地跟随真理度过一生，尤其是那些哲人的灵魂，他们做他们自己的事情而不多事。苏格拉底没说岛上的这些有福之人会干什么或有何享受，就像我之前提过的。

在526c-527c，他只提到埃阿科斯，欧罗巴人的法官。米诺斯手持金权杖主持大局。我们如何知道那一点呢？哦，奥德修斯告诉我们的，而且希腊文的表述是"荷马的奥德修斯"，这种表述一般暗示的是父子关系。奥德修斯是荷马之子。荷马制作了他。荷马生育了他。奥德修斯，作为荷马之子，暗地里与阿里斯忒德斯，之前提到的吕西玛科斯之子形成了对比。这些［言辞］，奥德修斯与荷马所说的这些言辞，以及苏格拉底自己从这些言辞中推论得出的结果，让苏格拉底自己也被说服了——这再次暗示出这些言辞的真实性很可疑。而在526d-527a，他试图据此去生活，也就是说，去寻求真理。他尽其所能号召全体人类去过哲学的生活。那个说法引人注目。那当然是苏格拉底在《苏格拉底的申辩》中展现他自己的方式。在这里，苏格拉底利用神话，以最为通俗的方式预示了他将在《申辩》中讲的内容，在那里，他把自己呈现为一个号召全体（all）人类去过哲学生活的人。其对立面，我们可以说，将是非民主的。

那是存在于柏拉图之中的一个十分巨大的难题。在那些对话中，尤其是在《王制》之中提出的教诲是，人最高形式的完善——哲学——只可能建立在特定的自然、特定的自然禀赋的基础上。而那在经验上完全讲得通。举个例子：一个人必须记性好，但并非所有人都有好记性，通过训练而改善记忆力所能达到的程度是很有限的。结果怎样呢？结果就是，人的最高形式的完善天然拒斥大多数人。而那很可能显得就是一种不义。柏拉图在《蒂迈欧》（例如《蒂迈欧》41e）中讨论过这一点，即全体人类必须机会平等，我们可以这样说。否则正义就不会存在：这里面对那些被最高可能性弃绝的人可能有某种不应该有的轻视。我们熟悉——当然也认识到这一点，从圣经中。神的拣选难道是不义的行为吗？同样，在柏拉图的学说中也存在一种拣选。某些人凭天赋被挑选出来。

现在，柏拉图也在《王制》结尾的厄尔神话中提到那一点，在该神话中，每个人都被呈现为要对他所拥有的自然负责。那一点以神话的方式呈现如下：每个人死后都要选择来世的生活，而［254］对来世生活的选择决定了他下辈子会拥有什么样的自然。现在还有另一种可能：要么否认，人的完善取决于某种东西——比如说取决于哲学，而这无异于说取决于自然禀赋——［代之以宣称］它取决于某种理论上人人都能做到的东西。要么，就不得不诉诸诸如质料的东西，意思是这样：人的自然只能是这样的，有的人在这方面更有天赋，有的人在那方面更有天赋——这是由于某种必然性，因此，你就不可能合理地谈论不义。换言之，这一选项意味着不平等的原因是质料（matter），它暗示了对神圣的全能的否定，这无疑也被柏拉图以及亚里士多德否认。但是，如果你跟随这里的论证，那么，从柏拉图关于自然的重要性的论点，从许多人天赋有限而无法依据自然实现完善，就自然得出如下结论：大多数人就是娃娃（正如521e所说），而娃娃与大人的差异应归于自然。苏格拉底号召所有人追求哲学的生活。这是《苏格拉底的申辩》的论点，通过这一论点，他缓解了大众对哲学的厌恶。

《高尔吉亚》的结尾预示了苏格拉底被民众指控时将会对民众讲的话。前一个章节，521-522，指出了当他被指控时要说什么的难题。在神话中，他指出他将如何解决这一难题。现在，这里，在这一章节中，527a，他没有直呼埃阿科斯的名字，而是叫他"埃吉娜之子"。埃吉娜当然指一个女人，但它也是一座离雅典不远的岛屿的名字，所以你可以解释成"埃阿科斯，那座岛的儿子"。这座岛特别敌视雅典，而且这敌视相当有道理，因为雅典人对待他们无理在先。换言之，它要增强下述效果：你首先看到这些亚细亚的法官，他们令人恐惧，还是异邦人；不过至少有一位欧罗巴法官，但是，这位欧罗巴人在某种程度上只是使人想起欧罗巴中极强烈的反雅典情绪。所以卡利克勒斯其实没有任何指望依靠亲缘关系，他必须完全靠他自己的行为。

527a-d：苏格拉底说，

> 你，卡利克勒斯，将轻视这番关于死后审判的讲述，把它当作老太婆讲的故事。这完全可以理解，因为它其实并不是非常合理。但这是现有最好的了。

为什么？高尔吉亚、珀洛斯和卡利克勒斯不能证实这一观点，即行不义比受不义更可取，因此相反的观点不可动摇。而那一相反的观点，即受不义比行不义更可取，所引出的结论必然与刚才关于什么东西对于来世有用的说法一致。你们理解那一点吗？珀洛斯和卡利克勒斯曾说过……行不义更好……他们没有成功证实这一点；因而相反的观点不可动摇。我们如何评价这种论证？

学生：[听不清]①

———————————

① 在原始记录稿中没有记录学生的提问，但施特劳斯接下来的评论表明确实有人提问。

施特劳斯：是，但你看，在这段评论中，苏格拉底［在这里］揭示出之前实际给出的论证在性质上非常成问题。当然，他们无法确立一个不能证明其真实性的观点。高尔吉亚［255］等人不能证明这不义的观点，这当然不是证明相反观点成立的充分条件。即便是荷马与以说谎著称的奥德修斯所讲的故事，也弥补不了这一影响。

在527b-c，苏格拉底纠正了这一说法。他说，在如此多的谈话中，他的对手都被驳倒了；所以唯独这番（this）讲述，［这番］苏格拉底的言辞屹立不倒，亦即受不义比行不义及其后果更可取。然而，在这段话中，没有给出关于来世生活的任何结论。在527c得出了与来世相关的结论，但［不］是从这番道理（the logos）、这番讲述、这番理性的讲述得出来的推论，而是要么跟从苏格拉底、要么跟随卡利克勒斯的逻各斯（logos）所得出的结果。那依据的是最好抄本的写法：不是作为言辞的逻各斯（logos），而是作为卡利克勒斯的言辞。在527c4-6，他说"如这番讲述所示"，最好的抄本写作"如你的（your）讲述"——卡利克勒斯的讲述——"所示"。我想我们［应当］就此打住。

这部分结束于527c-d，结束于最终的建议："让我们无论生死，都修行德性——这样生活，你生前死后都会感到幸福。"这是最后的两句话。换言之，这神话起什么作用？这神话是为了说服卡利克勒斯。它说服卡利克勒斯了吗？这里没说，所以结局依然不确定。在这样的作品中不止一次发生这种事，即到最后都没有回应。我们不知道谈话对象的想法，也不知道他接下来会采取什么行动。最保险的答案当然是说我们不知道。但我们可以期待什么？他会依然如故。我认为是这样。你会如何……你会如何论证那一点呢？不是特别容易。现在让我们首先来看：卡利克勒斯最后的言辞是什么？他说："继续讲啊，我已经很有耐心了，我也会让你讲完这个故事。"但毫无疑问，在此之前，他清楚地表明他仍旧坚守着他的原则立场，亦即，苏格拉底应当踏入政坛。但也许这所谓的或真正的理性论证对卡利克勒斯没有影响，而神话则对他有影响？不，在最初开始时，苏格拉底有一番评论说，"你将拒斥这番言论就像拒斥老太婆的故事"，我认为它道出了实情。但是，倘若如此……为什么苏格拉底仍然要讲这神话？那是我们现在要回答的问题。因为，理性的人想必不会做无用功，那苏格拉底是怎么打算的？尽管他知道，或预料到，卡利克勒斯不大可能受神话影响，他还是这样做了，他的动机是什么？我想先问一件事，那就是：我们要不要理解成，苏格拉底自己认为死后会发生这些事情呢？

学生：［听不清］①

施特劳斯：是，但有三种说法：这个神话、《王制》结尾的神话以及《斐多》结尾的神话。因此我们还必须研究另外两种讲述。但是，如果我们只是看这个神话、这一呈现，我认为你可以说，苏格拉底没有接受它为真。我是指，首先，起源不是起源。其次，如果你深入思考永恒痛苦的概念，它完全讲不通。这里没有提及任何为之辩护的原则；这似乎是一个［256］毫无意义的过程。所以我认为你可以说，这不过是一种说辞，苏格拉底认为它也许会对某些人产生［有益的］效果，却不见得真实。

学生：［说话听不清］

施特劳斯：是，这样讲有一些证据，苏格拉底在一段话中指出，如果重来一遍这些对话，卡利克勒斯也许会改变主意。在那一意义上，这种说辞是真实的。但是，在这篇对话中，没有迹象表明苏格拉底在卡利克勒斯身上取得了进展，虽然他常常表明，卡利克勒斯提出的主张绝对不可能。但是，就像我说过的，与其说卡利克勒斯的冥顽不灵是由于他对事物真理的信念，不如说是由于他有关人性高贵的概念：人性的高贵在于坚持他的立场。那是卡利克勒斯反复谈论勇敢、勇气的最终含义，勇敢、勇气才是真实的事物，它有别于智慧。因此他也可以说，"苏格拉底，你不理解这些事物，因为你必须先把哲学抛在身后"——意思是说，一旦你达到了这样一个观点，就像他那样，那时真实的事情就不再是倾听关于此观点的任何

---

① 在原始记录稿中没有记录学生的提问，但施特劳斯接下来的评论表明确实有人提问。

推理，而只是坚持这一观点。

学生：……我提一个问题。在这个时候也许听起来很可笑，但我很好奇，为什么您把这门课叫作"柏拉图的政治哲学及其形而上学基础"，然而我们却一直在与修辞术打交道。我想知道：修辞术、柏拉图的政治哲学以及形而上学的基础之间有什么关系？

施特劳斯：是，没关系。你无须为这个问题感到歉意。我能否回答是另一回事，但这确实是一个非常棒的问题。兴许我可以给你们讲一讲来龙去脉。起初，我开的这门课在形式上是一门讲柏拉图《王制》的课程，有人说，《王制》那里讲的形而上学比这里讲的详细得多。然后我改讲《法义》，接下来换成《治邦者》，再然后，出于某些原因，我想，"这一次我打算读《高尔吉亚》"，不过我一直没有更改课名。你们可以说，我至少应当删掉"形而上学基础"……但是，既然每一篇柏拉图对话，甚至包括《申辩》和《克力同》在内，都在暗地里处理整全，那么这题目仍然经得起辩护。

你看，我好几次提到这个一般性事实，即每一篇柏拉图对话，无论它有多么全面——也许只是看似如此——总是抽离了某种东西。《高尔吉亚》，正如我所说，抽离了严格意义上的哲学。对话提到了哲学，却不曾说明哲学的含义。柏拉图哲学的最大主题是理式，他是这么叫的。理式仅被提及过一次，而且不是它真正的含义。根据《高尔吉亚》，理式不是你在做事时观看的东西——比如说，正义的理式，你观看它，然后试图把正义印在你自己或别人身上——《高尔吉亚》中提到的理式是你并未观看理式而印刻的东西。所以总结一下：《高尔吉亚》在实践上对哲学保持沉默；它只提到哲学而已。它也对严格意义上的政治哲学保持沉默，因为严格意义上的政治哲学问题是正确（correct）秩序、最佳（best）秩序或最佳（best）政体。《高尔吉亚》论证的基础在于抽离了一个良好社会秩序的可能性；对话只提到了糟糕的政体，僭主制和民主制。但是，[257]这一抽离使我们无论是关于哲学亦即形而上学问题中的诸对象，还是关于政治哲学及其对象——最佳社会秩序，都获得了某种重要的理解，难道不是吗？我认为是如此。因为这里所描述的高贵的修辞术，我们可以说，描绘了每一种可能的社会的基础。每一个可能的社会都预设人们具有某些特定的信念，按照今天的说法，即他们接受了特定的"价值"。现在，如果我们返回这一问题——使人们具有这些信念的东西到底是什么？——那就意味着修辞术问题。每一个社会的底部都有一些信念，是某些杰出的社会成员、演说家灌输给其社会成员的。

首先，［这］如何启发我们去理解最佳政体的问题呢？让我们［思考一下］这问题将会如何，如果这里已经预设了一个良好的政治秩序而非糟糕的政治秩序的存在。你记得苏格拉底曾说过：一个人可以选择正义，抑或（or）让自己同化于政权，同化于既定政治秩序。那就意味着，不存在正义的（just）政治秩序，因为如果存在正义的政治秩序，他当然就能够以让自己同化于政权的方式让自己同化于正义。所以你们可以说，他完全抽掉了一个正义的政治秩序的可能性。所以我们对正义的政治秩序一无所知。但我们真的一无所知？每一个实存的政治秩序都不是纯然正义的，这样说不是很有道理吗？无论多么好的秩序，都有不义的要素，是吗？这种说法是柏拉图的观点，这一点很容易证明，因为柏拉图在一篇对话即《王制》中描述过最佳政治秩序。

首先，你可以证明柏拉图不认为这一秩序有实现的可能。但如果你忽视那一点，《王制》的这一秩序当然从来不是实际的秩序。因此，根据柏拉图，任何一个［实际的］秩序只要为我们所认识，它多多少少都是一个不义的秩序。我们可以期待一个真正（truly）正义的政治秩序吗？难道这不是一个思考的重点吗？因为在任何政治论证中，在任何政治行动中，都会参考正义，我在许多场合都会这么说，是诚实地而不是（not）如社会科学家们那样虚伪地说。但这里有一个巨大的难题。在什么程度上，那些真正关心正义的人知道（know）他们的要求意味着什么呢？不必说，相当正义与非常不义之间的差异在实践上极为重要。但同样重要的是，去认识是否有个地方存在着一个天花板，人们不可能指望政治社会及其正义能超越这一天花板。《高尔吉亚》通过非常抽象但并不空洞地表述根本问题，为这一问题提供了线索，如下：根本问题在于哲学与非哲人即民众之间的问题。

就"形而上学基础"而言，真是如此。《高尔吉亚》启发了我们去理解柏拉图所看到的哲学主题，只不过是以非常间接的方式：通过一种闭口不谈哲学的方式。换言之，从《高尔吉亚》谈论正义问题的这个角度看过去，真正根本的哲学问题隐而未显。这里预设的只是一般的哲学观念，不是柏拉图以阐述的形式所理解的那些具体的哲学问题。真是如此。所以我认为，至少在此刻——如果我更别出心裁，我本可以给你们一个更加[258]满意的答案——但此刻，我会说，我们最好忽略"……及其形而上学基础"。

学生：我们真的可以把"形而上学"这个词运用于柏拉图吗？

施特劳斯：当然，把"形而上学"一词运用于柏拉图当然有些不合适。你知道"形而上学"一词生长自亚里士多德。亚里士多德本人并没有使用过那个词，而是亚里士多德的某些研究被亚里士多德著作的编纂者称之为"《物理学》之后的著作"，用希腊文表示就是meta ta physica："在物理学之后"。那个奇怪的、不祥的开端就是"形而上学"这个词的开端。不过，这当然有点太过字面解释了，你知道。但是，如果我们用"形而上学"表示关于整全的问题、最全面的问题，[那么]它们当然是柏拉图的主题。尽管如此，这个名称的某些内涵仍相当不适合柏拉图。那完全正确。你也可以这样说，对于柏拉图，最高的问题，也就是我们所谓的那些形而上学的问题，其实始于从表面上简单的事物出发，举个例子：行不义比受不义更好吗？从柏拉图的观点来看，一切事物其实都暗含其中。或者换一种说法，对于柏拉图，道德问题，即我们所谓的道德问题，就是形而上学问题的一部分，兴许还是最为重要的一部分。为什么如此，那就说来话长了。

学生：[问题听不清]

施特劳斯：你提的问题非常复杂。问题是：卡利克勒斯理解自然与习俗的对立、区分意味着什么吗？……在我的一篇导读中，我试图从完全合理的感觉出发，即正派、正义的人受到不义的死刑或流放或别的惩罚才令人感到可怕——诸如此类，从这种感觉出发向你们解释这个问题。然后必须想一个办法。如何解决，你能怎么办？答案：好人或正义之人应当统治。他们统治——他们统治依据的是自然。非常好。但如果你那么说，你就已经区分了自然和习俗。因为，事实上，[统治者]未必不义，但由最优秀的人统治又并非任何社会的原则。因此，说最优秀的人应当统治，意味着从既定的东西，即从仅仅因为既定之物获得其德性的东西。或者说，从习俗，诉诸自然。

到目前为止，苏格拉底或柏拉图完全同意[卡利克勒斯]。唯一的问题在于：谁是最优秀的人？到这里他就再也不明白了。对于他而言，最优秀的人不是最有智慧的人。这一否定性事实无比清晰。这里最优秀的人有点像名门后代的模糊的混合，当卡利克勒斯说"你永远不会把你的女儿嫁给一位医生"（你还记得吗？）时，这种观点就起了一定作用；所以最优秀的人指家庭出身最优秀的人——他们是身材匀称、家境富裕的人，当然尤其是那些有男子气概的人。他对最优秀的人有一种虽然空洞却十分物质的、普遍的观念。从正确（truly）理解的最优秀的人，就过渡到了他所理解的最优秀的人——全部难题都由此而生。

[259]学生：但是，与你刚才提到的这些思考相比，卡利克勒斯最初的立场与忒拉叙马霍斯的立场的联系难道不更加紧密吗？

施特劳斯：不，我不这样认为，因为在忒拉叙马霍斯那里，不存在从纯然的习俗性秩序到诉诸自然的社会秩序这样一条轨迹。对于忒拉叙马霍斯而言，每一个社会秩序都是习俗性的。

学生：好吧，我的主要观点在于——假设卡利克勒斯跟忒拉叙马霍斯更加密切，二者具有某种亲缘性——而且他说，唯有少数人才强大到能够仿佛依据自然而非习俗生活。但是他意识到他自己不够强大，因此，他其实并没有因为达不到标准就与自己的立场矛盾。但他遵从次好的步骤：依据政治荣誉的生活而活，政治荣誉的生活是习俗性的善，也是当前处境中他唯一能做的事情。他没有强大到能成为一位僭主。

施特劳斯：可是他钦佩僭主，是的，而僭主的生活是依据自然……而你的意思是说，苏格拉底本可以告诉他："看，你被你自己的标准定了罪。你说只有僭主是真正男子汉，而且你知道，你承认过这些"——你们记得，当时他说的是"我们"——"你向自己承认，你完全做不到那一点。"那是你们面对的难题的另一种形式。为什么苏格拉底没据此证明，"你已经失败了——因为你已经提前承认，你永远不可能成为一个僭主"？这是为什么？

同一位学生：但他想要补救。他会承认他的失败但却忽略它，然后依据不义寻求成功，无论如何，这样的成功对他而言就足够好了。

施特劳斯：但是你看，你观察他的发言，他超越了这一区分本身，转向他对这个词的独特用法，"自然的习俗"，"自然的法律"，这表明，他其实根本没有理解那是什么意思。我只能重复这一点：要尽力从对话中每一件事情潜在的出发点开始，此出发点即，这里的问题是修辞术。第二点，我相信你还可以假设，在卡利克勒斯章节，要展示的是苏格拉底试图说服某个人，然后失败了。这样理解的话，你就不得不沿如下思路往下想：为什么苏格拉底把卡利克勒斯表现成不可说服的人？基于我们的进一步推理——我无法在此复述——为什么卡利克勒斯是不可说服者，或者至少目前为止仍是那些不可说服者的最佳（best）代表？也许以后［他会］被说服。我认为你不得不从这一点出发去回答这个问题。对于卡利克勒斯，为正义而统治的概念，或者为了服务……一般来讲，当然是不可能的。统治者必须为了让自己（own）满意而统治。所有这些难题都设想荣誉、荣耀是治邦者政治生活的唯一（the）目标——所有这些难题最终必须从这篇对话（the dialogue）的目的去理解，而这要求不可说服者被呈现为为了统治而渴望统治的人；也因此，他的特征在于对民众有一种爱欲的态度。我现在可能无法展开说这里面的联系了。

［260］等我开设下一门关于柏拉图的课程时，我会挑一篇很短的对话，十五页或二十页左右，这样大家甚至可以在课堂上朗读对话。我也了解到人性中的某些东西。嗯，我们必须就此结束课程了。我们比较仔细地阅读了《高尔吉亚》，当然还不够仔细，我希望你们清楚这一点。

［本次课结束］

图书在版编目（CIP）数据

追求高贵的修辞术：柏拉图《高尔吉亚》讲疏：1957／（美）施特劳斯
（Leo Strauss）讲疏；（美）斯托弗（Devin Stauffer）整理；王江涛译 . －－北京：
华夏出版社有限公司，2023.3

（西方传统：经典与解释）

书名原文：Plato's Gorgias：A course offered in the Winter quarter, 1957

ISBN 978 - 7 - 5222 - 0418 - 5

Ⅰ. ①追⋯　Ⅱ. ①施⋯　②斯⋯　③王⋯　Ⅲ. ①柏拉图（Platon 前 427 -
前 347）- 哲学思想 - 思想评论　Ⅳ. ①B502. 232

中国版本图书馆 CIP 数据核字（2022）第 196050 号

Plato's Gorgias：A course offered in the Winter quarter, 1957 by Leo Strauss
Copyright © Jenny Strauss Clay
Published by arrangement with Jenny Strauss Clay
Simplified Chinese Translation Copyright © 2022 by Huaxia Publishing House Company Co., Ltd.
All rights reserved

追求高贵的修辞术——柏拉图《高尔吉亚》讲疏（1957）

讲　　疏　[美]施特劳斯
整　　理　[美]斯托弗
译　　者　王江涛
责任编辑　李安琴
责任印制　刘　洋
出版发行　华夏出版社有限公司
经　　销　新华书店
印　　装　北京汇林印务有限公司
版　　次　2023 年 3 月北京第 1 版
　　　　　2023 年 3 月北京第 1 次印刷
开　　本　710×1000　1/16
印　　张　22. 25
字　　数　308 千字
定　　价　88. 00 元

华夏出版社有限公司　　地址：北京市东直门外香河园北里 4 号　　邮编：100028
　　　　　　　　　　　　网址：www. hxph. com. cn　　　　电话：(010)64663331(转)
若发现本版图书有印装质量问题，请与我社营销中心联系调换。

施特劳斯讲学录

已出书目

追求高贵的修辞术：柏拉图《高尔吉亚》讲疏（1957年）

论柏拉图的《会饮》（1959年）

修辞、政治与哲学：柏拉图《高尔吉亚》讲疏（1963年）

修辞术与城邦：亚里士多德《修辞术》讲疏（1964年）

古典政治哲学引论：亚里士多德《政治学》讲疏（1965年）

西塞罗的政治哲学（1959年）

斯宾诺莎的政治哲学：《神学—政治论》与《政治论》讲疏（1959年）

从德性到自由：孟德斯鸠《论法的精神》讲疏（1965/1966年）

女人、阉奴与政制：孟德斯鸠《波斯人信札》讲疏（1966年）

尼采如何克服历史主义：尼采《扎拉图斯特拉如是说》讲疏（1959年）

尼采的沉重之思（1967年）

哲人的自然与道德：尼采《善恶的彼岸》讲疏（1971/1972年）

即将出版

平实的高贵：色诺芬讲疏（1963年）

维柯讲疏（1963年）

卢梭导读（1962年）

从形而上学到历史哲学：康德讲疏（1958年）

马克思的政治哲学（1960年）

政治哲学：回应实证主义和历史主义的挑战（1965年）

自然正当与历史（1962年）